Kind sein zwischen zwei Welten

Was im Inneren von Kindern
geschiedener Eltern
vorgeht

Ausführliche Informationen zu jedem unserer lieferbaren und geplanten Bücher finden Sie im Internet unter www.junfermann.de. Dort können Sie auch unseren kostenlosen Mail-**Newsletter** abonnieren und sicherstellen, dass Sie alles Wissenswertes über das **Junfermann**-Programm regelmäßig und aktuell erfahren.

Besuchen Sie auch unsere e-Publishing-Plattform www.active-books.de – über 300 Titel im Angebot, mit zahlreichen kostenlosen e-Books zum Kennenlernen dieser innovativen Publikationsmöglichkeit.

Übrigens: Unsere e-Books können Sie leicht auf Ihre Festplatte herunterladen.

Eine Auswahl von e-Books bei www.active-books.de

Pásztor, Susann: »Eine Sprache des Lebens – ein Interview mit Marshall B. Rosenberg« (kostenlos)
Rückerl, Thomas: »Trainieren Sie Ihre Sinnliche Intelligenz« (kostenlos)
Lenk, Wolfgang: »Heilungsstrategien des Jesus von Nazareth aus NLP-Sicht« (kostenlos)
Birkenbihl, Vera F.: »Was Sie über Metaphern und Stories wissen sollten« (kostenlos)

Elizabeth Marquardt

Kind sein zwischen zwei Welten

Was im Inneren von Kindern
geschiedener Eltern
vorgeht

Aus dem Amerikanischen
von Theo Kierdorf und
Hildegard Höhr

Junfermann Verlag • Paderborn
2007

Satz: SpaceType, Köln
Covergestaltung/Reihenentwurf: Christian Tschepp
Frontcoverfoto: © Matttilda/FOTOLIA

Bibliographische Information der Deutschen Bibliothek
Die Deutsche Bibliothek verzeichnet diese Publikation in der Deutschen Nationalbibliographie;
detaillierte bibliographische Daten sind im Internet über http://dnb.ddb.de abrufbar.

ISBN 978-3-87387-673-6

Inhalt

Für Jim, für alles

Vorbemerkung der Autorin

Mit zwei Ausnahmen, die im Text ausdrücklich genannt werden, waren die Männer und Frauen, die in diesem Buch zitiert werden, Teilnehmer der beschriebenen Studie. Obwohl Namen und persönliche Erkennungsmerkmale der erwähnten Teilnehmer verändert wurden, um ihre Privatsphäre zu schützen, stammen alle Zitate aus Gesprächstranskripten. Details über den Zusammenhang, in dem die Interviews stattfanden, wurden in einigen Fällen verändert.

Um den Text nicht mit Zahlen zu überfrachten, berichte ich über die Ergebnisse der Studie in der Regel in Form von Brüchen (beispielsweise »ein Fünftel«, »über die Hälfte«); Prozentzahlen habe ich manchmal angegeben, wenn ein Bruch unklar geblieben wäre. Prozentsätze, die über einem Prozent lagen, wurden abgerundet. Leser, die sich über die genauen Prozentzahlen informieren wollen, finden sämtliche Daten der Studie am Ende des Buches.

Vorbemerkung des Übersetzers

In diesem Buch wurden die »traditionellen« Begriffe »Scheidungskinder« und »Scheidungsfamilien« grundsätzlich gemieden, da sie einerseits vorbelastet und mit einer bestimmten diskriminierenden Sichtweise verbunden sind und andererseits grammatikalisch falsch. Statt dessen wurden im ersteren Fall als Ersatz die Formulierungen »Kinder geschiedener Eltern«, »Kinder Geschiedener« sowie »Kinder aus geschiedenen Ehen« und im zweiten »(durch Scheidung) getrennte Familien« verwendet. Anm. d. Übers.

Vorwort
von Judith Wallerstein

Diese sehr gut lesbar geschriebene und schmerzhaft ehrliche Geschichte einer jungen Frau, die mit geschiedenen Eltern aufgewachsen ist, enthält eine wichtige Botschaft: einen starken, von Herzen kommenden Schrei, der uns alle anrührt. Die Autorin spricht über sich selbst und ihre Generation und bezieht sich dabei auf eine neue Studie über junge Männer und Frauen, die in durch Scheidung getrennten Familien aufgewachsen sind.

Die Geschichte der Autorin ist ganz sicher keine Geschichte des Scheiterns. Im Gegenteil, sie ist heute mit einem Mann verheiratet, der sie liebt, und sie ist glückliche Mutter zweier Kinder. Außerdem hat sie einen College-Abschluß.

In ihrer Kindheit und Jugend fühlte sie sich von ihren beiden Eltern geliebt. Diese trennten sich, als sie zwei Jahre alt war, und ließen sich im folgenden Jahr scheiden. Ihre Eltern pflegten weiterhin einen höflichen Umgang und bemühten sich nach Kräften, alles dem Wohle ihrer Tochter Förderliche zu tun. Das Kind hatte in den Haushalten beider Eltern auch nach deren Trennung einen Platz und blieb mit beiden während der ganzen Kindheit in engem Kontakt.

Trotzdem – und das ist die alarmierende Botschaft dieses Buches – blickt Elizabeth Marquardt wie viele andere junge Erwachsene in einer ähnlichen Situation mit tiefem Bedauern auf eine schwierige Kindheit und eine verwirrende Jugend zurück.

Diese jungen Menschen erinnern sich noch gut, wie merkwürdig ihnen ihre Kindheit erschien, während sie versuchten, mit ihren beiden Eltern in Kontakt zu bleiben, obwohl diese sie mit völlig unterschiedlichen Vorstellungen und Werten konfrontierten, und während sie später, nach der erneuten Heirat ihrer Eltern, mit den beiden neu entstehenden Familien zurechtzukommen versuchten. Die Autorin berichtet, sie habe oft das Gefühl gehabt zu zerreißen, als sie versuchte, die beiden Welten miteinander zu verbinden, die sich Jahr für Jahr weiter voneinander entfernten. Und trotz des letztendlichen Erfolgs ihrer Bemühungen wurde sie weiterhin von Erinnerungen daran geplagt, wie schwer es für sie gewesen war, ihr inneres Gleichgewicht aufrechtzuerhalten, und wie einsam sie sich so oft gefühlt hatte. Wie einige der Kinder, die an meiner eigenen Untersuchung teilgenommen und mir so überzeugend erklärt hatten: »Der Tag, an dem sich meine Eltern scheiden ließen, war das Ende meiner Kindheit«, beneidete auch sie jene Kinder, die das Glück hatten, daß ihre Eltern zusammenlebten. Obwohl sie von ihren beiden Eltern stets liebevoll aufgenommen worden war, konnte sie nie das Gefühl entwickeln, daß sie im Leben ihrer Eltern eine zentrale Rolle spielte, und sie hatte sich in deren beiden getrennten Welten auch nie wirklich sicher fühlen können.

So eindrucksvoll die Erfolge von Kindern Geschiedener im Erwachsenenalter auch sein mochten, das Selbstbild von Erwachsenen, die in durch Scheidung getrennten Familien aufgewachsen waren, war, wie wir feststellten, noch immer davon geprägt, wie belastet sich die Betreffenden als Kinder gefühlt hatten. Die Autorin berichtet uns präzise, wie ihre Energie viele Jahre lang durch ihr Bemühen um ein Gefühl der »Ganzheit« gebunden worden war. Sie beschreibt, wie die Anpassung an die unterschiedlichen Lebensweisen und Werte in den Zweitfamilien ihrer Eltern sie zwangen, zum Chamäleon zu werden, beiden Elternteilen gegenüber Geheimnisse zu wahren, besonders vorsichtig zu sein, die Stimmungen ihrer beiden Eltern ungeheuer sensibel zu registrieren und bei alldem auf eine Weise »mitzuspielen«, die bewirkte, daß sie sich ständig fragte, worin eigentlich ihre wahre Identität bestand. Einer der College-Studenten, die sie im Rahmen ihrer Studie interviewte, erklärte: »In meiner Kindheit und Jugend war es für mich ziemlich schwer, mit meinen Eltern zurechtzukommen, weil sie getrennt lebten. Sie waren zwei völlig verschiedene Menschen, die an zwei unterschiedlichen Orten wohnten und völlig unterschiedliche Vorstellungen hatten.« Fast alle befragten jungen Menschen berichteten, daß sie sich lange sehr einsam gefühlt hätten, während ihre Eltern hauptsächlich damit beschäftigt gewesen seien, sich selbst ein neues Leben aufzubauen. Viele berichteten über zahlreiche Situationen, in denen sie das Gefühl hatten, sie müßten für ihre leidenden Eltern sorgen. Das Schwierigste überhaupt sei für sie jedoch gewesen, selbst herausfinden zu müssen, was richtig und was falsch war. Weil die moralischen Wertvorstellungen, die ihre beiden Eltern ihnen vermittelten, einander widersprachen, mußten sie selbst Werte entwickeln und den Mut aufbringen, auf ihr eigenes Urteil zu vertrauen und ihren eigenen Weg zu finden. Einer der jungen Männer, die an meiner eigenen Studie teilnahmen, sagte: »Ich mußte für mich selbst Elternaufgaben erfüllen.«

Elizabeth Marquardt hat im Rahmen ihrer Studie mit über siebzig College-Graduierten im Alter von achtzehn bis fünfunddreißig Jahren ausführliche persönliche Interviews durchgeführt. Sie beschloß, sich auf diese Gruppe zu konzentrieren, weil sie über die Erlebnisse junger Menschen berichten wollte, die wie sie selbst relativ erfolgreich waren. Die Hälfte derjenigen, die sie persönlich befragte, stammten von geschiedenen Eltern, die andere Hälfte aus intakten Familien. Sie sprach mit jedem der Teilnehmer mehrere Stunden lang und stellte ihnen zahlreiche Fragen über ihre Familie, ihre Erlebnisse als Kinder und als junge Erwachsene, ihre Beziehungen, ihre Überzeugungen und ihre Wertvorstellungen. Alle aus durch Scheidung getrennten Familien stammenden Teilnehmer hatten zu ihren beiden Eltern Kontakt gehalten, und die Eltern hatten sich scheiden lassen, als ihre Kinder noch keine vierzehn Jahre alt gewesen waren. Einige der Befragten hatten sich nach der Scheidung besser gefühlt, weil ihre Eltern vorher ständig miteinander gestritten hatten. Andere waren in »guten Scheidungen« aufgewachsen, so auch Elizabeth Marquardt selbst – dies bedeutet, daß die Eltern die Erziehung ihrer Kinder einvernehmlich und kooperativ zu organisieren versucht hatten. Auch in einigen der intakten Familien hatte eine harmonische Situation bestanden, während es in anderen in geringem oder starkem Maße Konflikte zwischen den Eltern gegeben hatte.

Abgesehen von diesen persönlichen Gesprächen basiert Elizabeth Marquardts Buch auf einer Fragebogenerhebung, die mit einer Zufallsstichprobe durchgeführt wurde. Diese bestand aus 1500 Erwachsenen im Alter von achtzehn bis fünfunddreißig Jahren, die landesweit ausgewählt worden waren. Die Fragen basierten auf Erkenntnissen, die Marquardt mit Hilfe ihrer persönlichen Interviews gewonnen hatte. Auch die Befragten dieser großen Stichprobe stammten zur Hälfte aus getrennt lebenden Familien und waren zur anderen Hälfte in intakten Familien aufgewachsen. Die Erlebnisse und Reaktionen der Teilnehmer aus getrennt lebenden und intakten Familien waren verblüffend unterschiedlich, obwohl einige der aus intakten Familien stammenden Teilnehmer berichteten, die Ehe ihrer Eltern sei nicht glücklich gewesen. Wie meine eigene Untersuchung stützen auch Marquardts Resultate nicht die Auffassung, daß Kinder aus Familien, deren Eltern unglücklich sind, selbst ebenfalls unglücklich sein müssen. Und aus meiner eigenen Untersuchung geht eindeutig hervor, daß Kinder, deren Eltern unglücklich sind, sich über deren Probleme gar nicht im klaren sind, weil die Eltern ihre Erziehungsaufgaben weiterhin durchaus zufriedenstellend erfüllen.

Ein interessanter neuer Aspekt, den die Autorin uns zu Bewußtsein bringt, ist, daß der Glaube der jungen Erwachsenen an Gott und an religiöse Lehren sowie ihre Zugehörigkeit zu religiösen Gemeinschaften in starkem Maße durch die Scheidung der Eltern beeinflußt wird. Generell sind Erwachsene, die aus getrennten Familien stammen, nach ihrer Auffassung weniger religiös als Menschen, die aus einem intakten Elternhaus stammen.

Kinder Geschiedener hatten den Ergebnissen von Marquardts Studie zufolge in geringerer Zahl religiösen Gemeinschaften angehört und hatten seltener mit ihren Familien zusammen an Gottesdiensten teilgenommen. Viele Heranwachsende, denen etwas an einer Verbindung zu einer Religion lag, hatten die Gottesdienste allein besucht. Sie beschrieben, wie sie allein in einer der hinteren Bänke der Kirche gesessen und die intakten Familien in den vorderen Reihen angestarrt hatten. Und sie berichteten traurig, wie selten Priester und andere Leitfiguren sich in der Kirche an sie gewendet oder auf ihre besorgten Fragen reagiert hätten.

In diesem Buch wird erläutert, daß die Einstellung junger Menschen gegenüber Gott häufig ihre Gefühle ihren Eltern gegenüber spiegelt und daß die Scheidung ihrer Eltern ihr Verhältnis zur Religion beeinflußt. Viele der von Marquardt Interviewten stellten einen unmittelbaren Zusammenhang zwischen ihrer Mißbilligung des Verhaltens eines Elternteils und ihrer eigenen grundsätzlichen Ablehnung religiöser Überzeugungen her. Einige erklärten, daß ihr starker Groll auf ihre Eltern ihnen den Glauben an die Existenz eines fürsorglichen Gottes unmöglich gemacht habe. Für viele war die Suche nach einem Bezug zur Religion mit ihrer Sehnsucht nach Stabilität und mit jenem Gefühl der Sicherheit verbunden, das ihnen in ihrer durch Scheidung getrennten Familie abhanden gekommen war.

Geschiedene Väter, so berichteten diese jungen Erwachsenen mit einem Ausdruck echter Enttäuschung, waren nur selten in der Lage, Moralvorstellungen überzeugend zu vermitteln. Heranwachsende in durch Scheidung getrennten Familien waren oft stark mit dem mehr oder minder moralischen Verhalten ihrer Eltern oder mit deren scheinbarem Mangel an Moral beschäftigt. Sie litten unter der gegenwärtigen oder früheren Treulosigkeit ihrer Eltern. Ich selbst habe darüber berichtet, wie erbittert Kinder Geschiedener reagieren können, wenn ihre Eltern ein Verhältnis mit einem wesentlich jüngeren Menschen als ihrem bisherigen Ehepartner beginnen oder wenn sie sich einer neuen oder fragwürdigen Lebensweise zuwenden. Für das traditionelle Gebot, die eigenen Eltern zu lieben und zu ehren, vermochten diese jungen Menschen keinerlei Verständnis aufzubringen. Natürlich waren sie bereit, ihre Eltern zu ehren, wenn diese ihretwegen Opfer brachten, doch war diese Bereitschaft nicht grundsätzlich und völlig bedingungslos.

Elizabeth Marquardts Buch ist aus vielen Gründen sehr wichtig. Scheidungen wirken sich auf die gesamte Gesellschaft aus. In unserer Kultur sind viele Menschen von ihnen betroffen. Sie prägen das Leben vieler Kinder und Erwachsener und sind ein Spiegel unserer kollektiven Werte. In den USA haben seit 1973 mindestens eine Million Kinder unter Scheidungen gelitten. Zu Beginn des 21. Jahrhunderts sind wir dem Rest der Welt in dieser Hinsicht deutlich voraus.

Marquardts persönliche Erlebnisse wie auch die Berichte der vielen jungen Erwachsenen, die sie persönlich befragt hat, stellen die heute gängigen Auffassungen über Scheidungen und ihre Folgen ebenso in Frage wie die Ratschläge, die Eltern, die sich trennen wollen, so häufig erhalten. Die Erkenntnisse, die sie beschreibt, widersprechen direkt dem, was wir als Gesellschaft glauben und woran wir so gern weiter glauben würden: daß eine Scheidung meist eine zeitlich begrenzte und letztendlich eine leichte oder höchstens mäßige Wirkung auf die betroffenen Kinder hat. Gerichte, Anwälte und psychologische Gutachter reden Eltern immer wieder ein, wenn es ihnen nur gelänge, nicht miteinander zu streiten, wenn sie ihre Elternpflichten gemeinschaftlich zu erfüllen versuchten und wenn sie ihr Kind ermutigten, den Kontakt zu seinen beiden Eltern aufrechtzuerhalten, seien die Probleme, die das Kind infolge der Trennung habe, nur von kurzer Dauer. Sie würden dann von den Belastungen ehelicher Probleme befreit und seien aufgrund dessen in der Lage, sich ihrer zwar getrennten, aber insgesamt doch glücklicheren Familie zu erfreuen. Diese Auffassung erweckt den Eindruck, wenn die Eltern diesen guten Rat beherzigten, sei eine Scheidung kein großes Problem.

Elizabeth Marquardts persönliche Erfahrungen sowie die der jungen Erwachsenen, die sie befragte, stützen diese optimistische Sichtweise nicht. Im Gegensatz zu dem Rat, den Eltern, die sich scheiden lassen wollen, von Gerichten und Psychotherapeuten erhalten, hat das ständige Hin und Her zwischen zwei Elternhäusern der Autorin und anderen, die ähnliches wie sie erlebt haben, nicht besonders »gut getan«. Sie weist sogar ausdrücklich darauf hin, daß es auf die Kinder nicht einmal entlastend wirkt, wenn die beiden geschiedenen Eltern relativ nah beieinander wohnen, daß dies die Situation im Gegenteil sogar noch erschweren kann, weil dann die Gefahr groß ist, da das unglückliche Kind sich zu sorgen beginnt, daß es jedesmal, wenn es beschließt, den anderen Elternteil zu besuchen, die Gefühle des einen verletzt. Die in der amerikanischen Gesellschaft leider so verbreitete Überzeugung, daß eine Scheidung keine große Sache ist, wird immer wieder durch entsprechend optimistische Berichte von Akademikern verstärkt, die uns versichern, den meisten Kindern Geschiedener gehe es offenbar gut, da sie keine psychiatrischen Diagnosen entwickelten. Nun werden die Interviews für die meisten dieser wissenschaftlichen Untersuchungen von Fremden am Telefon durchgeführt, wobei in der Regel versäumt wird, die Gefühle und Wahrnehmungen dieser jungen Erwachsenen im Laufe der langen Jahre, in denen sie mit den geschiedenen Eltern zusammenleben, zu untersuchen. Deshalb ist die Autorin dieses Buches der Auffassung, daß derartige Studien dem, was für das Erleben dieser Kinder zentral ist, nicht gerecht werden.

Marquardt versucht uns allen klarzumachen, daß das, was sie ironisch *Happy-talk* (»glückliches Gerede«) nennt, jene sprachlichen Floskeln, die sich so viele juristische und psychologische Berater im Hinblick auf die Scheidungsproblematik zu eigen gemacht haben, auf Leugnen und Wunschdenken basiert. Die Liebe, die ihre beiden Eltern ihr schenkten, wußte sie durchaus zu schätzen, doch sie reichte nicht aus. Ebensowenig genügte ihr das bloße Ausbleiben von Konflikten zwischen den Eltern, obwohl genau dies der Auffassung entspricht, die Psychologen, Psychiater, Anwälte, Mediatoren und Gerichte gebetsmühlenhaft ständig wiederholen. Ebensowenig reichte ihr der ständige Kontakt zu ihrer Mutter und ihrem Vater. Keine dieser angeblich lindernd wirkenden Bedingungen vermochte sie von dem durch die Scheidung verursachten Schmerz und von der zusätzlichen Last, die sie aufgrund der Scheidung ihrer Eltern in ihren Entwicklungsjahren zu tragen hatte, zu befreien.

Elizabeth Marquardt widerspricht nicht nur den Ratschlägen, die Eltern, wenn sie sich scheiden lassen, so häufig erhalten, sondern auch der speziell für Kinder Geschiedener bestimmten Literatur, die ihnen helfen soll, mit ihrer neuen Situation in der durch die Scheidung geteilten Familie fertig zu werden. Diese Bücher mit ihren hübschen Illustrationen beschreiben, wieviel Spaß es dem Kind machen kann, zwischen den Haushalten der beiden getrennt lebenden Elternteile hin- und herzuwechseln, und wie das eine Heim das andere ergänzen kann, insbesondere wenn der Papi auf dem Lande und die Mami in der Stadt wohnt oder wenn andere idyllische Rollenverteilungen vorliegen. Das ist völliger Unsinn.

Das »glückliche Gerede«, das die Autorin beschreibt und das mit dem tatsächlichen Erleben des Kindes nicht das Geringste zu tun hat, ist nichts anderes als ein Versuch, das Kind davon zu überzeugen, daß es seinen Schmerz niemals eingestehen sollte, weil die Erwachsenen nichts davon hören wollen, daß es unter negativen Empfindungen leidet, weil sie sich haben scheiden lassen. Doch dieses vertuschende Verhalten macht die Situation des Kindes noch schwieriger, und es lernt auf diese Weise sehr schnell, seine wahren Gefühle zu verbergen und das zu tun, was offenbar von ihm erwartet wird.

Für wen ist dieses Buch bestimmt? Es wendet sich an all die nachdenklichen Menschen in unserer Gesellschaft, die es nicht nötig haben, sich durch »glückliches Gerede« wider besseres Wissen beschwichtigen zu lassen, und die den Mut haben, sich von fremdbestimmten und »ferngesteuerten« Programmen zu befreien, die den realen Erlebnissen, Gefühlen und Bedürfnissen realer Kinder nicht entsprechen. Dieses Buch ist für die Millionen von Eltern geschrieben, die bereits geschieden sind, und auch für alle, die darüber nachdenken, ob sie sich scheiden lassen sollen, heute oder morgen; es ist weiterhin für Richter gedacht, die in Familienprozessen entscheiden und die sich große Mühe geben, den Interessen der Kinder so gerecht wie möglich zu werden, die aber diese Kinder nur selten auch nur zu Gesicht bekommen und die sich deshalb auch kaum in sie hineinversetzen. Das Buch ist auch für die Anwälte bestimmt, die den beiden Konfliktparteien zur Seite stehen und die aggressiv die Intentionen ihrer Klienten vertreten. Und schließlich ist es auch für die Heerscharen von Psychotherapeuten, Psychiatern und Mediatoren bestimmt, die Eltern und Gerichte beraten, um ihnen zu helfen, jenes Dickicht des Leids und der konträren Sichtweisen, das bei Scheidungen meist das Geschehen prägt, möglichst unbeschadet durchzustehen. Das Buch wendet sich also an uns alle.

Alles, was die Autorin schreibt, entspricht den realen Verhältnissen. Unser Versäumnis – dies gilt für uns als Eltern ebenso wie für die Gesellschaft als Ganzes – unseren Kindern zuzuhören, unser Verleugnen dessen, daß sie unter ihrem Schmerz und ihrer Wut leiden, und unser beflissenes Streben, ihnen Null-achtfünfzehn-Lösungen »anzudrehen« – all dies trägt zu ihrer Einsamkeit und Isolation in starkem Maße bei. Elizabeth Marquardt hat uns allen einen großen Dienst erwiesen, indem sie so anschaulich und detailliert darüber berichtet hat, wie sehr sie selbst sich abgemüht und wie sie gelitten hat, während ihre Eltern, die sie beide liebten, aber füreinander keine Liebe mehr empfanden, sich selbst ein neues Leben aufzubauen versuchten. Sie appelliert an uns und fordert uns zur Ehrlichkeit auf sowie zu einem unbestechlichen Blick darauf, wie eine Scheidung das Leben der betroffenen Kinder verändert.

Das Buch stößt zum Kern dessen vor, was ein Kind erlebt, wenn seine Familie zerbricht. Es bestätigt alles, was ich im Laufe meiner nun dreißigjährigen Arbeit mit Kindern und Erwachsenen und mit Tausenden durch Scheidung getrennten Familien und durch erneute Heirat entstandenen Familien geschrieben habe. Das Buch wendet sich keineswegs, wie sicher einige behaupten werden, grundsätzlich gegen Scheidungen, und es zielt auch nicht darauf ab, bei geschiedenen Eltern Schuldgefühle zu erzeugen, weil ihre Kinder ihretwegen leiden müssen. Die Autorin ist nicht generell gegen Scheidungen, sondern sie plädiert, ebenso wie ich es getan habe, für ein ehrliches Erkennen und Anerkennen des Erlebens von Kindern, weil das die Voraussetzung dafür ist, ihnen wirklich helfen zu können. Wenn wir ertragen können, ihnen zuzuhören, sind wir bereit, den ersten Schritt zu tun. Und nur dann können wir ihnen helfen. Sobald sie den Glauben aufzubringen vermögen, daß sie nicht allein sind und daß wir das, was sie erleben, durchaus verstehen, können wir ihnen helfen, mit dem Zerbrechen ihrer Ursprungsfamilie fertig zu werden. Das ist die Botschaft dieses hervorragend geschriebenen und bewegenden Buches.

Judith Wallerstein hat die Erforschung der Situation von Kindern Geschiedener in den USA in Gang gebracht, und sie ist Autorin des Bestsellers *The Unexpected Legacy of Divorce: A 25 Year Landmark Study* (deutsch: *Scheidungsfolgen: Die Kinder tragen die Last. Eine Langzeitstudie über 25 Jahre*) sowie anderer bahnbrechender Publikationen zum Thema Scheidung.

Vorwort

von Norval Glenn

In den letzten Jahren wurden einige Bücher über die Kinder geschiedener Eltern veröffentlicht, darunter auch solche, an denen die beiden wichtigsten Fachleute für diesen Bereich
als Co-Autoren mitgewirkt haben. Außerdem erschienen einige Bücher von Autoren, die
selbst aus einer durch Scheidung getrennten Familie hervorgegangen sind, darunter ein
Buch mit Beiträgen von College-Studenten. Weiterhin wurden in den letzten zehn Jahren
Dutzende von wissenschaftlichen und journalistischen Artikeln zu dieser Thematik veröffentlicht. Angesichts dieser Materialfülle liegt es nahe, sich zu fragen, was zur Situation
der Kinder Geschiedener noch nicht gesagt worden ist.

Wie sich herausgestellt hat, eine ganze Menge. Das vorliegende Buch von Elizabeth
Marquardt eröffnet eine völlig neue Perspektive, da es wahrscheinlich die erste umfassendere Publikation überhaupt ist, die sich mit der moralischen und spirituellen Entwicklung von Kindern Geschiedener auseinandersetzt. Es verbindet die Erkenntnisse,
die Marquardt aufgrund ihrer persönlichen Erlebnisse als Kind geschiedener Eltern gewonnen hat, mit den Ergebnissen einer Studie, in der systematisch die Situationen junger
Erwachsener verglichen werden, deren Eltern sich scheiden bzw. *nicht* scheiden ließen,
bevor ihre Kinder das Erwachsenenalter erreicht hatten. Die Studie umfaßte ausgiebige
Interviews mit mehr als siebzig jungen Erwachsenen im Alter von achtzehn bis fünfunddreißig Jahren und eine landesweite Telefonumfrage, an der 1500 Personen des gleichen
Altersspektrums teilnahmen, die zur Hälfte aus durch Scheidung getrennten Familien
stammten. Das Resultat dieser Bemühungen ist ein außergewöhnliches Buch, das für alle Wissenschaftler und Forscher, die sich mit den Auswirkungen von Scheidungen auf
die betroffenen Kinder befassen, Pflichtlektüre werden sollte und das auch alle Eltern
lesen sollten, die darüber nachdenken, sich scheiden zu lassen. Unter Verwendung von
Denkansätzen, die aus den Bereichen der Theologie, der Psychologie und der Sozialwis-
senschaften stammen, jedoch nicht vom Fachjargon dieser Disziplinen belastet sind, ist
Marquardt eine wunderbar bewegende und intellektuell sehr differenzierte Darstellung
eines überaus wichtigen Themas gelungen.

Eine der wichtigen Erkenntnisse, zu denen die Autorin durch ihre Untersuchung gelangt ist, beinhaltet, daß viele Scheidungsfolgen, unter denen die betroffenen Kinder leiden, sich im geteilten Leben dieser Kinder niederschlagen und durch Bemühungen der
Eltern um eine »gute Scheidung« nicht auszuschließen sind. Natürlich ist es besser, wenn
die Kinder Geschiedener nicht in die Konflikte ihrer Eltern verwickelt werden, wenn die
Eltern ihre Kinder nicht auffordern, vor dem anderen Elternteil etwas geheimzuhalten,

wenn die Kinder nicht die Sorgenlast ihrer Eltern mittragen und wenn die Eltern destruktive Verhaltensweisen und Situationen vermeiden. Dennoch zeigte sich, daß es Kindern, deren Eltern sich um eine »gute Scheidung« bemüht hatten, weniger gut ging als den Kindern von Eltern, die eine zwar intakte, aber eher unglückliche Ehe führten. Eine ähnliche Erkenntnis, auf die das vorliegende Buch jedoch nicht eingeht, beinhaltet, daß die »gute« oder »schlechte« Scheidung der Eltern keinerlei Auswirkungen auf den akademischen Erfolg ihrer Kinder und auf ihre Fähigkeit, eine zufriedenstellende Ehe zu führen, hat – zwei Bereiche, in denen die Kinder geschiedener Eltern gegenüber Kindern aus intakten Familien generell benachteiligt sind.

Marquardt stellt auch nicht die von Mavis Hetherington und anderen geäußerte Auffassung in Frage, daß die meisten Kinder Geschiedener sich zu gut angepaßten und erfolgreichen Erwachsenen entwickeln. (Marquardt selbst ist ein Beispiel dafür, daß ein Kind geschiedener Eltern sich durchaus sehr positiv entwickeln kann.) Allerdings wendet sie sich gegen die gängige Praxis, die Tatsache der klinischen Normalität der meisten dieser Kinder zu benutzen, um die schwerwiegenden Auswirkungen von Scheidungen herunterzuspielen. Einmal ganz abgesehen von der Tatsache, daß der Anteil der Erwachsenen mit emotionalen Problemen unter denjenigen, die aus getrennten Familien hervorgegangen sind, etwa dreimal so hoch ist wie unter Erwachsenen aus intakten Familien, vermag kein noch so großer Erfolg im Erwachsenenalter eine unglückliche Kindheit wettzumachen oder die Erinnerung an jene Erlebnisse des Schmerzes und der Verwirrung zu löschen, die für die geteilte Welt eines Kindes Geschiedener charakteristisch sind. Daß die Scheidungsforschung vor einigen Jahrzehnten den Blick von den kurzfristigen Auswirkungen einer elterlichen Scheidung abgewendet und auf die langfristigen und anhaltenden gerichtet hat, war eine wichtige und notwendige Entwicklung. Eine unglückliche Begleiterscheinung dieses Perspektivwechsels jedoch war, daß nun der Eindruck entstand, nur die längerfristigen Auswirkungen spielten letztlich eine Rolle. Marquardts Buch erinnert uns daran, daß die Lebensqualität des Kindes und des Jugendlichen ein an und für sich wichtiger Wert ist.

»Glückliches Gerede« über die Scheidung der Eltern mag guten Absichten entspringen, ganz gleich, ob es in Kinderbüchern zum Ausdruck kommt, in denen die besonderen Freuden des Lebens in zwei Elternhäusern gepriesen werden, oder ob in College-Lehrbüchern die Zähigkeit von Kindern Geschiedener gepriesen wird. Viele dieser demonstrativ unbekümmerten Darstellungen dienen (zumindest angeblich) dazu, Kindern geschiedener Eltern das Gefühl zu ersparen, daß sie »Ausschußware« (damaged goods) sind, wie die Autorin es formuliert. Doch haben solche Bemühungen tatsächlich die beabsichtigte Wirkung? Marquardt ist nicht dieser Meinung, und ich selbst glaube es auch nicht. Meine früher eher optimistische Sicht der Situation von Kindern Geschiedener veränderte sich, als Teilnehmer meiner Kurse über Familiensoziologie, deren Eltern sich hatten scheiden lassen, Äußerungen in unserem Lehrbuch kritisierten, nach denen eine Scheidung auf die betroffenen Kinder nur vorübergehende Auswirkungen habe, die zu vernachlässigen seien. Sie erklärten, daß diese Sichtweise ihren eigenen Erlebnissen und Gefühlen nicht entspreche oder daß sie in Anbetracht des Schmerzes und der Traumata, die sie selbst infolge der Scheidung ihrer Eltern erlebt hätten, unangemessen sei. »Glückliches Gerede« – beschönigende Darstellungen der Auswirkungen einer Scheidung auf die Kinder – mag die geschiedenen Eltern trösten (und diese Wirkung ist vielleicht der Hauptgrund für diese Art, über eine Scheidung zu reden), doch bezweifle ich, daß die Kinder Geschiedener selbst, ganz gleich, welchen Alters, dadurch getröstet werden.

Marquardt fordert uns auf, mit den Auswirkungen einer Scheidung auf die betroffenen Kinder ehrlich umzugehen. Doch geht es ihr nicht darum, geschiedenen Eltern Schuldgefühle zu vermitteln. Viele Eltern beenden ihre Ehe aus guten Gründen, und andere haben sich in einer Zeit scheiden lassen, in der die Experten der Meinung waren, daß das, was für die Eltern das Beste sei, dies auch für die Kinder sei. Außerdem ist es moralisch schwierig, die Interessen der Kinder und die Interessen der Eltern gegeneinander aufzurechnen. Zur Zeit häufen sich Belege für das Zutreffen der Auffassung, daß Eltern, die in einer »einigermaßen guten Ehe« leben, in der es weder zu Gewalttätigkeiten kommt noch extreme Konflikte entstehen, den Interessen der Kinder am ehesten gerecht werden, wenn sie sich zumindest nicht scheiden lassen, bis die Kinder erwachsen sind. Von Eltern ein solches Opfer zu fordern, erscheint um der Kinder willen, die sie in die Welt gesetzt haben, als angemessen. Eine moralische Komplikation ergibt sich jedoch aus der Tatsache, daß das Opfer, das die Mutter in einem solchen Fall bringen muß, wahrscheinlich viel größer ist als das des Vaters, weil ihre Chancen, noch einmal heiraten zu können, im Laufe der Jahre eher abnehmen, wohingegen die des Vaters unter Umständen sogar steigen. Wie groß kann das Opfer sein, das eine Mutter für ihre Kinder zu bringen bereit sein sollte? Das ist nicht leicht zu beantworten, und es gibt auf diese Frage auch keine naheliegende Antwort.

Natürlich entsteht dieses moralische Dilemma nur, wenn klar ist, daß die Ehe letztlich keinen Bestand haben wird. Oft (wahrscheinlich sogar in der Regel) müssen Eltern in einer schwierigen Ehe bewußt entscheiden, ob sie weiter versuchen wollen, an der Situation zu arbeiten, um sie für alle Beteiligten erträglich oder sogar erfreulich zu machen, oder ob sie sich mit der Sichtweise abfinden, daß die Scheidung die einzig mögliche Lösung ist. Falls irgendein Grund zu der Annahme besteht, daß die Ehe zu retten ist (daß sie erhalten bleiben und den beiden Partnern ein gewisses Maß an Befriedigung bieten kann), decken sich die Interessen der Mutter und der Kinder meist. Scheidungen bringen die betroffenen Frauen gewöhnlich finanziell in größere Schwierigkeiten als die Männer, und selbst wenn die Partner Ende Dreißig sind, haben die Männer größere Chancen, erneut zu heiraten (oder eine außereheliche Partnerschaft aufzubauen) als die Frauen; dies gilt insbesondere, wenn die Frau das Sorgerecht für ein Kind oder sogar für mehrere Kinder hat. Einige Beobachter amerikanischer Ehen glauben zu erkennen, daß Ehepartner sich gewöhnlich erst scheiden lassen, nachdem sie einige Anstrengungen unternommen haben, ihre Ehe zu retten; doch sind die Geschiedenen selbst offenbar im allgemeinen nicht dieser Auffassung. Beispielsweise erklärte im Rahmen einer vom *Office of Survey Research* der *University of Texas* in Austin durchgeführten landesweiten Studie nur ein Drittel der geschiedenen Befragten, daß sowohl sie selbst als auch ihre Expartner sich die größtmögliche Mühe gegeben hätten, ihre Ehe zu retten. Und als Grund für die Scheidung wurde am häufigsten »Mangel an Bindungsbereitschaft eines Partners oder beider Partner« genannt. Marquardts Buch könnte Eltern, die in problematischen Ehen leben, dazu motivieren, sich intensiver um eine befriedigendere Gestaltung ihrer Ehe zu bemühen.

Die wichtigste Wirkung des Buches jedoch wird wahrscheinlich eine freimütige und unverblümte Anerkenntnis der negativen Konsequenzen sein, die eine Scheidung für die Kinder hat. Den Eltern keine unnötigen Schuldgefühle aufzubürden ist durchaus ein gerechtfertigtes Ziel, und das gleiche gilt für Bemühungen, die verhindern sollen, daß die Kinder aus einer geschiedenen Ehe sich wie »Ausschußware« fühlen; doch wäre es falsch, diese Ziele auf Kosten einer ehrlichen und offenen Diskussion zu verfolgen. Ein Problem zu ignorieren oder zu leugnen ist sicher selten und wahrscheinlich sogar nie eine gute Lösung. Natürlich könnten Kritiker gegen einige von Marquardts Deutungen ihres Datenmaterials Einwände erheben; doch sollte die Diskussion, zu der das Buch anregt, auf logischer und empirischer Grundlage stattfinden und nicht durch die Sorge, man könne die Eltern durch Schuldgefühle belasten und bei den Kindern Mutlosigkeit erzeugen, behindert werden.

Norval Glenn ist einer der führenden Familienforscher der USA und Autor zahlreicher Bücher, Fachartikel und Kommentare in Tageszeitungen. Er ist Ashbel-Smith-Professor für Soziologie und Stiles-Professor für American Studies an der *University of Texas* in Austin. Er hat zusammen mit Elizabeth Marquardt die *National Survey on the Moral and Spiritual Lives of Children of Divorce* durchgeführt, deren Resultate im vorliegenden Buch erstmals veröffentlicht werden.

Zwischen zwei Welten

Einleitung

Was über unsere Generation nicht bekannt ist

Ich bin sieben Jahre alt und klettere auf dem Abenteuerspielplatz an der Schule, die ich besuche. In der Nähe stehen zwei Mütter, die sich unterhalten, und plötzlich sagt die eine: »Die Kinder von geschiedenen Eltern werden doch wie ein Fußball hin- und hergestoßen.« Das Bild beeindruckt mich. In dieser kleinen ländlichen Gemeinde habe ich bisher noch nie jemanden über Scheidungen reden hören, obwohl sich meine eigenen Eltern getrennt hatten, als ich zwei Jahre alt war. Ihre Scheidung erfolgte ein Jahr später, und sie war eine der stillschweigenden Tatsachen meines Lebens. Andere Kinder nahmen sie nicht wahr, und Erwachsene gingen nur darauf ein, indem sie mich fragten, wie es meinem Vater gehe, wenn ich von einem Besuch bei ihm zurückkam.

Wie ein Fußball hin- und hergestoßen. Sogar ein siebenjähriges Mädchen konnte spüren, daß das schlecht war. Niemand möchte hin- und hergestoßen werden. Aber irgendwie klang es auch spielerisch. Ich sah mich – den Fußball –, wie ich mit meinem ganzen Körper durch einen blauen Himmel flog. Nur der Tritt und der Aufprall auf der anderen Seite vermittelten mir ein vages Gefühl der Bedrohung.

Etwas später, als ich meinen Vater besuchte, experimentierte ich mit dem Bild, das mich offenbar doch beschäftigte, indem ich beiläufig erwähnte, ich würde wie ein Fußball zwischen ihm und meiner Mutter hin- und hergestoßen. Sein Gesicht lief augenblicklich dunkelrot an, er preßte seine Lippen zusammen und fing an zu stottern. Wenn er wütend war, sah er immer so aus. Diesmal galt seine Wut der Person, die so etwas zu mir gesagt hatte. Er bemühte sich, die Fassung zurückzuerlangen, und versicherte mir ernst, das Bild sei meiner Situation nicht angemessen. Der Vergleich mit dem Fußball beziehe sich auf Kinder, die von ihren Eltern nicht geliebt würden.

Ich mußte zugeben, daß ich weder zur damaligen Zeit noch im Laufe der folgenden Jahre jemals das Gefühl hatte, daß meine Eltern mich wie einen Fußball einander zuschossen. Weder am Flughafen noch zu Beginn einer langen Autoreise zu einem meiner

Elternteile hatte ich je das Gefühl gehabt, in etwas anderes hineingestoßen zu werden. Im Gegenteil, meine Eltern waren immer traurig gewesen, wenn ich von ihnen fortgegangen war, und wenn ich sie nach einer langen Trennung wiedersah, hatten wir uns immer freudig umarmt.

Und doch war an der Sache mit dem Fußball etwas »dran«. Ich sah ihn vor mir, wie er sich in seiner Flugbahn drehte, wie er frei und wunderschön von demjenigen, der ihn abgeschossen hatte, zu dem flog, der ihn auffing. Doch die Freiheit, die sein Flug zum Ausdruck brachte, steckte mir wie ein Kloß im Hals. Er kam mir fast zu frohgemut, zu frei vor; er gehörte weder an den Ort, den er verlassen hatte, noch an das Ziel seines Fluges. Vielleicht war der Raum zwischen diesen beiden Punkten sein Ort. Doch wie bedingt dieser Raum war.

Ich denke immer noch an den Fußball und an die tiefere Bedeutung dieser Metapher. Das vorliegende Buch versucht, die Frage zu beantworten, die ich als Kind noch nicht in Worte fassen konnte: Wenn deine Eltern dich lieben, und wenn sie einigermaßen gut miteinander auskommen, warum tut ihre Scheidung dir dann trotzdem so weh?

Eine neue Studie über junge Erwachsene aus durch Scheidung getrennten Familien

Diese Frage brachte mich dazu, das *Project on the Moral and Spiritual Lives of Children of Divorce* (»Projekt über Moral und Spiritualität von Kindern Geschiedener«)[1] zu entwikkeln. Die Durchführung dieser Studie dauerte drei Jahre, und ich wurde dabei von einem Beratungsgremium[2] von Familienforschern und finanziell von der *Lilly Endowment* unterstützt.

Ein Teil der Studie bestand darin, daß ich zusammen mit Dr. Norval Glenn, einem Soziologen und führenden Familienforscher der *University of Texas in Austin*, die erste repräsentative landesweite Umfrage[3] mit jungen Erwachsenen aus getrennt lebenden Familien durchführte. An ihr nahmen 1500 nach dem Zufallsprinzip ausgewählte junge Männer und Frauen im Alter von 18 bis 35 Jahren teil. Die Hälfte der Teilnehmer hatte vor Erreichen ihres vierzehnten Lebensjahres die Scheidung ihrer Eltern erlebt, die andere Hälfte war in intakten Familien aufgewachsen.

Die Fragen, die dieser Stichprobe gestellt wurden, waren aufgrund von persönlichen Interviews mit 71 Personen zusammengestellt worden[4], die ich mit jungen Erwachsenen der gleichen Altersgruppe durchgeführt hatte. Auch von diesen hatte die Hälfte die Scheidung ihrer Eltern miterlebt, bevor sie vierzehn Jahre alt geworden waren, wohingegen die andere Hälfte in intakten Familien aufgewachsen war. Ebenso wie die fünfzehnhundert Teilnehmer unserer Telefonumfrage hatten auch die jungen Leute, mit denen ich persönlich zusammengekommen war, nach der Scheidung nicht den Kontakt zu einem Elternteil verloren. Der einzige Unterschied zwischen den beiden Gruppen war, daß die landesweite Stichprobe sich aus jungen Menschen mit unterschiedlichem Ausbildungsstand zusammensetzte, wohingegen die 71 Teilnehmer, die ich persönlich befragte, alle einen College-Abschluß hatten. Weil es aufgrund dieser Tatsache unwahrscheinlicher war, daß letztere mit schwerwiegenden sozialen oder emotionalen Problemen zu kämpfen hatten, konnten wir an ihnen beobachten, welche Auswirkungen eine Scheidung auf diejenigen hat, die in ihrem Leben schon eine besondere »Fähigkeit im Nehmen« (Resilienz) unter Beweis gestellt hatten. Dies erschien mir deshalb als wichtig, weil ich immer das Gefühl gehabt hatte, es sei zu einfach zu behaupten, eine Scheidung habe das Leben der Kinder »ruiniert«.

Was mich interessierte, waren die langfristigen Schwierigkeiten, die Scheidungen verursachten, und zwar selbst bei denjenigen, die sich trotz der Scheidung ihrer Eltern relativ gut entwickelt hatten.

Fast alle Fragen, die wir den Teilnehmern unserer Studie stellten, wurden Kindern Geschiedener bisher noch nie gestellt. Die neu entwickelten Fragen basieren jedoch nicht nur auf den Äußerungen der von mir individuell Interviewten, sondern auch auf meinen persönlichen Erfahrungen als Kind geschiedener Eltern.

Weil auch ich aus einer durch Scheidung getrennten Familie stamme, beschloß ich, dieses Buch in der ersten Person (»ich« und »wir«) zu schreiben. Trotzdem ist dieses Buch keine persönliche Lebensgeschichte. Es enthält Statistiken (die alle aus der erwähnten Studie stammen, sofern nicht ausdrücklich auf etwas anderes verwiesen wird) sowie zahlreiche Geschichten und Zitate von vielen von mir befragten jungen Erwachsenen. Durch die Geschichten erhalten die Zahlen Gesichter und Stimmen, und in Verbindung mit den Ergebnissen der landesweiten Befragung ermöglichen sie mir, mit einer gewissen angemessenen Selbstsicherheit für meine Generation zu sprechen.

Worum es in diesem Buch nicht geht

Es gibt ein paar Dinge, um die es in diesem Buch definitiv *nicht* geht. Erstens wird darin nicht die Auffassung vertreten, daß Menschen sich in keinem Fall scheiden lassen sollten. Eine Scheidung ist eine legitime Möglichkeit, eine sehr schlechte Ehe zu beenden. In Familien, in denen es zu Gewalttätigkeiten kommt, in denen ein Partner ständig untreu oder chronisch süchtig ist oder in der andere schwerwiegende Probleme aufgetreten sind, besteht die beste Möglichkeit, die Familienmitglieder und insbesondere die Kinder zu schützen, möglicherweise darin, die Beziehung zu beenden.

Eine bedeutende landesweite Studie[5] ist zu einer wichtigen Erkenntnis gelangt, die zur Klärung der Frage beiträgt, in welchen Fällen eine Scheidung notwendig ist. Die Forscher fanden heraus, daß ein Drittel aller Scheidungen stark konfliktbelastete Familien betreffen, in denen ein Elternteil über körperliche Gewalt oder starke und häufige Streitigkeiten berichtet. Daß es Kindern, die aus solchen stark konfliktträchtigen Ehen hervorgegangen sind, nach der Auflösung dieser Situation besser geht[6], ist wohl kaum verwunderlich. Doch zwei Drittel aller Scheidungen beenden Ehen, in denen nur relativ geringfügige Konflikte bestanden, wobei der Grund für die Scheidung ist, daß die Ehepartner sich unglücklich oder unbefriedigt fühlten oder daß sie andere, nicht als bedrohlich zu bezeichnende Probleme hatten. Kindern aus durch Scheidung getrennten Familien, in denen relativ harmlose Konflikte bestanden, geht es nach der Scheidung *schlechter*, weil die Scheidung ihre erste Konfrontation mit einem schwerwiegenden Problem ist: Ohne besondere Vorwarnung fällt eines Tages plötzlich ihre Welt in sich zusammen.

Obwohl die meisten Eltern den Plan, sich scheiden zu lassen, durchaus ziemlich ernst nehmen, möchte ich die Betreffenden auffordern, noch gründlicher über diese Dinge nachzudenken. Für diejenigen unter ihnen, die ihre Ehe retten und verbessern wollen, gibt es manchmal Möglichkeiten, von denen sie nichts wissen.[7] Letztendlich ist es natürlich nicht meine Sache, einem bestimmten Paar konkret zu empfehlen, ob es sich scheiden lassen sollte oder nicht. Nur die Partner selbst kennen alle relevanten Einzelheiten, können sie überblicken und sich die Hilfe suchen, die sie brauchen; und somit können auch nur sie selbst entscheiden, ob eine Scheidung in ihrem Fall sinnvoll ist.

Zweitens vertrete ich in diesem Buch *nicht* die Auffassung, daß geschiedene Eltern schlechte Menschen sind. Viele Menschen, die mir persönlich sehr viel bedeuten, sind geschieden, darunter auch meine eigenen Eltern. Ich glaube fest daran, daß niemand außer dem Ehepaar selbst wirklich voll und ganz abschätzen kann, was in einer Ehe vor sich geht, und mir ist auch klar, daß manche Ehen schon lange vor dem Zeitpunkt, zu dem das Paar anfängt, über eine Scheidung nachzudenken, nicht mehr zu reparieren sind. Außerdem werden die meisten Ehen, aus denen Kinder hervorgegangen sind, von einem der Elternteile beendet, was zur Folge hat, daß der andere gezwungen wird, mit einer Situation fertig zu werden, die er selbst nicht gewollt hat und sich auch nicht hätte vorstellen können.

Doch obgleich ich einerseits der Meinung bin, daß wir für die Bedürfnisse Geschiedener und allein lebender Eltern Verständnis aufbringen und daß wir diese Menschen unterstützen sollten, bin ich doch andererseits auch der Auffassung, daß wir uns durch das Mitgefühl, das wir diesen allein lebenden Eltern gegenüber entwickeln, nicht hindern lassen sollten, uns mit dem, was Kinder aus durch Scheidung getrennten Familien erleben, absolut ehrlich und ohne jede falsche Rücksichtnahme auseinanderzusetzen. Kinder haben keine eigene Stimme: Sie schreiben keine Bücher, sie wählen nicht, und sie werden in der Regel auch nicht für das Fernsehen interviewt. Was sie erleben und empfinden, können wir nur ergründen, indem wir einfühlsam ihr Leben verfolgen und indem wir sie später, wenn sie erwachsen sind, fragen, wie sie das Erlebte empfunden haben. Viel zu lange war die Debatte über die Scheidungen in unserem Land von der Sicht der Erwachsenen geprägt, wobei einige die Auffassung vertraten, daß Scheidungen viel zu häufig vorkämen, und andere dem entgegentraten, indem sie erklärten, sich scheiden zu lassen sei ein Recht, das niemand einem anderen Menschen streitig machen könne.

Wir haben angefangen, uns mit Scheidungen aus der Perspektive des Kindes zu beschäftigen, aber das ist wirklich noch nicht mehr als ein allererster Anfang. Wir müssen dem, was geschiedene Erwachsene erlebt haben, mit Verständnis begegnen, aber wenn wir den betroffenen Kindern gerecht werden wollen, müssen wir uns auch mit der Wahrheit ihres Lebens auseinandersetzen. Dies gilt sowohl für diejenigen unter uns, die als erste Generation mit der weiten Verbreitung von Scheidungen konfrontiert wurden, als auch für die heutige Generation kleiner Kinder.

Aufwachsen in einer anderen Kultur

Zu den Menschen[8], die ich während der Arbeit an diesem Buch kennenlernte, gehört Jennifer, eine 31jährige Wissenschaftlerin, deren Eltern seit 35 Jahren verheiratet sind. Zur Zeit hat sie eine Beziehung mit einem Mann, der aus einer durch Scheidung getrennten Familie stammt. Er möchte Jennifer heiraten, und sie selbst will dies auch, hat aber Angst davor. Sie möchte wie ihre Eltern eine lange und glückliche Ehe führen, doch sie befürchtet, daß sie und ihr Freund so unterschiedlich sind, daß dies nicht gelingen kann.

Jennifer erzählte mir, in ihrer Kindheit und Jugend seien ihr »viele Kinder geschiedener Eltern, die ich kannte, sehr unabhängig erschienen. Sie taten viele Dinge selbständig, die zu tun ich mich nicht einmal im Traum getraut hätte. Das konnten sie, weil sie nicht in einem schützenden Nest aufgewachsen waren. Ihre Bezugspunkte waren der Haushalt ihrer Mutter und der Haushalt ihres Vaters, und sie selbst standen irgendwo dazwischen und mußten mehr oder weniger für sich selbst sorgen.« Über ihren Freund, der aus einer durch Scheidung getrennten Familie stammte, sagte sie: »Ehrlich gesagt macht er mich ein wenig nervös. Es ist fast, als stammte er aus einer völlig anderen Kultur.«

Wenn sie einander wirklich lieben, hoffe ich, daß die Scheidung der Eltern ihres Freundes sie nicht davon abhalten wird, ihn zu heiraten. Aber Jennifer hat durchaus recht: Kinder Geschiedener wirken oft, als stünden sie irgendwo zwischen dem Heim ihrer Mutter und dem ihres Vaters und als müßten sie viel früher selbständig werden als andere Kinder. In einer durch Scheidung getrennten Familie aufzuwachsen bedeutet *tatsächlich*, daß man in einer anderen Kultur aufwächst.

Mit Kindern geschiedener Eltern geschieht etwas, das Jennifer und viele andere nur schwer greifbar machen und in Worte fassen können. Um dieses unerklärliche Etwas geht es im vorliegenden Buch.

1

Als Kind geschiedener Eltern aufwachsen

Als ich aufwuchs, sprach man über Scheidungen praktisch nirgendwo. Außer meinen Geschwistern kannte ich kaum Kinder, deren Eltern geschieden waren. Ebensowenig war mir auch nur im Geringsten klar, daß ich einer völlig neuen Gruppe angehörte: einer Generation von Kindern, deren Leben durch die erste große Scheidungswelle geprägt war, ein Phänomen, das es in dieser Form bis zu diesem Zeitpunkt noch nicht gegeben hatte. Dem Jargon der 1970er Jahre entsprechend sah ich mich selbst als eine Art »Freak« an. Doch hielt ich meine vermeintliche Verrücktheit für einen festen Bestandteil meines Wesens. Manchmal war ich stolz darauf, doch häufiger fühlte ich mich deswegen einsam.

Erst als ich Anfang Zwanzig war, wurde mir allmählich klar, wie viele Kinder und Jugendliche geschiedene Eltern haben. Erst da fing ich an, mich mit der Frage zu beschäftigen, wie sich die Scheidung meiner Eltern wohl auf mich als Person ausgewirkt haben mochte. Ich wurde im Jahre 1970 geboren, als die Revolution der schuldlosen Scheidung über unser Land hinwegzufegen begann. Kalifornien war der erste amerikanische Bundesstaat, der im Jahre 1969 ein entsprechendes Gesetz verabschiedete, und praktisch alle anderen Staaten folgten nach und nach diesem Beispiel. Meine eigenen Eltern, die schon auf der High-school ein Liebespaar gewesen waren und die in einer kleinen Stadt in North Carolina zu den Jahrgangsbesten gezählt hatten, heirateten in ihrem ersten College-Jahr, bekamen mich im zweiten und trennten sich, als ich zwei Jahre alt war.

Auf den allerersten Bildern von unserer Familie hat mein Vater Haare, die seine beiden Ohren bedecken, worüber sein eigener Vater empört war. Meine Mutter hingegen hat auf fast jedem Foto eine andere Frisur, und sie trägt Hippie-Tracht: hübsche selbstgemachte Strickwesten und wallende Hemden und Jeans. Ich selbst bin auf den Bildern gewöhnlich in Overalls oder bei besonderen Gelegenheiten in Kleidern zu sehen, die sie selbst, ihre Mutter und ihre Großmutter für mich genäht hatten.

Diese frühen Fotografien faszinieren mich, weil ich mich an diese Zeit absolut nicht erinnern kann. Ich habe keinerlei Erinnerung mehr daran, daß meine Eltern in einem gemeinsamen Haushalt zusammenlebten, daß sie sich umarmten oder daß sie gar miteinander Streit gehabt hätten. In einem Amateurfilm aus dieser Zeit – vermutlich hatte der jüngere Bruder meines Vaters die Kamera gehalten – geben meine Eltern einander einen langen und intensiven Kuß. Sie posieren zwar für die Kamera, aber es ist auch eindeutig eine jugendliche Leidenschaft zu erkennen. Dies ist die einzige mir bekannte Situation, in der sie sich geküßt haben, und ich weiß noch genau, daß ich mir dieses Schauspiel ein wenig betreten, aber auch bezaubert angesehen habe. Das also war die Beziehung, aus der ich hervorgegangen war.

Meine ersten bewußten Erinnerungen stammen aus einer Zeit, in der meine Eltern sich bereits getrennt hatten. Ich erinnere mich an meine Mutter und meinen ersten Stiefvater als die Eltern, die ich rief, wenn ich mitten in der Nacht Angst bekam. Ich erinnere mich auch, daß ich in einem Jahr während der langen Sommerferien mit meinem Vater in dessen Apartment gelebt habe; das war in der Zeit, als er sein Magisterexamen ablegte.

Mittlerweile habe ich erfahren, daß seine Freunde beeindruckt waren, weil dieser junge Mann einen ganzen Sommer lang – und zwar jeden Sommer – ein kleines Mädchen ernähren, ankleiden, beherbergen und lieben konnte. Wenn ich mir heute junge Männer Anfang Zwanzig in meiner Umgebung anschaue, kann ich mir kaum vorstellen, wie mein Vater das geschafft hat. Doch obwohl ich wußte, daß meine Eltern noch sehr jung waren, erschienen sie mir größer, als sie in Wirklichkeit waren, und ich hatte den Eindruck, daß sie zu allem nur Erdenklichen in der Lage waren.

In mancherlei Hinsicht hatte ich es als Kind geschiedener Eltern ausgesprochen gut. Viele, die das gleiche erleben, wie ich es tat, verlieren die Herzlichkeit ihrer Beziehung zu ihrem Vater, oder sie verlieren die Beziehung zu ihm völlig. Mein Problem war, daß ich meine Mutter und meinen Vater schrecklich vermißte, wenn ich von ihnen getrennt wurde – und ich war natürlich immer von einem von ihnen getrennt.

Aufgrund der Scheidung meiner Eltern war ich in meiner Kindheit ständig in Bewegung. Ich reiste häufig zwischen meinen Eltern hin und her, wobei ich das Schuljahr bei meiner Mutter verbrachte und die langen Sommerferien, andere Ferien und gelegentlich auch einmal ein Wochenende bei meinem Vater. Und selbst wenn *ich* an einem Ort blieb, galt dies für andere Menschen nicht. In meiner Kindheit tauchten ständig neue Gesichter auf: Freunde meiner Eltern, ihre neuen Ehepartner sowie Stief- und Halbgeschwister.

Die beiden Menschen, die ich am meisten liebte und die ich als die Felsen ansah, auf denen meine Identität basierte – meine Mutter und mein Vater –, lebten völlig getrennt an Orten, die sechs Autostunden voneinander entfernt lagen. Allmählich spürte ich, daß das Aufwachsen mit Eltern, die in zwei völlig unterschiedlichen Welten lebten, mich sehr tiefgreifend verändert hatte. Ich las sehr viel Literatur über Scheidungen, weil ich nach einer in meinen Augen plausiblen Erklärung suchte.

Was wir über Kinder Geschiedener wissen

Obwohl ich durch die Auseinandersetzung mit Untersuchungen über die Kinder Geschiedener sehr viel gelernt habe[9], schien mir bei dieser Lektüre immer irgend etwas zu fehlen. Die meisten Bücher und Artikel zu dieser Thematik konzentrierten sich auf die sozialen oder ökonomischen Konsequenzen einer Scheidung, wobei häufig eine Beziehung zwischen der Art, wie ein Mensch eine Scheidung erlebt, und schwerwiegenden Kindheitsproblemen aufgezeigt wurde – beispielsweise Armut, vorzeitiges Verlassen einer Schule, Straftaten im jugendlichen Alter, frühe sexuelle Aktivität und verfrühte Schwangerschaften. So wurden im Rahmen einer kürzlich publizierten Studie eines wichtigen Forschers, E. Mavis Hetherington[10], über Tausend durch Scheidung getrennte Familien über drei Jahrzehnte begleitet, und es stellte sich heraus, daß 20 bis 25 Prozent der jungen Erwachsenen, die aus ihnen hervorgegangen waren, unter »langfristigen Schädigungen« litten – unter starken sozialen und emotionalen Problemen –, wohingegen Jugendliche aus intakten Familien in nur zehn Prozent der Fälle mit Problemen dieser Art zu kämpfen hatten.

Derartige Studien haben ihren Wert. Wenn wir mit ihrer Hilfe herausfinden, wie viele Kinder Geschiedener mit sehr belastenden Problemen zu kämpfen haben, sollte uns das dazu bringen, am Sinn der heutigen Beliebtheit von Scheidungen zu zweifeln. Ich kenne einige junge Menschen, denen es so ergangen ist, und ich bin mit meinem Herzen bei ihnen. Doch sind Studien wie die genannte ein ziemlich stumpfes Werkzeug, weil sie nur besonders drastische negative Auswirkungen von Scheidungen auf die betroffenen Kinder registrieren. Soweit ich mich zurückerinnern kann, hatte ich nie Probleme dieser Art, aber ich glaube trotzdem, daß die Scheidung meiner Eltern mich stark beeinflußt hat.

Unter allen Forschern, die sich mit dieser Materie beschäftigt haben, hat Judith Wallerstein sich als erste mit den subtileren psychologischen Auswirkungen von Scheidungen auf die betroffenen Kinder und Jugendlichen befaßt. Indem sie eine Stichprobe von Kindern geschiedener Eltern sehr gut kennenlernte und im Laufe der Jahre immer wieder mit ihnen zusammenkam und Gespräche mit ihnen führte, hat diese Forscherin ein detailliertes und sensibel gezeichnetes Bild dessen entworfen, was in Kindern vorgeht, deren Eltern geschieden sind, und zwar unabhängig davon, ob sie schwere diagnostizierbare Symptome entwickeln. Beispielsweise hat sie in ihrem neuesten Buch gezeigt, daß das Miterleben einer Scheidung in der Kindheit eine Art »Schläfereffekt«[11] erzeugt: Die schlimmsten Symptome, die durch das Erlebnis hervorgerufen werden, treten oft auf, nachdem die Kinder Geschiedener das »Elternhaus« verlassen haben – wenn sie versuchen, selbst intime Beziehungen aufzubauen und eine eigene Familie zu gründen, dabei jedoch feststellen, daß sie einem Partner nur sehr eingeschränkt Vertrauen schenken können und daß sie kaum eine Vorstellung davon haben, was eine dauerhafte Ehe beinhaltet.

Es gibt jedoch immer noch zahlreiche bisher nicht näher untersuchte Aspekte. Zwar hat sich die Zahl der Scheidungen in den USA Anfang der 1980er Jahre stabilisiert, doch endet immer noch ungefähr die Hälfte der ersten Ehen mit einer Scheidung. Heute hat ein Viertel aller jungen Erwachsenen[12] in den Vereinigten Staaten im Alter zwischen 18 und 35 Jahren die Scheidung ihrer Eltern miterlebt. Nun finden viele, daß die jungen Menschen, die aus durch Scheidung getrennten Familien stammen, doch in ihrer Mehrzahl ganz gut geraten seien. Sie schaffen den High-school- oder sogar den College-Abschluß und studieren möglicherweise sogar weiter, sie finden gute Jobs, heiraten und bekommen selbst Kinder. Junge Menschen, die von geschiedenen Eltern abstammen, sind überall zu finden. Wenn Scheidungen so schwerwiegende Probleme verursachen, wie läßt sich dann erklären, daß es diesen jungen Menschen offensichtlich recht gut geht?

Einige Angehörige meiner Generation haben diesen scheinbaren Widerspruch bemerkt und darüber geschrieben. Mehrere entschlossen sich, über die Scheidung ihrer eigenen Eltern zu schreiben, weil zwischen den Studien, die sich mit tragischen Scheidungsfolgen auseinandersetzen, wie sie bei einigen Kindern auftreten, und ihrem eigenen Bemühen um ein äußerlich erfolgreiches Leben eine so große Diskrepanz bestand. Dabei war ihnen durchaus klar, daß auch ihr Leben stark durch die Scheidung ihrer Eltern beeinflußt worden war. Solche Berichte sind[13]: *Split: Stories of a Generation Raised on Divorce*, herausgegeben von Ava Chin, *The Love They Lost: Living with the Legacy of Our Parents' Divorce* von Stephanie Staal und *Generation Ex: Adult Children of Divorce and the Healing of Our Pain* von Jen Abbas.

Der vielleicht faszinierendste Bericht einer Angehörigen der »Generation Ex« über die Scheidung ihrer Eltern ist ein Buch, in dessen Titel das Wort Scheidung gar nicht vorkommt. Rebecca Walker wurde 1969 als Tochter von Alice Walker und Mel Leventhal, einem Anwalt, geboren. Sie erzählt die Geschichte der Scheidung ihrer Eltern in ihrem Buch *Black, White, and Jewish: Autobiography of a Shifting Self*. Zwar konzentrieren sich die meisten Rezensenten dieses Buches darauf, daß Walker zweirassig aufwuchs, doch war die ausschlaggebende Spaltung im Familienleben der Autorin offenbar nicht die Zweirassigkeit, sondern die Scheidung ihrer Eltern.

Für Rebecca Walker[14], deren Eltern sich scheiden ließen, als sie in der dritten Klasse war, ist *Black, White, and Jewish* ein Versuch, die eigene Lebensgeschichte zu begreifen, ihr eigenes »veränderliches Selbst« zu lokalisieren und zu beschreiben. Das Buch beginnt mit den Worten: »*I do not remember things*« (»Ich kann mich an die Dinge nicht erinnern«).[15] Sie schreibt: »Ohne ein Gedächtnis, das mich ständig daran erinnert, wer ich definitiv bin, fühle ich mich amorph, als fehle mir jene ununterbrochene schwarze Linie um meinen Körper, die alle anderen zu haben scheinen.« Walker lokalisiert die Wurzeln ihres veränderlichen, unklaren Selbstgefühls in ihrem eigenen frühen, sich ständig wandelnden Erleben ihres Zuhauses. Nur ein Kind geschiedener Eltern kann so über sein Zuhause schreiben, wie sie es getan hat: »Ich erinnere mich an Flughäfen. … Ich fühle mich auf Flughäfen wohler als in den acht verschiedenen Schulen, in denen ich all die Dinge gelernt habe, an die ich mich jetzt nicht mehr erinnern kann. ... Ich erinnere mich an Kommen und Gehen, Gehen und Kommen. Das war für mich das Zuhause.«[16]

Diese Bücher sind wichtige Ergänzungen zu dem, was wir aus wissenschaftlichen Studien über Kinder Geschiedener wissen, weil sie die Geschichte, die unpersönliche Statistiken erzählen, erhärten und erweitern. Soweit mir bekannt ist, wurde keiner dieser Autorinnen eine psychiatrische Diagnose gestellt, keine von ihnen hat Straftaten begangen, und keine ist verfrüht schwanger geworden. Doch die Auswirkungen der Scheidung, die sie miterlebten, und die spezifischen Arten, auf die sich dieses einschneidende Erlebnis aufgrund rassischer, religiöser oder klassenspezifischer Einflüsse in den jeweiligen Familien auswirkte, waren für diese Frauen so wichtig, daß sie das Bedürfnis entwickelten, ihre Geschichte zu erzählen.

Als ich meinen Bekannten mitteilte, daß ich ein Buch schriebe, hatte ich das Gefühl, einige von ihnen glaubten, dies sei leicht, und es müsse entlastend wirken, wenn ich meine geschiedenen Eltern in einem kritischen Licht betrachtete, mir das Erlebte von der Seele schriebe und mir so Genugtuung verschaffte. Doch will dieses Buch weder triumphieren noch ist es aus Rachsucht entstanden, und dies gilt wohl auch für die Bücher der zuvor genannten jungen Autorinnen. Unsere Stimmen sind eher suchend, reflektierend und vor allem äußerst zögernd. Wie meine eigene Untersuchung gezeigt hat, haben wir Kinder Geschiedener oft in übertriebenem Maße das Gefühl, unsere Eltern schützen zu müssen, insbesondere wenn wir noch jung sind; und schon allein deshalb fällt es uns manchmal schwer, wahrheitsgemäß über unsere Kindheit zu sprechen. Doch wenn unsere Kultur verstehen will, wie sich Scheidungen tatsächlich auswirken, und wenn wir unser eigenes Leben verstehen wollen, müssen wir versuchen, das, was wir erlebt haben, in Worte zu fassen. Die Liebe, die wir mit unseren Eltern teilen – unsere Liebe zu ihnen und ihre Liebe zu uns –, ist so stark, daß sie der ganzen, komplexen Wahrheit standzuhalten vermag.

Die Lebensgeschichten von Kindern geschiedener Eltern weisen auf jene anhaltenden Verlust- und Schmerzempfindungen hin, die durch eine Scheidung selbst dann entstehen, wenn die betreffenden Kinder so wirken, als sei bei ihnen »alles in Ordnung«. Durch die vorliegenden Langzeituntersuchungen wurden einige der offensichtlichen und beunruhigenden Unterschiede erkannt, die für uns Kinder Geschiedener generell charakteristisch sind. Doch bisher hat noch niemand von der eigenen Situation Abstand genommen und erklärt, wie eine Scheidung die Kindheit selbst verändert. Die in diesem Buch vorgestellte neue Studie macht deutlich, wie eine Scheidung viele zentrale Merkmale der Kindheit in einer [amerikanischen] Mittelklassefamilie verändert, die unserer Gesellschaft als selbstverständlich erscheinen, und wie dadurch die Identität der betroffenen Kinder bis ins beginnende Erwachsenenalter hinein verändert wird.

Eine solche umfassendere Darstellung des Geschehens ist deshalb wichtig, weil unsere Gesellschaft immer noch nicht begriffen hat, wie tiefgreifend sich eine Scheidung tatsächlich auswirkt.

Leider glauben immer noch viel zu viele, eine Scheidung sei heutzutage nichts weiter als eine der möglichen Varianten eines normalen Familienlebens, vielleicht ähnlich wie das Aufwachsen in einer Großfamilie oder in der Familie eines Militärangehörigen, die immer wieder umziehen muß. Natürlich sind mit solch einer Situation einige Unannehmlichkeiten verbunden, und einige betroffene Kinder mögen große Probleme bekommen, aber bleibt nicht die Kindheit selbst, so wie wir sie kennen, grundsätzlich gleich? Die meisten Menschen nehmen an, die Antwort auf diese Frage laute »ja«.

Und damit liegen sie falsch. Tatsächlich verändert eine Scheidung die Struktur der Kindheit selbst ganz massiv.

Warum eine »gute Scheidung« keine Lösung ist

Die Auseinandersetzung mit dem Phänomen Scheidung konzentriert sich in der Regel auf die schlimmstmöglichen Folgen dieses Ereignisses, wobei viele der Auffassung sind, wenn bei Kindern Geschiedener dem äußeren Anschein nach alles in bester Ordnung sei, brauche man sich ihretwegen keine Sorgen zu machen. Allerdings sind mir kaum andere wichtige Kindheitserlebnisse bekannt, mit denen unsere Gesellschaft ähnlich umgeht. Viele Menschen überleben schwere Kindheitstraumata – körperliche und sexuelle Gewalt, Alkohol- oder Drogensucht eines Elternteils – und schaffen es trotzdem, zu produktiven Mitgliedern der Gesellschaft zu werden. Dennoch würde wohl niemand die Auffassung vertreten, das Erleben sexueller oder körperlicher Gewalt in der Kindheit oder der Umgang mit einem alkohol- oder drogensüchtigen Elternteil könne nicht so katastrophal gewesen sein, da die Betreffenden die Probleme ja offensichtlich überlebt hätten und da sie jetzt den Eindruck erwecken, »in Ordnung« zu sein. Im Gegenteil: Unsere Gesellschaft hegt sogar besondere Sympathien für junge Menschen, die solche Erlebnisse hinter sich haben, und sie versucht aktiv, ihnen zu helfen und anderen Kindern dieses Schicksal zu ersparen.

Und außerdem: Wenn unsere Gesellschaft nur dann nachfragt, wenn ein Kind körperlich oder seelisch verletzt worden ist, setzt sie den Maßstab dafür, welche Erwartungen man bezüglich des Lebens eines Kindes realistischerweise haben kann, sehr niedrig an. Ich selbst bin mittlerweile auch Mutter geworden. Als ich meine Tochter das erste Mal in meinen Armen hielt, hoffte ich da nichts weiter, als daß sie aufwachsen könnte, ohne irgendwelchen Schaden zu erleiden? Wie alle Eltern wollen natürlich auch mein Mann und ich unsere Kinder vor Leiden bewahren, aber darüber hinaus wollen wir auch, daß sie gut gedeihen, sich nährender und liebevoller Beziehungen erfreuen und eine glückliche und erfolgreiche Zukunft haben. Eltern legen die Meßlatte für das Wohl ihrer Kinder in der Regel nicht besonders niedrig, und unsere Gesellschaft sollte dies auch nicht tun. Es reicht ganz und gar nicht, wenn wir nur fragen, ob eine Scheidung bei den Kindern der

Geschiedenen einen deutlichen und dauerhaften Schaden verursacht. Sie sollte außerdem konsequent zu ergründen versuchen, wie Scheidungen das Leben vieler betroffener Kinder verändern.

So wie sich die meisten Debatten über die Kinder Geschiedener auf schwerwiegende und offensichtliche Auswirkungen konzentrieren, drehen sich die meisten Auseinandersetzungen über das Leben in durch Scheidung getrennten Familien darum, wie man am besten mit offenen Konflikten umgehen sollte. Forscher, die untersuchen, wie es Kindern in durch Scheidung getrennten Familien ergeht, interessiert meist in erster Linie, wie gut oder schlecht die geschiedenen Eltern miteinander auskommen. Streiten sie um das Sorgerecht? Können sie sich gemeinsam in einem Raum aufhalten, ohne einen Streit zu beginnen? Halten sie sich an Abmachungen bezüglich des Besuchsrechts und der finanziellen Versorgung des Kindes?

Mehr über die Konflikte zwischen geschiedenen Eltern herauszufinden ist zweifellos wichtig. Doch ist durch die übertrieben starke Beschäftigung damit, wie Geschiedene mit Konflikten umgehen, eine Auffassung entstanden, die mir als äußerst beunruhigend erscheint und die in unserer Kultur schnell an Boden gewonnen hat. In den letzten Jahren haben einige Experten die Meinung vertreten, daß sich die negativen Auswirkungen von Scheidungen vielleicht vermeiden ließen, wenn Paare sich einvernehmlich trennen und beide Partner weiter an der Betreuung der gemeinsamen Kinder teilnehmen würden. Dieser Auffassung entsprechend werden Eltern, die sich scheiden lassen wollen, dazu gedrängt, um ihrer Kinder willen eine Lösung anzustreben, die dem neu entstandenen Klischee der »guten Scheidung« entspricht.

Die Vorstellung, daß eine »gute Scheidung« möglich sei, erscheint vielen als attraktiv. Manche Eltern empfinden diese Idee als beruhigend, weil sie mit konkreten Empfehlungen bezüglich dessen verbunden ist, was sie tun können, um ihre Kinder zu schützen, wenn sie eine sehr schwierige Ehe beenden müssen. Anderen Eltern gefällt die Idee einer »guten Scheidung«, weil sie ihnen die Möglichkeit eröffnet, eine zwar einigermaßen passable, aber für sie nicht völlig befriedigende Ehe zu beenden, ohne den Kindern Schaden zuzufügen.

Familienrichter begrüßen das Konzept der »guten Scheidung«, weil ihnen daran gelegen ist, Vereinbarungen zu treffen, die möglichst beide Eltern aktiv am Leben des Kindes beteiligen, und weil sie daran interessiert sind, eventuelle Konflikte zwischen den Eltern auf ein Minimum zu beschränken. Einigen Therapeuten gefällt diese Idee, weil sie den betroffenen Familien helfen wollen und weil diese Sichtweise ihnen die Möglichkeit eröffnet, den Eltern Hinweise für eine möglichst »verträgliche« Gestaltung des Trennungsprozesses zu geben. Und vielen Beobachtern des gesellschaftlichen Geschehens, darunter Journalisten, Akademikern und Meinungsbildnern, gefällt die Idee der »guten Scheidung«, weil sie unserer Gesellschaft einen großen Teil ihrer Angst vor Scheidungen zu nehmen verspricht. Das Wichtigste sei, so versichern uns die Experten immer wieder, wie die Eltern nach der Scheidung miteinander auskommen, also keineswegs die Tatsache der Scheidung an sich.

Bezugnahmen auf die Idee der »guten Scheidung« und die damit verbundene Vorstellung, die Qualität einer Scheidung sei ebenso wichtig wie, wenn nicht gar wichtiger als, die Scheidung selbst, sind überall zu finden. Im *Christian Science Monitor* wird ein Therapeut wie folgt zitiert: »Häufig macht nicht die Scheidung an sich den betroffenen Kindern zu schaffen, sondern die Stärke der Konflikte zwischen ihren Eltern und die Tatsache, daß sie zwischen den beiden Konfliktparteien stehen.«[17] Ein Experte aus dem akademischen Bereich erklärt: »Statt von Scheidungen grundsätzlich abzuraten, sollten wir als Gesellschaft darauf hinwirken, Scheidungen humaner zu gestalten.«[18] Ein anderer Experte schreibt in einer Buchrezension: »Das Problem liegt weniger in der Scheidung selbst als vielmehr in den unterschiedlichen Arten, auf die Männer, Frauen und Kinder eine Scheidung erleben und auf die sie auf die Scheidung reagieren.«[19] Ein Artikel in der Zeitschrift *Newsweek* mit der Überschrift »*Happy Divorce*« (»Glückliche Scheidung«) beschäftigt sich mit durch Scheidung getrennten Familien, die ihre Konflikte ruhen lassen, um gemeinsam Weihnachten zu feiern. In dem Artikel heißt es, Forscher »wissen seit Jahren, daß die Art, *wie* Eltern eine Scheidung realisieren, wesentlich wichtiger ist als die Scheidung an sich.«[20]

Eine Titelgeschichte des *Washington Post Magazine* im November 2002 hat die Überschrift: »Die gute Scheidung: Die Bemühungen eines Paares, sich zu trennen, ohne daß die Kinder darunter leiden.«[21] Das Titelblatt zeigt ein Foto von einer netten, lächelnden durch Scheidung getrennten Familie mit drei Mädchen. In dem Heft lernen wir Debbie und Eli kennen. Obwohl ihre Ehe nach Debbies Auffassung eine »insgesamt unglaublich funktionale Ehe« war, trennten die beiden Partner sich, als sie sich wegen ihres »Mangels an Verbundenheit« Sorgen zu machen begannen. Der Journalist zeigt sich beeindruckt davon, daß Eli, der auch nach Debbies Meinung ein großartiger Vater ist, immer noch an jedem Schultag morgens, nachdem die Mutter zur Arbeit aufgebrochen ist, zu Debbies Haus kommt, um den Mädchen bei der Vorbereitung auf den Schulbesuch zu helfen, so wie er es seit der Trennung vor drei Jahren immer getan hat. Eli erklärt, er komme jeden Morgen, um seinen Kindern zu versichern: »Auch wenn Mami und Papi nicht mehr verheiratet sind, sind wir immer noch eure Eltern, und wir werden euch immer lieben.« Leser der Geschichte gewinnen den Eindruck, die geschilderte Regelung werde so bestehen bleiben, bis die Mädchen den Haushalt ihrer Mutter verlassen.

Doch wird jedes Kind, das eine Regelung wie die zwischen Eli und Debbie persönlich erlebt hat, bestätigen, daß ein Arrangement dieser Art im Grunde instabil ist und durch die unterschiedlichsten Ereignisse zunichte gemacht werden kann. Was passiert, wenn Eli oder Debbie erneut heiratet? Wäre der neue Ehepartner glücklich darüber oder auch nur einverstanden damit, daß Eli jeden Morgen in Debbies Haus kommt, um seinen Töchtern zu helfen, sich auf den Schulbesuch vorzubereiten? Und was passiert, wenn die Eltern wieder auf Partnersuche gehen? Würden sie dann immer noch jedes unangekündigte

Auftauchen der Mädchen begrüßen? Und was wäre, wenn Debbie ein ausgezeichnetes Arbeitsangebot von der Westküste bekäme? Würde sie solch ein Angebot ablehnen, damit ihr Exmann weiter jeden Morgen zur Frühstückszeit auftauchen könnte?

Eine andere Art von Artikeln über »gute Scheidungen« beschreibt Tips und Techniken, die Eltern helfen sollen, ihre Scheidung möglichst gut »über die Bühne zu bringen«. In einigen kürzlich erschienenen Pressemitteilungen wurde auf eine neue Website hingewiesen – *OurFamilyWizard.com* –, die geschiedenen Eltern zu helfen verspricht, ihre Kommunikation miteinander zu verbessern. Auf dieser Website können beide Elternteile auf einem gemeinsamen Kalender, auf einer Nachrichtentafel, in einer Datenbank und in einem Aufwandskonto Eintragungen vornehmen. Dieses Projekt wurde von einem geschiedenen Vater entwickelt, der auf diese Weise einen Beitrag zur Bewältigung des »Chaos« leisten wollte, das durch die Betreuung mehrerer Kinder und durch ihre jeweiligen Stundenpläne sowie ihre Zugehörigkeit zu zwei Familien entsteht. Ein Journalist sagte: »Diejenigen, die sich im Familienrecht auskennen, erkannten sogleich den großen Wert solcher Bemühungen für die wirklich schrecklichen Fälle – wenn geschiedene Eltern nicht ein einziges Mal am Telefon miteinander reden können, ohne daß es zu einem Brüllwettstreit kommt.«[22] Der Ton solcher Artikel ist immer sehr zuversichtlich, und die darin Interviewten sagen oft, sie seien davon überzeugt, daß Eltern, die es schaffen, ihr Leben besser zu organisieren und sich an die vereinbarten Regeln zu halten, den Schmerz, den ihre Kinder nach der Scheidung erlebt haben, sehr stark verringern könnten.

Wenn in einem Zeitungsartikel von der »guten Scheidung« die Rede ist, wird diese stets mit Fanfarenklängen begrüßt und wie eine völlig neue Idee behandelt, die für moralisierende Schwarzseher, die sich über die Auswirkungen einer Scheidung auf Kinder aufregen, absolut nichts übrig hat. Die Vorstellung, daß eine »gute Scheidung« möglich sei, existiert tatsächlich schon länger als ein Jahrzehnt. Der Begriff wurde von Constance Ahrons im Jahre 1994 in ihrem Buch *The Good Divorce: Keeping Your Familiy Together* (deutsch: *Die gute Scheidung*) geprägt.[23] Die Autorin erklärt, Paare hätten die Möglichkeit, sich um eine »gute Scheidung« zu bemühen. Diese sei möglich, wenn sie für alle nach der Scheidung weiterhin notwendigen Interaktionen klare Regeln vereinbarten. Dadurch würden unnötige Konflikte verhindert, und den beiden geschiedenen Eltern werde ermöglicht, weiterhin aktiv am Leben ihrer Kinder teilzunehmen. Wenn Eltern eine »gute Scheidung« gelänge, hätten sie demnach keine beschädigte durch Scheidung getrennte Familie, sondern eine gedeihende »Zweikernfamilie« oder »binukleare Familie« – ein weiterer von Ahrons neu geprägter Begriff –, und den Kindern gehe es gut.

Die Prämisse der »guten Scheidung« klingt logisch. Natürlich ist es im Falle einer Scheidung für die Kinder besser, auf die für sie wichtigen Beziehungen nicht völlig verzichten zu müssen und nicht in erbitterte und nie endende Streitigkeiten verwickelt zu werden. Spricht man jedoch mit den Kindern selbst, stellt man schnell fest, daß die populäre Idee, die hinter dem Begriff der »guten Scheidung« steht – nämlich daß das Wie der

Scheidung wichtiger sei als die Scheidung an sich –, zwar aus der Perspektive der beteiligten Erwachsenen als sinnvoll und wünschenswert erscheint, aber das Erleben der Kinder nicht adäquat erfaßt.

Zwar ist eine »gute Scheidung« zweifellos besser als eine schlechte, doch ist sie damit noch nicht *gut*. Denn ganz gleich, wie einvernehmlich geschiedene Eltern miteinander umgehen und wie sehr sie ihre Kinder lieben und für sie sorgen mögen, ihre Bereitschaft zu diesem Verhalten trägt *nichts* zur Milderung der radikalen Umstrukturierung der Welt des Kindes bei, die mit einer Scheidung verbunden ist.

Als ich zusammen mit Dr. Norval Glenn die Situation junger Erwachsener aus getrennten Familien mit der Situation junger Erwachsener aus intakten Familien verglich, stellten wir fest, daß Kinder, die unter den Bedingungen einer »guten Scheidung« aufwachsen, sogar schlechter abschneiden als Kinder in einer intakten Familie, deren Eltern mit ihrer Ehe nicht glücklich sind, sofern es in der Ehe nicht ständig zu größeren Konflikten kommt – was bei etwa zwei Dritteln der Ehen, die geschieden werden, nicht der Fall ist. Immer häufiger hört man auch die Auffassung, daß eine »gute Scheidung« und eine glückliche intakte Ehe für die Kinder ungefähr gleich gut seien. Ein Beobachter erklärte: »Ob gute Scheidung oder gute Ehe spielt keine Rolle.«[24] Hingegen hat unsere Untersuchung eindeutig gezeigt, daß eine »gute Scheidung« für die betroffenen Kinder ganz sicher wesentlich schlechter ist als eine glückliche Ehe.[25] Sicher würde das jedes Kind bestätigen. Kein Kind hält eine »gute Scheidung« für ebenso gut wie die glückliche Ehe seiner Eltern.

Wie eine Scheidung die Kindheit verändert

Um die Realität des Lebens von Kindern geschiedener Eltern zu begreifen, konnten wir nicht einfach – wie so viele Forscher es getan haben – fragen, wieviele Kinder Geschiedener irgendwann in ihrem Leben schwerwiegende Probleme oder sogar solche mit tragischen Folgen entwickeln. Vielmehr mußten wir fragen: Wie werden Scheidungskinder mit den unterschiedlichen Überzeugungen, Wertvorstellungen und Lebensweisen ihrer Eltern fertig, wenn die Eltern selbst sich mit der Verschiedenartigkeit dieser Unterschiede nicht mehr auseinanderzusetzen brauchen? Wie wirken sich Verlustgefühle und Einsamkeit, die im Leben von Kindern Geschiedener eine so wichtige Rolle spielen, auf die spirituelle Entwicklung dieser Kinder aus. Wie könnte sich eine Scheidung auf das auswirken, was im Inneren dieser Kinder vor sich geht, selbst wenn sie später von außen betrachtet erfolgreich wirken?

Möglicherweise erscheinen diese Fragen dem Leser als naheliegend und völlig logisch, doch merkwürdigerweise werden sie noch nie gestellt. Die existierenden umfangreichen Abhandlungen über die moralische und spirituelle Entwicklung von Kindern stammen entweder aus einer Zeit, in der Scheidungen noch seltener vorkamen als heute, oder sie ignorieren schlicht, daß Scheidungen stattfinden, und tun so, als würden alle Kinder nach wie vor bei ihren verheirateten Eltern aufwachsen.[26]

Die in diesem Buch vorgestellte Studie entwirft ein völlig neues Bild. Bei denjenigen unter uns, die aus einer durch Scheidung getrennten Familie stammen, nahm im Augenblick, in dem sich unsere Eltern trennten, ein tiefes und dauerhaftes moralisches Drama seinen Anfang. Nach ihrer Trennung mußten wir während unserer gesamten weiteren Kindheit einen ständig größer werdenden Abgrund überqueren und überbrücken, und die beiden neuen Welten unserer Eltern wurden Jahr für Jahr immer unterschiedlicher. Unsere ständigen Reisen zwischen diesen Welten hatten für uns dauerhafte Folgen.

Die meisten Kinder können sich nicht vorstellen, daß sie vor ihren Eltern wichtige Dinge geheimhalten sollen oder müssen, doch eine Scheidung zwingt uns, ständig Geheimnisse zu wahren, selbst wenn unsere Eltern uns nicht ausdrücklich dazu auffordern. Die meisten Kinder erleben mit, wie ihre Eltern sich über unterschiedliche Wertvorstellungen und Überzeugungen auseinandersetzen; manchmal enden solche Auseinandersetzungen mit einem Streit, manchmal mit einer Übereinkunft, und manchmal verlaufen sie ergebnislos. Doch die meisten Menschen, die aus durch Scheidung getrennten Familien stammen, sagen später, ihre geschiedenen Eltern hätten *keine* oder nur wenige derartige Konflikte miteinander gehabt. Statt dessen erlebten wir etwas, das viel tiefer reicht und viel gefährlicher ist. Die Scheidung bescherte uns einen andauernden Konflikt zwischen den Welten unserer Eltern, der in unserem Inneren stattfindet. Und weil wir uns nicht vorzustellen vermochten, wie sich dieser Konflikt lösen ließe, waren viele von uns zu allem Überfluß auch noch überzeugt, selbst die Schuld daran zu haben.

Für Kinder geschiedener Eltern ist auch die Vorstellung, die Kindheit sei eine wichtige, geschützte Zeit seelischen Wachstums, nicht unbedingt zutreffend. Viele, wenn nicht die meisten Eltern sind der Auffassung, es sei wichtig, Kindern zentrale religiöse und spirituelle Werte zu vermitteln. Doch sagten Kinder Geschiedener häufig, wenn sie spirituelle Überzeugungen hätten, so hätten sie diese *allein* entwickelt, um etwas auszugleichen, das in ihrem Familienleben gefehlt habe, nicht als Bekräftigung dessen, was von dort gekommen sei. Wir lieben unsere Eltern, doch die Vorstellung, Gott könnte wie ein Vater oder eine Mutter sein, kann als ebenso bedrohlich wie verlockend erscheinen und uns entweder zu einem spirituellen Leben führen oder uns für viele Jahre jedem Glauben und jeglicher Spiritualität entfremden. Und das ist nur der Anfang.

2

Das geteilte Selbst

Wie Scheidungen bei Kindern
eine innere Spaltung erzeugen

Ich stöbere in einem Buchladen und finde ein wunderschön illustriertes Kinderbuch. Auf dem Einband ist ein kleines Mädchen mit seidigem schwarzem Haar, dunklen Knopfaugen und einem unergründlich starren Blick abgebildet. Die Arme und Beine des Kindes sind ausgestreckt, als wolle es einen »Schnee-Engel« produzieren. Rechts ist ein Bild aus einer Stadt zu sehen – dicht nebeneinander stehende riesige Apartmentgebäude, und auf dem Dach von einem befindet sich ein Wasserturm. Vor einem anderen Gebäude steht ein dünner Baum, und die Umrandung bildet ein schmales Stück blauer Himmel. Links von dem Kind befinden sich üppige grüne Berge, die wie aufeinandergetürmte Eiskugeln wirken. Sie sind verziert mit hoch emporragenden Bäumen, einem kleinen Haus und einer weißen Scheune mit roter Tür. Das Mädchen wirkt, als stehe es buchstäblich zwischen zwei sehr unterschiedlichen Welten.

Das Buch *To & Fro, Fast & Slow*[27] ist für kleine Kinder geschiedener Eltern gedacht. Das namenlose Mädchen in der Geschichte reist regelmäßig zwischen der Wohnung des Vaters in der Stadt und dem Haus der Mutter auf dem Lande hin und her. Die Eltern – und deren völlig unterschiedliche und voneinander getrennte Welten – stehen in einem starken Kontrast zueinander, doch in dem Buch geht es um Spaß und Abenteuer. Das kleine Mädchen erfreut sich an den Gegensätzen. Es bekommt das Beste beider Welten: die Stadt und das Land, eine liebende Mami und einen liebenden Papi.

Vom Titelbild bis zu den geteilten Bildern im gesamten Buch sind Teilungen und Gegensätze hier das wichtigste Thema. Auf dem Titelbild, wo das Gegensatzpaar Stadt und Land dargestellt wird, ist auch ein Hund zu sehen, der in das Bild links springt, und eine Katze, die aus dem Bild rechts herausspringt. Und auf dem T-Shirt des Mädchens ist sowohl eine Sonne als auch ein Mond abgebildet. Das Motiv ist klar: Alles, was dieses kleine Mädchen kennt, jeder Aspekt seines Lebens, ist in der Mitte geteilt. So wie die hübschen Bilder der Sonne und des Mondes auf dem T-Shirt sind die beiden Hälften des Lebens dieses Kindes so unterschiedlich wie Tag und Nacht. Doch die Autorin scheint uns versichern zu wollen, daß dies alles dem kleinen Mädchen gefällt. Seine Eltern sind zwar geschieden, aber ihre Scheidung ist keine »gemeine« Scheidung. Das Mädchen verbringt viel Zeit bei seiner Mutter und bei seinem Vater, und beide überhäufen es mit ihrer Liebe. Ist das alles nicht letztendlich genauso gut, wie wenn sein Vater und seine Mutter noch zusammenleben würden und es ständig mit beiden zusammen wäre?

Viele sind der Meinung, die Antwort auf diese Frage laute ja. Als ich aufwuchs, hätte ich nicht erklären können, was an der Scheidung meiner Eltern für mich schwierig war. Ich liebte sie, und sie liebten mich. Ich vermißte beide schrecklich, wenn ich nicht bei ihnen war, und als sie wieder heirateten, hatte ich manchmal Probleme, mit den neuen Familienmitgliedern zurechtzukommen. Doch wenn in meiner Kindheit jemand das Verhalten meiner Eltern kritisiert hätte, hätte ich sie verteidigt. Vielleicht hätte mir sogar ein Buch wie *To & Fro, Fast & Slow* gefallen. Oder es hätte mich sogar fasziniert, meine ungewöhnlichen Erlebnisse darin dargestellt zu finden.

Als Kind war ich nicht in der Lage, Dinge zu kritisieren. In zwei Welten aufzuwachsen war das einzige, was ich kannte. Doch als ich Anfang Zwanzig war und genauer beobachten konnte, was meine Freunde aus intakten Familien erlebten, fragte ich mich, ob meine ständigen Reisen zwischen den Welten meiner beiden Eltern und meine Unsicherheit darüber, wer ich war oder wo ich hingehörte, nicht meine Identität geprägt hatten. Vielleicht war diese Last, die ich schon lange empfand – dieses Gefühl, alles im Leben allein herausfinden zu müssen, keine Hilfe von jemand anderem erwarten zu können –, nicht einfach nur das Resultat meiner eigenen Unfähigkeit, mit dem Leben fertig zu werden und glücklich zu sein. Zögernd, weil ich meinen Eltern keine Vorwürfe machen und weil ich vermeiden wollte, daß sie sich schlecht fühlten, fing ich an zu erforschen, ob die Last, die ich empfand, etwas mit der Scheidung meiner Eltern zu tun hatte.

Später, als ich Mitte Zwanzig auf die Universität kam, wurde mir klar, daß jene innere Debatte, die schon so lange in mir stattfand – über die Frage, ob die Scheidung meiner Eltern signifikante Auswirkungen auf mich hatte –, Bestandteil einer heftigen öffentlichen Debatte über die Auswirkungen von Scheidungen auf Kinder war und daß die amerikanische Öffentlichkeit hinsichtlich der Antwort auf diese Frage ebenso gespalten war wie ich selbst.

Die Scheidung ist der Anfang, nicht das Ende

Viele glauben, die schwierigste Zeit sei für Kinder Geschiedener der Augenblick, in dem ihre Eltern sich trennen. Dieser Augenblick ist tatsächlich hart, aber er ist nur der Anfang. Die Teilung und Umstrukturierung der Kindheit, die unmittelbar darauf folgen und die sich fortsetzen, bis das Kind das elterliche Heim verläßt – und sogar darüber hinaus –, relativieren Aspekte der Kindheit, die einmal für selbstverständlich gehalten wurden, und halten die Scheidung noch viele Jahre lebendig.

Im Rahmen unserer landesweiten Studie stellten wir fest, daß fast zwei Drittel der Kinder Geschiedener, die den Kontakt zu beiden Eltern aufrechterhalten hatten, erklärten, sie hätten das Gefühl, in zwei Familien aufgewachsen zu sein.[28] [[109]]* Im Gefolge der Scheidung treten viele Veränderungen ein. Doch aus der Perspektive des Kindes ist die wichtigste unter ihnen, daß es sich plötzlich mit zwei völlig verschiedenen Welten konfrontiert sieht, in denen es aufwachsen soll.

In zwei Welten aufzuwachsen bringt für ein Kind unzählige und häufig schmerzhafte Komplikationen mit sich. Doch eine der ersten und beunruhigendsten Konsequenzen dieser Situation ist, daß die Ähnlichkeit mit einem Elternteil nicht mehr zwingend beinhaltet, daß man dazugehört, Mitglied einer großen Familie ist, zu der das Kind ebenso wie alle anderen Familienmitglieder gehören. Ganz im Gegenteil. Plötzlich kann die Ähnlichkeit oder können irgendwelche anderen Gemeinsamkeiten mit einem Elternteil das Kind zum Außenstehenden machen.

Als Kinder Geschiedener wurden wir in den beiden neuen Welten unserer Eltern gleichzeitig Dazugehörige *und* Außenstehende. Letzteres waren wir, wenn wir aussahen oder uns verhielten wie der jeweils andere Elternteil oder wenn wir in einer der beiden Welten über Erlebnisse sprachen, über die die Menschen in dieser Welt kaum etwas oder nichts wußten. Und vielleicht hatten wir auch einen anderen Nachnamen als sie – ein sehr machtvolles Symbol. Im Gegensatz dazu wurden wir zu Dazugehörigen durch die Eigenschaften, die wir mit den Familienmitgliedern in einer der beiden Welten gemeinsam hatten – beispielsweise durch körperliche Merkmale, Persönlichkeitsmerkmale und unseren Namen –, sowie durch die Erlebnisse, die wir mit der betreffenden Familie teilten. Es gab immer zumindest einige Eigenschaften und Erlebnisse, die uns mit der Familie in einer der beiden Welten verband. Doch da wir abwechselnd in beiden Welten wohnten, fühlten wir uns nie völlig der einen oder der anderen Familie zugehörig. In jedem beliebigen Augenblick konnte eine der Eigenschaften, die uns deutlich von den anderen Mitgliedern der Gruppe, in der wir uns zum betreffenden Zeitpunkt befanden, unterschieden, zutage treten und uns zum Außenstehenden machen.

Dieses Aufwachsen in zwei Welten ist ein relativ neues Phänomen. Erst seit einigen Jahrzehnten leben Kinder in großer Zahl in ständigem Wechsel bei ihren beiden geschiedenen Eltern. Kein Erwachsener riet uns, wie wir mit dieser Situation umgehen sollten, weil die Erwachsenen es selbst nicht wußten. Sogar im Falle einer relativ konfliktfreien Scheidung wurden wir in ein völlig unbekanntes Gebiet versetzt.

---

* Die Zahlen in den einfachen eckigen Klammern verweisen auf die Fragen in Anhang B, die an diesen Stellen im laufenden Text wörtlich erwähnt werden. Zahlen in doppelten eckigen Klammern verweisen ebenfalls auf bestimmte Fragen, doch werden diese in solchen Fällen nicht wörtlich zitiert. Anm. d. Übers.

Manche mögen trotzdem fragen, warum die *Struktur* der Scheidung – die Tatsache, daß sie ein Kind zwingt, in zwei Welten aufzuwachsen – eine ebenso große, wenn nicht sogar eine noch größere Rolle spielt als die *Qualität* der Scheidung. Wenn beide Eltern ihr Kind innig lieben, warum hat ihre Scheidung dann trotzdem zur Folge, daß das Kind, während es aufwächst, sehr schmerzhafte und belastende Erlebnisse ertragen muß?

Wie sich die Ehe auf die Kinder auswirkt

Um zu verstehen, warum die Scheidung selbst das primäre Problem ist – und was sie Kindern antut –, muß ich zunächst erklären, welche Rolle die Ehe der Eltern für die Kinder spielt. Die meisten Bücher über die Kinder Geschiedener beschäftigen sich kaum oder gar nicht mit der Ehe der Eltern. Sie blenden alles aus, was vor der Scheidung geschieht. Das ist so, als würde man beim Lesen eines Kriminalromans gleich mit dem zehnten Kapitel beginnen. Als ich mich damit beschäftigte, was in der Psyche von Kindern geschiedener Eltern vorgeht, stellte ich fest, daß das, was wir als betroffene Kinder erleben, im Grunde mit der Eheschließung beginnt und in erheblichem Maße über die Ehe Aufschluß gibt.

Denken Sie nur an das täuschend einfache Wort *Eltern*. Das ist ein Plural, obwohl es im allgemeinen Sprachgebrauch die Einheit einer Mutter und eines Vaters, also einen Singular, bezeichnet. Obwohl ein Kind natürlich weiß, daß seine verheirateten Eltern zwei eigenständige Personen sind, sieht es sie oft als Einheit, insbesondere wenn es noch sehr jung ist.

Eine der schwierigsten Aufgaben, die Ehepartner bewältigen müssen, ist, zu einem Paar zu werden. Die Bedürfnisse und Erlebensweisen beider müssen so in Einklang gebracht werden, daß sie in der Lage sind, füreinander zu sorgen und unnötige Streitigkeiten zu vermeiden. Paare versuchen, dieses Problem zu lösen, weil sie wissen, daß sie beide glücklicher sind, wenn sie in einem relativ harmonischen Zustand zusammenleben. Wichtiger wird die Lösung des Problems, wenn sie ein Kind haben, weil sie dann einen Menschen erziehen, der durch die Umgebung, die sie schaffen, stark beeinflußt wird.

Verheiratete Paare bemühen sich, ihre unterschiedlichen Wertvorstellungen, Überzeugungen und Lebensweisen in Einklang zu bringen. Bei diesem Bemühen entstehen oft Konflikte. Experten konzentrieren sich gewöhnlich auf Konflikte zwischen Ehepartnern, und zwar teilweise deshalb, weil Konflikte den Beteiligten schaden können, aber auch, weil Konflikte leichter zu erkennen sind und sich leichter untersuchen lassen als Eintracht.

Man kann einen Konflikt in einer Beziehung jedoch auch als Begleiterscheinung der umfassenden Bemühungen des Paares, ihre beiden Welten miteinander in Einklang zu bringen, verstehen. Zwischen Ehepartnern entstehen Konflikte, weil sie gemeinsame Interessen haben, die sie unterschiedlich wahrnehmen. Ihr gemeinsames Interesse daran, ihre Unterschiede zu harmonisieren, bringt sie dazu, die Auseinandersetzung mit ihrem Konflikt fortzusetzen. Solange ein Paar verheiratet ist, treten immer wieder Konflikte zwischen ihnen auf, und keinem Paar gelingt es jemals, alle Besonderheiten beider Partner aufzulösen – einmal ganz abgesehen davon, ob jemand, der in einer ehelichen Beziehung lebt, so etwas auch nur wollen würde.

Deshalb wirkt das Bemühen von Ehepartnern, ihre beiden Welten miteinander in Einklang zu bringen, häufig so, als bestünde zwischen ihnen ein Konflikt.

Das Stirnrunzeln und die angespannte Haltung von zwei Eltern, die sich nicht darüber einig sind, ob ihr Kind alt genug ist, um mit einem Freund zusammen in einen Park zu gehen, ist für Außenstehende leicht zu erkennen. Doch wenn sie sich dann schließlich darüber einigen, daß ihr Kind so etwas allein tun darf, und wenn der eine von ihnen das Kind zur Tür bringt, während die andere in die Küche geht, um das Essen vorzubereiten, dann wirkt das auf einen unbeteiligten Beobachter möglicherweise so, als sei nichts geschehen. Es *ist* aber etwas geschehen. Vielleicht tendiert ein Elternteil stärker dazu, sein Kind zu behüten, als der andere, doch haben sie nun in diesem einen Punkt eine Einigung erzielt. Das Kind darf in den Park gehen, und möglicherweise wird ihm nie klar werden, daß seine Eltern bezüglich dieser Frage unterschiedlicher Meinung waren. Streiten sie jedoch darüber, merkt das Kind (sofern es darauf achtet) vielleicht, daß seine Eltern Meinungsverschiedenheiten haben. Das Kind – und wir – erkennt dann, daß ein Konflikt besteht, aber es registriert auch das übergeordnete Bemühen der Eltern, ihre beiden Welten in Einklang zu bringen.

Wenn es verheirateten Eltern gelingt, ihre individuellen Welten in Einklang zu bringen, schlägt sich dies darin nieder, daß sie Meinungsverschiedenheiten überwinden können, daß sie einander im Beisein des Kindes unterstützen und daß sie versuchen, die besonderen Eigenarten des Partners zu verstehen und sich auf sie einzustellen. Sind ihre Bemühungen um Einklang weniger erfolgreich, können ihre Versuche, ihre unterschiedlichen Vorstellungen zu harmonisieren, die Form von offenen Streitigkeiten, von gegenseitiger Kritik im Beisein des Kindes oder von Versuchen, die Verhaltensweisen des Partners, die ihnen nicht passen, zu verändern, annehmen. Doch so gut oder schlecht sie auch mit der Herausforderung, ihre Unterschiedlichkeiten in Einklang zu bringen, fertig werden, ein wichtiger, aber leider häufig ignorierter Aspekt des Ehelebens ist und bleibt: *Die unterschiedlichen Vorstellungen in Einklang zu bringen, ist Aufgabe der Eltern, nicht der Kinder.*

Jeder wird wohl bestätigen, daß nur schlechte Eltern einem kleinen Kind sagen würden: »Ich bin der Meinung, daß du dies tun solltest, aber dein Vater meint, daß du jenes tun solltest. Du mußt also selbst entscheiden, was du machst.« Wenn Eltern unterschiedlicher Meinung sind, müssen sie sich über den strittigen Punkt auseinandersetzen und über ihn zu einer Einigung gelangen. Ob sie bei der Auseinandersetzung unter sich bleiben oder sie in Anwesenheit des Kindes austragen, ist zwar sehr wichtig, aber nicht der einzige Punkt, auf den es ankommt. Ebenso wichtig ist, daß Eltern die Aufgabe haben, ihre Differenzen zu überbrücken; selbst wenn sie ihre Aufgabe nicht gut erfüllen, würde niemand fordern, daß ihr Kind diese Aufgabe für sie übernehmen sollte. Unsere Gesellschaft macht den Erfolg oder Mißerfolg familiärer Konfliktlösungsbemühungen definitiv vom Verhalten der Eltern abhängig.

Vielen verheirateten Paaren ist völlig bewußt, daß sie sich bemühen müssen, zwei unterschiedliche Sichtweisen des Lebens in Einklang zu bringen. Dies gelingt einigen Paaren besser als anderen. Doch selbst wenn Partner aufeinander wütend sind und einander meiden – wenn sie sich nicht aktiv darum bemühen, ihre Differenzen auszuräumen oder offene Streitigkeiten zu verhindern –, bleibt die bloße Tatsache, daß die Ehe sie zusammenhält, gewichtiger als die Differenzen, die sie entzweien.

Die verbindende Qualität des Ehestatus ist schwer zu erkennen, aber sie ist im Leben Verheirateter unterschwellig ständig wirksam. Sie ist die Hintergrundmusik zwischen den Kampfszenen, die subtile Spannung, die wir nicht hören, bis uns jemand darauf hinweist. Wir sehen ein verheiratetes Paar, das eine Meinungsverschiedenheit hat. Wir hören von den Konflikten der beiden Partner. Manchmal sehen wir, wie sie sich nach einem Streit versöhnen. Wir müssen genauer hinschauen, um zu erkennen, daß sie sich trotz ihrer wiederkehrenden Meinungsverschiedenheiten und Versöhnungen im gelebten Prozeß des Verheiratetseins befinden – einem Prozeß, der mit zahllosen kleinen Kompromissen und spannungsreichen Verhandlungen verbunden ist und der sich in einem nüchternen Ausdruck wie »Geben und Nehmen« zusammenfassen läßt. Die Ehepartner suchen abends das gleiche Schlafzimmer auf und verlassen es jeden Morgen. Sie verstehen zumindest einen Teil der Bedürfnisse des anderen als eine Sache von Gewohnheiten. Selbst wenn sie wütend sind und einander meiden, leben sie weiter im gleichen Haus und teilen miteinander die Identität eines verheirateten Paares. Trotz ihrer Differenzen sind sie in den Augen der Kinder weiterhin eine Einheit – »Eltern« –, und die Auseinandersetzung mit den Konflikten zwischen ihren Welten, so gut oder schlecht sie damit zurechtkommen, ist nach wie vor ihre Aufgabe.

Eine zu starke Konzentration auf Konflikte und Unglücklichsein ist im übrigen eine übertriebene Darstellung des Problems. Jedes verheiratete Paar hat Konflikte, doch nur einige Paare haben schwere und dauerhafte Konflikte, die das Wohl der Partner oder ihrer Kinder bedrohen. Eine Scheidung ist für diese Paare etwas, worüber sie im Zweifelsfall nachdenken müssen. Für die meisten verheirateten Paare jedoch ist es wichtiger, daß sie lernen, mit Konflikten besser umzugehen. In den meisten Ehen ist die entscheidende Leistung das ständig notwendige, nie perfekt abgeschlossene, aber trotzdem wichtige Bemühen um die Vereinigung der beiden Welten der Partner zu einer Ehe und einer Familie. Bei manchen Paare schleifen sich die scharfen Kanten zwischen den unterschiedlichen Auffassungen und Lebensweisen im Laufe der Zeit ab, und ihre Überzeugungen und Wertvorstellungen gleichen sich einander an. Trotzdem bleiben bei allen Paaren gewisse Unterschiede bestehen, und bei manchen in stärkerem Maße als bei anderen.

Wichtig ist aber auch, sich darüber klar zu sein, daß Differenzen in einer Ehe nicht unbedingt schlecht sein müssen. Verheiratete Eltern erschließen ihren Kindern manchmal recht unterschiedliche Perspektiven, die den Kindern letztendlich zugute kommen. Kürzlich hat mir ein Freund von einem Treffen berichtet, daß er und seine Frau mit der Lehrerin ihrer sechsjährigen Tochter hatten. Die Lehrerin sagte, ihre Tochter sei in der Schule sehr gut; das einzige Problem sei, daß sie sich manchmal vordränge, wenn alle Schüler die Klasse verließen, um zum Spielplatz oder zur Cafeteria zu gehen. Als die Eltern anschließend darüber sprachen, sagte die Frau meines Freundes besorgt: »Ich will nicht, daß sie andere Kinder verletzt.« Mein Freund antwortete: »Ist es nicht wunderbar, daß sie so genau weiß, was sie will? Mit dieser Eigenschaft wird sie es in der Welt weit bringen.«

Beide Eltern brachten gute, aber unterschiedliche Wertvorstellungen zum Ausdruck. Die Mutter sorgte sich wegen der sozialen Beziehungen ihres Kindes und wegen seiner Fähigkeit, mit anderen Kindern auszukommen. Der Vater hingegen freute sich über den Drang seiner Tochter, sich zu behaupten, der ihr eines Tages helfen würde, ein unabhängiges Leben zu führen. Indem sich die Eltern im Beisein ihrer Tochter mit ihren unterschiedlichen Wertvorstellungen auseinandersetzen, können sie ihr eine differenzierte und positive Botschaft vermitteln: Tue, was notwendig ist, um im Leben weiterzukommen, aber sei gleichzeitig auch nett zu anderen Menschen. Weil die Eltern zusammenleben, weiß das Kind, daß es möglich ist, diese unterschiedlichen Wertvorstellungen miteinander zu vereinbaren.

Wenn diese Tochter die Adoleszenz erreicht und später erwachsen wird und dann anfängt, sich von seinen Eltern zu lösen, entwickelt sie eigene, unabhängige Überzeugungen, Wertvorstellungen und Lebensweisen. Doch solange sie Kind ist, zählt die Entwicklung einer eigenen Sicht der Welt nicht zu ihren Aufgaben. Ihre Eltern setzen sich vor ihren Augen und auch ohne ihr Wissen mit ihren unterschiedlichen Auffassungen auseinander und geben ihrer Tochter dadurch eine Grundlage. Wenn die Tochter dazu bereit ist, wird sie sich mit den Anschauungen und Wertvorstellungen ihrer Eltern auseinandersetzen, sie mit den Auffassungen anderer Menschen in ihrer Umgebung vergleichen und sie dann entweder bewußt akzeptieren, sie ablehnen oder Teile davon mit Sichtweisen verbinden, die sie anderswo kennengelernt hat.

Dieser subtile Prozeß scheint in intakten Familien weitgehend unbemerkt zu verlaufen. Natürlich versuchen verheiratete Eltern, ihrem Kind eine einzige Familie zu geben und ihm eine bestimmte Lebensweise nahezubringen. Natürlich sehen die meisten Kinder, insbesondere solange sie noch jung sind, ihre Eltern als Einheit und als Menschen mit weitgehend ähnlichen Überzeugungen und Erwartungen. Dies sind die Grundlagen jedes Familienlebens.

Nur sind diese Grundlagen des Familienlebens leider für viele Kinder heutzutage keine Selbstverständlichkeit mehr.

Wie aus Eltern zwei getrennte Menschen werden

Wenn Paare sich trennen, verändert sich vieles dramatisch, was in unserer Kultur als normaler Bestandteil des Familienlebens angesehen wird. Selbst das Wort *Eltern* wird dann um neue Bedeutungsschichten erweitert. Es bezieht sich zwar noch immer, zumindest vorerst, auf die biologischen Eltern (oder die Adoptiveltern) des Kindes. Doch die in dem Wort mitschwingende Idee der Einheit löst sich nach der Scheidung auf – die Eltern werden getrennt und verwandeln sich wieder in zwei alleinstehende Menschen, die in unterschiedlichen Wohnungen leben. Die Zahl der Interaktionen zwischen ihnen sinkt in der Regel von vielen täglich zu vielleicht mehreren oder auch nur wenigen wöchentlich ab, wobei diese zudem oft nur per Telefon oder eMail stattfinden. Der Scheidungsprozeß trennt die Eltern noch stärker. Gerichtsverfahren und Konflikte, bei denen es um Besitztümer und das zukünftige Leben der Kinder geht, bringen sie dazu, sich voneinander abzugrenzen und alle bisherigen Verbindungen mit Ausnahme derjenigen zu den Kindern abzubrechen.[29]

Einige Eltern setzen ihre Konflikte auch in den Jahren nach der Scheidung offen fort. Doch weil Experten erkannt haben, daß dies für die Kinder schädlich ist,[30] werden Geschiedene heutzutage aufgefordert, derartige Auseinandersetzungen um der Kinder willen zu vermeiden.

Manchen geschiedenen Eltern gelingt es, ihre Konflikte von Anfang an auf ein Minimum zu beschränken. Sie vermeiden bösartige Auseinandersetzungen um Geld und Eigentum. In den Jahren nach der Scheidung nehmen die äußerlich erkennbaren Konflikte zwischen den Eltern oft allmählich ab. Es gelingt ihnen, die abwechselnde Betreuung der Kinder zu organisieren, ohne sich zu streiten. Einige schaffen es sogar, eine freundschaftliche Beziehung aufzubauen. Beide sind bei wichtigen Ereignissen im Leben des Kindes anwesend. Sie können an der Haustür miteinander reden, wenn sie das Kind zum anderen Elternteil bringen. Paare, die zu alldem fähig sind, gelten als erfolgreich in ihrem Bemühen um eine »gute Scheidung«. Vielleicht können sie lächeln, wenn sie einander begrüßen. Vielleicht hegen sie sogar noch angenehme Erinnerungen an die gemeinsame Zeit, so wie Menschen sich einer alten Liebe von vor langer Zeit erinnern.

Solche Eltern haben keine Konflikte mehr miteinander. *Aber sie bemühen sich auch nicht mehr, gemeinsam den Unterschieden zwischen ihren beiden Welten Rechnung zu tragen.*

Bezüglich dieses Punktes verstummen die Experten. In unserer Gesellschaft sind viele der Auffassung, wenn es Eltern gelinge, nach ihrer Scheidung möglichst wenige Konflikte miteinander zu haben, schüfen sie dadurch für ihre Kinder etwas, das einer intakten Familie vergleichbar sei, weil die Kinder dann auch weiterhin einen Vater und eine Mutter hätten. Diese Annahme ist unzutreffend. Tatsächlich ist eine Familie nach der Scheidung der Eltern eine völlig neue Art von Familie, der viele Merkmale eines intakten Familienlebens, die uns als natürlich und deshalb nicht besonders erwähnenswert erscheinen, fehlen.

Nach einer Scheidung werden die Unterschiede zwischen den geschiedenen Eltern stärker, weil beide an der Entwicklung einer neuen Identität arbeiten. Sie haben ein neues Zuhause und müssen in ihrem Beruf und Privatleben mit neuen Herausforderungen fertig werden. Ihre Überzeugungen und Wertvorstellungen entwickeln sich weiter. Doch die Unterschiedlichkeiten ihrer Welten werden nicht mehr in der täglichen Konfrontation mit dem Partner abgeschliffen, und aufgrund ihrer räumlichen Trennung voneinander und der Auflösung des gemeinsamen Freundeskreises entwickeln sie sich in völlig unterschiedliche Richtungen. Sie gleichen nicht mehr unterschiedlichen Waggons eines Zuges, die auf ein und demselben Gleis fahren, sondern eher zwei separaten Zügen, die sich jeweils auf einem anderen Gleis fortbewegen.

Manchmal kommt es zwischen solchen geschiedenen Eltern zu Konflikten, doch wenn sie sich bemühen, ihre Streitigkeiten zu minimieren, dann gelingt ihnen dies hauptsächlich, weil sie einander aus dem Weg gehen.[31] Außenstehende Beobachter sehen einen erfreulichen Mangel an Konflikten, doch aus Sicht der Kinder haben solche Geschiedenen zwei völlig getrennte Welten geschaffen, in denen die Kinder aufwachsen müssen. Natürlich ist es für ein Kind besser, wenn zwischen seinen Eltern möglichst wenige offene Konflikte stattfinden, denn andernfalls wird die Trennung zwischen den beiden Welten noch verstärkt, und es entsteht zusätzlicher Schmerz. Doch das bloße Fehlen von Konflikten kann die Welten der Eltern nie so miteinander versöhnen, wie es zwischen verheirateten Eltern zwangsläufig geschieht.

Reisende zwischen zwei Welten

Geschiedene Eltern halten sich von der Welt ihrer ehemaligen Partner fern und ziehen sich in ihre eigene Welt zurück. Wo steht das Kind? Als Kinder Geschiedener wurden wir zu Reisenden zwischen den Welten unserer beiden Eltern. Manchmal standen wir in der einen Welt, manchmal in der anderen, doch in unserem Geist befanden wir uns meist in einer unangenehmen Position irgendwo dazwischen. Wir ähnelten tatsächlich jenem Fußball, der zu sein ich mir als Kind einmal vorgestellt hatte, und flogen zwischen unseren beiden Eltern hin und her. Als sie sich scheiden ließen, trennten sie erfolgreich ihre Identitäten. Doch wir blieben die Brücke zwischen ihnen, die zwei zunehmend unterschiedlicher werdende Lebensweisen auf einen Nenner bringen sollte, während wir eine eigene Identität zu entwickeln versuchten. Mit anderen Worten: *Nach einer Scheidung geht die Aufgabe, die einmal den Eltern auferlegt war – ihre unterschiedlichen Welten in Einklang zu bringen –, auf die Kinder über.* Weil die Erwachsenen diese Aufgabe nicht mehr erfüllen können, ist das Kind gefordert, dies selbst zu versuchen.

Scheidungen sind aus vielen Gründen problematisch. Oft haben sie zur Folge, daß der Frau und den Kindern wesentlich weniger Geld zum Leben zur Verfügung steht. Oft wird den Kinder das alltägliche Zusammenleben mit ihren Vätern unmöglich gemacht. Außerdem wirken die Probleme, die durch die Scheidung entstehen, auf die Kinder so ablenkend, daß ihre Leistungen in der Schule nachlassen und sie für zahlreiche soziale Probleme anfälliger werden. Doch die zentrale gewaltige Aufgabe, die uns nach der Scheidung unserer Eltern plötzlich übertragen wurde, bestand darin, daß wir allein versuchen mußten, die immer unterschiedlicher werdenden Lebensweisen unserer Eltern zu begreifen und miteinander in Einklang zu bringen. Die wichtigsten Vorbilder für unsere eigene im Entstehen begriffene Identität, unsere Mutter und unser Vater, erfüllten nicht mehr die Aufgabe, die differierenden Aspekte ihrer jeweiligen Welten aufeinander abzustimmen, um uns etwas einigermaßen Konsistentes weiterzugeben. So wie die Eltern in dem Kinderbuch *To & Fro* kann auch unsere Mutter das einfache Leben auf dem Lande bevorzugt haben, während unser Vater seine Karriereträume in der großen Stadt zu verwirklichen versuchte; doch besteht für sie kein Grund mehr, ihre differierenden Wertvorstellungen und Sehnsüchte aufeinander abzustimmen. Vielmehr stoßen die Unvereinbarkeiten ihrer Welten nur noch an einem einzigen Punkt unversöhnlich aufeinander: in der inneren Welt ihres gemeinsamen Kindes.

Dieses Thema tauchte in unserer landesweiten Studie mit jungen Erwachsenen, die aus durch Scheidung getrennten Familien stammten, immer wieder auf. Melissa, eine 23jährige Bibliothekarin, deren Eltern sich hatten scheiden lassen, als sie fünf Jahre alt gewesen war, erinnerte sich: »Als ich aufwuchs, war es ziemlich schwer für mich, mit meinen Eltern zu interagieren, weil sie sich getrennt hatten. Sie waren zwei völlig verschiedene Menschen, lebten an zwei Orten und hatten ganz unterschiedliche Vorstellungen.« Nach ihrer Scheidung hatte Melissas Vater an der amerikanischen Westküste ein neues Leben begonnen und es schließlich zu einigem Wohlstand gebracht. Ihre Mutter war an der Ostküste geblieben, hatte unter schwerer Depression gelitten und Melissa häufig vernachlässigt. Melissas sehr unterschiedliche Eltern konnten nichts tun, um diese Diskrepanz zu überbrücken, und sie konnten ihrem Kind nichts Verbindendes anbieten. Diese Verbindung zu schaffen blieb Melissa selbst überlassen.

Viele andere Kinder Geschiedener äußern sich in ähnlicher Weise. Jason, ein 32jähriger Berater, dessen Eltern sich scheiden ließen, als er vierzehn Jahre alt war, sagte: »Meine Eltern waren sehr verschieden. Sie waren praktisch polare Gegensätze. Meine Mutter hatte eine bestimmte Art zu denken, mein Vater eine völlig andere. Aber es kam zwischen ihnen wegen dieser unterschiedlichen Ansichten nie zu offenen Konflikten. Sie waren einfach sehr verschieden.« Es blieb einzig und allein Jason überlassen, die divergierenden Denk- und Lebensweisen seiner beiden Eltern zu begreifen und für sich in Einklang zu bringen, während er herauszufinden versuchte, wer er selbst war und was er selbst für richtig hielt.

Aufwachsen im Zustand permanenter Wachsamkeit

Einige von uns waren noch sehr jung – erst acht oder zwölf Jahre alt –, als unsere Eltern sich trennten. Wie gingen wir in diesem Fall mit der Aufgabe um, die unterschiedlichen Welten unserer Eltern zu begreifen, nachdem sie selbst dies mehr oder weniger aufgegeben hatten (wobei zu bedenken ist, daß es *allen* Erwachsenen ziemlich schwer fällt, diese Aufgabe zu erfüllen)?

Wir reagierten auf diese Herausforderung teilweise durch Entwickeln besonderer Wachsamkeit. Wir beobachteten unsere Eltern – ihre Überzeugungen, ihre Wertvorstellungen, ihre Arten zu leben – sehr sorgfältig. Manchmal investierten wir unsere gesamte Energie in unser Bemühen, unsere beiden Eltern zu *verstehen* – herauszufinden, was sie verletzlich machte, was sie wütend machte, was sie über ihren früheren Partner dachten, was sie über uns selbst dachten. Außenstehenden gegenüber wirkten wir möglicherweise besonders sensibel und aufmerksam oder auch rebellisch und distanziert, doch in Wahrheit beobachteten wir einfach sehr genau.

Unterdessen befindet sich das Kind verheirateter Eltern auf einer völlig anderen Reise. Vor Erreichen der Adoleszenz und des frühen Erwachsenenalters, bevor das Kind sich von seinen Eltern löst und zu einer selbständigen Person wird, bewegt es sich häufig unbefangen durch die Welt, in Kenntnis der Überzeugungen seiner Eltern oder in dem Glauben, sie zu kennen. Wichtiger jedoch ist, daß es sich während des größten Teils der Zeit nicht sonderlich damit beschäftigt, was seine Eltern denken und fühlen. Es ist mehr mit *sich selbst* und seinen eigenen Kämpfen und Freuden befaßt, mit seinen Freunden, seinen Geschwistern und der Schule, mit Spielen und mit seinen Phantasien. Das Kind kann sich nach eigenem Belieben auf diese Dinge konzentrieren – es hat die Möglichkeit, im Zentrum seiner eigenen Welt zu verweilen, da es tief innerlich weiß, daß seine Eltern sich um die wichtigen Dinge kümmern. Gemeinsam schützen sie ihr Kind, halten sie nach ihm Ausschau und nähren sie es – so daß es dem Kind häufig so erscheint, als würden seine Eltern nur existieren, um alle diese Dinge für es selbst und seine Geschwister zu tun. Manchmal streiten die Eltern auch miteinander, und solche Streits können ein Kind beunruhigen und ängstigen. Doch in der Regel vertraut es darauf, daß sie sich wieder versöhnen werden, und meist tun sie das auch.[32] So kehrt die Aufmerksamkeit des Kindes, die zeitweise auf seine Eltern gerichtet war, wieder zu ihm selbst zurück.

Auf außenstehende Beobachter wirkt ein Kind geschiedener Eltern nicht anders als ein Kind aus einer intakten Ehe. Wir liefen auf dem Spielplatz herum, gingen zur Schule, stritten mit unseren Geschwistern, spielten mit Bauklötzen und malten in unserem Schlafzimmer Bilder. Doch bei alldem waren wir sehr wachsam. Wenn wir bei unserem Vater waren, waren wir oft sehr still und bemühten uns um gutes Benehmen. Wir achteten genau auf die unterschiedlichen Regeln, die in den beiden Haushalten unserer Eltern gültig waren, und waren uns ihrer unterschiedlichen Erwartungen an uns sehr bewußt.

Wir fragten uns, ob wir zu sehr unserem Vater glichen oder uns zu stark wie er verhielten und ob das unsere Mutter wütend machte. Wir gaben uns große Mühe, daran zu denken, was wir beim jeweils anderen Elternteil nicht sagen sollten, welche Geheimnisse oder Informationen über den einen wir dem anderen nicht mitteilen durften. Wir paßten uns an unsere beiden Eltern an, beeinflußten unsere Gewohnheiten und Überzeugungen so, daß wir jeweils die des Elternteils nachahmten, in dessen Nähe wir uns gerade befanden. Oft fühlten wir uns jeweils wie ein anderer Mensch, je nachdem, bei welchem Elternteil wir uns aufhielten.

Vielleicht waren die Konflikte zwischen unseren Eltern abgeklungen, doch der Konflikt zwischen ihren Welten bestand weiterhin. Aber dieser Konflikt war nicht mehr für jeden Außenstehenden zu erkennen, sondern er verlagerte sich in unser Inneres. Wenn wir unsere eigene Identität suchten – wenn wir uns fragten: »Wer bin ich?« –, wurden wir mit zwei völlig verschiedenen Lebensweisen konfrontiert. Jede Antwort, die wir in der einen dieser beiden Welten fanden, konnte durch die andere Welt in Frage gestellt werden. Zu sehr wie unser Vater zu sein konnte das Mutter-Selbst in uns bedrohen und umgekehrt. Diese Konflikte wurden nicht in Gesprächen mit unseren Eltern oder mit anderen Menschen oder in Gesprächen, die unsere Eltern miteinander führten, offenkundig, sondern sie gelangten in uns zum Ausdruck. Unser Körper war zwar eins, aber wir fühlten uns nicht wie eine Einheit. Selbst eine »gute Scheidung« änderte nichts daran, daß wir mit unserem geteilten Selbst zu kämpfen hatten.

Verheiratete Eltern führen in Gegenwart ihrer Kinder kein vollkommenes Leben. Im Gegenteil. Auch sie haben manchmal schwerwiegende Differenzen, und ihre Kinder müssen zuweilen mit ernsten Problemen fertig werden. Doch unsere Gesellschaft ist mittlerweile bereit, über diese Probleme zu reden. In der Selbsthilfeabteilung von Buchläden findet man ganze Regale voller Bücher über Familien von Alkoholikern, co-abhängige Eltern, Inzest und Gewalt gegen Kinder. Außerdem gibt es Bücher über Mütter, die ihre Töchter zu sehr lieben, und über Mütter, die zu distanziert sind, sowie über arbeitssüchtige Väter, die ihre Kinder unter starken Erfolgsdruck setzen.

Hingegen findet man nur wenige Bücher über durch Scheidung getrennte Familien, zumindest wenn man bedenkt, wie viele Familien dieser Art es gibt; und die meisten dieser Bücher sind optimistische Darstellungen, die sich damit befassen, wie man eine Scheidung möglichst problemlos »über die Bühne bringt«, also keine gründlichen Auseinandersetzungen mit dem Leben der Kinder Geschiedener.[55] Merkwürdigerweise ist unsere Kultur andererseits nur zu gern bereit, sich mit dysfunktionalen intakten Familien zu beschäftigen – genüßlich aufzuzeigen, auf wie viele verschiedene Weisen verheiratete Eltern ihre Kinder schlecht behandeln können. Was Scheidungen betrifft, schweigen sie sich meist aus, weil niemand möchte, daß geschiedene Eltern sich schlecht fühlen. Dies kann sogar den natürlich falschen Eindruck erzeugen, daß durch Scheidung getrennte

Familien für die Kinder in der Regel *besser* seien als durchschnittliche intakte Familien, deren Probleme in dieser Art von Literatur so häufig seziert werden.

Welche Folgen hat es für ein Kind, wenn es seine Kindheit zwischen den Welten seiner getrennten Eltern erlebt?

Unsere Studie ergab, daß Kinder Geschiedener, selbst wenn es ihnen gut zu gehen scheint und wenn sie später im Leben erfolgreich sind, wesentlich häufiger ergreifende Geschichten über Konfusion, Isolation und Leiden zu berichten wissen als Gleichaltrige aus intakten Familien. Die meisten Menschen erwarten von Kindern nicht, daß sie sich intensiv mit den Bedürfnissen und Verletzlichkeiten ihrer Eltern beschäftigen, doch genau das tun Kinder Geschiedener ziemlich häufig. Die meisten Menschen erwarten von Kindern auch nicht, daß sie sich schon früh in ihrem Leben mit komplexen moralischen Fragen auseinandersetzen, doch als Kinder geschiedener Eltern haben wir dies ständig getan. Und die meisten Menschen erwarten von Kindern nicht, daß diese sich in ihrem Zuhause wie Außenstehende fühlen, und doch haben wir Kinder Geschiedener uns oft genau so gefühlt. Weiterhin erwarten die meisten Eltern nicht, daß Kinder vor ihren Eltern Geheimnisse wahren; aber genau das haben wir getan. Ebensowenig erwartet man von Kindern, daß sie sich Gott aus einer Haltung des Leidens und der Isolation nähern, aber vor genau diesem Hintergrund erklären wir Kinder Geschiedener häufig unsere spirituelle Reise. Und schließlich erwarten die meisten Menschen von Kindern nicht, daß sie sich jeweils wie ein anderer Mensch fühlen, je nachdem, mit welchem Elternteil sie gerade zusammen sind; doch Kinder Geschiedener sagen häufig, daß es ihnen so ergangen ist.

Als unsere Eltern sich scheiden ließen, war das für uns nicht nur wie ein einmaliger, plötzlicher Schlag, von dem wir ein paar schnell verheilende Schrammen davontrugen. Vielmehr wurde in unserer Kindheit das Innerste nach außen gekehrt, und zwar auf eine Weise, die weitgehend geheim und unsichtbar blieb – bis jetzt.

3

Kleine
Erwachsene

Als ich 23 Jahre alt war, traf ich anläßlich einer Familienfeier eine Tante wieder, die ich jahrelang nicht gesehen hatte. Nachdem wir eine Weile über ihre Söhne geplaudert hatten, lächelte sie mich sehr herzlich an und sagte: »Du warst schon als Kind immer so reif. Mit fünf Jahren hast du wie eine Erwachsene geredet.«

Solche Komplimente habe ich von Erwachsenen mein ganzes Leben lang gehört. Ich war immer wieder als »reif«, »patent« und »zuverlässig« bezeichnet worden. Ich hatte gelernt, solche Äußerungen mit einem Achselzucken zu akzeptieren und dann bescheiden das Thema zu wechseln. Doch diesmal hielt mich etwas in den Augen meiner Tante davon ab, wie gewohnt über die Äußerung hinwegzugehen. »Ich habe immer gedacht, daß das eigentlich traurig ist«, fuhr sie fort.

Ich erstarrte. *Das* hatte noch nie jemand zu mir gesagt – wirklich noch nie. Plötzlich und zum ersten Mal sah ich mich als Fünfjährige mit ihren Augen. Mir wurde klar, daß es *tatsächlich* traurig war, wenn sich ein so kleines Kind »reif« verhielt. Natürlich sind einige Kinder reifer als andere. Aber Kinder müssen auch Kinder sein können.

Jener Augenblick ist mir in Erinnerung geblieben. Es war eine der wenigen Situationen gewesen, in denen eine Beobachterin vom allgemeinen Konsens »Scheidung ist in Ordnung, deine Eltern sind wunderbar, und es ist großartig, daß du schon so reif bist« abgewichen war und die komplexe Realität meines Lebens erkannt hatte. Meine Eltern *waren* wunderbar, und ich *war* reif – in mancherlei Hinsicht. Aber bedingt durch ihre Scheidung bin ich sehr schnell erwachsen geworden.

Sogar meinen Eltern fiel das irgendwann auf. Mit einem Ausdruck gleichzeitiger Traurigkeit und Bewunderung sagte meine Mutter oft zu mir: »Du hast dich selbst aufgezogen.«

Als ich zwei Jahre alt war, sprach sie mit mir darüber, daß sie meinen Vater verlassen wolle und daß ich mich nun so verhalten müsse, als ob ich älter sei, als ich tatsächlich war, und das habe ich offenbar auch getan. Im Gegensatz zu vielen anderen Kindern bekam ich weder Wutanfälle noch weinte ich besonders viel. Ich war viel mit ihr und meinem neuen Stiefvater sowie mit ihren gemeinsamen Freunden zusammen. Ich genoß es, daß mir Erwachsene so viel Aufmerksamkeit schenkten. Wenn ich ins Bett geschickt wurde, obwohl eine Party noch voll im Gange war, fühlte ich mich beleidigt. Mit Erwachsenen zu reden erschien mir viel interessanter, als mit anderen Kindern zusammen zu sein.

Als ich fünf Jahre alt war, reiste ich allein im Flugzeug zu meinem Vater. Im Alter von neun Jahren, als meine Mutter und mein Stiefvater sich trennten, war ich es gewöhnt, mich allein in der Welt zu bewegen. Ich war kein Kind, das sich von seiner Mutter nach der Schule hierhin und dorthin fahren ließ. Ich fuhr mit dem Fahrrad viele Meilen weit zum Haus einer Freundin oder in ein Einkaufszentrum. Wenn ich einen Ort nicht allein erreichen konnte, fuhr ich nicht hin. Im gleichen Jahr paßte ich auch schon an vielen Nachmittagen auf meinen jüngeren Bruder auf – und als ich elf Jahre alt war, übernahm ich auch abends die Aufgabe, ihn als Babysitter zu betreuen. Heute bestätigt er ebenso wie meine Mutter, daß ich an seiner Erziehung einen wesentlichen Anteil gehabt habe.

Meine Tatkraft und Unabhängigkeit haben mich als Kind mit Stolz erfüllt. Manchmal belastete mich diese Rolle zwar, aber ich akzeptierte sie andererseits auch als einen festen Bestandteil meiner Identität. Mir kam gar nicht in den Sinn, daß ich auch auf eine völlig andere Art hätte leben können. Ich hatte das Gefühl, daß ich mich nur auf mich selbst verlassen konnte.

Doch so reif ich äußerlich wirkte, innerlich war ich doch noch ein Kind, oft einsam, manchmal verwirrt und zeitweise sehr verängstigt. Wenn ich allein zu Hause war oder wenn ich auf meinen kleinen Bruder aufpaßte, stellte ich mir vor, daß Fremde durch die Fenster in unser Haus spähen oder durch das Dachfenster in mein Schlafzimmer unter dem Dach schauen würden. Leider hatten meine Eltern für solche Gefühle kein Verständnis. Meiner Mutter wuchsen die Probleme ständig über den Kopf, und mein Vater lebte zu weit entfernt, um etwas davon zu ahnen.

Kinder werden aus unterschiedlichen Gründen gezwungen, zu schnell »erwachsen« zu werden: durch Armut oder durch den Tod oder die chronische Krankheit eines Elternteils. Doch im Falle einer Scheidung verhält es sich anders. Die Kinder wissen, daß es zur Scheidung gekommen ist, weil sich zumindest ein Elternteil für diese Lösung entschieden hat.

Kinder, wir müssen euch etwas erzählen

Der Tag, an dem ein Kind erfährt, daß seine Eltern sich trennen werden, ist ein Wendepunkt in seinem jungen Leben. Manche Kinder, die zu diesem Zeitpunkt alt genug sind, um sich an die Situation später erinnern zu können, datieren alle ihre Kindheitserinnerungen anhand der Kategorien »vor der Scheidung« und »nach der Scheidung«. Doch ist jener erste Augenblick, in dem sie von der bevorstehenden Trennung hören, nur selten so eindeutig definierbar, wie Außenstehende sich dies häufig vorstellen. Meist ist die mehr oder weniger zufällige und verwirrende Art, auf die Kinder erfahren, daß ihre Eltern sich trennen werden, ein Vorbote jener vielen verwirrenden Wendungen, die ihr Leben bald nehmen wird.

Michael ist ein junger Berufsberater, der in einer städtischen High-school in Chicago arbeitet. Wir trafen uns eines Tages gegen Mittag in einem vietnamesischen Restaurant in der Nähe seiner Schule. Er kam verspätet zum vereinbarten Termin, überflog kurz die Speisekarte und erklärte, ein Gespräch mit einem Studenten, der in Schwierigkeiten sei, habe sich länger hingezogen. Er brauchte einige Zeit, um sich auf das Treffen mit mir ein-zustellen und darüber nachzudenken, wann er im Alter von fünf Jahren, und damit vor fünfundzwanzig Jahren, erfahren hatte, daß seine Eltern sich scheiden lassen würden.

Er verschränkte die Arme, lehnte sich vor und ließ seine Ellbogen auf dem Tisch ru-hen. Dann sagte er: »Meine Eltern haben sich in meinem Beisein nie gestritten. Wenn sie Differenzen hatten, gingen sie in ihr Schlafzimmer und redeten miteinander.« Dann fuhr er fort: »Eines Tages, als mein Bruder und ich zum Basketball-Training gingen – wir spielten in einer speziellen Liga für Kinder –, sagte meine Mutter: ›Euer Vater ist wegge-gangen und wird nicht mehr zurückkommen.‹« Michael hielt inne. »Wir sagten nichts. Es war, als wollte sie uns vermitteln: ›Ihr braucht nicht zum Training zu gehen, wenn ihr nicht wollt.‹« Michael reagierte darauf verwirrt, doch dann erklärte er: »Nein, ich will zum Training gehen.«

Daniel, ebenfalls 29 Jahre alt, war sieben, als seine Eltern sich trennten. Ihm hat nie jemand gesagt, was auf ihn zukommen würde. Eines Tages sagte er zu seinen jüngeren Brüdern: »Komisch, wir gehen zu unserer Mutter, und dann gehen wir zu unserem Vater und dann wieder zurück zu unserer Mutter und dann wieder zu unserem Vater.« Erst nachdem er dies gesagt hatte, wurde ihm klar, was es bedeutete.

Melissa war fünf Jahre alt, als ihre Eltern sich trennten. Ihr Vater hatte seine Arbeit ver-loren und war an die Westküste gezogen, weil er hoffte, dort eine neue Arbeit zu finden. Der Rest der Familie sollte später nachkommen, doch dazu kam es nie. Später erfuhr sie, daß das deshalb nicht geschehen war, weil ihre Eltern sich hatten scheiden lassen.

Auch Joanna erinnerte sich nicht daran, daß jemand sie über die Scheidung ihrer El-tern informiert hätte. Eines Tages zog sie mit ihrer Mutter in das Haus ihrer Großmutter, und ihr Vater kam nicht mit.

Alex erinnerte sich nur an mehrere Situationen, in denen seine Mutter ihn mitten in der Nacht aufgeweckt hatte, ihm seinen Mantel gegeben und ihn aufgefordert hatte: »Zieh den Mantel über den Schlafanzug. Wir gehen.« Eine dieser nächtlichen Aktionen hatte das Ende des Zusammenlebens seiner Eltern markiert.

Samantha weiß nicht einmal genau, wann ihre Eltern sich scheiden ließen. Sie war zu diesem Zeitpunkt zwischen drei und fünf Jahre alt gewesen. Sie erinnerte sich an ein

Haus, einen Swimmingpool, eine Schaukel, und dann verschwamm ihre Erinnerung. Irgendwann waren ihre Eltern dann nicht mehr zusammen gewesen.

Einige hörten die traurige Nachricht von einem einsamen, verlassenen Elternteil, der sie mit Tränen in den Augen und erschöpft darüber informierte – von dem, der sich gezwungen sah, die Kinder über die Trennung in Kenntnis zu setzen. Manche Kinder waren aufgefordert worden, ihren jüngeren Brüdern oder Schwestern noch nichts davon zu erzählen, und manche hatten irgendwann entdeckt, daß ihre älteren Geschwister früher darüber Bescheid gewußt hatten als sie. Die Scheidung hatte schon angefangen, sie alle voneinander zu isolieren.

Wenn man Passanten auf der Straße fragt: »Wie erfahren Kinder, daß ihre Eltern sich scheiden lassen?«, erhält man wahrscheinlich eine Antwort wie diese: »Wenn Eltern beschließen, sich scheiden zu lassen, rufen sie ihre Kinder zusammen, vielleicht im Wohnzimmer oder am Küchentisch, und informieren sie. Sie erklären ihnen, was geschehen wird und wo sie danach leben werden.« Ist ein Befragter besonders gut informiert, fügt er vielleicht noch hinzu: »Außerdem versichern die Eltern den Kindern, daß sie als Kinder keine Schuld an der Trennung haben, und beide Eltern beteuern, wie sehr sie ihre Kinder lieben.«

Unsere Kultur hat für Eltern, die sich scheiden lassen wollen, ein Skript entwickelt.[34] Es ist in Büchern, auf Websites und in Zeitschriften, die in den Wartezimmern von Therapeuten ausliegen, zu finden. Die Empfehlungen sind immer gleich: »Rufen Sie die Kinder zusammen. Erklären Sie ihnen gemeinsam die Situation. Versichern Sie ihnen, daß die Trennung nicht ihre Schuld ist. Versichern Sie ihnen, daß Sie sie lieben. Und fragen Sie die Kinder schließlich, ob sie zu der ganzen Angelegenheit noch Fragen haben.«

Auf diese Weise kann man angeblich dafür sorgen, daß die nächste Lebensphase gut beginnt. Dies soll die richtige Art sein, mit einer Scheidung umzugehen.

Das Problem ist, daß die Realität so gut wie nie einem Skript entspricht.

Eine Scheidung ist der ultimative Zusammenbruch, und Zusammenbrüche verlaufen fast immer »unordentlich«, schmerzhaft und chaotisch. Wenn eine Ehe zerbricht, fühlt sich zumindest ein Partner, wenn nicht beide, zutiefst verletzt, und nur selten sind beide in der Lage, die anstehenden Aufgaben gemeinsam in Angriff zu nehmen.

Außerdem hebt das beschriebene »offizielle« Skript auf eine merkwürdige und im Grunde ironische Weise Gemeinsamkeiten hervor. Beide Eltern sollen den Kindern *gemeinsam* erklären, was geschehen wird. Die Kinder sollen alle *zusammen sein* und die Neuigkeiten gleichzeitig hören. Die Eltern sollen *mit* den Kindern *zusammen* sein und ihnen gegenüber an den Tagen nach dem Gespräch besonders aufmerksam sein, damit die Kinder ihre Gefühle ausdrücken und Fragen stellen können, die ihnen erst nach der Eröffnung einfallen. Dieser Rat ist sicherlich gut gemeint, und wenn Eltern sich wirklich scheiden lassen müssen, ist es zweifellos gut, wenn sie ihm folgen, so gut sie können.

Doch wird meist schnell klar, daß dieses Gespräch über die bevorstehende Trennung –

sofern es überhaupt dazu kommt – das letzte Zusammenkommen der gesamten Familie ist. Kinder Geschiedener, die sich an ein solches Treffen erinnerten, fühlten sich angesichts dieser Erinnerung traurig oder wütend. Das Zusammensein ist für sie ein schmerzlicher Gegensatz zu dem plötzlichen Verlust, der ihr Leben so stark veränderte und es für viele Jahre prägte.

Ein weiterer problematischer Aspekt des vielgepriesenen Skripts ist, daß es bei den Kindern ein ziemlich entwickeltes verbales Verständnis voraussetzt. Weil viele Kinder noch sehr jung sind, wenn ihre Eltern sich scheiden lassen, kann es durchaus vorkommen, daß sie sich dann, wenn die Scheidung sich auf ihr Leben auszuwirken beginnt, an das, was die Eltern gesagt haben, nicht mehr erinnern.

Doch letztlich ist es nicht entscheidend, ob unsere Eltern mit ihrer Scheidung »gut« umgegangen sind. In jedem Fall hat mit der Aufteilung unseres ursprünglichen Zuhauses in zwei Hälften in unserem Leben ein völlig neues Kapitel begonnen. Fortan hatten *wir* die Verantwortung dafür, eine Brücke zwischen den beiden immer unterschiedlicher werdenden Welten unserer Eltern zu schlagen. Der plötzliche Verlust eines Elternteils und die unbenannte Last, die plötzlich auf uns herabfiel, spielen in unseren Erinnerungen eine wichtigere Rolle als das, was unsere Eltern in jener Situation zu uns gesagt haben, um uns, wie sie hofften, zu beruhigen.

Kinder, die an den Rand gedrückt werden

Wenn eine Zelle sich teilt, erzeugt sie zwei neue Zellen, die jeweils einen eigenen Kern haben. Ebenso entstehen, wenn eine Kernfamilie sich teilt, zwei neue Familien, die jeweils *ihren* eigenen Kern haben. Doch eine Scheidung wirkt sich auf den Prozeß der »familiären Zellteilung« sehr merkwürdig aus. In einer intakten Familie sind die Kinder der Kern, den die Eltern beschützend umgeben. Nach einer Trennung beginnen neu auftauchende Verletzlichkeiten der Erwachsenen, sich auf die Familienstruktur auszuwirken. Die beiden Eltern bewegen sich ins Zentrum ihrer jeweils eigenen neuen Welt, und plötzlich stehen die *Kinder* am Rand und beobachten ihre Eltern wachsam oder versuchen sogar, sie zu beschützen.

Die Kinder Geschiedener äußerten sich im Rahmen unserer Studie sehr freimütig über diese Umstrukturierung. Ich war überrascht und niedergeschlagen, als ich feststellte, daß fast zwei Drittel der Teilnehmer, die aus intakten Familien stammten, bekräftigten, daß in ihrer Ursprungsfamilie »die Kinder im Mittelpunkt der Familie standen« [[103]]. Das gleiche ist jedoch nur bei einem Drittel der Kinder aus durch Scheidung getrennten Familien der Fall. Diejenigen unter uns, die als Nutznießer einer »guten Scheidung« aufgewachsen sind,[35] werden wahrscheinlich eher bestätigen, daß die Kinder im Mittelpunkt ihrer Familie standen, doch wir alle haben dieses Gefühl wohl in geringerem Maße als Kinder, deren Eltern eine zwar unglückliche, aber konfliktarme oder sogar glückliche Ehe geführt haben. Die Scheidung hat die Struktur unserer Kindheit verändert und nur zu vielen von uns plötzlich das Gefühl vermittelt, am Rande des Geschehens zu stehen.

Kinder, die ihre Eltern schützen

Wenn eine Mutter oder ein Vater einem kleinen Kind mit Tränen in den Augen erklärt, daß seine Eltern vor haben, sich scheiden zu lassen, ist dies wahrscheinlich nur die erste von vielen Situationen, in denen das Kind einen Elternteil oder seine beiden Eltern in einer sehr verletzlichen Verfassung erlebt. So wie ein Bürgerkrieg die Schwächen eines Landes zutage fördert oder wie bei einem Erdbeben durch Spalten in der Erdkruste das darunter verborgene flüssige Gestein dringt, bringt eine Scheidung die Schwachstellen der beteiligten Erwachsenen ans Licht, die zuvor in der Ehe verborgen waren. Die Erwachsenen werden durch ihre Betroffenheit, ihre Trauer und ihren Ärger erschüttert. Von ihren Gefühlen überwältigt, vermögen sie oft nicht zu verhindern, daß diese Gefühle auch auf ihre Kinder übergehen. Noch gefährlicher ist, daß einige von ihnen sogar bei ihren eigenen Kindern Unterstützung suchen – insbesondere bei Kindern, die, nachdem sie eine Weile in diesem Zustand der Auflösung aller bisher Sicherheit gebenden Strukturen gelebt haben, trügerisch verständig, unabhängig und reif wirken.

Wenn wir als Kinder erlebt haben, daß unsere Mutter oder unser Vater Angst hatten oder sich verletzt fühlten, war das für uns beängstigend. Schließlich waren unsere Eltern unser eigener wichtigster Schutz vor der beängstigenden Welt außerhalb der Familie. Wir hielten sie für größer und mächtiger als jene Welt. Eltern, denen dies bewußt ist, bemühen sich gewöhnlich, ihren Kindern ihre tiefsten Gefühle nicht zu zeigen. Doch wenn Eltern sich scheiden lassen, müssen sie selbst mit vielen Schicksalsschlägen gleichzeitig fertig werden. Sie fühlen sich dann häufig zurückgewiesen, nicht geliebt, allein in einer Welt von Paaren, und fragen sich, ob sie jemals wieder einen Menschen finden werden, den sie lieben können. Manchmal kämpfen sie auch mit einer Depression. Vielleicht müssen sie ihren Besitz aufteilen und umziehen, und danach sehen sie sich plötzlich mit drängenden finanziellen Problemen konfrontiert. Vielleicht müssen sie darüber nachdenken, wie sie eine besser bezahlte Arbeit finden können, oder sie müssen sich überhaupt zum ersten Mal seit vielen Jahren bemühen, eine Arbeit zu finden. Außerdem sorgen sie sich wegen ihrer Kinder. Sie fühlen sich sehr verletzlich, und es fällt ihnen schwer, all dies vor ihren Kindern zu verbergen. Manche Kinder spüren, daß ihre Eltern dem Zusammenbruch nahe sind, und bekommen daraufhin selbst Schwierigkeiten. Dann werden bei ihnen Probleme wie eine Aufmerksamkeitsdefizitstörung, Ängste oder eine Depression diagnostiziert. Es kann auch sein, daß sie zu rebellieren beginnen, gewalttätig werden oder anfangen zu trinken oder Drogen zu konsumieren.

Einige unter uns Kindern Geschiedener schlagen einen anderen Weg ein, indem sie ihren Blick von sich selbst abwenden und sich statt dessen auf die Verletzlichkeit ihrer Eltern konzentrieren. Sie versuchen, ihre Eltern vor den Dingen zu schützen, die ihnen Sorgen machen oder sie verletzen könnten. Wir Kinder geschiedener Eltern werden sehr schnell erwachsen. Es erfordert eine besondere Art von Widerstandskraft, so auf eine Scheidung zu reagieren; doch sollten Erwachsene niemals zu testen versuchen, ob ihr Kind über diese besondere Art von Stärke verfügt. Diejenigen unter uns, denen trotz aller äußeren und inneren Unsicherheit eine solche Anpassungsleistung gelingt, werden möglicherweise zu dem, was Verfechter einer »guten Scheidung« als »erfolgreiche« junge Erwachsene bezeichnen. In den Augen aller anderen Menschen mögen wir »patent« wirken, doch wenn jemand mit uns darüber redet, was in uns vor sich geht, findet er unmittelbar unter der Oberfläche eine ziemlich starke Mischung aus Verlustgefühlen und Verwirrung, die wir bis heute mit uns herumtragen.

Allison ist eine junge College-Professorin mit einer kleinen Tochter. Wir trafen uns in einem Café in einem geschäftigen urbanen Viertel in der Nähe der Eigentumswohnung, die sie mit ihrem Mann bewohnt. Sie ist zweiunddreißig Jahre alt, eine hübsche Frau mit großer, schlanker Figur und anmutigen Bewegungen. Sie scheint viel Zeit mit ernsten Gedanken zu verbringen.

»Meine Mutter und mein Vater sind in den 1960ern aufgewachsen«, erklärt sie. »Sie waren beide liberal eingestellt und glaubten, jeder Mensch müsse tun, was ihn glücklich mache. … Beide waren der Meinung, ein Mensch müsse so leben, wie er es bevorzuge, und sie akzeptierten diese Haltung auch bezogen auf ihr eigenes Leben.« Allison spielte mit ihrem Armband und schenkte mir ein verstohlenes Lächeln. »Ich glaube, der entscheidende Unterschied zwischen ihnen und der Grund, aus dem ihre Beziehung scheiterte, war, daß meine Mutter nicht eine von vielen Frauen sein wollte und mein Vater darauf aus war, sich mit so vielen Frauen wie möglich einzulassen.« Sie trennten sich, als ihre Tochter zwei Jahre alt war.

Allison schaute einen Augenblick lang aus dem Fenster, bevor sie sich mir wieder zuwendete und traurig den Kopf schüttelte. Sie sagte: »In meiner Beziehung zu meiner Mutter habe ich gewöhnlich die Rolle der Mutter und sie die des Kindes gespielt, weil sie noch sehr jung war, als ich geboren wurde, und dann waren meine Eltern nicht mehr zusammen. Deshalb wurde von mir ständig erwartet, daß ich mich verantwortungsbewußter verhielt, als ein normales Kind es getan hätte, und dies schon, als ich noch sehr jung war.« Sich um ihre Mutter zu kümmern bedeutete auch, sie vor den Verurteilungen ihres Vaters und der Großeltern zu schützen. »Ich bemühte mich, nie irgendwelche Einzelheiten darüber zu erzählen, was in ihrem Privatleben vor sich ging«, erklärte sie.

»Ich erinnere mich noch gut daran, daß ich mich immer ziemlich unabhängig fühlte. Ich mußte mich schon sehr früh wie eine Erwachsene fühlen.« Aufgrund dieser Rolle tat Allison Dinge, »die Kinder normalerweise nicht tun würden.« Beispielsweise flog sie schon mit drei Jahren allein im Flugzeug, und sie behielt mit fünf Jahren die Uhr im Auge, um den Elternteil, bei dem sie gerade war, daran zu erinnern, daß sie aufbrechen mußte, um zu ihrem anderen Elternteil zurückzukehren. »Ich war immer verantwortungsbewußt, gut organisiert und praktisch«, sagte sie. »Diese Eigenschaften prägten meine gesamte Existenz.«

Eine so kontrollierte Lebensweise hat natürlich auch Nachteile. Obwohl Allison mittlerweile mit einem liebevollen Ehepartner zusammenlebt, spricht sie nicht oft darüber, was in ihr vor sich geht, und es fällt ihr meist schwer, anderen Menschen nahezukommen. Ihre größte Freude – das Thema, bei dessen Erwähnung sie sichtlich erfreut lächelte – ist ihre kleine Tochter. Doch bevor sie und ihr Mann ein Baby bekamen, war sie »eine ganze Weile« in einer Therapie gewesen, die sie viele Tausend Dollar gekostet hatte. »Ich wollte mir möglichst sicher sein, daß ich nicht völlig verkorkst war, bevor ich ein Kind bekam«, erklärte sie.

Viele Menschen, die aus Familien geschiedener Eltern stammen, haben sich wie Allison wie »kleine Erwachsene« gefühlt. Im Rahmen unserer landesweiten Erhebung bestätigte die Hälfte der Teilnehmer, deren Eltern eine »gute Scheidung« gelungen war: »Ich habe mich immer erwachsen gefühlt, auch als ich noch ein kleines Kind war.« [11] In der Gruppe derjenigen, deren Eltern eine weniger »glückliche« Scheidung hatten, lag der Anteil derer, die diese Aussage bestätigten, bei zwei Dritteln. Junge Menschen, deren Eltern zusammengeblieben waren, hatten sich wesentlich seltener wie »kleine Erwachsene« gefühlt – und dies galt nicht nur für glückliche, sondern auch für unglückliche, aber relativ konfliktarme Ehen.

Teilweise fühlten wir uns deshalb wie kleine Erwachsene, weil wir uns so häufig in übertriebenem Maße für unsere Eltern oder unsere Geschwister verantwortlich fühlten. Über die Hälfte von uns jungen Erwachsenen aus Familien Geschiedener – verglichen mit einem Drittel der Menschen, die aus intakten Familien stammen – verspürte in der Kindheit das Bedürfnis, ihre Mütter emotional zu schützen. [[16]] Fast ein Drittel fühlte sich auch dazu gedrängt, den eigenen Vater emotional zu schützen [[17]] – das waren fast doppelt so viele wie die aus intakten Familien Stammenden, die solche Bedürfnisse verspürten. Und fast ein Drittel der jungen Erwachsenen aus getrennt lebenden Familien (mehr als doppelt so viele wie Gleichaltrige aus intakten Familien) erklärte, sie hätten sich dafür verantwortlich gefühlt, sich um ihre Geschwister zu kümmern, als sie selbst noch Kinder und Jugendliche gewesen seien. [[19]]

Kyles Eltern ließen sich scheiden, als er sechs Jahre alt war. Er wuchs als jüngstes von vier Kindern bei seiner Mutter auf. Wir saßen an einem Winternachmittag auf einem Sofa in seinem Wohnzimmer, als es draußen schon dunkel wurde. Er strich sich mit den Fingern durch sein Haar und sagte: »Ich hatte das Gefühl, ich müsse meine Mutter beschützen. Wissen Sie, nach dem Motto ›Keine Nachricht ist eine gute Nachricht‹. Ich erzählte ihr nichts, was sie irgendwie hätte beunruhigen können. Wenn ihr eigener Radarschirm etwas nicht erfaßte und abzusehen war, daß es dabei bleiben würde, wollte ich nicht derjenige sein, der ihre Aufmerksamkeit darauf lenkte. Ich wollte die Last, die sie ohnehin schon trug, keinesfalls noch vergrößern.«

Katy sagte, um ihre Mutter zu schützen, habe sie versucht, »mich so gut wie möglich zu benehmen«, wenn sie ihren Vater und ihre Stiefmutter besucht habe. Sie sagte: »Ich hatte immer das Gefühl, ich würde meine Mutter repräsentieren. Ich wollte niemandem auch nur den geringsten Anlaß geben, wegen meines Benehmens auf meine Mutter herabzublicken oder etwas gegen sie zu sagen.« Sie zuckte zusammen, als ihr wieder einfiel, daß dieses Bemühen auch darin zum Ausdruck gekommen war, daß sie sich selbst zensiert hatte, wenn sie ihrem Vater über Ereignisse aus ihrem eigenen Leben berichtete. Sie erzählte: »Wenn eine Situation entstand, in der ich über etwas sprechen mußte, das sie betraf, versuchte ich, persönliche Informationen über sie so vorsichtig wie möglich zu formulieren. Wenn ich eine Geschichte erzählen wollte und plötzlich merkte, daß es dabei um etwas ging, das ich mit meinem Vater erlebt hatte – beispielsweise um das Pferd meiner Stiefmutter –, sagte ich etwas wie ›das Pferd meiner Freundin‹. Es ging immer um ›meine Freundin‹. So machte ich es bei beiden Eltern.«

Daniel, das älteste von drei Kindern, schützte seine Mutter ebenfalls durch Vorenthalten bestimmter Informationen. Er erklärte ganz sachlich: »Wenn ich beispielsweise wegen irgend etwas aufgebracht war, erzählte ich meiner Mutter nie davon, weil ich nicht wollte, daß sie sich auch noch aufregte.«

Einige der befragten Kinder geschiedener Eltern hatten besonders stark das Bedürfnis, einen Elternteil zu schützen, nachdem der andere Elternteil eine außereheliche Beziehung gehabt hatte. Eric, ein Web-Designer, saß mit mir zusammen an einem Picknicktisch in einem Park in der Nähe des Bürogebäudes, in dem er arbeitete. Als er kam, trug er eine Baseball-Kappe der *Atlanta Braves*, die er sich tief ins Gesicht gezogen hatte, um sich vor der starken Frühlingssonne zu schützen. Zögernd berichtete er mir darüber, wie seine Mutter eine Affäre gehabt und sich dann von seinem Vater getrennt hatte, als er elf Jahre alt gewesen war. Er erinnerte sich: »Als meine Mutter meinen Vater betrog, hatte ich das Bedürfnis, meinen Vater emotional zu schützen.« Doch er hatte auch seine Mutter schützen wollen: »Ganz bestimmt habe ich meine Gefühle meiner Mutter gegenüber manchmal zurückgehalten, weil ich sie nicht verletzen wollte. Etwa im Sinne von: ›Mutti, was machst du da eigentlich?‹ Er schlug mit einer Handfläche gegen den Seitenteil seiner Kappe und ergänzte dann: »Was geht dir durch den Kopf?«

Will, dessen Eltern sich hatten scheiden lassen, als er zwölf Jahre alt gewesen war, sagte mit einem deutlichen Ausdruck von Wut, als sein Vater eine Affäre gehabt habe, »habe ich sehr genau gesehen, wie sehr er meine Mutter verletzte. Da habe ich gedacht: ›Und so etwas macht mein Vater: Er verletzt meine Mutter!‹«

Viele junge Erwachsene aus durch Scheidung getrennten Familien sagen, sie hätten sogar heute noch das Gefühl, ihre Eltern schützen zu müssen. Kimberley sprach sehr zärtlich über ihre Eltern und insbesondere über ihren Vater. »Er ist schon seit vielen Jahren allein«, erklärte sie sanft. »Er war nie so erfolgreich wie meine Mutter. … Er ist seit Jahren nicht mehr mit einer Frau ausgegangen. Deshalb hat er das Gefühl, daß andere Menschen ihn für nicht gut genug oder für einen Verlierer halten.«

Manchmal werden die Gefühle, die uns glauben lassen, wir müßten andere Menschen, beispielsweise unsere Eltern, schützen, im Laufe der Jahre stärker. Angelas Eltern hatten sich getrennt, als sie vier Jahr alt gewesen war. Sie erinnert sich nicht daran, daß ihre Eltern sich jemals Vorwürfe gemacht hatten, solange sie noch ein Kind gewesen war, doch seit ihre Tochter erwachsen ist, neigen sie eher dazu, einander bei der Tochter schlecht zu machen. Durch diese Entwicklung ist bei Angela über zwanzig Jahre nach der Scheidung ein neuer Schutzinstinkt entstanden. »Ich glaube, mein Bedürfnis, sie zu beschützen, ist heute stärker als früher«, erklärte sie nachdenklich, wobei sie ihr feines Haar hinter ihr Ohr zurückstreifte. »Wenn ich zu meinem Vater etwas sage wie: ›Meine Mutter hat vergessen, mich am Flughafen abzuholen‹, antwortet er regelmäßig etwas wie: ›So ist sie immer gewesen‹.« Sie verzieht das Gesicht und fährt fort: »Und dann denke ich, ich sollte ihm gegenüber nicht über sie klagen, weil das nicht fair ist, verstehen Sie?«

Alicia kann sich nicht daran erinnern, daß sie ihren Vater während ihrer Kindheit zu schützen versucht hätte. Doch als die zweite Ehe ihres Vaters zerbrach und bei ihm Selbstmordgefahr bestand, war sie das einzige Mitglied der Familie, das ihn nach seiner Entlassung aus einer psychiatrischen Klinik an seinem Wohnort besuchen und sich um ihn kümmern konnte. »Ich war zweiundzwanzig Jahre alt, als ich hörte, daß meine Stiefmutter sich von meinem Vater trennen wollte. Man sagte mir, ich müsse ihn besuchen und ihn unterstützen, weil er die Situation nicht verkrafte. Tatsächlich stand er kurz vor einem Zusammenbruch. Deshalb mußte ich ihn besuchen.«

Michael erklärte, er schütze seine Mutter immer noch, indem er ihr immer wieder versichere, daß sie ihre Aufgabe als Mutter sehr gut erfüllt habe. »Sie fragt sich ständig: ›Vielleicht habe ich bei deinem Bruder etwas falsch gemacht.‹ Dann antworte ich: »Nein, ich bin doch auch ganz gut geraten.‹« Er zuckte die Achseln und sagte: »Vielleicht nicht perfekt, aber schließlich habe ich eine Familie, und wir kommen gut miteinander aus.«

Nicht alle jungen Menschen aus durch Scheidung getrennten Familien sprachen so verständnisvoll über ihre Eltern. Einige reagierten verbitterter. Bei meinen Interviews spürte ich, daß diese jungen Leute sich von ihren Eltern so wenig geschützt gefühlt hatten, daß sie in ihrem Ärger darüber beschlossen hatten, ihnen ihrerseits auch keinen Schutz zu bieten. Melissa starrte vor sich hin, als ich sie fragte, ob sie als Kind manchmal das Gefühl gehabt hätte, sie müsse ihre Eltern schützen. »Ich war der Meinung, wenn sie Schutz bräuchten, sollten sie sich selbst schützen«, erklärte sie abrupt. »Ich habe meine Schwester geschützt. Sie war älter als ich, aber … Sie wirkte immer sehr, sehr zerbrechlich.«

Ashley rollte die Augen und sagte, schon als Kind habe sie gedacht: »Das sind Erwachsene, die können allein damit fertig werden.«

Steve sagte, obwohl er früher seine Mutter geschützt habe, habe sich die Dynamik zwischen ihnen im Laufe der Zeit verändert. »Besonders als sie wieder heiratete … bekam ich das Gefühl, daß sie sich gar nicht um mich kümmerte und daß ich mich um mich selbst kümmern müßte.«

Hingegen äußerten junge Erwachsene, die in intakten Familien aufgewachsen waren, wesentlich seltener, daß sie ihre Eltern geschützt hätten. Viele verstanden die Frage danach als eine simple Ja-Nein-Frage, die sie mit nein beantworteten. Einige erklärten außerdem: »Ich hatte das Gefühl, daß in erster Linie sie es waren, die hätten beschützen müssen. Ich kann mich nicht an Situationen erinnern, in denen ich sie verteidigen mußte.« Oder: »Meine Mutter war eine sehr starke Persönlichkeit, und mein Vater ist halt ein Vater. Sie vermittelten mir das Gefühl, alles sei in Ordnung, was auch geschehen möchte. Deshalb hielt ich es nie für notwendig, auf sie aufzupassen.« Zwar können nicht alle Kinder, die von geschiedenen Eltern abstammen, sich daran erinnern, daß sie ihre Eltern beschützen mußten, doch haben nur wenige das Vertrauen entwickeln können, daß ihre Eltern sie schützen und für sie sorgen würden.

Auf die Frage, ob sie ihre Eltern geschützt hätten, verfielen junge Menschen aus intakten Familien oft in Gedanken darüber, wie sie selbst sich geschützt hatten. Als ich einen jungen Mann fragte, ob er seine Eltern geschützt habe, antwortete er leichthin: »Eigentlich nicht. Wenn ich sie vor etwas geschützt habe, dann habe ich das nur getan, um meinen eigenen Arsch zu retten.« Als ich diese Frage einer jungen Frau stellte, dachte sie einen Moment lang nach und sagte dann: »Ich bin während meiner College-Zeit einmal wegen Alkoholkonsums als Minderjährige bestraft worden, und sie wissen das bis heute noch nicht.« Eine andere Frau sagte: »Wenn irgendwas mit meiner Schwester oder mit mir los war … hatte ich manchmal das Gefühl, ich sollte es ihnen besser vorenthalten, aber letztendlich habe ich es ihnen dann doch erzählt.«

In einigen Fällen hatten Kinder aus intakten Familien zum Zeitpunkt der Befragung das erste Mal das Gefühl, sie müßten ihre mittlerweile ziemlich betagten Eltern schützen. Doch da die Eltern der meisten noch relativ jung waren, tauchten solche Gefühle eher selten auf. Daß wir »kleine Erwachsene« waren, bedeutete für uns nicht immer, daß wir unseren Eltern gegenüber das Gefühl hatten, sie schützen zu müssen; oft beinhaltete dies auch, daß wir uns *von ihnen* unzureichend geschützt fühlten. Mehr als ein Drittel der Kinder aus durch Scheidung getrennten Familien und damit doppelt so viele wie Kinder aus intakten Familien verneinte im Rahmen unserer Erhebung die Aussage: »Meine Eltern schützten mich vor ihren Sorgen.« [3] Wie wir sehen werden, tun »kleine Erwachsene« auch Dinge für ihre Eltern, ohne daß andere Erwachsene ihnen dabei helfen.

Herzlichen Glückwunsch, liebe Mami

Jede Familie hat ihre eigene Art, Feste wie etwa Geburtstage zu begehen. Einige veranstalten geräuschvolle und aufwendige Feiern. Andere lassen solche Tage unbeachtet vorübergehen. Über die verschiedenen Arten von Beziehungen, die Kinder zu ihren Eltern haben, gibt unter anderem auch die Art, wie sie die Geburtstage ihrer Eltern feiern, Aufschluß.

Wenn Menschen, die in einer intakten Familie aufgewachsen sind, sich an die Geburtstage ihrer Eltern erinnern, tauchen zwei Hauptthemen auf. Viele sagen, von solchen Tagen sei nicht viel Aufhebens gemacht worden. Gefeiert worden seien die Geburtstage der Kinder. Sie erklären: »Die Geburtstage meiner Eltern wurden nie so gefeiert wie unsere eigenen« oder: »Ihre Geburtstage waren keine besonderen Ereignisse, unsere hingegen schon.« Eine Frau, die das jüngste von sechs Kindern gewesen war, sagte, zwar machten sie und ihre Geschwister mittlerweile viel Aufhebens von den Geburtstagen ihrer Eltern, doch in ihrer Kindheit sei das nicht so gewesen: »Als ich aufwuchs, waren die Geburtstage meiner Eltern ganz normale Tage. … Heute sind ihre Geburtstage für uns Kinder viel wichtiger, während unsere eigenen unwichtiger geworden sind.«

Andererseits sagen ebensoviele Menschen aus intakten Familien, die Geburtstage ihrer Eltern seien immer gefeiert worden, und die ganze Familie habe daran teilgenommen. Eine Frau erinnerte sich: »Meine Schwester und ich dekorierten das Haus, wenn unsere Eltern Geburtstag hatten. War es mein Vater, half uns meine Mutter, und hatte meine Mutter Geburtstag, stieg mein Vater auf die Leiter und hing den Schmuck auf. … Wir schmückten das Haus mit Luftschlangen und Geburtstagswünschen, und es gab immer einen Kuchen mit Kerzen darauf. Später folgte ein festliches Abendessen, und manchmal kamen auch Verwandte zu uns. … Und wenn wir eine große Feier veranstalten wollten, wiederholten wir die Zeremonie am folgenden Wochenende.«

Eine andere Frau erinnerte sich: »An den Geburtstagen meiner Eltern war es immer sehr schön. Gewöhnlich kochte meine Mutter etwas Leckeres, oder wir gingen in ein Restaurant. … Geschenke spielten bei den Geburtstagen meiner Eltern nie eine wichtige Rolle. … Die Feier bestand in der Hauptsache aus einem Festessen. Die Familie genoß es, zusammen zu sein. Aber die Geburtstage waren schon wichtig.«

Die Beschreibungen von Kindern aus durch Scheidung getrennten Familien klingen völlig anders. Schließlich wuchsen wir in zwei unterschiedlichen Welten auf, in deren Mittelpunkt jeweils ein Elternteil stand, und wenn sie nicht erneut geheiratet hatten, waren unsere Eltern oft allein. Darauf reagierend, versuchte eine erstaunlich große Zahl von uns, den Geburtstag der Eltern zu feiern, obwohl wir noch so jung waren und dies für uns manchmal sehr schwierig war.

Es gab mindestens zwei große Schwierigkeiten, mit denen wir fertig werden mußten. Die eine bestand darin, an das Datum zu denken. Außerdem brauchten wir Geld, um ein Geschenk kaufen zu können, oder wir mußten rechtzeitig daran denken, eine Geburtstagskarte oder ein Geschenk selbst zu basteln. Oft gaben wir uns beim Geburtstag unserer Mutter größere Mühe als bei dem unseres Vaters. Die Kinder geschiedener Eltern schienen sich über den Geburtstag ihrer Mutter oft wesentlich mehr Gedanken gemacht zu haben als Untersuchungsteilnehmer, die aus intakten Familien stammten, wohingegen sie dem Geburtstag ihres Vaters oft wesentlich weniger Beachtung schenkten, als Kinder aus intakten Familien dies getan hätten.

Michael kratzte sich den Kopf, während er berichtete: »Um den Geburtstag meines Vaters habe ich mich nie sonderlich gekümmert. Und meiner Mutter habe ich nur eine Karte gekauft. Wir hatten einfach nicht viel Geld und konnten uns deshalb nur eine Karte leisten. Als ich klein war, habe ich meist etwas für sie gebastelt.«

Rochelle sagte: »Meine Schwester und ich legten Geld zusammen und kauften etwas, besonders für unsere Mutter. … Meinen Vater habe ich zum Geburtstag meist angerufen.«

Ashley berichtete: »Ich kann mich nicht erinnern, daß wir an ihrem Geburtstag irgendwas gemacht hätten. Das wurde erst anders, als wir älter waren – so zehn oder elf – und ich selbst Geld hatte. Dann habe ich ihnen Geburtstagskarten und Geschenke gekauft.«

Im Gegensatz dazu wurden Kinder aus intakten Familien gewöhnlich von einem Elternteil daran erinnert, daß der andere bald Geburtstag hatte, und diese Befragten erwähnten nie, daß sie Sorgen hatten, weil ihnen das Geld fehlte, um ihren Eltern Geburtstagsgeschenke zu kaufen.

Wenn Kinder Geschiedener Stiefeltern hatten oder wenn ihre Großeltern in der Nachbarschaft wohnten, konnten sie sich manchmal auf deren Hilfe verlassen. Alicia sagte: »Ich weiß noch, daß wir für meine Eltern Karten gemalt und für sie Geschenke gekauft haben. Ein paarmal bin ich mit meiner Stiefmutter losgegangen, um etwas für meinen Vater zu kaufen. Es war ihr wichtig, mit mir einkaufen zu gehen, um etwas für ihn zu besorgen.«

Kimberley erinnerte sich an große Feste, die für ihre beiden Eltern veranstaltet und von den Großeltern und Stiefeltern vorbereitet wurden. »Wir haben den Geburtstag meines Vaters immer im Haus meiner Großeltern gefeiert. … Bei meiner Mutter war es genauso. Wir haben ihren Geburtstag jedes Jahr gefeiert – meine Mutter, mein Stiefvater und meine Schwestern. … Es gab ein Festessen, Kuchen und Geschenke. Es war ein großer Akt.«

Hingegen erklärten die meisten befragten Kinder Geschiedener, sie hätten aus eigenem Antrieb an die Geburtstage ihrer Eltern denken müssen, ohne daß der andere Elternteil, Stiefeltern oder Großeltern ihnen dabei geholfen hätten. Stephen sagte, er habe sich große Mühe gegeben, an die Geburtstage seiner Eltern zu denken, und er habe ihnen aus völlig eigenem Antrieb Geburtstagskarten und Geschenke gekauft.

Manche geschiedenen Eltern hatten sich erstaunliche Mühe gegeben, ihren Kindern zu helfen, an die besonderen Feiertage des geschiedenen Partners zu denken. Monique lächelte und sagte: »Ich erinnere mich, daß meine Mutter uns für den Geburtstag unseres Vaters Glückwunschkarten besorgte, die wir dann unterschrieben. Er bekam also zum Geburtstag oder zum Vatertag und dergleichen eine Karte von seinen Kindern. Wenn man in der vierten oder fünften Klasse ist, denkt man nicht immer an solche Dinge, aber das hat unsere Mutter für uns getan.«

Daniel erinnerte sich nach kurzem Nachdenken: »Die Geburtstage meines Vaters haben wir meist am Strand gefeiert. Er lag im Sommer, und wir kauften ihm dann eine Krawatte oder etwas ähnliches. Meine Mutter gab uns das Geld dafür.« Er nickte und fuhr dann fort: »Und ich erinnere mich auch, daß mein Vater uns Geld gab, damit wir ein Geschenk für unsere Mutter kaufen konnten. Er sagte: ›Hier, kauft etwas für eure Mutter.‹ Und dann packten wir es ein und überraschten sie damit.«

Wenn Kindern nicht geholfen wurde, an die Geburtstage ihrer Eltern zu denken, hatte das Vergessen manchmal zur Folge, daß der betroffene Elternteil tiefe Enttäuschung zum Ausdruck brachte, und das Gefühl, an die Geburtstage der Eltern und an andere besondere Feiertage denken zu müssen, erzeugte bei einigen Kindern anhaltende Angst.

Zunächst klang das, was Eric, ein Kind geschiedener Eltern, sagte, eher so, als stamme er aus einer intakten Familie. Er erklärte: »Die Geburtstage von uns Kindern waren immer ein großes Fest, die meiner Eltern hingegen meist nicht. … Manchmal vergaß ich den Geburtstag meiner Mutter völlig … ich rief sie dann nicht einmal an.« Während er sprach, fiel sein Blick auf eine Gruppe von Kindern, die in der Nähe Fußball spielten. »Wie hat Ihre Mutter sich in diesen Situationen verhalten?« fragte ich. Er schaute mich an und antwortete, als sei das doch völlig klar: »Sie weinte dann und sagte: ›Du hast meinen Geburtstag vergessen!‹«

Bei Samatha war es völlig anders gewesen. Sie erinnert sich, in ihrer Kindheit und Jugend von den Geburtstagen ihrer Mutter »viel Aufhebens« gemacht zu haben. Sie erklärte: »Noch heute achte ich immer darauf, daß ich an Geburtstagen von Freunden und Familienmitgliedern rechtzeitig eine Karte losschicke.« Ihr war klar, daß sich ihr Mann, der in einer intakten Familie aufgewachsen war, völlig anders als sie verhielt. »In seiner Familie ist das nicht so wichtig. Wenn er an einen Geburtstag erst ein paar Tage später denkt, ist das nicht weiter tragisch.«

Für sich genommen mag das Thema Geburtstag als nicht besonders wichtig erscheinen. Doch über die Situation von Kindern Geschiedener gibt es eine Menge Aufschluß. Unser Bedürfnis, an die Geburtstage unserer Eltern und insbesondere an den Geburtstag unserer Mutter zu denken, spiegelt häufig das umfassendere Bedürfnis, unsere Eltern zu schützen. Kinder brauchen sich wegen der Geburtstage ihrer Eltern nicht zu sorgen. Bei »kleinen Erwachsenen« hingegen ist das anders.

Allein zu Hause

Wenn es eine Empfindung gibt, die für das Erleben von Kindern geschiedener Eltern charakteristisch ist, dann das Gefühl der Einsamkeit. Eine der markantesten und weitreichendsten Erkenntnisse, die wir durch unsere landesweite Erhebung gewannen, war, daß etwas mehr als ein Zehntel der aus intakten Familien stammenden jungen Menschen sich mit der Aussage »Ich war als Kind viel allein« [104] identifizieren konnten, wohingegen dies bei den aus getrennten Familien stammenden in über der Hälfte der Fälle zutraf. Dies ist ein außergewöhnlicher Unterschied, denn der Wert für die Kinder geschiedener Eltern ist mehr als dreimal so hoch wie der für die Teilnehmer aus intakten Familien.

Wenn Eltern sich scheiden lassen, sind sie zahlreichen neuartigen Belastungen ausgesetzt, die es ihnen erschweren, mit ihren Kindern so häufig zusammen zu sein wie vorher. Um die Kosten der beiden neu entstehenden Haushalte tragen zu können, müssen beide Eltern oft lange arbeiten und haben deshalb für ihre Kinder erheblich weniger Zeit. Die durch eine Scheidung entstehenden finanziellen Belastungen machen es schwieriger, eine gute Kinderbetreuung zunächst einmal überhaupt zu finden und sie außerdem zu bezahlen, insbesondere für die Zeit nach Schulschluß. Es ist keineswegs bloßer Zufall, daß der Betriff »Schlüsselkinder« geprägt wurde, als die Zahl der Scheidungen stark zunahm und finanziell überforderte Eltern anfingen, ihre Kinder allein zu Hause zu lassen.

Auch andere Kräfte trieben unsere Eltern von zu Hause weg. Oft wollten sie möglichst bald einen neuen Partner kennenlernen. Dazu mußten sie wieder ausgehen, und in sich anbahnenden Beziehungen ist meist nicht viel Raum für Kinder.

Als die Mutter Michael auf dem Weg zum Basketball-Training mitteilte, sein Vater habe die Familie verlassen, war dies nur die erste von vielen radikalen Veränderungen, mit denen Michael und sein Bruder fertig werden mußten. Sein Vater zog zuerst »in eine ziemlich schäbige Wohnung« in einem heruntergekommenen Stadtbezirk, und später zu der Frau, mit der er eine Affäre angefangen hatte und die er dann heiratete. Michaels Mutter kümmerte sich sehr um ihre Kinder, doch weil sie sich sehr einsam fühlte, sehnte sie sich nach einem neuen Ehepartner. Er erklärte: »Eine Änderung, die nach der Scheidung eintrat, war, daß meine Mutter manchmal nicht direkt nach der Arbeit nach Hause kam. Sie ging dann mit Freunden aus und so.« Auch an den meisten Wochenenden war die Mutter unterwegs gewesen, und Michael erinnerte sich daran, daß er sich in diesen Situationen, die sich ständig wiederholten und in denen er allein zu Hause gewesen war, sehr einsam gefühlt hatte.

Als Melissa fünf Jahre alt war, zog ihr Vater an die Westküste, um sich dort nach einer Arbeit umzuschauen. Von dieser Reise war er nie zurückgekommen. Während Melissa die High-school besuchte, war ihre Mutter oft nicht zu Hause – entweder weil sie ausging oder weil sie die Nacht bei einem Freund verbrachte. Melissa erinnerte sich, daß das Haus, in dem sie wohnte, »immer ziemlich leer und einsam war. Nur ich und die Katze waren da.«

Einige von uns fühlten sich nicht nur einsam, weil sie oft allein waren, sondern auch, weil sie durch starke und uneingestandene Emotionen isoliert waren. Will erinnerte sich daran, daß er sich sehr einsam gefühlt hatte, nachdem sein Vater seine Mutter verlassen hatte, um mit einer anderen Frau zusammenzuleben. An seiner Einsamkeit änderte auch nichts, daß seine Mutter sich sehr um ihn kümmerte und oft zu Hause war. Er war sehr wütend auf seinen Vater und schämte sich, daß so etwas in seiner Familie hatte passieren können. Aufgrund der Stärke seiner Emotionen und seiner Unfähigkeit, sie mitzuteilen, fühlte er sich sehr isoliert: »Ich habe mit niemandem darüber gesprochen, weil ich nicht wußte, an wen ich mich hätte wenden können. Wenn man so jung ist, wem soll man dann vertrauen? Wem hätte ich etwas so Persönliches mitteilen sollen?« Er schüttelte den Kopf. »Man hat alle diese Emotionen und wird einfach nicht damit fertig.«

Wie alle Kinder fürchten sich auch diejenigen aus durch Scheidung getrennten Familien manchmal und brauchen Trost. Doch wendeten wir uns seltener an unsere Eltern, wenn wir Trost suchten. Auf die Frage »Was haben Sie in Ihrer Kindheit getan, wenn sie Trost brauchten?«[72][36] antwortete über ein Viertel der Befragten aus intakten Familien, sie seien zu ihrer Mutter gegangen, über ein Drittel erklärte, sie hätten sich in solchen Fällen an beide Eltern zusammen gewandt, und ein paar berichteten, sie seien zu ihrem Vater gegangen. Bei Kindern Geschiedener fielen die Antworten völlig anders aus. Fast ein Viertel sagte zwar ebenfalls, sie hätten sich an ihre Mutter gewandt – in dieser Hinsicht bestand also kein großer Unterschied zu Kindern aus intakten Familien –, doch nicht einmal ein Zehntel wendete sich in solchen Fällen an beide Eltern, und nur sehr wenige suchten bei ihrem Vater Zuflucht. Man kann also zusammenfassen, daß mehr als zwei Drittel der aus intakten Familien Hervorgegangenen erklärte, sie hätten bei einem Elternteil oder bei beiden zusammen Trost gesucht, wohingegen dies bei nur einem Drittel der Kinder Geschiedener der Fall war.

Doch wo fanden die übrigen von uns Trost, wenn nicht bei den eigenen Eltern? Über ein Fünftel wandte sich an Gleichaltrige – an Geschwister oder Freunde. Einige gingen zu ihren Großeltern. Und ein gleich großer Anteil der Kinder geschiedener Eltern und der Kinder aus intakten Familien bezeichnete das Gebet als Quelle des Trostes. Einige der aus durch Scheidung getrennten Familien Stammenden behaupteten, sie seien mit den Problemen allein fertig geworden oder hätten gar nichts getan. Demnach erinnerte sich mehr als ein Viertel der Kinder Geschiedener daran, daß sie sich entweder an Geschwister oder Freunde gewandt oder mit ihren Problemen allein fertig zu werden versucht hatten.

Stephen, dessen Eltern sich scheiden ließen, als er zwölf Jahre alt war, sagte: »Der einzige, der von der Scheidung meiner Eltern wußte, war mein bester Freund, der in der gleichen Straße wie ich wohnte. … und ich erinnere mich, daß er ein einziges Mal gesagt hat: ›Wenn du mit jemandem über irgendwas reden mußt, kannst du dich an mich wenden.‹« Dann runzelte er die Stirn und sagte: »Aber er war der einzige, der so etwas jemals zu mir gesagt hat.«

Kyle sagte, seine älteren Geschwister hätten sich um ihn gekümmert. »Mein Bruder, der Zweitälteste, war für mich eine Art Onkel, weil er viel älter war als ich.« Er lächelte, als er sagte: »Und meine ältere Schwester war für mich wie eine Zweitmutter. Sie hat mich immer zu beschützen versucht.«

Andere Befragte berichteten, daß ihnen ferner stehende Menschen wie beispielsweise die Eltern ihrer Freunde sich um sie gekümmert hatten. Jason erinnerte sich lebhaft: »Drei meiner vier engsten Freunde, mit denen ich von der fünften Klasse an bis zum College-Abschluß zusammen war, haben genau das gleiche wie ich erlebt. Auch ihre Eltern hatten sich scheiden lassen. … Und ihre Familien haben sich sehr bemüht, mir die Situation zu erklären. Sie waren für mich Elternersatz … beispielsweise nahmen sie meinen Freund und mich zu einem Ballspiel mit und sagten: ›Wenn du mal einen Platz brauchst, wo du bleiben kannst, dann komm einfach zu uns.‹« Obwohl einige der geschiedenen Eltern von Jasons Freunden sich um ihn kümmerten, sprachen er und seine Freunde nicht oft *miteinander* über ihr gemeinsames Erlebnis, die Scheidung ihrer Eltern. Er schüttelte seinen Kopf, als er sagte: »Ich kann mich an keine einzige konkrete Situation erinnern, in der wir darüber gesprochen haben. Ich glaube, dieses Thema war zwischen uns ziemlich tabu. … Es war für uns sehr negativ besetzt, und wir wollten nichts Negatives um uns haben.«

Die Scheidung war in vielen Fällen ein Tabuthema gewesen, nicht nur im Kontakt mit Menschen, die außerhalb der Familie standen, sondern auch zwischen den Familienmitgliedern. Monique, deren Eltern sich getrennt hatten, als sie acht Jahre alt gewesen war, sagte: »Ich erinnere mich daran, daß meine Mutter eines Tages kam und sagte, die Scheidung sei beschlossen, und daß sie weinte. … Abgesehen von diesem Augenblick kann ich mich nicht erinnern, jemals mit ihr über die Scheidung gesprochen zu haben.«

Wenn Hoffnung als unrealistisch erscheint

Es gibt viele Mythen über die Erlebnisse von Kindern Geschiedener. Die meisten Menschen nehmen an, daß unsere Eltern sich mit uns hingesetzt und uns die Scheidung erklärt hätten. Einige glauben, wir seien als Kinder völlig verzogen worden und hätten unsere Eltern mit ihren Schuldgefühlen erpreßt, alles für uns zu tun, was wir gewollt hätten. Und viele nehmen an, alle Kinder Geschiedener hofften, daß ihre Eltern wieder zusammenfinden würden. Tatsächlich wird Eltern, die sich scheiden lassen wollen, meist geraten, ihren Kindern klipp und klar zu sagen, daß sie *nicht* wieder zusammenkommen werden.[37] Dies soll entsprechende Phantasien schon im Keim ersticken, wobei Experten allerdings davor warnen, daß manche Kinder trotzdem weiter auf eine Wiedervereinigung ihrer Eltern hoffen.

Die Realität ist jedoch nicht einmal annähernd so einfach. Zwar hoffen einige von uns tatsächlich, daß ihre Eltern wieder zusammenfinden, doch kommt es ebenso häufig vor, daß Kinder geschiedener Eltern derartige Hoffnungen abstreiten. Diejenigen, die nicht auf eine Wiedervereinigung ihrer Eltern hoffen, betonen oft, die Scheidung sei ihnen wie eine abgeschlossene Sache erschienen. Sie ist zu einem festen Bestandteil ihrer Realität geworden.

Als Michael gefragt wurde, ob er gehofft habe, daß seine Eltern wieder zusammenfinden würden, schüttelte er den Kopf und antwortete: »Nein. Ich weiß nicht genau, was es
war, aber aus irgendeinem Grund war mir klar, daß das nicht passieren würde. Deshalb
habe ich auch nie viel darüber nachgedacht, daß sie wieder zusammenkommen könnten.«

Anthony, der fünf Jahre alt gewesen war, als seine Eltern sich getrennt hatten, sagte:
»Ich glaube, es war ziemlich klar, daß sie nicht wieder zusammenkommen würden.«

Samantha erklärte ganz offen: »Ich habe damals schlicht und einfach gedacht: Das passiert jetzt, und so ist es nun einmal.«

Mir selbst ist es nie in den Sinn gekommen, über die Möglichkeit nachzudenken, daß
meine Eltern wieder zusammenfinden könnten. Schließlich waren sie getrennt, so weit
ich mich zurückerinnern kann. Ich habe in meiner Kindheit und Jugend nicht ein einziges Mal wegen ihrer Scheidung geweint – das kam erst, als ich über zwanzig war.

Anfang Zwanzig ging ich mit jemandem aus, der mir sehr gut gefiel. Ich stellte mir damals vor, daß wir eines Tages heiraten würden. Einmal lag ich in meinem Schlafzimmer
auf dem Teppich und stellte mir unseren Hochzeitstag vor, als mir plötzlich die Frage in
den Sinn kam, wer mich zum Traualtar führen würde. Es erschien mir merkwürdig, nur
meinen Vater darum zu bitten und meine Mutter zu übergehen. Ich überlegte, daß sie
mich vielleicht beide begleiten könnten. Ich stellte mir vor, ich trüge mein Hochzeitskleid
und ginge durch die Kirche zum Altar, auf der einen Seite von meinem Vater, auf der
anderen von meiner Mutter begleitet. Im nächsten Moment lag ich zitternd und schluchzend auf dem Boden meines Schlafzimmers. Ich hatte mir diese Einheit noch nie vorgestellt und hatte sie in meinem ganzen Leben noch nie in der Realität erlebt. Mir war völlig rätselhaft, wodurch plötzlich die Tränen ausgelöst worden waren und welche anderen
Hoffnungen oder Kümmernisse noch in mir verborgen sein mochten. Ich wußte nur, daß
es zwanzig Jahre gedauert hatte, bis ich auch nur ein einziges Mal wegen der Scheidung
meiner Eltern hatte weinen können.

Manche Kinder Geschiedener erinnern sich daran, daß sie einmal gehofft hatten, ihre
Eltern würden wieder zueinander finden. Doch häufig teilen sie solche Erinnerungen nur
sehr verschämt mit, als ob sie wüßten, daß es unsinnig gewesen sei, so etwas auch nur zu
denken. Sie betonen dann häufig, wie jung sie gewesen seien, als sie diese Hoffnung ge-
hegt hatten, als entschuldige dies einen grundsätzlich irrationalen Wunsch.

Melissa sagte, sie hätte gehofft, daß ihre Eltern wieder zusammenkommen würden, »als
ich noch klein war. Ich wollte einfach normal sein. Ich wollte zwei Eltern haben.« Sie zö-
gerte und versuchte zu erklären: »Ich wollte sagen können, daß ich eine Mutter und einen
Vater hätte, die zusammenlebten.«

Auch Kyle erinnerte sich daran, daß er sich gewünscht hatte, seine Eltern würden wieder zusammenfinden, obwohl ihm eigentlich klar gewesen sei, daß das nicht geschehen
würde. »Ich bin mir sicher, daß ich dies irgendwie gehofft habe«, sagte er. »Aber mir war
auch klar, daß sie zwar darüber nachdachten, daß es aber nicht geschehen würde.«

Andere erinnerten sich daran, daß eine erneute Heirat eines Elternteils derartige Wünsche definitiv zunichte gemacht hatte. Joanna, die mittlerweile 34 Jahre alt ist, sagte: »Ich glaube, daß ich als Kind wahrscheinlich darauf gehofft hätte … aber meine Mutter hat vier Jahre später wieder geheiratet. Deshalb habe ich wohl nur in der Zeit davor gehofft, daß sie wieder zusammenkommen würden.«

Jason erinnerte sich an die Zeit, in der seine Mutter erneut geheiratet hatte, als »die rebellischste Zeit in meinem ganzen Leben. Ich halte es für natürlich, daß Kinder ihre Eltern wieder zusammen sehen möchten, selbst wenn das ausgeschlossen ist.«

Tammys Eltern trennten sich, als sie acht Jahre alt war, und kamen wieder zusammen, als sie merkten, daß ein weiteres Baby – Tammys kleine Schwester – unterwegs war. Kurz darauf trennten sie sich erneut und ließen sich scheiden, als Tammy neun Jahre alt war. Sie berichtete, daß sie während ihrer High-school-Zeit »sehr depressiv« gewesen sei, »als mir klar wurde, daß mein Vater jemand anderes geheiratet hatte. Denn das bedeutete, daß sie nie mehr zusammenfinden würden.«

Auch Stephen hatte sich manchmal die Wiedervereinigung seiner Eltern gewünscht. Er gab zu: »Ungefähr ein Jahr lang hoffte ich, daß sie irgendwann wieder zusammenkommen würden. Ich erinnere mich, daß ich mir im Fernsehen die Serie *Growing Pains* angeschaut habe, einen Film, in dem die Eltern sich trennen und sich kurz darauf wieder zusammentun. Ich habe meine Mutter damals gefragt, ob das auch bei uns passieren könnte. Sie hat geantwortet, das könne in keinem Fall passieren.« Dann fügte er mit einem Anflug von Niedergeschlagenheit hinzu: »Wahrscheinlich war mir schon damals klar, daß das nicht passieren würde.«

Die Annahme, daß wir Kinder Geschiedener uns ohne Ausnahme nach einer Wiedervereinigung unserer Eltern sehnten, könnte durch eine frühere Generation von Kindern geschiedener Eltern entstanden sein. In nicht so weit zurückliegender Vergangenheit kamen Scheidungen relativ selten vor, und Kinder konnten noch die »kindische« Hoffnung hegen, daß ihre Eltern wieder zusammenkommen würden.

Hingegen hat unsere Generation erlebt, daß Scheidungen zu einer Massenerscheinung wurden. Wir *wußten*, daß geschiedene Eltern nie mehr zusammenkommen (auch wenn einige dies tatsächlich tun). Wenn unsere eigenen Eltern uns erklären, daß sie sich scheiden lassen werden, und wir daraufhin die Hoffnung entwickeln, daß sie es sich noch einmal anders überlegen würden, ist das angesichts dieses traurigen und sicheren Wissens ein Zeichen dafür, wie jung und unreif wir zum Zeitpunkt der Scheidung waren.

* * *

Scheidungen verwandeln zwar nicht alle Kinder in kleine Erwachsene, aber sie machen es sehr viel wahrscheinlicher, daß wir uns so fühlen. Kinder Geschiedener fühlen sich aus dem Zentrum ihrer Familie vertrieben. Sie bestätigten doppelt so häufig wie die Vergleichsgruppe die Aussage »Ich habe mich immer erwachsen gefühlt, selbst als ich noch ein kleines Kind war.« [11] Und sie bestätigen mehr als dreimal so häufig wie die Vergleichsgruppe die Aussage »Ich war als Kind viel allein« [107]. Viele von uns erinnern sich, daß sie versuchten, ihre Eltern zu schützen – vor den Urteilen anderer Menschen und vor unserer eigenen Traurigkeit. Aufgrund dessen fühlen wir uns in geringerem Maße in der Lage, uns an unsere Eltern zu wenden, um bei ihnen Trost zu suchen, und wir fühlen uns schutzloser. Selbst etwas so Verständliches wie die Hoffnung darauf, daß unsere Eltern wieder zusammenkommen könnten, wurde im Kontext der Scheidung zu einem dummen, irrationalen, »kindischen« Wunsch.

Wir »kleinen Erwachsenen« erinnern uns an mehr Belastungen und Ängste als andere Kinder. In der landesweiten Studie bestätigten fast zwei Drittel der Teilnehmer aus Familien geschiedener Eltern die Aussage »Es war sehr belastend, in meiner Familie zu leben« [10], wohingegen dies nur ein Viertel der Vergleichsgruppe bestätigte. Diese Größenordnung ist bei Studien dieser Art nur selten zu finden. (Interessant ist auch, daß die Hälfte der Kinder, die eine »gute Scheidung« erlebt haben, es als sehr belastend bezeichneten, in ihrer Familie zu leben, wohingegen dies nur bei einem Drittel der aus unglücklichen intakten Familien Stammenden der Fall war.) Sogar die wichtigsten Feiertage waren für viele von uns schwierig. Über ein Drittel der aus durch Scheidung getrennten Familien Stammenden bestätigte die Aussage »Weihnachten oder Chanukkah war in meiner Familie eine sehr belastende Zeit.« [46] Dieser Wert ist mehr als doppelt so hoch wie der entsprechende für die aus intakten Familien stammenden Untersuchungsteilnehmer.

Äußerlich wirkten wir noch wie andere Kinder. Wir spielten weiter im Garten und stritten uns wegen Spielzeug oder Kleidern mit unseren Geschwistern. Doch als wir älter wurden, hatten wir in wesentlich geringerer Zahl als andere Menschen das Gefühl, daß unsere Kindheit insgesamt frei von Sorgen gewesen war. Fast alle aus intakten Familien stammenden Untersuchungsteilnehmer bestätigten: »Meine Kindheit war vom Spielen bestimmt.« [12] Doch nur drei Viertel der Kinder aus getrennten Familien bestätigen diese Aussage (und nur 43 Prozent bestätigten nachdrücklich, daß ihre Kindheit vom Spielen bestimmt gewesen sei, verglichen mit 70 Prozent der Teilnehmer aus intakten Familien.)

Die Erkenntnis, daß eine Scheidung Kinder in kleine Erwachsene verwandeln kann, sollte genügen, um unsere Gesellschaft zu einer Revision der heutigen Scheidungspraxis zu veranlassen. Doch dies ist nur der Anfang. Die Auswirkungen der Scheidung nahmen kurz nach der Trennung unserer Eltern nicht ab, sondern sie haben uns bis ins beginnende Erwachsenenalter hinein geprägt.

4

Zuhause

Während des größten Teils meiner Kindheit war mein Zuhause die Wohnung meiner Mutter in North Carolina. Ich bin in Greensboro geboren und habe dort gelebt, bis ich vier Jahre alt war. Dann wollten meine Mutter und mein Stiefvater, wie viele Hippies in jener Zeit, »zurück aufs Land«. Deshalb zogen wir in ein ländliches Gebiet, wo sie ein Bauernhaus mit vier Räumen mieteten. Eine riesige Eiche überragte die große Veranda vor dem Haus, und dahinter befand sich ein riesiger Wald, von wo aus man an einen Bach kam, der sich nach den Regenfällen im Frühling braun verfärbte. Wildrosenbüsche überwucherten ein verfallenes Brunnenhaus am Hintereingang des Hauses, wo sich im Sommer Stinktiere niederließen. Wir lebten an einer unbefestigten Straße, und das Haus unseres nächsten Nachbarn war ein ganzes Stück entfernt. Im Sommer lief ich oft nur mit Shorts bekleidet herum, und mein schönes braunes Haar flatterte hinter mir her.

Als wir das Haus bezogen, gab es dort keine Toilette, sondern nur ein Plumpsklo am Waldrand. Wir duschten uns unter einem Gartenschlauch, der über eine Wäscheleine gehängt war, und ich entdeckte, wie beängstigend es ist, auf einer Außentoilette zu sitzen und dabei von Wespen umschwärmt zu werden. Meine Mutter und mein Stiefvater verwandelten einen Teil der Veranda hinter dem Haus in ein Bad mit Aussicht auf den Wald. Sie strichen mein Schlafzimmer hellgelb, bauten für mich Möbel und bedeckten den Boden meines Zimmers mit einem Teppichboden, den meine Mutter aus Resten von Teppichbelag zusammengenäht hatte. Die malerisch zusammengewürfelte Fläche enthielt jede Schattierung von Grün, Gold und Orange. Dann entfernten sie in der Küche die Decke, wobei der Ruß vieler Jahrzehnte ihre Gesichter schwärzte. Anschließend bauten sie neue, handgefertigte Schränke ein und strichen alles in Avocado-Grün, der damals modernen Küchenfarbe. Ein orangefarbener Wollteppich und ein riesiges Sofa mit kariertem Bezug und dicken Polstern machte den Look der 1970er Jahre perfekt.

Als ich sechs Jahre alt war, wurde im Schlafzimmer meiner Mutter und meines Stiefvaters mit Hilfe einer Hebamme mein Bruder geboren. Ich sollte eigentlich bei der Geburt
anwesend sein, aber das Baby kam verfrüht, als ich noch bei meinem Vater und meinen
Großeltern in Florida zu Besuch war. Ich kehrte an einem warmen Märztag zurück und
konnte zum ersten Mal meinen winzigen neugeborenen Bruder in meinen Armen halten.
Es gibt ein Foto von der Situation, in der ich ihn zum ersten Mal hielt: Ich sitze in der
Mitte des Betts meiner Mutter und meines Stiefvaters und halte ihn auf dem Schoß. Ich
lächele friedlich in die Kamera, das Baby schaut mich an, und die ganze Szene ist in einen warmen Schein getaucht. Wenn ich in jener Zeit am Nachmittag aus der Schule kam,
nahm ich mir einen Apfel aus der Schale, die auf dem Küchenschrank stand, und ging
mit meinem kleinen Bruder auf den Hof. Dort setzte ich mich mit überkreuzten Beinen,
wiegte ihn auf meinem Schoß und schaute mir stundenlang seine runden Bäckchen und
seine kleinen rosigen Lippen an.

Das klingt idyllisch und war es auch tatsächlich. Nur vermißte ich immer meinen Vater. Ich erinnere mich noch gut daran, wie ich eines Abends, als ich sechs Jahre alt war,
im Bett lag und mich plötzlich eine tiefe Traurigkeit überkam. Ich fing an zu weinen. Da
kam meine Mutter zu mir und fragte mich, was los sei. »Ich vermisse Papi«, erklärte ich
schluchzend, wobei ich mir nicht sicher war, wie sie darauf reagieren würde. Sie beruhigte
mich, setzte sich auf den Rand meines Bettes und strich mir übers Haar, bis ich wieder
einschlief. Doch ich war es nicht gewöhnt, solche Gefühle auszudrücken. Ich hatte schon
sehr früh gelernt, meine Sehnsucht nach meinem Vater so lange zu unterdrücken, bis ich
ihn ohnehin wiedersehen würde.

Wenn ich meinen Vater besuchte, reiste ich oft mit dem Flugzeug. Wir Knirpse wurden
»unbegleitete Minderjährige« genannt, und man steckte uns einen besonderen Button an.
Ich stieg am *Winston-Salem-Airport* in freudiger Erwartung in ein Flugzeug der *Piedmont
Airlines* und wurde sogleich von einer freundlichen Flugbegleiterin in Empfang genommen. Ich bat immer um einen Fensterplatz und verbrachte den 45 Minuten dauernden
Flug damit, mir die Wolken anzuschauen, über die wir flogen. Kurz vor der Landung kam
die Stewardess zu mir und erklärte mir, wenn wir am Gate angekommen seien, solle ich
warten, bis alle anderen Passagiere das Flugzeug verlassen hätten, damit sie mich begleiten könne. Ich nickte feierlich, und mein Herz pochte, während das Flugzeug mit dem
Sinkflug begann. Die Erwartung des stets aufs Neue überraschenden Rucks bei der ersten
Bodenberührung des Flugzeugs vermischte sich mit einer kaum zu bändigenden Begeisterung darüber, daß ich nun bald meinen Vater sehen würde.

Während wir am Gate anlegten, blieb ich auf meinem Sitz. Mein Herz pochte, und
es fiel mir schwer, sitzen zu bleiben, bis das Flugzeug endlich leer war und die Flugbegleiterin wieder zu mir kam. Zusammen betraten wir die Fluggastbrücke und bogen um
die Ecke. Im nächsten Augenblick sah ich meinen Vater am Eingang stehen. Er strahlte,
und ich rannte auf ihn zu. Schon aus einer Entfernung von anderthalb Metern sprang ich

ihm in die Arme. Eine Flugbegleiterin sagte scherzend zu meinem Vater: »Ich glaube, ich brauche Sie nicht nach ihrem Personalausweis zu fragen.«

Als ich sieben Jahre alt war, beschloß meine Mutter, wieder zur Schule zu gehen, um Arzthelferin zu werden. Weil ihr Unterrichtsprogramm im ersten Jahr besonders anstrengend war, lebte ich in dieser Zeit, in der ich selbst im dritten Schuljahr war, bei meinem Vater. Ich war das erste Mal ein ganzes Schuljahr von meiner Mutter getrennt, und es traf mich völlig überraschend, daß ich sie, meinen Stiefvater und meinen kleinen Bruder so sehr vermißte.

Ich liebte meinen Vater sehr, aber auch er hatte wieder geheiratet, und er war sehr beschäftigt, weil er abends Jura studierte, und außerdem war er mit meiner Stiefmutter und deren Tochter, meiner Stiefschwester, zusammengezogen. Der Altersunterschied zwischen meiner Stiefschwester und mir betrug nur sieben Monate. Viele hätten gesagt, wir seien doch ideale Spielkameradinnen; und wir haben tatsächlich viel zusammen gespielt. Doch oft kämpften wir miteinander um unsere Position in der Familie. Ich hatte Anspruch auf meinen Vater, aber sie verbrachte viel mehr Zeit mit ihm zusammen als ich. Sie hatte eine Verbindung zu ihrer Mutter, vor der ich Angst hatte. Ich erinnere mich, daß ich einmal zu meiner Stiefschwester sagte, daß ich mit ihr, ihrer Mutter und meinem Vater zusammenleben würde.

»Nein«, entgegnete sie. »Du bist nur zu Besuch.«

»Nein, ich lebe hier!« erwiderte ich frustriert.

Wir fühlten uns beide nicht besonder sicher in unserer Rolle. Ich brauchte es zu glauben, daß ich zu dieser Familie gehörte; und sie brauchte es zu glauben, daß das nicht so war.

In jenem Jahr bei meinem Vater hatte ich eine so schmerzhafte Sehnsucht nach meiner Mutter und meinem Zuhause, wie ich es seither nie mehr empfunden habe. Das Leben meines Vaters und meiner Stiefmutter unterschied sich sehr stark von meinem Leben mit meiner Mutter. Sie lebten planvoller, bewohnten ein Haus in der Stadt, und ihr Leben fand in einem viel stärkeren Maße im Haus statt. Natürlich bemühten sich mein Vater und seine neue Frau, mir das Gefühl zu vermitteln, daß ich bei ihnen zu Hause sei. Sie richteten einen mit dunklem Holz verkleideten Kellerraum für mich her, und meine Stiefmutter nähte für mich eine hübsche rosafarbene Überdecke für das Bett und einen Vorhang in der gleichen Farbe für das winzige Fenster des Raums, das sich fast an der Decke befand. Doch dies alles war Welten entfernt von meinem sonnigen, gelb gestrichenen Schlafzimmer in North Carolina.

Wenn ich mich traurig fühlte, schrieb ich Briefe an meine Mutter, zeichnete Bilder von meinem Leben auf dem Lande und zitierte sentimentale John-Denver-Songs. Für den Fall, daß sie mich nicht verstand, ließ ich einmal eine Träne auf das Briefpapier tropfen, zeichnete dann mit dem Stift einen Kreis um sie und schrieb »Träne« daneben und unterstrich dies noch zusätzlich durch einen Pfeil. Mittlerweile bin ich selbst Mutter, und ich vermute, daß ihr diese Briefe sehr zu Herzen gegangen sind. Aber ich wollte sie nicht verletzen. Ich sehnte mich nur so sehr nach ihr und nach unserem gemeinsamen Zuhause.

Als das Jahr vorüber war und ich wieder nach North Carolina zog, hatte sich dort vieles verändert. Meine Mutter und mein Stiefvater waren nach Winston-Salem gezogen, wo sie eine Schule besuchte. Ich bekam in unserem neuen Haus ein schnuckeliges Schlafzimmer unter dem Dach – und schon bald fand ich meine beste Freundin, die im gleichen Block wie wir wohnte. Aber die Ehe meiner Mutter und meines Stiefvaters wurde brüchig. Im folgenden Frühjahr zog er aus, und sie ließen sich scheiden. Meine Mutter war nun Vollzeitstudentin, wir hatten nur sehr wenig Geld, und mein zweijähriger Bruder und ich waren oft allein, obwohl sich meine Mutter bemühte, eine gute Tagesbetreuung und Hortplätze für uns zu finden.

Außerdem war ich nach meiner Rückkehr aus dem Haushalt meines Vaters wütend auf meine Mutter und fühlte mich ihr nicht mehr nahe. Als sie wieder auf die Suche nach einem Mann ging, schäumte ich vor Wut. Die Erinnerungen an das Leben auf dem Lande wurden in ein unwirkliches Licht getaucht. Sie nahmen einen verklärten Glanz an, als mein Stiefvater, der in Vietnam gekämpft hatte und lange unter einer Posttraumatischen Belastungsstörung und unter Alkoholismus gelitten hatte, sich ein paar Jahre später im Alter von 37 Jahren das Leben nahm. Meine Mutter und mein Bruder hatten einen Mann zu betrauern, den wir durch seine Krankheit und durch die Scheidung ohnehin schon verloren hatten.

Als Kind war es mir immer als eine Selbstverständlichkeit erschienen, ein Zuhause zu haben, denn ich hatte immer einen Ort, an dem ich leben konnte, etwas zu essen auf dem Tisch, ein eigenes Zimmer und eine Mutter oder einen Vater, die mich liebten. Doch jene ersten Umzüge, die ich beschrieben habe, waren nur der Anfang. Sie setzten sich fort, bis ich schließlich einen eigenen Hausstand gründete. Ich fühlte mich unsicher, wußte nicht genau, wo ich hingehörte, und mir war nie klar, ob ich mich auf etwas verlassen konnte. Bis ich selbst heiratete, habe ich mich nie wirklich sicher gefühlt. Erst dann hatte ich das Gefühl, daß es einen Ort und eine Person gab, denen ich mich wirklich zugehörig fühlen konnte.

Heutzutage denken immer mehr Menschen, die gemeinsame physische Wahrnehmung des Sorgerechts – daß die Kinder viel Zeit mit beiden Eltern verbringen – vermöchte viele mit Scheidungen verbundene Probleme zu lösen. Experten versichern, für Kinder sei es nicht problematisch, sich an zwei Orten zu Hause zu fühlen. Doch ich fragte mich, ob die Scheidungskinder selbst dies auch so sehen. Wie ich feststellte, ist die Realität wesentlich komplexer.

Für Menschen, die von geschiedenen Eltern stammen, wurde durch die Teilung des ursprünglichen Zuhauses nicht unbedingt dem, was zuvor existiert hatte, etwas hinzugefügt, so daß dem Kind nun anstatt des vorherigen einen Zuhauses zwei Orte zur Verfügung standen, an denen es sich sicher fühlen konnte. Vielmehr hat das Aufwachsen in zwei Haushalten bei vielen von uns Kindern Geschiedener bewirkt, daß unser Gefühl, ein Zuhause zu haben, sich weniger stark entwickelte und uns deshalb weniger Sicherheit gab. Oft wurde durch diese Situation unser Gefühl emotionaler und manchmal auch physischer Sicherheit bedroht. Es kam uns so vor, als ob die Dinge, die uns wichtig waren – Spielzeug und Haushaltsgegenstände, die wir besonders schätzten –, in jedem Moment verschwinden könnten. Wir fühlten uns einfach nicht mehr so richtig zu Hause, insbesondere im Haushalt unseres Vaters. Außerdem wurde die Wahrscheinlichkeit größer, daß wir den völligen Verlust unseres Zuhauses fürchteten, weil die Gefahr, verstoßen oder gekidnappt zu werden, zwar selten Realität wurde, aber in unserem Leben doch eine wesentlich höhere Wahrscheinlichkeit hatte als bei Menschen, die in intakten Familien aufgewachsen waren.

Sicherheit

Wenn wir Kinder Geschiedener definieren, wie ein »Zuhause« sein sollte, konzentrieren wir uns häufig auf den Aspekt der Sicherheit – wahrscheinlich, weil wir in unserer Kindheit seltener das Gefühl hatten, daß jemand auf uns aufpaßte. In unserer landesweiten Umfrage bestätigen die meisten aus intakten Familien stammenden jungen Erwachsenen, daß sie sich in der Zeit ihres Aufwachsens im allgemeinen emotional sicher gefühlt hätten. [[107]] Von den Teilnehmern aus getrennten Familien bestätigte dies weniger als die Hälfte. Junge Menschen, die bei Eltern aufgewachsen waren, denen keine »gute Scheidung« gelungen war, erklärten seltener, daß sie sich emotional sicher gefühlt hätten; doch überraschte mich, daß sogar diejenigen, deren Eltern eine »gute Scheidung« zustande gebracht hatten, sich deutlich unsicherer fühlten als ihre Altersgenossen aus intakten Familien, deren Eltern eine zwar unglückliche, aber relativ konfliktarme Ehe geführt hatten.

Es geht nicht nur um emotionale Sicherheit; fast einer von fünf jungen Erwachsenen, deren Eltern eine »schlechte Scheidung« hinter sich hatten, sagte, daß er sich *physisch* nicht sicher gefühlt habe – was bei Kindern aus intakten Familien praktisch nie der Fall war.

Michael war fünf Jahre alt, als er auf dem Weg zum Basketballtraining erfuhr, daß seine Eltern sich scheiden lassen würden. Vor der Scheidung hatten er und seine Bruder mit ihren Eltern komfortabel in einem großen Haus gewohnt. Nach der Scheidung mußte Michaels Mutter immer wieder in billigere Wohnungen umziehen, bis die Familie schließlich in einem riesigen Mietshäuserkomplex unterkam, einer Umgebung, in der sehr häufig Verbrechen vorkamen und die Nachbarn hauptsächlich alleinstehende Mütter mit Kindern waren. Michael stand sehr deutlich vor Augen, daß er zu Hause keinen Vater hatte, der ihn hätte schützen können, wenn jemand in die Wohnung einbrechen würde. Wenn er an den Nachmittagen mit seinem Bruder mehrere Stunden lang allein in der Wohnung war, bevor die Mutter von der Arbeit zurückkam, fühlte er sich immer sehr unwohl, und besonders schlimm war es nachts.

Ich fragte Michael, ob er sich als Kind sicher gefühlt habe. »In den Apartments, in denen wir gelebt haben, ganz bestimmt nicht«, antwortete er. »Ich machte mir ständig große Sorgen. Manchmal klopften spät abends bei uns Leute an die Tür. Einmal wachte ich mitten in der Nacht auf, weil jemand versuchte, durch eines der Fenster in die Wohnung zu gelangen.«

Als unsere Eltern sich trennten, verbrachten die meisten von uns Kindern Geschiedener viel Zeit in unserem Zuhause ohne unseren Vater. Manchmal zogen auch neue Männer mit in die Wohnung ein: zunächst als Freunde unserer Mütter und später als unsere Stiefväter. Auf manche Kinder wirkt es beruhigend, wenn ein neuer Mann zu ihrer Mutter zieht. Nachdem Michael erklärt hatte, er habe sich als Kind nicht sicher gefühlt, erinnerte er sich: »Als meine Mutter wieder heiratete, fühlte ich mich auch wieder sicherer, weil wieder ein Mann im Haus war. Bekam ich nachts Angst, konnte ich einfach daran denken, daß jemand da war, der mich beschützen konnte, und dann fühlte ich mich wieder okay.«

Andere sagen jedoch, sie hätten sich nach dem Einzug eines Stiefvaters weniger sicher gefühlt. Samantha war mit ihrem ersten Kind schwanger, als wir uns in der kleinen Wohnung trafen, die sie gemeinsam mit ihrem Mann bewohnte. Sie saß auf einem alten Schaukelstuhl und hatte ihre Füße auf den Kaffeetisch gelegt, als sie erklärte, sie habe sich in ihrer Kindheit und Jugend »im allgemeinen« sicher gefühlt. Dann fügte sie zögernd hinzu: »Mein Stiefvater war – ich weiß nicht, wie ich das erklären soll – wir sind nicht mißbraucht worden oder so etwas. Aber vor irgend etwas an ihm gruselte es mir.«

Leider gilt es als erwiesen, daß die Gefahr des Kindesmißbrauchs für Kinder nach der Scheidung ihrer Eltern deutlich größer wird. Über 70 seriöse Untersuchungen[38] haben gezeigt, daß eine erstaunliche Zahl von Mädchen, die aus geschiedenen Ehen stammen – zwischen einem Drittel und der Hälfte –, über sexuelle Belästigung oder sexuellen Mißbrauch in ihrer Kindheit berichten, wobei die Täter in den meisten Fällen die Freunde der Mütter oder ihre Stiefväter sind. Eine andere Auswertung von 42 einschlägigen Studien ergab, daß »die Mehrheit der Kinder, die sexuell mißbraucht wurden, … aus Familien von Alleinerziehenden oder aus Familien, die durch Zweitehen entstanden waren, stammen.«[39] Zwei führende Forscher in diesem Bereich gelangen zu der Überzeugung: »Das Zusammenleben mit einem Stiefelternteil hat sich als der aussagekräftigste Prädiktor für schweren Kindesmißbrauch erwiesen.«[40]

Als ich an der Studie arbeitete, auf der dieses Buch basiert, hatte ich nicht vor, mich mit Kindesmißbrauch zu beschäftigen. Doch ohne daß ich einen der von mir Interviewten nach entsprechenden Erlebnissen gefragt hätte, berichteten zwei der 35 aus geschiedenen Ehen stammenden jungen Erwachsenen, die ich interviewte, von sich aus herzzerreißende Geschichten. Deshalb fragte ich mich, ob andere Geschichten dieser Art nur deshalb nicht erzählt wurden, weil sich die Betroffenen unwohl dabei gefühlt hatten, mir, einer völlig Fremden, solche Erlebnisse im Rahmen eines zwei bis drei Stunden dauernden Interviews zu offenbaren. Deshalb informierte ich mich gründlicher über die erstaunlich große Mißbrauchsgefahr, in der Kinder Geschiedener schweben – eine Gefahr, über die unsere Kultur in der Regel nichts hören und an deren Existenz sie nicht glauben will.

Crystal klang während unseres ersten Telefongesprächs ein wenig zögerlich. Als wir uns ein paar Wochen später in einem kleinen Nebenraum einer öffentlichen Bibliothek trafen, die in der Nähe ihrer Wohnung lag, erfuhr ich, warum sie mir so zögernd erschienen war. Sie war eine hübsche junge Frau mit attraktiven großen Augen. Sie trug Jeans und T-Shirt und saß kerzengerade, wobei ihre Hände auf ihrem Schoß lagen. Obwohl sie sehr ruhig wirkte, liefen ihr während des größten Teils unseres Gesprächs Tränen über die Wangen.

Forscher haben festgestellt, daß es Kindern, deren Eltern in einer konfliktreichen Beziehung lebten, nach einer Scheidung besser geht. Dies mag generell zutreffen, doch lassen sich die Geschichten der einzelnen Betroffenen nicht so leicht auf einen Nenner bringen. An konfliktreichen Ehen sind in der Regel ein oder zwei sehr stark mit Problemen belastete Menschen beteiligt. Zerbricht die Ehe zwischen ihnen, gibt es keinerlei Garantie dafür, daß für das Kind ein verläßliches Unterstützungssystem da sein wird.

Crystals Eltern hatten offensichtlich in einer von starken Konflikten geprägten Ehe gelebt. Die frühesten Erinnerungen der Tochter bezogen sich auf Situationen, in denen ihr Vater ihre Mutter geschlagen hatte, obwohl die Mutter mit Crystals Schwester schwanger war, die später mit kollabierter Lunge geboren wurde. In einigen Fällen hatte Crystal ihren Vater davon abzubringen versucht, ihre Mutter zu schlagen, indem sie ihn ins Bein gebissen hatte, oder sie hatte ihn abzulenken versucht, wenn er ihre jüngere Schwester geschlagen hatte, woraufhin er seine Wut an ihr ausgelassen hatte. Jahrelang hatte Crystal gehofft, daß ihre Eltern sich scheiden lassen würden, und als sie dreizehn Jahre alt gewesen war, hatten sie dies schließlich auch getan. Sie sagte, nach der Scheidung habe sich die Situation gebessert, aber sie sei weiterhin nicht einfach gewesen.

Nach der Scheidung hatte Crystal mit ihrer Schwester und ihrer durch die brutale Behandlung völlig verunsicherten und emotional instabilen Mutter zusammengelebt. Kurze Zeit später hatte die Mutter einen neuen Freund gehabt. Darüber war Crystal zunächst froh gewesen. Ihre Mutter wirkte glücklicher, wenn er anwesend war, und er war netter als ihr Vater. Doch eines Nachts wachte sie auf und fand ihn in ihrem Bett. »Er hat die Grenze überschritten«, erklärte sie mit Tränen in den Augen, obwohl sie diese Geschichte schon mehrmals in einer Therapie erzählt hatte. Zweimal hatte der Freund der Mutter sie sexuell mißbraucht und sie dadurch in Schrecken versetzt. Doch noch verheerender war für Crystal, daß ihre Mutter, als sie ihr von den Vorfällen berichtete, nicht für sie Partei ergriffen und die Beziehung zu ihrem Freund erst viel später beendet hatte.

Auch Caleb litt nach der Auflösung der von starken Konflikten belasteten Ehe seiner Eltern weiter. Heute ist er ein erfolgreicher Schauspieler und Regisseur an einem Theater in Chicago. Er bekannte sich schon als Teenager zu seiner Homosexualität, und er und sein Freund wollen in Kürze ihr erstes Kind adoptieren. Er sagt, er habe nun Hoffnung, doch in seiner Kindheit sei sein vorherrschendes Gefühl Verzweiflung gewesen.

Calebs Eltern hatten sich oft gestritten und sich mehrmals getrennt, bevor sein Vater nach der Geburt seines jüngeren Bruders für immer auf die andere Seite der Stadt gezogen war. Seine Mutter hatte mit einer Bipolaren Störung gekämpft und mehrere Selbstmordversuche begangen. Nach der Scheidung war sie oft ausgegangen, oder sie hatte sich in ihrem Schlafzimmer eingeschlossen. Wenn sie versucht hatte, für Caleb und seinen Bruder Regeln festzulegen, so erinnert er sich, »war das so, als würde jemand versuchen, sich an einer Schale Wackelpudding zu orientieren.«

Caleb faßte die Auswirkungen der Scheidung seiner Eltern in der Aussage zusammen, daß dadurch »einige Dinge besser und viele noch schlechter« geworden seien. Seine Eltern hatten sich auch weiterhin beim geringsten Anlaß gestritten. Beispielsweise war die Mutter einmal wütend geworden, weil ihre Söhne während eines Besuchs bei ihrem Vater zum Friseur gegangen waren. Allerdings hatte es sich positiv auf die Situation ausgewirkt, daß sich die Streitigkeiten nicht mehr bei ihm zu Hause abgespielt hatten. Doch hatte die Scheidung die Situation andererseits auch verschlimmert, wie Caleb sagte, »wegen der Isolation«. Nach der Scheidung, so erklärte er, »war kein Erwachsener mehr da, und somit kein Puffer zwischen meiner Mutter und mir.«

Weil Calebs Mutter von seinem Vater keine Alimente bekommen hatte, war sie gezwungen gewesen, ihr zweites Schlafzimmer an Studenten eines in der Nähe liegenden Colleges zu vermieten. Er erinnerte sich an das häufige Ein- und Ausziehen von Studenten, die manchmal suspekte Freunde mitbrachten. Er vermutete, er sei als Kind sexuell mißbraucht worden, fühlte sich aber nicht in der Lage, sich mit diesem Teil seiner Lebensgeschichte auseinanderzusetzen. Er sagte: »Ich dränge mich nicht gerade, das herauszufinden. Aber es gab einige Dinge, die im Nachhinein betrachtet darauf hindeuten.« Er fuhr fort: »Ich glaube nicht, daß Kinder im Alter von sechs oder sieben Jahren richtig verstehen, was Sexualverkehr ist – daß sie dann wissen, wie man das macht. Wahrscheinlich sollte ich Ihnen das besser nicht erzählen. … Aber ich erinnere mich daran, daß ich das Gefühl hatte, mit mir sei etwas nicht in Ordnung, weil ich im Gegensatz zu allen anderen in meinem Alter über diese Dinge Bescheid wußte.«

Um mit seinen Ängsten, seiner Einsamkeit und seinem eventuellen Trauma fertig zu werden, fing er mit sieben Jahren an zu trinken, indem er in großen Plastikbechern Schnaps mit Zucker mischte. Er versuchte seinen Schmerz mit Alkohol zu betäuben, bis er 21 Jahre alt war. Als ich ihn an einem Punkt unseres Gesprächs fragte, ob er als Kind jemals über Gott nachgedacht habe, antwortete er, er habe sich nur gefragt: »Warum ich? Warum tust du ausgerechnet *mir* so etwas an?«

Kinder sind nach einer Scheidung sehr verletzlich, und insbesondere wenn in ihrer Familie schon früher Mißbrauchsfälle, Suchterkrankungen oder psychische Erkrankungen vorgekommen sind, können sie leicht Mißbrauchstätern zum Opfer fallen. Wie wir bereits wissen, werden Kinder geschiedener Eltern wesentlich häufiger allein gelassen als andere Kinder. Viele sind für Erwachsene mit schlechten Absichten zu leicht erreichbar, insbesondere für Männer, die als Freunde oder neue Ehemänner der Mutter in den Haushalt kommen.

Natürlich sind die meisten neuen Partner der leiblichen Eltern gute Menschen. Insbesondere als Stiefeltern übernehmen sie eine schwere Aufgabe, wenn sie eine Frau mit Kindern heiraten. Im Laufe der Zeit lernen viele Kinder Geschiedener, ihren Stiefvätern und Stiefmüttern zu vertrauen und sie zu lieben. Caleb beispielsweise fühlte sich seiner neuen Stiefmutter schließlich näher als seinen leiblichen Eltern. Michael kam die neue Stabilität, die sein Stiefvater in das Zusammenleben der Familie brachte, sehr zugute. Andere sprechen respektvoll über Stiefväter und Stiefmütter,[41] auf die selbst in schwierigen Situationen Verlaß war, und sie ehren diese Stiefeltern, indem sie ihnen bei ihrer eigenen Hochzeit einen besonderen Platz einräumen.

Doch wenn sich unsere Gesellschaft mit den Leben von Kindern Geschiedener aufrichtig auseinandersetzen will, kann sie nicht ignorieren, daß diese als Gruppe in erhöhter Gefahr sind, in ihrem Zuhause mißbraucht zu werden. Die neue Generation von Kindern geschiedener Eltern ist dieser Gefahr ebenfalls ausgesetzt. Um ihres Wohls willen muß unsere Gesellschaft bereit sein, die zahlreichen Untersuchungen und persönlichen Berichte, die diese Tragödie dokumentieren, ernst zu nehmen.

Im übrigen braucht es im Leben eines Kindes nicht erst zu Mißbrauch zu kommen, um bei ihm ein Gefühl mangelnder Sicherheit zu erzeugen. Einige, die aus geschiedenen Ehen stammen, sagen, daß sie in ihrer Kindheit und Jugend ein generelles Gefühl der Unsicherheit hatten, ein vages, anhaltendes Gefühl der Furcht. Als ich Daniel fragte, ob er sich als Kind sicher gefühlt habe, rutschte er unbehaglich auf seinem Stuhl hin und her. Er sagte: »Nein, ich hatte nicht das Gefühl, mich in einem unsicheren Zustand zu befinden. Ich hatte Probleme einzuschlafen. Ich wachte nachts auf, fühlte mich sehr einsam und fürchtete mich. Und ich hatte Angst vor Feuer und vor Krieg.« Er schaute mich an und versuchte zu erklären: »Ich wartete ständig regelrecht darauf, daß irgend etwas schiefginge. Es war nicht so, daß ich fürchtete, ich könnte sterben oder dergleichen. Aber ich hatte das Gefühl, hinter der nächsten Ecke könnte irgend etwas Übles lauern.«

Will, dessen Vater aufgrund einer Affäre seine Mutter verließ, sagte, er habe sich nach der Scheidung seiner Eltern nicht mehr sicher gefühlt, denn »wenn dein Vater deine Mutter verletzen kann, dann kann alles passieren. Was soll man denn dann erwarten, das hinter der nächsten Ecke lauert?«

Steve sagte: »Ich glaube, tief innerlich hatte ich immer Angst davor, daß mir irgend etwas zustoßen könnte. Was das hätte sein können, war mir nicht ganz klar.«

Verglichen mit denjenigen unter uns, die aus geschiedenen Ehen stammen, sprechen junge Menschen aus intakten Familien wesentlich seltener über Sorgen, die sie wegen ih-

rer Sicherheit haben. Die Gegenwart des Vaters scheint Kinder, die sich nicht sicher fühlen, besonders zu beruhigen. Und aus intakten Familien stammende Menschen erinnerten sich nicht nur in der Regel daran, daß sie sich in ihrer Familie sicher gefühlt hatten,
sondern im Gegensatz zu denjenigen aus geschiedenen Ehen erklärten einige außerdem,
die Gegenwart ihrer Familie habe ihnen trotz bedrohlicher Situationen außerhalb des eigenen Zuhauses Sicherheit vermittelt.

Tabitha ist eine dreißigjährige Software-Entwicklerin, die in einer Vorstadt von Philadelphia wohnt. Ihre Eltern lernten einander vor vielen Jahren auf Coney Island kennen
und sind immer noch verheiratet. Sie erinnerte sich, daß in den 1970er Jahren in New
York, wo sie in einer sehr bescheiden lebenden Familie aufwuchs, eine ziemlich starke
Kriminalität geherrscht hatte. »Der erste, vor dem ich damals Angst hatte, war der *Son of
Sam* [D. R. Berkowitz, ein berüchtigter Sexualmörder, Anm. d. Übers.], und ich war da-
mals auf dem Gymnasium«, erklärte sie. Doch als ich sie fragte, ob sie sich in ihrer Kind-
heit und Jugend sicher gefühlt habe, lächelte Tabitha und antwortete: »Ganz bestimmt!«
Sie fuhr fort: »Noch heute könnte ich, wenn ich hier herausgehen würde und einen Platten
hätte, meinen Vater in Brooklyn anrufen und zu ihm sagen: ›Papi, ich habe einen Platten.
Könntest du herkommen und für mich den Reifen wechseln?‹ Und er würde antworten:
›Okay, ich bin in drei Stunden da.‹ Natürlich würde ich das nicht tun. Aber wir haben uns
wirklich immer sicher gefühlt.«

Joe war in Chicago aufgewachsen. Seine Mutter war »nur Hausfrau« gewesen, und
sein Vater hatte in *Greek Town* ein gut besuchtes Restaurant, weshalb er fast jeden Abend
ziemlich lange dort gewesen war. Als Kind war Joe der Jüngste im Block gewesen, und er
konnte sich noch gut daran erinnern, daß die starken Jungs aus der Nachbarschaft ihn
manchmal gehänselt hatten. Doch trotz der häufigen Abwesenheit seines Vaters hatte Joe
das Gefühl, er habe einen »Verteidiger«. Er berichtete: »Ich hatte das Gefühl, mein Vater
sei sehr stark. Deshalb bin ich ganz bestimmt nicht besonders verängstigt herumgelaufen.
… Wenn jemand uns lästig wurde, rief er diese Leute an; deshalb hatte ich immer das Gefühl, von ihm geschützt zu werden.«

Auch Stacie erinnerte sich daran, daß sie und ihre Eltern »auf dem Land lebten, wo
ständig unheimliche Geräusche zu hören waren.« Doch weil ihre Familie immer in der
Nähe war, »kam es mir nie in den Sinn, daß ich nicht in Sicherheit war.«

Allein die Tatsache, daß Kinder verheiratete Eltern haben, ist noch keine Garantie für
einen verläßlichen Schutz. Manche Kinder werden von ihren eigenen Eltern geschädigt,
so z. B. Crystal, die sowohl von ihrem leiblichen Vater als auch vom Freund ihrer Mutter
mißbraucht worden war. Tragödien innerhalb und außerhalb der eigenen Familie kann
grundsätzlich jedes Kind erleben, ganz gleich, in welcher Art von Familie es aufwächst.
Doch grundsätzlich ist das Leben eines Kindes sicherer, wenn es einen Vater und eine
Mutter hat, die sich beide um sein Wohl kümmern, und wenn keine nicht mit ihm verwandten Erwachsenen freien Zugang zur Wohnung oder zum Haus der Familie haben.

Sachen

Ein weiteres Thema, das Kinder Geschiedener oft in Zusammenhang mit ihrem Zuhause zur Sprache bringen, sind ihre »Sachen«. Viele von uns wirken wie Nomaden, wenn sie darüber sprechen, was nach der Scheidung ihrer Eltern mit ihren »Sachen« geschehen ist, wieviel davon sie mit in das Haus ihres Vaters genommen haben oder wieviel von diesen Sachen sich immer noch in den Haushalten ihrer beiden Eltern befindet.

Monique und ich saßen eines Abends auf der abgeschirmten Veranda hinter ihrem Haus auf Hollywoodschaukeln. Ich fragte sie, wie sie »Zuhause« definiere. Sie antwortete sehr sachlich: »Das Zuhause ist der Ort, an dem man lebt, wo man seine Sachen hat und wo man jeden Tag zu Abend ißt.« Wie sie sagte auch Ashley, das Zuhause sei da, »wo meine Sachen sind.« Rochelle sagte, ihr Zuhause sei »voll mit … den Dingen, die ich mag. Und ich kann meine Sachen dort lassen und weiß, daß sie in Sicherheit sind.«

Daß wir uns auf unsere »Sachen« konzentrieren, wenn wir an unser Zuhause denken, ist verständlich. Im Zuge der ökonomischen Einbußen, zu denen es nach Scheidungen häufig kommt, haben einige den Verlust eines größeren Zuhauses erlebt, in dem es viele schönere Sachen gab. Monique stemmte ihre Füße gegen den Steinboden der Veranda, bewegte die Schaukel vor und zurück und berichtete mit gesenktem Blick und offensichtlich verlegen: »Es klingt vielleicht etwas oberflächlich, aber nach der Scheidung sind wir von einem sehr schönen in ein mittelmäßiges, weniger schönes Haus gezogen.«

Andere haben erlebt, daß ihre Sachen plötzlich vor ihren Augen verschwanden, als der Haushalt, in dem sie bisher gewohnt hatten, aufgelöst wurde. Jason war immer noch völlig fassungslos, wenn er daran dachte, wie er im Alter von vierzehn Jahren erfahren hatte, daß seine Eltern sich scheiden lassen wollten. Nachdem er einige Zeit damit zugebracht hatte, eine Büroklammer zu immer neuen Formen zu verbiegen, erzählte er mir schließlich folgende Geschichte: »Mein Vater, meine Schwester und ich fuhren mehrere Stunden mit dem Auto, um unsere Großmutter zu besuchen. … Ich erinnere mich noch gut daran, daß ich während dieser Fahrt dachte: ›Eigentlich ist es ziemlich merkwürdig, daß meine Mutter nicht mitfährt‹, aber ich stellte keine Fragen. Als wir wieder nach Hause zurückkamen, erklärte mein Vater uns, daß er und unsere Mutter sich scheiden lassen wollten. Das war zwanzig Minuten bevor meine Mutter kam, um uns abzuholen – an jenem Wochenende hatte sie alle unsere Sachen aus unserem Haus geschafft. Als ich zurückkam, fragte ich mich: ›Wo sind denn meine Sachen geblieben?‹«

Crystal erzählte mit einem traurigen Lachen von dem Tag, an dem ihr Vater ihre Mutter verlassen hatte. Sie und ihre Mutter hatten einen Spaziergang zusammen gemacht, und als sie wieder zurückgekommen waren, war ihr Vater fort gewesen – und hatte den Wohnwagen mitgenommen. Wohnwagen sind natürlich dafür gemacht, daß man mit ihnen leicht umziehen kann, aber selbst Kinder geschiedener Eltern, die in Häusern mit festem Fundament wohnen, haben manchmal das Gefühl, wenn sie nur einen Augenblick wegschauen würden, könnte ihr Zuhause – oder könnten ihre Sachen – verschwunden sein.

»Sachen« sind für uns Kinder Geschiedener auch deshalb wichtig, weil wir sie gewöhnlich zwischen den Haushalten unserer Eltern hin- und herschaffen mußten. Einige von uns fühlten sich im Haushalt des einen Elternteils weniger zu Hause, weil sie dort keine Sachen hatten, die ihnen gehörten. Anthony ist Student und absolviert an einer Universität im Nordosten ein MBA-Studium. Er ist zusammen mit seinem Bruder bei seiner Mutter aufgewachsen, und er hat seinen Vater regelmäßig gesehen, weil dieser in der gleichen Stadt wohnte. Er berichtete: »Wir packten unsere Kleider zusammen und nahmen sie in das Haus unseres Vaters mit. Dort hatten wir keinen eigenen Raum und auch keinen Platz für unsere Sachen. … Und wenn wir wieder abreisten, blieb dort nichts von uns zurück. Wir hatten keine Verbindung zu diesem Haus, durch die es für uns zu einem Zuhause geworden wäre. Es gab für uns dort kein Zuhause.«

Emily sagte über das Haus ihres Vaters: »Ich hatte nicht das Gefühl, daß ich meine Sachen dort lassen könnte. Ich bin mir sicher, daß er mir das nicht verboten hätte, aber ich packte trotzdem jedesmal meine Tasche und nahm alles, was mir gehörte, wieder mit nach Hause.«

Eric, dessen Vater das Sorgerecht für ihn hatte, sagte, der Haushalt seiner Mutter sei für ihn nur »ein zweites Zuhause« gewesen. Er trommelte mit seinen Knöcheln auf dem Picknicktisch, an dem wir saßen, weil es ihm schwerfiel, stillzusitzen. »Im Haus meiner Mutter blieb nichts, was mir gehörte. Ich habe dort ganz selten übernachtet, mehr war es nicht.«

Wenn Eltern sich scheiden lassen, verläßt einer von ihnen oder verlassen beide das bisher gemeinsame Heim der Familie. Sie teilen ihren Besitz auf und trennen sich manchmal auch völlig von einem Teil ihres Mobiliars. Manche wollen nicht inmitten greifbarer Erinnerungen an ihre Ehe weiterleben. Andere sehen sich gezwungen, preisgünstigeres Mobiliar zu kaufen, und sie teilen sich das Geld aus den Verkäufen. Manche heiraten erneut und schaffen sich mit ihrem neuen Partner zusammen eine neue Einrichtung an. Manchmal gehen geschätzte Objekte im Durcheinander mehrerer Umzüge und erneuter Ehen sogar verloren.

Aus all diesen Gründen sehen wir, wenn wir als Erwachsene in das Haus unserer Eltern zurückkehren, weniger materielle Erinnerungen an unsere Kindheit als unsere Freunde aus intakten Familien. Ashley, die mittlerweile 33 Jahre alt ist und allein lebt, sagte über den Haushalt ihrer Mutter: »Es gibt dort nichts aus meiner Kindheit. Allerdings gibt es Bilder. … Ich glaube, meine Mutter hat immer noch eine Mischschüssel von unserer Familie in der Küche. Mehr ist es nicht, verstehen Sie?« Alte, ansonsten uninteressante Gegenstände erinnern uns an unsere Kindheit und signalisieren uns Zugehörigkeit. Für Ashley war jene Mischschüssel eine der wenigen greifbaren Erinnerungen an ihre Kindheit und ein Beweis dafür, daß das Heim ihrer Mutter früher einmal auch ihr Heim gewesen war.

War Papis Haus ein Zuhause?

Viele von uns empfanden das Haus ihres Vaters nicht als ein Zuhause. Dieses Gefühl kann teilweise mit der Entscheidung über das Sorgerecht zusammenhängen (unter den 18- bis 35jährigen wuchsen fast drei Viertel hauptsächlich bei ihren Müttern auf[42]), aber dazu ist noch einiges mehr zu sagen.

Einige Kinder Geschiedener erklären, das Haus ihres Vaters sei für sie kein Zuhause gewesen, weil sie dort keine Sachen von sich aufbewahrt hätten. Andere berichten, das Haus ihres Vaters sei einfach nicht besonders »heimisch« gewesen. Kimberly erzählte mir, das Haus ihres Vaters sei ein Ort gewesen, »an dem eigentlich nicht einmal er selbst sein wollte. Es war ein Einzimmer-Apartment. Er entschuldigte sich ständig dafür, daß es so klein war.« Und Kyle erzählte: »Meine Mutter hat sich immer große Mühe gegeben, eine geeignete Wohnung zu finden. ... Bei meinem Vater habe ich nichts dergleichen gespürt.«

Andere sagen, die Wohnung ihres Vaters sei ihnen einfach nicht vertraut genug gewesen, als daß sie sie als ihr Zuhause hätten bezeichnen können. Samantha erklärte: »Mein Vater lebte fast bei jedem unserer Besuche in einem neuen Apartment.« Sie legte ihre Hände auf ihren von einer Schwangerschaft angeschwollenen Bauch und berichtete, daß sie und ihre Schwester, wenn sie ihren Vater besuchten, ihren »Spaß hatten, aber wir haben immer wieder gedacht, wie sehr wir uns nach unserem Zuhause sehnten, so sehr er sich auch bemühte, seine Wohnung für uns zu einem Zuhause zu machen. Wir hatten eigene Zimmer und alles; und er dachte sich für unsere Besuche immer ein umfangreiches Programm aus.« Dann hielt sie unsicher inne. »Aber die Umgebung war uns zu fremd, und außerdem ging er oft aus.«

Wenn junge Erwachsene aus durch Scheidung getrennten Familien erklärten, sie empfänden das Heim ihres Vaters nicht als ihr Zuhause, fragte ich sie, wie sie diesen Haushalt dann empfänden. Im besten Fall beschrieben sie die Wohnung ihres Vaters wie eine Ferienwohnung. Alicia sagte: »Ich glaube, er war wie ein Ferien-Vater ... und wenn ich in mein richtiges Zuhause kam, machte ich meine Hausaufgaben, und ich mußte ihm berichten, ob ich eine schlechte Zensur bekommen hatte und dergleichen.« Kyle sagte, das Haus seines Vaters sei »nur ein Besuchsziel« gewesen, und Ashley bezeichnete es als einen kleinen »Freizeitpark«. Sogar Jason, der nur wenige Blocks von der Wohnung seines Vaters entfernt aufwuchs und der ihn mehrmals wöchentlich traf, sagte, er fühle sich bei seinem Dad wie ein Hotelgast.«

Im schlimmsten Fall, und insbesondere wenn im Haushalt des Vaters Personen lebten, die sie entweder nicht kannten oder nicht mochten, fühlten einige sich wie schlecht gelittene Außenstehende. Im Falle einer »schlechten Scheidung« war die Wahrscheinlichkeit besonders hoch, daß die Kinder sich so fühlten. Ein Fünftel derjenigen, deren Eltern eine »gute Scheidung« gelungen war, und fast die Hälfte derjenigen, die eine »schlechte Scheidung« erlebt hatten, sagten, daß sie sich manchmal in ihrem eigenen Zuhause wie Außenstehende fühlten. [[7]]

Alicia erklärte, im Haushalt ihres Vaters, in dem außer diesem ihre Stiefmutter und ein Stiefbruder lebten, seien alle in eigene Familiendramen verstrickt gewesen. Deshalb habe sie sich dort gefühlt, als dränge sie sich in eine in sich geschlossene Einheit. Alex sagte: »Als mein Vater mit dieser Frau zusammenlebte, waren dort außerdem drei Kinder, und ich hatte absolut keine Lust, ihn dort zu besuchen; es ging immer zu wie in einem Zoo.« Will schnitt Grimassen und sagte, das Haus seines Vaters sei so gewesen, »wie wenn man jemanden im Gefängnis besucht. Es war ihr Haus, und ich weiß nicht, wie sie sich fühlten, aber ich spürte von dem Augenblick, in dem ich durch die Tür eintrat, bis zum Zeitpunkt meiner Abreise eine gewissen Anspannung.« Michael war im Haus seines Vaters von seinem älteren Bruder und seinem Stiefbruder gepeinigt worden, und sein Vater war oft beruflich unterwegs oder beim Golfspiel gewesen, während seine Stiefmutter – was kaum überraschend ist – mit der Situation nicht fertig wurde und deshalb aufgebracht war. Im allgemeinen sprach Michael nicht besonders hitzig über seine Kindheit, aber er sagte, im Haus seines Vaters sei »die Hölle los gewesen. … Es war schrecklich, wirklich, und ich hatte eigentlich nie Lust, dorthin zu gehen.»

Schattenheime

Ein Urlaubsort, ein Hotel, ein Gefängnis, die Hölle – die Anspannung ist jeweils unterschiedlich stark gewesen, doch in jedem Fall waren wir Kinder geschiedener Eltern im Haushalt unseres Vaters Besucher, Außenstehende oder Gefangene, die eigentlich anderswo sein wollten. Trotzdem erklärte mehr als die Hälfte der Kinder Geschiedener: »Ich hatte das Gefühl, in zwei Haushalten aufzuwachsen.« [110] Und auch das ist problematisch. Wenn Menschen von ihrem Zuhause sprechen, tun sie das immer in der Einzahl. Sie sagen: »Es ist nirgendwo so wie zu Hause«, »So wie es zu Hause war, wird es nie wieder sein«, »Mein Zuhause ist da, wo mein Herz ist.« Andererseits gab es für uns zwei Orte, die für uns zumindest potentiell ein Zuhause waren.

Im ersten Augenblick könnte man denken, daß Kinder Geschiedener sich besonders glücklich schätzen können, daß es »Zuhause« für sie in zweifacher Ausfertigung gibt. In vielen Fällen ist es angenehm, etwas doppelt zu haben statt nur einmal: zwei Autos, zwei Sparkonten, zwei akademische Abschlüsse. Beim Zuhause ist das anders. Die Tatsache, daß wir in zwei Haushalten lebten, konfrontierte uns damit, daß beide Orte für uns zwar ein Zuhause sein konnten, gleichzeitig aber die Gefahr bestand, daß sie aufhörten, ein Zuhause für uns zu sein.

Weil wir uns potentiell an zwei Orten zu Hause fühlen konnten, stand uns die Existenz des jeweils anderen Zuhauses stets sehr deutlich vor Augen. Es fungierte als Vergleichsgröße oder als potentielles Ziel, als ein Ort, an dem zu sein wir uns wünschten oder vor dem wir uns fürchteten. Im Laufe der Zeit lernten wir, das Heim jedes Elternteils als einen Schatten des jeweils anderen zu sehen. Unsere geschiedenen Eltern lebten beide nur in ihrem eigenen Heim und sahen auch nur diesen einen Ort als ihr Heim an, wohingegen wir eine Verbindung zu den beiden Orten hatten.

Die Existenz der Schattenheime unterminierte unser Gefühl, in den beiden Haushalten unserer Eltern einen festen Platz zu haben. Einige Kinder Geschiedener erklären sogar, die Existenz des zweiten Heims habe bei ihnen die Angst erzeugt, wenn sie etwas falsch machten, könnten sie gezwungen werden, in den anderen Haushalt zu ziehen – und diese Angst war unabhängig davon, ob ihre beiden Eltern etwas Entsprechendes gesagt hätten.

Angela ist ein Beispiel hierfür. Ihre Eltern hatten nach ihrer Scheidung einige Streitigkeiten, doch im allgemeinen kamen sie recht gut miteinander aus. Sie lebten weit voneinander entfernt, an der Westküste und im Mittleren Westen, doch sie telefonierten regelmäßig miteinander, um Dinge zu regeln, die Angela und ihren Bruder betrafen, und Angela fühlte sich ihren beiden Eltern nahe. Doch sie erklärte: »Ich hatte ganz eindeutig das Gefühl, daß es für mich wichtig war, mich mit beiden Eltern gut zu stellen. … Niemand hat jemals zu mir gesagt: ›Wenn du nicht aufräumst, mußt du in Zukunft bei deinem Vater [oder bei deiner Mutter] leben.‹« Obwohl beide Eltern Angela liebten und sie bei ihnen stets willkommen war, bewirkte die bloße Existenz eines anderen Ortes, an den man sie hätte schicken *können*, daß sie fürchtete, sie könnte aufgrund eines Fehlers – durch weniger als »sehr gutes« Benehmen in irgendeiner Hinsicht – aufgefordert werden, ihre Sachen zu packen und zu dem anderen Elternteil zu ziehen.

Einige könnten nun vielleicht einwenden, Angela sei als Kind einfach überempfindlich gewesen. Was hätte ihr Anlaß zu dem Glauben geben können, daß ihre Mutter sie zwingen würde, bei ihrem Vater zu leben, obwohl ihre Mutter so etwas nie gesagt hatte? Im Laufe meiner Gespräche mit anderen Kindern geschiedener Eltern wurde mir allmählich klar, wie es dazu kommen konnte. Die Existenz zweier Haushalte kann das Verhalten geschiedener Eltern so beeinflussen, daß einige von ihnen sich aufgrund dieser Tatsache anders verhalten als verheiratete Eltern.

In jeder Familie, ob intakt oder geschieden, streiten sich Kinder mit ihren Eltern. Solche Konflikte sind ein normaler Bestandteil des Trennungsprozesses. Doch manchmal werden diese Konflikte so scharf und häufen sich derart, daß die ganze Familie dadurch in Aufruhr gerät. In einer typischen intakten Familie müssen solche Konflikte jedoch extrem stark werden, und alle anderen Möglichkeiten der Konfliktbewältigung müssen ausgeschöpft sein, bevor die Eltern daran denken würden, ihre Kinder zum Verlassen des gemeinsamen Haushalts der Familie zu zwingen.

In durch Scheidung getrennten Familien hingegen kann es einem Elternteil, beispielsweise der Mutter, wenn es ihr nicht gelingt, ihren rebellischen Sohn zu bändigen, als sinnvoll erscheinen, den Sohn zu zwingen, zu seinem Vater zu ziehen. Schließlich ist der Vater nicht irgendein Fremder, und sein Heim eignet sich als Zuhause für das Kind ebenso wie das Heim der Mutter. Deshalb können in einer durch Scheidung getrennten Familie Konflikte zwischen einem Elternteil und dem Kind leichter zur Folge haben, daß das Kind gezwungen wird, an einem anderen Ort zu leben.

Damit will ich nicht den Eindruck erwecken, daß verheiratete Eltern grundsätzlich ethischer handeln als geschiedene Eltern. Möglicherweise sind sie von den ständigen Konflikten mit ihren halbwüchsigen Kindern ebenso genervt wie geschiedene Eltern, und wahrscheinlich träumen auch sie manchmal von einem »teenager-freien« Haushalt. Nur ist es verheirateten Eltern, die mit ihren Kindern Schwierigkeiten haben, oft kaum möglich, die äußere Situation zu verändern. Wenn sie ihr Kind nicht in ein Internat, eine Kadettenanstalt oder zu ihrer Großmutter schicken können, findet sich wahrscheinlich niemand, der bereit ist, die unangenehmen Erziehungsaufgaben zu übernehmen. Nur in Extremfällen – beispielsweise wenn ihr Kind süchtig ist, sie regelmäßig bestiehlt oder sie körperlich bedroht – denken sie vermutlich darüber nach, es aus dem gemeinsamen Heim zu entfernen. Andernfalls bleibt ihnen nichts anderes übrig, als die Situation durchzustehen. Umgekehrt ist auch den Kindern klar, daß ihre Eltern kaum Möglichkeiten haben, sie »abzuservieren«. Vielleicht hassen sie ihre Eltern manchmal, doch den meisten von ihnen ist bewußt, daß das Heim ihrer Eltern ihr Zuhause ist, möge kommen, was da wolle.

Natürlich ist es auch nicht das gleiche, ob man aus dem gemeinsamen Heim einer intakten Familie geworfen oder zum anderen Elternteil geschickt wird. Wenn ein Teenager von seinen Eltern aus dem Haus geworfen worden wird, muß er allein zurechtkommen, und er kann durchaus auf der Straße landen. Wird er hingegen gezwungen, im Haushalt seines Vaters zu leben, hat er immerhin noch ein Dach über dem Kopf. Das Gefühl, zurückgewiesen oder aus dem Heim vertrieben worden zu sein, spielt – in unterschiedlichem Maße – in beiden Fällen eine Rolle, und diese Angst vor Zurückweisung empfinden typische Kinder geschiedener Eltern häufiger und stärker. Außerdem befürchten sie schon bei wesentlich schwächeren Konflikten, ihr Zuhause zu verlieren, oder sogar, so wie es bei Angela war, wenn gar kein Konflikt zu erkennen ist. Es weiß, daß seine Eltern eine Möglichkeit haben, über die verheiratete Eltern nicht verfügen, auch wenn die geschiedenen Eltern nie über diese Möglichkeit sprechen oder sogar nicht einmal daran denken. *Ein Kind geschiedener Eltern sieht das Schattenheim, das seine Eltern nicht sehen.*

Zwar wurde Angela nicht von einem Elternteil gezwungen, ihre Sachen zu packen und zum anderen Elternteil zu ziehen, doch kommt so etwas bei geschiedenen Eltern durchaus vor, oder sie drohen zumindest damit. Die Zahl dieser Fälle ist generell relativ klein, aber bei Kindern Geschiedener ist es dreimal wahrscheinlicher als bei Kindern aus intakten Familien, daß sie in ihrer Jugend von einem Elternteil gezwungen werden, dessen Heim zu verlassen. [[113]] Kimberly hat dies erlebt. Sie hatte sich als Teenager oft mit ihrer Mutter gestritten, wenn sie sich die Aufmerksamkeit und Bestätigung ihrer Mutter sichern wollte. Sie berichtete: »Meine Mutter hat oft Dinge gesagt wie: ›Zieh zu deinem Vater! Ich will dich hier nicht mehr sehen.‹« Kimberly liebte ihren Vater, litt aber in solchen Situationen trotzdem darunter, daß ihre Mutter sie zurückwies. Sie erzählte mir, eines Tages habe ihre Mutter zu ihr gesagt: »Raus mit dir! Verzieh dich! Ich will dich hier nicht mehr sehen! Du kannst hier nicht mehr leben!« Daraufhin zog Kimberly zu ihrem Vater. Sie hat dieses Ereignis als den Tag in Erinnerung behalten, an dem ihre Mutter sie »aus dem Haus geworfen« hat.

Kidnapping

Ein Maßstab für den Einfluß, den Scheidungen auf unsere Gesellschaft haben, sind ihre Auswirkungen auf den Sprachgebrauch. Durch das Phänomen der Scheidung sind neue Begriffe entstanden und vorher nur selten gebrauchte üblich geworden, wenn es darum geht, bestimmte Vorgänge zu beschreiben, und einige existierende Begriffe haben durch die starke Zunahme von Scheidungen eine neue Bedeutung erlangt. *Sorgerecht* [engl.: *custody*, auch »Gewahrsam«, Anm. d. Übers.] und *Besuchsrecht* [engl.: *visitation*, auch »Heimsuchung« und »Strafe«, Anm. d. Übers.] sind Wörter, die in ihrer englischen Form in der Vergangenheit in erster Linie auf Gefängnisinsassen angewandt wurden, nicht auf Kinder. Diese werden aber mittlerweile vor Gericht verwendet, wenn es um das Leben von Kindern geht, und sie sind auch in den alltäglichen Sprachgebrauch eingegangen. Noch merkwürdiger ist vielleicht, daß von *Kidnapping* gesprochen wird, wenn ein Elternteil ein gemeinsames Kind dem anderen Elternteil gegen dessen Willen oder im Widerspruch zu einer gerichtlichen Verfügung wegnimmt. *Kidnapping* ist ein beängstigender Begriff. Wenn wir ihn hören, stellen wir uns ein Kind vor, das brüllt, während ein Fremder es entführt und es so aus allem herausreißt, was ihm bekannt und vertraut ist. Der Gedanke an diese Möglichkeit erzeugt bei einem Kind Entsetzen und ist der schlimmste Alptraum, den Eltern haben können. Heutzutage wird das Wort *Kidnapping* jedoch häufiger benutzt, um eine andere Art von Tragödie zu beschreiben. Wenn Eltern sich so stark voneinander entfremdet haben oder wenn ein Elternteil sich so bedrohlich verhält, daß das Gericht festgelegt hat, wann und in welcher Form die Eltern mit ihren Kindern zusammentreffen dürfen, und wenn dann ein Elternteil gegen diese Anordnung verstößt und das Kind aus dem Haushalt, in dem es wohnt, weil die Richter dies für das Beste halten, entführt, dann wird auch dies *Kidnapping* genannt.

Kidnapping im Sinne einer Entführung durch einen Elternteil statt durch eine völlig fremde Person, kommt fast nur bei Kindern geschiedener Eltern und bei Kindern Alleinerziehender vor. Es war eigentlich zu erwarten, daß das Thema Kidnapping in meinen Gesprächen mit jungen Erwachsenen, die aus durch Scheidung getrennten Familien stammten, so häufig auftauchte, aber ich war trotzdem erstaunt darüber. Hingegen kam keiner von den aus intakten Familien stammenden Interviewten darauf zu sprechen.

Die landesweite Umfrage ergab zu meiner Bestürzung, daß sieben Prozent der Kinder geschiedener Eltern die Aussage »Manchmal hat ein Elternteil von mir dem anderen vorgeschlagen, er könne ja versuchen, mich oder meinen Bruder oder meine Schwester zu kidnappen.« Hingegen war dies bei den Umfrageteilnehmern aus intakten Familien praktisch nie vorgekommen (0.3 Prozent). Außerdem stellte sich heraus, daß ungefähr die Hälfte derjenigen, die angaben, ein Elternteil von ihnen habe dem anderen empfohlen, sie zu kidnappen, *tatsächlich* von einem Elternteil gekidnappt worden waren.

Auch ich bin als Kind mit der Drohung, gekidnappt zu werden, konfrontiert worden. Nachdem meine Mutter und mein Stiefvater sich getrennt hatten, als ich neun Jahre alt war, zog mein Stiefvater zunächst in eine kleine Wohnung in einem anderen Teil der Stadt und später an die Küste von North Carolina. Dort besuchte ich ihn im ersten Sommer, den er dort verbrachte, zusammen mit meinem jüngeren Bruder, und wir schliefen auf dem ausklappbaren Schlafsofa in seinem kleinen, platzsparend eingerichteten Apartment. Ich blieb dort eine Woche und reiste dann weiter, um meinen leiblichen Vater zu besuchen. Mein Bruder blieb länger und besuchte seinen Vater auch in einigen der folgenden Sommer. Er sagt, jene sommerlichen Besuche bei seinem Vater im Alter von drei, vier und fünf Jahren seien für ihn heute »wie ein Traum«. Ich nehme an, daß es für ihn beängstigend war, weit entfernt von seiner Mutter und mir zu sein, aber er liebte seinen Vater. Jene kurzen Wochen im Sommer, die sich nur wenige Jahre wiederholten, waren letztendlich die einzige Zeit, die er jemals mit seinem Vater verbracht hat.

Im Laufe der Jahre traf ich immer seltener mit meinem Stiefvater zusammen. Eines Tages, als ich dreizehn Jahre alt war, nahm meine Mutter mich beiseite, um mit mir zu reden. Sie hatte soeben erfahren, daß mein Stiefvater seine Arbeit aufgegeben hatte, aus seiner Wohnung ausgezogen und verschwunden war. Sie vertraute mir dies an, weil sie aufgrund mehrerer bedrohlich klingender Telefonanrufe von ihm fürchtete, er könne in die Stadt kommen und versuchen, meinen Bruder zu entführen. Sie bat mich: »Wenn du mit deinem Bruder draußen spielst, dann achte darauf, ob irgendwo Robs weißer Van auftaucht.«

Ich schluckte und sagte nichts. Heute ist mir klar, daß damals tatsächlich die Gefahr bestand, daß Rob in seinem geistig verwirrten Zustand seine Drohungen wahr gemacht hätte. Damals jedoch wußte ich nicht, was ich von der Sache halten sollte. Ich bewunderte meinen Stiefvater. Er hatte für mich seit meinem dritten und bis zu meinem neunten Lebensjahr, als er sich von meiner Mutter getrennt hatte, die Aufgaben eines Vaters erfüllt, und ich konnte mir einfach nicht vorstellen, daß er in der Lage wäre, seinen Sohn zu entführen. Andererseits war mir klar, daß meine Mutter wirklich Angst hatte, und dadurch bekam auch ich Angst. Ich hielt monatelang nach einem weißen Van Ausschau, wenn ich mit meinem Bruder im Garten spielte und wenn wir auf unseren Fahrrädern fuhren. Allerdings war mir dabei nicht so richtig klar, was ich hätte tun sollen, wenn ich ein Auto dieser Art gesehen hätte. Ich vermißte meinen Stiefvater, und wenn ich ihn tatsächlich entdeckt hätte, hätte ich mich wahrscheinlich zunächst einmal gefreut. Andererseits hatte meine Mutter mir aufgetragen, zu verhindern, daß er meinen Bruder entführte.

Ein weißer Van ist nie aufgetaucht. Statt dessen erfuhren wir einige Monate später, daß mein Stiefvater sich umgebracht hatte. Die Angst vor einer Entführung wich einer starken Trauer. Trotzdem habe ich noch jahrelang, wenn ich auf der Straße einen weißen Van sah, ein Gemisch aus düsteren Vorahnungen und freudiger Erregung empfunden: den inständigen Wunsch, Rob wiederzusehen, verbunden mit einer starken Furcht.

Wie ich feststellte, hatten auch andere Kinder Geschiedener solche verwirrend mehrdeutigen Erlebnisse gehabt. Einige erinnerten sich daran, daß ihre Mutter ziemlich starke Angst gehabt hatte, ihr Vater könnte versuchen, sie zu kidnappen. Ich traf Katy eines Abends in einem Fakultätsbüro einer juristischen Bibliothek in der Nähe ihrer Wohnung in Atlanta. Sie verspätete sich ein paar Minuten, knallte ihr Handy auf den schweren Mahagonitisch und erklärte, um sich zu entschuldigen, sie erwarte einen wichtigen Anruf. Als leitende Psychiaterin eines Behandlungsprogramms für Drogensüchtige wurde sie im Falle der Neuaufnahme eines Patienten häufig auch nach Dienstschluß angerufen.

Wir setzten uns vor dem Schreibtisch auf zwei Stühle, und Katy berichtete mir über ihre frühe Kindheit. Sie war hauptsächlich bei ihrer Mutter und bei ihren Großeltern mütterlicherseits aufgewachsen und hatte ihren Vater, der in einem entfernteren Bundesstaat lebte, in jedem Sommer einen Monat lang besucht. Im Laufe unserer Unterhaltung sagte sie: »Kidnapping war in der Zeit, in der ich aufgewachsen bin, ein wichtiges Thema. Meine Mutter und meine Großeltern fürchteten, mein Vater könnte mich kidnappen. Deshalb bemühten sie sich, Streitigkeiten mit ihm zu vermeiden. Schließlich wollten sie mich nach dem sommerlichen Besuch wiedersehen.«

Wie sie erinnerte sich auch Peter daran, daß seine Mutter befürchtet hatte, sein Vater könnte seine beiden jüngeren Geschwister kidnappen. Wenn die Kinder mit ihrem Vater unterwegs waren, fühlte Peter sich dafür verantwortlich zu verhindern, daß der Vater plötzlich mit seinen jüngeren Geschwistern davonliefe.

Manchmal sind die Sorgen von Müttern, ihre Kinder könnten gekidnappt werden, durchaus berechtigt; in anderen Fällen sind übertriebene Ängste oder Manipulationsversuche die Ursache. Immer hatten Äußerungen von Müttern ihren Kindern gegenüber, ihr Vater könnte sie entführen – ob gerechtfertigt oder nicht –, bei den Kindern ein starkes Mißtrauen dem Vater und natürlich ganz generell der Welt gegenüber verursacht. Wenn der eigene Vater einen kidnappen konnte, was konnte dann wohl sonst noch alles passieren!

Von Kidnapping ist in Auseinandersetzungen mit dem Schicksal von Kindern Geschiedener recht häufig die Rede. Beispielsweise beschreibt Constance Ahrons, die Autorin des Buches *Die Gute Scheidung*, ihre eigene Scheidung wie folgt: »Mein Mann und ich kämpften zwei elende Jahre lang um das Sorgerecht, Besuchsregelungen und Unterhalt. Privatdetektive wurden engagiert, es gab eine Entführung, etliche Anwälte wurden eingeschaltet, und ich benötigte die folgenden zehn Jahre, um die in diesen zwei Jahren angefallenen Scheidungskosten abzuzahlen.«[43] Und nicht nur ihre eigenen Kinder wurden gekidnappt, sondern die Autorin beschreibt auch, daß ein beträchtlicher Anteil der Paare, die an ihrer Studie teilgenommen hatten, »unter ständigen Eskalationen gelitten hatten, die bis zum Kidnapping gegangen waren.«[44]

Da wir als Kinder Geschiedener häufig allein zu Hause waren, lag es auch durchaus nahe, sich vor herkömmlichen Arten von Kidnapping zu fürchten. Caleb erzählte mir, er sei nach der Schule zu Hause oft allein gewesen und habe auf seinen kleinen Bruder aufgepaßt. Eines Nachmittags habe er im Fernsehen eine Warnung der Polizei gehört, in der davon abgeraten wurde, Kinder allein zu Hause zu lassen. In diesem Werbespot war ein Junge allein, als ein Fremder in die Wohnung einbrach. Es wurde dargestellt, wie der Junge durch das Haus und die Treppe hinauf ins Obergeschoß lief, gejagt von dem Fremden, dessen Gesicht unerkennbar blieb. Caleb war entsetzt vor Angst.

Wie wir gesehen haben, ist für uns Kinder Geschiedener nicht einmal etwas so Elementares wie das Zuhause eine Selbstverständlichkeit. Selbst wenn wir das Glück hatten, den Kontakt zu beiden Eltern aufrechterhalten zu können, teilte die Scheidung unser Zuhause, und die Folge war, daß wir uns in diesen beiden Teilen weniger sicher fühlten. Doch wie sich herausstellte, war das Zuhause nur einer von vielen Aspekten, mit denen wir uns im Rahmen unserer Studie auseinandersetzen mußten.

5

Frühe Einflüsse auf die Moral

Als Kind war ich meinen beiden Eltern sehr zugetan, vielleicht weil ich mich nach ihnen so sehr sehnte, wenn ich von ihnen getrennt war. Doch die Welten, die sie verkörperten, waren sehr verschieden.

Meine Mutter ist mit ihren 1,60 Metern sehr zierlich, hat aber starke Muskeln. Weil sie als Steißgeburt auf die Welt gekommen war, pflegte ihre Großmutter zu sagen, sie sei »mit den Füßen zuerst geboren worden und seither immer gelaufen.« Sie war auf einer Farm aufgewachsen, hatte Traktoren gefahren, Dünger verteilt und im Dachstuhl von Tabak-scheunen auf Balken balanciert, während andere ihr lange Stöcke anreichten, an denen schwere Tabakblätter befestigt waren, die sie zum Trocknen aufhängen sollte. Später war sie froh, das Landleben hinter sich lassen, auf einem College studieren und an einem Pro-motionsprogramm teilnehmen zu können. Sie hat sich in der Welt immer sehr schnell bewegt, und dank dieser starken körperliche Kraft ist sie auch mit über Fünfzig immer noch eine beeindruckende Erscheinung. Heute hat sie silbergraues Haar, eine glitzernde Mähne. Sie läuft immer noch, schleppt weiterhin im Garten 25-Kilo-Säcke mit Dünger und Mulch, und mit ihrem Wissen über Autos beeindruckt sie immer noch viele Automechaniker, weil sie in der Regel mehr weiß als diese.

Ihre leidenschaftliche Lebensverbundenheit ließ meine Mutter größer erscheinen, als sie tatsächlich war. Ein Musterbeispiel für diese Eigenart, an das ich mich immer beson-ders gern erinnere, ist eine mehrwöchige Fahrt in einem Kleinbus an die Westküste, die meine Mutter mit einigen guten Freunden unternahm. Ich war damals sieben Jahre alt und besuchte schon die Schule, weshalb ich mit meinem Stiefvater zu Hause blieb. Mei-nen sechs Monate alten Bruder jedoch, den sie noch stillte, nahm sie mit. Ich war begei-stert von dem Abenteuer, auf das meine Mutter sich eingelassen hatte, und wünschte mir, ich hätte mit ihr fahren können. Doch die restliche Familie war entsetzt. Eine meiner älteren Tanten erzählte allen, die ihr zuhörten, mit einem Ausdruck des Entsetzens, meine Mutter würde mit meinem Bruder auf dem Rücken zur Westküste trampen.

Als meine Mutter aus San Francisco zurückkam, brachte sie Eßstäbchen, eine neue Sorte *Hoisin*-Soße [Schwarzbohnen-Soße, Anm. d. Übers.] und einen unerschöpflichen Vorrat an Geschichten mit. Sie war nicht getrampt, und ich erinnere mich noch sehr gut daran, wie sie ihren ersten Eindruck vom Gran Canyon beschrieb. Sie war an einem drükkend heißen Tag unter leuchtend blauem Himmel mit ihren Freunden einen langen, gewundenen Pfad zum Fuß des Canyon gewandert, dann langsam wieder emporgeklettert und hatte meinen Bruder die ganze Zeit über auf dem Rücken getragen. Diese Geschichte gefiel mir deshalb ganz besonders, weil darin zum Ausdruck kam, was ich an meiner Mutter am meisten schätze: ihr Durchhaltevermögen und ihre Entschlossenheit, ihr tiefes Bedürfnis nach der Weite der freien Natur und das Blitzen der Begeisterung in ihren Augen, wenn sie für Freunde kochte oder eine Party feierte. Gleichzeitig ist sie Mutter und stillt meinen Bruder am Fuß des Grand Canyon, wechselt wer weiß wo seine Windel, zeigt ihm, wie die Sonne auf dem kristallklaren Wasser funkelt und zieht ihm einen Sonnenhut an, damit er keinen Sonnenbrand bekommt.

Das Zusammenleben mit meiner Mutter war frei und unstrukturiert. Wir hatten feste Mahlzeiten, und ich mußte zu einer bestimmten Zeit ins Bett, aber im übrigen erwartete sie, daß ich im Laufe des Tages meinem inneren Kompaß folgte. Und das tat ich. Ich spielte in freier Natur. Ich entdeckte geheime Verstecke. Manchmal legte ich mich abends ins Gras und schaute mir den Sonnenuntergang an, bevor ich mich auf den Weg nach Hause machte.

Doch hatte die geringe Strukturierung meines Lebens mit meiner Mutter auch gewisse Nachteile. Nachdem sie mit meinem Stiefvater zurück in die Stadt gezogen war, wurde das Leben für mich härter, und ich war oft allein. Ich wurde zu einem Kind, das viel Freiheit brauchte – und hatte –, dem aber andererseits auch seine Einsamkeit und die damit verbundene Angst zu schaffen machten.

Auch die Welt meines Vaters hatte ihre besonderen Highlights, die allerdings völlig anderer Art waren. Er war in Pilot Mountain aufgewachsen, einer kleinen Stadt in North Carolina, die in der *Andy Griffith Show* »Mount Pilot« genannt wird. Er lebte in einer Welt, in der Pfadfinder, Sommerlager, Sport und akademische Erfolge wichtige Rollen spielten. Sein Großvater war Tabakauktionator, Banker und Politiker seines Bundesstaats gewesen und hatte sich auf der Main Street eines der schönsten Häuser der Stadt gebaut. Als er starb, übernahmen die Eltern meines Vaters dieses Haus und zogen dort ihre Kinder auf. Ich nehme an, daß auch mein Vater ein gutes Maß an Enttäuschungen erlebt hat, aber es war nicht seine Art, über so etwas zu reden, und seine Kindheit ist mir immer wie eine Idylle erschienen. Wie meine Mutter war auch er sehr ehrgeizig gewesen und hatte immer Ziele für die Zukunft gehabt. Er scheint schon früh in seinem Leben gewußt zu haben, daß er eines Tages in Washington D. C. arbeiten wollte.

Als meine Eltern sich trennten, schloß mein Vater sein Master-Studium ab und machte sich auf den Weg nach Washington. Als junger Mann hat er in den 1970er Jahren einen dicken Schnurrbart getragen, und er hatte dichtes hellbraunes Haar. In dem Sommer des Jahres, in dem ich fünf Jahre alt war, mietete er mit mehreren Freunden eine Wohnung in einem alten Sandsteinhaus auf dem *Capitol Hill*. Als ich ihn besuchte, war ich begeistert von dem Lärm und der geschäftigen Atmosphäre der Stadt. Ich ging oft mit ihm in einen Park in der Nähe des Hauses, in dem er wohnte, und hörte die dröhnende Punk-Musik aus den Lautsprecher der Autos vorbeifahrender Jugendlicher. Er brachte mich jeden Morgen in einen Kinderhort, in dem ich eines der wenigen weißen Kinder war. Als ich versuchte, mich an meine Umgebung anzupassen, indem ich den schwingenden Gang der anderen Kinder nachahmte, konnten sich die Lehrer vor Lachen nicht mehr halten.

Nach der Arbeit holte mein Vater mich im Hort ab und nahm mich auf die Mall mit, wo er mit anderen jungen Angestellten, die ebenfalls auf dem Capitol Hill arbeiteten, Softball spielte. Ich schaute gern zu, wenn mein Vater mit dem Schläger spielte. Sein Unterkiefer erstarrte dann, seine Augen fixierten den auf ihn zufliegenden Ball, die Zeit blieb eine Sekunde lang stehen, und dann schwang er blitzschnell den Schläger – wobei sein Bizeps anschwoll und seine Shorts sich verdrehten – und wirbelte um die *Batter's Box* Staub auf, als er zum Lauf ansetzte.

Die Welt meines Vaters war wesentlich strukturierter als die meiner Mutter, und das war gut für mich, als ich noch jung war. Mir gefielen die Mahlzeiten, die er zubereitete: Fischstäbchen oder Schweineschnitzel, Cottage-Käse, Apfelkompott oder an Abenden, an denen er sich etwas Ruhe gönnen wollte, Rührei mit Speck. Als ich dann älter wurde, und insbesondere nachdem er meine erste Stiefmutter geheiratet hatte, fiel es mir schwerer, mich an die in seinem Haushalt herrschende Struktur anzupassen.

Bei meiner Mutter konnte ich kommen und gehen, wann ich wollte, wenn ich nicht auf meinen Bruder aufpassen mußte. Wenn ich weiter weg wollte, brauchte ich ihr nur eine Nachricht zu hinterlassen. Bei meinem Vater hielt ich mich mehr im Haus auf. Dort kannte ich niemanden, der nicht zu seiner Familie gehörte, und hatte folglich kaum Möglichkeiten, jemanden zu besuchen. Bei meiner Mutter mußte ich zwar zu einer bestimmten Zeit »zu Bett gehen«, aber das bedeutete nur, daß ich mich in mein Zimmer zurückziehen mußte, wo ich gewöhnlich las, bevor ich einschlief, und wann ich mich wusch, blieb praktisch mir überlassen. Bei meinem Vater mußte ich grundsätzlich nach dem Abendessen ins Bad, und wenn die festgelegte Schlafenszeit gekommen war, deckte mein Vater mich zu. Daß er mich jeden Abend zu Bett brachte, gefiel mir – doch genauso hatte es mir gefallen, wenn meine Mutter mich zu Bett gebracht hätte. Allerdings fühlte ich mich durch das Leben nach einem festen Tagesplan, das sich größtenteils in der Wohnung und in einem Viertel, das ich nicht kannte, abspielte, ziemlich eingeschränkt.

Obwohl meine Eltern beide gute Menschen waren und eine sehr positive ethische Einstellung hatten, waren ihre Wertvorstellungen *unterschiedlich*, und es blieb ganz allein mir überlassen, diese unterschiedlichen Vorstellungen irgendwie in Einklang zu bringen. Meine Mutter schätzte die Freiheit, neuartige Erlebnisse und ihre persönliche Weiterentwicklung. Mein Vater schätzte Mäßigung, Sicherheit und Voraussehbarkeit. Meiner Mutter war es wichtig, die sozialen Normen zu hinterfragen. Mein Vater bevorzugte ein Leben nach traditionellen Vorstellungen, in dem nicht nur die Arbeit, sondern auch Freizeitvergnügungen wie Baseball ihren festen und legitimen Platz hatten. Bei meiner Mutter war ich ein Hippiekind und unabhängig – was mich dazu brachte, in Diskussionen in der Schule für die Außenseiter Partei zu ergreifen. Wenn ich meinen Vater besuchte, war ich mir meiner Identität nicht sicher. Das war nicht so, weil ich bei ihm nicht frei hätte reden können – im Gegenteil, ich habe mit ihm immer gern über soziale Probleme diskutiert und tue dies noch heute. Aber in seiner Welt fühlte ich mich immer unbehaglich, und ich glaubte, in ihr besonders aufzufallen.

Die Welten meiner Eltern kollidierten sehr stark, ohne daß ihnen selbst dies besonders klar gewesen wäre. Beispielsweise unterschied sich ihr sprachlicher Ausdruck ziemlich stark. Wenn ich bei meiner Mutter war, sagten wir, daß jemand »Scheiße gebaut« hatte; doch wenn ich diesen Ausdruck in Gegenwart meines Vaters benutzte, korrigierte er mich sofort und nachdrücklich, indem er sagte, jemand habe »einen Fehler gemacht«. Dabei hatte er ganz bestimmt die besten Absichten, aber die Folge solcher Korrekturen war, daß ich mich dumm fühlte und mich schämte. Ein Beispiel ist mir jahrelang besonders gut in Erinnerung geblieben. In dem Jahr, das ich bei meinem Vater verbrachte, war ich in der dritten Klasse, und ich fuhr Weihnachten zu meiner Mutter, um sie zu besuchen. Sie hatte mir sehr gefehlt – und ganz besonders hatte ich ihr Essen vermißt – was insofern merkwürdig ist, als ich mich vorher über den ganzen Tofu- und Tamari-Kram, den sie in einer gußeisernen Bratpfanne kochte, oft beschwert hatte, ebenso wie über das Taboulé, mit dem kein Kind in meiner ländlichen Grundschule etwas anfangen konnte, und das selbstgebackene Vollkornbrot und Granola-Müsli, das ich noch jetzt gern essen würde. Aber damals war ich ein kleines Kind und wollte Pommes. Ich brauchte nicht viele Mittagspausen, um herauszufinden, daß kein anderes sechsjähriges Kind Lust hatte, seine Pommes gegen mein Taboulé zu tauschen.

Doch als ich in jenem Jahr zu Weihnachten nach Hause fuhr, schmeckten mir alle diese Dinge köstlich. Als es dann an der Zeit war, zu meinem Vater zurückzufahren, füllte mir meine Mutter einen Karton mit all ihren Spezialitäten, einschließlich der knusprigen Vollkornkräcker. Ich glaube, daß es ihr große Freude gemacht hat, mir ein wenig von ihrem Leben mitzugeben, doch mein Vater war davon offenbar ganz und gar nicht angetan. Wahrscheinlich hat er gedacht: »Glaubt sie etwa, wir wüßten nicht, wie man eine Achtjährige ernährt?« Eine oder zwei Wochen später sah ich, als ich an der Küche vorbeikam, wie meine Stiefmutter gerade einen dieser Kräcker aß. *Meinen* Kräcker! Von *meiner* Mutter! Ich war ziemlich wütend. Nachdem sie die Küche verlassen hatte, nahm ich die Schachtel und versteckte sie in meinem Zimmer, wobei mir klar war, daß mich das in Schwierigkeiten bringen konnte, denn im Haus meines Vaters durfte ich anders als bei meiner Mutter kein Essen in mein Zimmer mitnehmen.

Ich glaube nicht, daß ich die Kräcker jemals wieder hervorgeholt habe. Wahrscheinlich sind sie hinter den Büchern auf meinem Regal vermodert, bis mein Vater und meine Stiefmutter sie Monate nach meiner Abreise dort fanden. Doch diese Kräcker sind mir in Erinnerung geblieben als eines von vielen scheinbar harmlosen Beispielen für die Konflikte zwischen den Wertvorstellungen meiner Eltern, derentwegen ich mich zwischen ihren beiden Welten hin- und hergezogen fühlte.

Ganz gleich, wie akzeptabel oder inakzeptabel die Scheidung unserer Eltern gewesen sein mag, wir alle haben ähnliche Dinge erlebt. Und wir alle mußten uns während unserer Kindheit tagtäglich mit dem Konflikt zwischen den stark differierenden Wertvorstellungen, Überzeugungen und Lebensweisen unserer getrennt lebenden Eltern auseinandersetzen und mit ihnen fertig werden.

Als Kinder Geschiedener mußten wir unsere eigenen Werte und Überzeugungen in der glühenden Hitze unserer Seele formen, und wir mußten uns einen Pfad durch die Widersprüche zwischen den unterschiedlichen Lebensweisen unserer Eltern bahnen. Die Kinder verheirateter Eltern können beobachten, wie ihre Mütter und Väter sich mit ihren vielen unterschiedlichen Ansichten auseinandersetzen. Wir hingegen stehen in dieser Hinsicht allein, und so wie beim Guerillero, der sich durch das Dickicht vorarbeitet, blieb auch unsere Arbeit weitgehend unbemerkt. Das moralische Drama, das durch die Scheidung unserer Eltern in Gang gesetzt wurde, hat unbemerkt viele Jahre in unserem Inneren gewirkt – unser ganzes Leben lang.

Das moralisch wachsame Kind

Daniel ist ein 29jähriger Assistenzarzt. Er hat dunkles Haar, graue Augen, einen kräftigen Körper und spricht sehr leise. Wir trafen uns eines Morgens in einem leeren Seminarraum einer weitläufigen Privatuniversität. Als er sich setzte, entschuldigte er sich, er habe nur wenig geschlafen und sei deshalb möglicherweise nicht besonders gut beieinander. Mit einem breiten und stolzen Lächeln berichtete er, er habe in der vergangenen Nacht das erste Mal die Geburt eines Babys begleitet.

Während unseres Gesprächs fiel mir bald auf, daß er mich nur anschaute, wenn er etwas besonders unterstreichen wollte. Ansonsten starrte er nachdenklich aus dem Fenster und beobachtete die Studenten, die zwischen den verschiedenen Veranstaltungsräumen hin- und hergingen. Unterdessen versuchte er, sich die Jahre zu vergegenwärtigen, die seit der Scheidung seiner Eltern vergangen waren.

Daniels Eltern waren aus Deutschland eingewandert und hatten sich scheiden lassen, als er sieben Jahre alt gewesen war. Er war als ältester von drei Jungen hauptsächlich bei seiner Mutter aufgewachsen, doch die Kinder waren auch oft bei ihrem Vater gewesen, der in der Nähe gewohnt hatte. Wenn Daniels Eltern sich nach der Scheidung gelegentlich einmal trafen, befürchtete er, sie könnten sich streiten – was allerdings tatsächlich nur selten vorgekommen war. Trotzdem hatte er häufig das Gefühl, durch sie in Konflikte hineingezogen zu werden.

Die Ehe von Daniels Eltern endete, als sein Vater die Familie verließ, um mit einer anderen Frau zusammenzuleben. Der Vater blieb den Kindern gegenüber zwar liebevoll, doch er war eine furchteinflößende Gestalt – in seinem Haus ging es förmlicher zu, und seine Erwartungen bezüglich seiner Söhne waren höher als die der Mutter. Daniels Mutter überwand die Scheidung nie und bemühte sich auch nie mehr ernstlich um einen neuen Partner. Statt dessen widmete sie ihr Leben ihren drei Söhnen. Für Daniel wurden durch die Entscheidung seines Vaters zahlreiche komplexe moralische Probleme aufgeworfen. In der jüdischen Schule, die er besuchte, lernte er, daß Untreue unrecht sei. Doch er liebte seinen Vater und glaubte nicht, daß dieser ein schlechter Mensch sei. Er liebte auch seine Mutter, doch ihre Bedürfnisse empfand er als sehr belastend. Weil sie sich weigerte, sich ein neues eigenes Leben aufzubauen, hatte Daniel, ihr ältester Sohn, das Gefühl, er sei ihr emotionale Zuwendung schuldig, insbesondere als sie älter wurde. Als Teenager ging er manchmal abends nicht aus, weil ihm klar war, daß seine Mutter sich dann einsam fühlen würde. Er lernte auch, nicht in ihre Nähe zu kommen, wenn er sich traurig fühlte oder Angst hatte, weil sie dann von Schuldgefühlen geplagt wurde und sich als schlechte Mutter bezeichnete, was zur Folge hatte, daß er *sie* trösten mußte, statt von ihr getröstet zu werden.

Daniel versuchte herauszufinden, inwiefern seine beiden Eltern einerseits im Recht und andererseits im Unrecht waren. Er erklärte: »Ich habe ständig mit mir gerungen. Ich ging dann in meinem Zimmer auf und ab, und zwar nicht fünf Minuten, sondern eine volle Stunde. Ich erinnere mich, daß ich nachts aufgewacht bin und über diese Dinge nachgedacht habe.«

Daniels ständige Auseinandersetzung mit den komplexen Nachwirkungen der Scheidung seiner Eltern wirkte sich im Laufe der Zeit auf seinen Charakter aus. Ihm fiel allmählich die Rolle desjenigen zu, der das kindische Benehmen anderer Jungen im Zaum zu halten versuchte. Er erzählte: »Einmal wollten meine Brüder in einen Umzugswagen klettern. Jemand zog um, und die Möbelpacker waren gerade nicht in der Nähe. Ich sagte zu ihnen: ›Tut das nicht! Es ist nicht richtig, so etwas zu tun!‹« Er trank einen Schluck Wasser und fuhr dann fort: »Wenn ich jetzt an die Situation zurückdenke, muß ich zugeben, daß es für Kinder völlig normal ist, so etwas zu tun. Warum habe ich nicht einfach mitgemacht, mir die Ladung angeschaut und in Kauf genommen, daß ich dann angebrüllt würde? Mir war es sehr wichtig, kein böser Junge zu sein. … Ich glaube, daß das bei der Entwicklung meiner Identität eine wichtige Rolle gespielt hat.« Die Auseinandersetzung mit der Untreue seines Vaters und mit der emotionalen Abhängigkeit seiner Mutter war der Ausgangspunkt für Daniels frühe und anhaltende Konfrontation mit komplexen moralischen Fragen gewesen.

Im Gefolge der elterlichen Scheidung entfaltet sich ein vehementes moralisches Drama, das um einen Kern sich wiederholender Fragen kreist. Mit einigen dieser Fragen müssen sich *alle* Kinder irgendwann auseinandersetzen: »Was denken und glauben meine Eltern? Was glaube ich? Was zu tun ist richtig?« Doch die Scheidung unserer Eltern zwingt uns dazu, uns mit diesen Fragen viel früher zu beschäftigen, als andere Kinder dies tun, und zwar *allein*.

Mit anderen moralischem Fragen müssen sich nur Kinder Geschiedener auseinandersetzen: »Für welchen Elternteil entscheidest du dich? Wer von meinen Eltern ist im Recht und wer im Unrecht? Wem fühle ich mich zugehörig?«

Was denken und glauben meine Eltern?

Fast vom Zeitpunkt ihrer Geburt an nehmen Kinder die Wertvorstellungen ihrer Eltern auf, indem sie dem zuhören, was diese sagen und – was noch wichtiger ist – indem sie beobachten, was ihre Eltern tun. Dieser Einfluß wirkt wie eine Art Hintergrundgeräusch, das die Kinder hören, ohne es bewußt zu registrieren. Und sie brauchen über diese Werte kaum nachzudenken – bis sie die Adoleszenz erreicht haben, schon junge Erwachsene sind oder sogar schon eigene Kinder haben.

Kinder Geschiedener hingegen fangen fast unmittelbar nach der Scheidung ihrer Eltern an, bewußt über deren Werte zu reflektieren, auch wenn sie zu diesem Zeitpunkt noch sehr jung sind.

Menschen, die aus intakten Familien stammen, berichten oft, daß ihnen die Wertvorstellungen ihrer Eltern in ihrer Kindheit und Jugend als ziemlich ähnlich erschienen seien. Das kommt in Äußerungen wie »Ich glaube nicht, daß sich die Wertvorstellungen meines Vaters von denen meiner Mutter jemals stark unterschieden haben« oder »Ich kann mich beim besten Willen nicht an eine konkrete Situation erinnern, in der ihre Wertvorstellungen unterschiedlich waren« oder »Sie haben die gleiche Einstellung und bilden eine totale Einheit« zum Ausdruck. Andere hatten bei ihren Eltern zwar unterschiedliche Wertvorstellungen bemerkt, doch gewöhnlich charakterisieren sie diese Unterschiede als einander ergänzend, nicht als im Widerspruch zueinander stehend. Beispielsweise sagen sie, ihr Vater schätze harte Arbeit, während ihre Mutter mehr Wert auf einen liebevollen Umgang lege, oder ihre Mutter sei mitfühlend, ihr Vater hingegen immer sehr direkt.

Auch junge Erwachsene aus intakten Familien erinnern sich manchmal an Konflikte zwischen den Wertvorstellungen ihrer Eltern; allerdings kommt das relativ selten vor. Mehrere Teilnehmer der Studie berichteten, ihre Mutter sei religiös, ihr Vater hingegen nicht. Andere sagten, später im Leben sei ihnen klar geworden, daß ihr Mutter grundsätzlich ehrlich und rechtschaffen gewesen sei, wohingegen ihr Vater in der Lage war, gegen die Straßenverkehrsordnung oder gegen andere geltende Gesetze zu verstoßen. Wieder andere berichteten, ein Elternteil von ihnen sei weniger großzügig und liebenswürdig gewesen als der andere. Untersuchungsteilnehmern aus intakten Familien war manchmal klar, daß ihr Vater oder ihre Mutter untreu gewesen war, wohingegen andere von so schwerwiegenden Problemen nie erfahren hatten, falls sie vorgekommen waren.

Junge Erwachsene aus intakten Familien wußten nicht immer alles über die Wertvorstellungen ihrer Eltern. Wahrscheinlich hielten sie diese nicht für fehlerlos. Doch im allgemeinen sahen sie die elterlichen Wertvorstellungen entweder als beiden Eltern gemeinsam oder als einander ergänzend an.

Im Gegensatz dazu sehen junge Erwachsene aus durch Scheidung getrennten Familien die Wertvorstellungen ihrer Eltern nur selten als beiden gemeinsam oder einander ergänzend. Häufiger stellen sie diese Werte als miteinander im Konflikt oder sogar als gegensätzlich dar. Kyle erklärte mir, seine Mutter sei offen und akzeptiere alle anderen Menschen, wohingegen sein Vater klassenbewußt sei und zu stereotypen Sichtweisen neige. Daniel sagte, das wichtigste Ziel seines Vaters, eines Einwanderers, sei gewesen, seine Familie zu echten Amerikanern zu machen, wohingegen seine Mutter diese Zielsetzung abgelehnt habe. Außerdem berichtete er, sein Vater habe sich von seinen Söhnen sportlichen Erfolg gewünscht, wohingegen seine Mutter fürchtete, sie könnten sich verletzen, und sie übertrieben zu beschützen versuchte. Ich habe auch von Untersuchungsteilnehmern gehört, daß ein Elternteil harte Arbeit geschätzt und der andere davon rein gar nichts gehalten habe, und sogar, daß ein Elternteil Verbindlichkeit und Verpflichtung geschätzt und der andere nicht das Geringste dafür übrig gehabt habe.

Unser Empfinden, daß die Wertvorstellungen unserer Eltern in einem starken Konflikt zueinander standen, wirkte sich auf unsere Gefühle ihnen gegenüber aus. Wir alle brauchen im Leben einige zentrale Überzeugungen, um mit uns selbst und der Welt in Einklang leben zu können. Eine dieser Überzeugungen beinhaltet, daß unsere Mutter und unser Vater gute Menschen sind. In der landesweiten Umfrage, die wir durchführten, bestätigten praktisch alle jungen Erwachsenen aus intakten Familien die Aussage »Meine Mutter ist ein guter Mensch«. [22] Auch die meisten Teilnehmer, deren Eltern geschieden waren, bestätigten dies – allerdings war diese Bestätigung bei ihnen seltener besonders stark. Diese Schwächung des Glaubens an die moralische Integrität der eigenen Eltern ist bezogen auf die Väter noch deutlicher. Fast alle aus intakten Familien stammenden Untersuchungsteilnehmer bestätigten nachdrücklich, daß ihr Vater ein guter Mensch sei. Hingegen galt dies bei den Teilnehmern aus getrennten Familien für nur etwas mehr als zwei Drittel. [[26]]

Die Unterschiede sind noch größer, wenn es um Respekt und die Bereitschaft zu vergeben geht. Fast ein Fünftel der heutigen jungen Erwachsenen, die aus durch Scheidung getrennten Familien stammten, bestätigen die Aussage »Ich liebe meine Mutter, aber ich

habe keinen Respekt vor ihr«. [24] Diese Zahl ist dreimal so hoch wie die für die Gruppe
junger Erwachsener aus intakten Familien. Ein Viertel der befragten Kinder Geschiedener bestätigt die Aussage »Ich liebe meinen Vater, aber ich habe keinen Respekt vor ihm«
[28] – ein Wert, der fast viermal so hoch ist wie der entsprechende für junge Erwachsene
aus intakten Familien.

Noch bedenkenswerter ist, daß über ein Drittel der jungen Erwachsenen aus getrennt
lebenden Familien die Aussage »Meine Mutter hat Dinge getan, die ich ihr nur schwer
vergeben kann« [67] und mehr als die Hälfte die Aussage »Mein Vater hat Dinge getan,
die ich ihm nur schwer vergeben kann« [70] bestätigt. Diese Werte sind dreimal so hoch
wie die entsprechenden für Menschen aus intakten Familien. Und wenn in diese Studie
die vielen Kinder geschiedener Eltern einbezogen worden wären, die den Kontakt zu ihren Vätern völlig verloren haben, würden die entsprechenden Zahlen wohl noch höher
ausfallen.

Natürlich schätzen viele Kinder Geschiedener einen oder beide Elternteile sehr. Insbesondere geschiedene Mütter, die sich auf ihre Kinder konzentrieren und hart arbeiten,
sichern sich dadurch bei ihren Kindern ein hohes Maß an Respekt. Samantha sagte: »Die
Familie ist für meine Mutter sehr wichtig, und sie hat wirklich alles in ihrer Macht Stehende getan, um mir und meiner Schwester ein Familienleben zu bieten. Außerdem ist
sie sehr arbeitsam. Als sie uns beide aufzog, hatte sie als arbeitende Alleinerziehende, die
sich zu allem Überfluß auch noch weiterzubilden versuchte, alle Hände voll zu tun. Sie
arbeitet noch immer unglaublich viel, aber mittlerweile hat sie einen ziemlich guten Job.«

Anthony sagte: »Meine Mutter weckte uns jeden Morgen, und wenn wir uns angezogen hatten, stand für uns ein Frühstück bereit, mit Schinken und Eiern und dergleichen.
Sie hat immer sehr gut für uns gesorgt und sich für uns aufgeopfert. Ich weiß, daß sie sich
lange keine neuen Kleider gekauft hat. Statt dessen hat sie das Geld für uns verwendet.«

Ähnliches berichteten Kinder, deren Vater sich für sie aufgeopfert hatte.[45] Eric sagte:
»Ungefähr sieben Jahre lang, seit der Scheidung meiner Eltern und bis zur Wiederheirat
meines Vaters, stand für ihn bei allem, was er tat, mein Wohl und das meines Bruders an
erster Stelle.«

Was zu tun ist richtig?

Um es ihren Eltern recht zu machen und um nicht in Schwierigkeiten zu kommen, wollen Kinder wissen, welches Verhalten »richtig« ist. Eltern können ihre Vorstellungen über
richtig und falsch vermitteln, indem sie Regeln für das Zusammenleben formulieren.
Doch selbst was die Regelung des Alltagslebens angeht, können wir Kinder Geschiedener
wesentlich seltener als andere Kinder von uns behaupten, daß unsere Eltern uns verläßliche und in sich stimmige Regeln vermittelt haben.

Im Rahmen der landesweiten Umfrage bestätigte weniger als die Hälfte der Kinder Geschiedener, die den Kontakt zu beiden Eltern aufrechterhalten hatten, daß die »Hausordnung« beider Eltern das gleiche beinhaltet habe, wohingegen dies bei den aus intakten Familien stammenden Teilnehmern meist der Fall war. [[13]]

Die vielzitierte Qualität der Scheidung hat kaum Einfluß auf die Konsistenz familiärer Verhaltensregeln. Nur 58 Prozent der Untersuchungsteilnehmer, deren Eltern eine »gute Scheidung« gelungen war, bestätigten, daß die Regeln, die beide festgelegt hatten, gleich gewesen seien, verglichen mit einem Anteil von 32 Prozent der Menschen, deren Eltern sich auf eine für ihre Kinder belastendere Weise hatten scheiden lassen. Hingegen erklärten 81 Prozent derjenigen, die aus unglücklichen, aber relativ konfliktarmen Ehen stammten, die Regeln ihrer Eltern seien identisch gewesen, und bei Teilnehmern, die aus glücklichen Ehen hervorgegangen waren, war dies in 94 Prozent der Fälle gegeben.

Einige Untersuchungsteilnehmer aus intakten Familien erinnerten sich, daß die familiären Verhaltensregeln in beidseitigem Einvernehmen festgelegt worden waren (»Was auch immer ein Elternteil gesagt hatte, war für den anderen verbindlich.«) Andere berichteten, ein Elternteil, oft die Mutter, habe die Regeln festgelegt, und der andere habe sie dann mit getragen. »Unser Papi hat immer lustige Sachen mit uns gemacht, aber unsere Mutter hat die Regeln festgelegt« ist eine typische Aussage. Häufig hört man auch: »Unser Vater hielt sich gewöhnlich im Hintergrund und fungierte als eine Art zweite Verteidigungslinie. Wenn wir gegen die Regeln, die unsere Mutter festgelegt hatte, verstießen, stand mein Vater bereit, um ihre Durchsetzung zu erzwingen.« Einige Teilnehmer wußten nicht, wer die Regeln festgelegt hatte, hatten aber das Gefühl, daß ihre Eltern sich ohne Wissen der Kinder darüber verständigt hatten.

Im Gegensatz dazu stellten junge Menschen aus durch Scheidung getrennten Familien häufig fest, daß nur wenige der Regeln, die in einem der beiden Haushalte ihrer Eltern gültig gewesen waren, auch im anderen gegolten hatten. Beispielsweise konnte im Haushalt der Mutter ein strenges Regelwerk existieren, im Haushalt des Vaters hingegen nicht – oder umgekehrt. Daniel erinnerte sich an den Haushalt seiner Mutter als »etwas chaotisch, und sie erledigte praktisch alle anfallenden Arbeiten selbst«, wohingegen sein Vater den Kindern immer wieder kleine Aufträge erteilt habe. In wenigen Fällen gab es offenbar in beiden Haushalten keinerlei Regeln.

Einige Kinder geschiedener Eltern erinnerten sich, daß alle Regeln, die vor der Scheidung gegolten hatten, nach der Trennung der Eltern ihre Gültigkeit verloren. Melissa hatte kürzlich das College abgeschlossen. Sie hatte hellblondes Haar und wirkte sehr hilfsbereit und aufgeschlossen. Als ich sie in ihrem Apartment besuchte, hatte sie speziell für meinen Besuch Brownies gebacken. Sie erklärte, vor der Scheidung ihrer Eltern habe es Regeln für die Erledigung der Schularbeiten und für das Zubettgehen gegeben, ihre Mutter sei »sehr nett« gewesen, »einerseits eine Autoritätsperson, aber andererseits auch sehr lieb.« Durch die Scheidung seien die Regeln außer Kraft gesetzt worden, und die Mutter sei auch nicht mehr so nett und verständnisvoll gewesen, weil sie große Mühe gehabt habe, ihr Leben neu zu organisieren. Später habe es in beiden Haushalten ihrer Eltern nur minimale Regeln gegeben, und diese seien ihr zudem willkürlich vorgekommen, und sie seien unterschiedlich gewesen. Melissa wischte sich einen Brownie-Krümel vom Kinn und gestikulierte mit einer Hand. »Wenn ich bei der einen Partei war, hieß es beispielsweise: ›Du kannst bis zehn Uhr draußen bleiben. Wenn du willst, kannst du zum Spielplatz gehen.‹« Dann gestikulierte sie mit der anderen Hand und fuhr fort: »Dagegen sagte die andere Partei: ›Du darfst nirgendwo hingehen! Du hast zwar ein Fahrrad, aber du darfst nur im Garten damit fahren!‹«

Sara erinnerte sich, daß sie im Alter von zehn Jahren nach der Scheidung ihrer Eltern im Haushalt ihrer Mutter keine geregelten Mahlzeiten mehr bekommen hatte. 32 Prozent der befragten Kinder Geschiedener erklärten, daß es in ihrer Familie nach der Scheidung nicht mehr üblich gewesen sei, gemeinsam zu essen; hingegen war dies bei nur 8 Prozent der Teilnehmer aus intakten Familien der Fall gewesen. [[45]] Erst viele Jahre später, als Sara die High-school besuchte, konnte ihre Mutter wieder gemeinsame Mahlzeiten für die Familie planen, doch mittlerweile war ihre Tochter ziemlich verärgert über sie. Sie berichtete, einmal habe sie ihre Mutter gefragt: »Warum machst du das jetzt erst statt vor acht Jahren? Wo bist du die ganze Zeit gewesen?«

Einige Kinder Geschiedener erinnerten sich, daß in ihrer Familie auch *vor* der Scheidung ihrer Eltern kaum Regeln existiert hatten. Jason grinste breit, als er sagte: »Meine Eltern waren eindeutig Baby-Boomer, und was Regeln betrifft, war es für mich wunderbar, bei ihnen aufzuwachsen – es gab nämlich praktisch keine.« Doch nach der Scheidung, als er vierzehn Jahre alt gewesen war, hatte seine Mutter neue, sehr strenge Regeln festgelegt, um Jasons rebellisches Verhalten einzudämmen – was ihr allerdings nicht gelungen war. Wie er erklärten auch andere Befragte, nach der Scheidung ihrer Eltern seien nur Regeln festgelegt worden, wenn es darum ging, Probleme zu unterbinden, die bei den Kindern aufgetreten waren. Hingegen waren die »guten Kinder« nicht durch Regeln eingeschränkt worden, sie hatten aber andererseits auch weniger Aufmerksamkeit genossen.

Mehrere andere Befragte erklärten, die Scheidung habe die Rolle des Vaters als desjenigen, der Regeln festgelegt und auf ihre Umsetzung achtete, praktisch aufgehoben. Will berichtete, sein Vater habe vor der Scheidung streng auf Disziplin geachtet, doch danach habe sich das geändert. »Vater war nicht da, also hatte ich das Gefühl, ich könnte tun, was ich wollte. Meine Mutter würde mich nicht davon abhalten. Dabei fühlte ich mich damals großartig, aber wenn ich jetzt darüber nachdenke, muß ich zugeben, daß es nicht besonders gut für mich war.« Auch Anthony sagte, sein vor der Scheidung strenger Vater habe danach weder ihn noch seinen Bruder jemals wieder zur Ordnung gerufen, obwohl sie oft mit ihm zusammen gewesen seien.

Viele erklärten, sie wären zu selten mit ihren Vätern zusammen gewesen, als daß für diese Begegnungen Regeln erforderlich gewesen seien. Stacie erinnerte sich: »Für unsere

Beziehung waren keine Regeln nötig. Wir waren nur alle zwei Wochen bei ihm, und wenn wir ihn während der Woche trafen, dann immer nur für ein paar Stunden.« Ganz gleich, wie häufig Kinder Geschiedener ihren nicht sorgeberechtigten Vater sahen – ob wöchentlich oder einmal im Jahr – sie berichteten häufig, daß es keine Regeln gegeben habe.

In einigen Fällen waren die Unterschiede zwischen den Regeln beider Eltern drastisch gewesen. Teilweise war es den Kindern erlaubt worden, zu Hause zu trinken, zu rauchen und sich pornographische Bilder anzuschauen, wohingegen dies für den anderen Elternteil undenkbar gewesen wäre. Stets hatte der Elternteil ohne Sorgerecht die »Party-Atmosphäre« gebilligt, wobei dies nicht immer der Vater gewesen war. Eric, der hauptsächlich bei seinem Vater gelebt hatte, erinnerte sich: »Während der High-school-Zeit konnten wir, wenn wir bei meiner Mutter waren, Alkohol trinken und uns sogar betrinken, wenn wir das wollten«, wohingegen sein Vater außer sich vor Wut gewesen sei, wenn er davon erfahren habe. Sara erinnerte sich, daß ihre Mutter ihr während der High-school-Zeit das Trinken streng verboten hatte, wohingegen ihr Vater ihr und ihrer Schwester bei ihren Besuchen Bier gekauft hatte.

Auch andere Teilnehmer der Untersuchung erinnerten sich daran, daß ihre Eltern versucht hatten, sich bei ihnen beliebt zu machen, indem sie ihnen gestatteten, ihren impulsiven Bedürfnissen nachzugeben. Weil Anthonys Mutter sehr religiös gewesen war, hatten in ihrem Haushalt sehr strenge Regeln gegolten; doch wenn er und sein Bruder ihren Vater besuchten, »hatten wir Freiheit, zuviel Freiheit. … Wir wußten, daß wir dann tun konnten, was wir wollten.« Sie durften bei ihrem Vater fluchen und Bier trinken. Ein wichtiges Erlebnis war für ihn eine Situation während der High-school-Zeit gewesen, in der sein Vater ihm ein pornographisches Video vorgeführt hatte. Er erklärte, damals sei das »sehr aufregend« gewesen; doch mittlerweile war dieser Vorfall für ihn einer von vielen Gründen dafür, daß er seinen Vater nicht mehr respektierte.

Besonders verwirrend waren die subtileren Unterschiede zwischen den Regeln oder Praktiken, die jeweils für die beiden Haushalte unserer getrennten Eltern charakteristisch waren. Letztendlich hatte es nicht lange gedauert, bis Anthony klar geworden war, daß sein Vater ihm kein Porno-Video hätte vorführen sollen, und Eric erkannte, daß seine Mutter ihm während seiner High-school-Zeit keinen unbegrenzten Alkoholkonsum hätte gestatten sollen. Für Kinder Geschiedener kann es aber auch schon äußerst verwirrend sein, wenn beide Eltern nichts eindeutig Falsches tun und ihre Regeln und Gewohnheiten einfach *unterschiedlich* sind.

Katy liefert uns ein Beispiel hierfür. Sie lebte überwiegend bei ihrer Mutter, ihrem Stiefvater und ihren Großeltern. Während der Sommerferien und während anderer Schulferien lebte sie bei ihrem Vater, der nach der Scheidung von Katys Mutter noch zweimal heiratete. Katys Eltern hatten sich in vielerlei Hinsicht unterschieden. Ihre Mutter war religiös gewesen, ihr Vater nicht. Im Haushalt der Mutter hatte Katy im Zentrum der Aufmerksamkeit gestanden, wogegen sie in dem des Vaters eher das Gefühl gehabt hatte, am

Rande zu stehen, obwohl sie wußte, daß ihr Vater sie liebte. Einige der verwirrendsten Situationen hatte Katy erlebt, wenn sie versuchte, sich in alltäglichen Situationen mit den gegensätzlichen Wertvorstellungen ihrer Eltern auseinanderzusetzen.

Katys Mutter hatte jeden Cent zweimal umgedreht, und wie Katy sich erinnerte, »bewahrte sie jeden Fetzen Papier auf, um ihn wiederzuverwerten«. Ihr Vater war mit Geld großzügiger umgegangen. Katy erklärte: »Das war etwas schwierig für mich, weil im Haushalt meines Vaters Essensreste weggeworfen wurden, und ich an die Sparsamkeit meiner Mutter gewöhnt war.« Sie berichtete: »Einmal aß ich, als ich bei meinem Vater war, den ganzen Teller leer, und das war mehr, als ich normalerweise gegessen hätte, weil ich nicht wollte, daß es weggeworfen würde.« Später an jenem Abend hatte sie Magenbeschwerden bekommen. Einerseits hatte sie die Praxis ihres Vaters und ihrer Stiefmutter, Essensreste wegzuwerfen, nicht kritisiert, weil das, wie sie meinte, »unhöflich gewesen wäre«, aber andererseits war es ihr schwergefallen, dies zu tolerieren. Ihre Mutter hatte es geschätzt, gut zu wirtschaften, wohingegen ihr Vater den Überfluß genoß. Katy hatte schweigend in der Mitte gestanden, sich vollgestopft und unwohl gefühlt.

Jeder Mensch hat schon unbehagliche Situationen erlebt, weil er niemanden verletzen wollte. Doch für uns Kinder Geschiedener waren die Unterschiede zwischen den beiden Haushalten, in denen wir wohnten, nicht einfach charakteristisch für zwei x-beliebige Menschen, sondern für unsere eigenen *Eltern*, unsere frühesten und wichtigsten Vorbilder. Die widersprüchlichen Signale über richtig und falsch betrafen das Zentrum unserer Identität. Katys Konfrontation mit dem Problem des Umgangs mit Essensresten war nur eine von vielen Situationen, in denen sie das Gefühl gehabt hatte, zwischen zwei gegensätzlichen Wertesystemen zu stehen, ohne daß ihre Eltern dies auch nur bemerkt hatten. Nach der Scheidung hatten ihre Eltern sich nicht mehr darüber zu einigen brauchen, was mit Essensresten geschehen sollte, und sie mußten sich auch nicht mehr damit auseinandersetzen, welche tieferen Werte in ihrer Entscheidung zum Ausdruck gelangten. Doch die Notwendigkeit, sich mit ihren unterschiedlichen Wertvorstellungen auseinanderzusetzen, war damit nicht aufgehoben, sondern war nun einzig und allein Katys Sache geworden.

In jedem Haushalt gibt es bestimmte charakteristische Regeln und Gepflogenheiten. In einigen Familien beispielsweise hastet niemand zum Telefon, wenn es klingelt. Sitzen die Eltern gerade beim Abendessen oder sind mit anderen Dingen beschäftigt, nehmen sie den Hörer überhaupt nicht ab. In anderen Haushalten hat das Telefon in jedem Fall Priorität. Die Eltern nehmen den Hörer zu jeder beliebigen Tages- und Nachtzeit ab. Im ersteren Fall schätzen sie ihre Privatsphäre und das Zusammensein mit ihrer Familie höher als die sofortige Verfügbarkeit für Außenstehende. Im zweiten Fall ist es den Eltern wichtiger, jederzeit erreichbar zu sein, wenn jemand etwas von ihnen will, unabhängig davon, womit sie selbst gerade beschäftigt sind. Eltern, die in einer Ehe leben, müssen eine Möglichkeit finden, gegensätzliche Wertvorstellungen wie die soeben beschriebenen in Einklang zu bringen, und manchen gelingt es nie, solche Fragen verläßlich zu klären. Doch ganz gleich, wie sie damit umgehen, ihre Meinungsverschiedenheit bezüglich der Beantwortung von Telefonanrufen ist einzig und allein ihre Sache, nicht die des Kindes.

Wenn Eltern sich scheiden lassen, gründen sie getrennte Haushalte, und im besten Fall findet das Kind in beiden einen Platz. Die Eltern brauchen sich dann nicht mehr über Fragen wie die zu einigen, unter welchen Voraussetzungen sie Telefonanrufe annehmen, denn jeder von ihnen kann dies fortan so halten, wie er oder sie möchte; aber wenn das Kind in beiden Haushalten lebt, wird es täglich mit den unterschiedlichen Lebensgewohnheiten und Vorstellungen seiner beiden Eltern konfrontiert. Das bedeutet, daß es im Haushalt der Mutter oft den Telefonhörer abnimmt und sie herbeiruft, wenn der Anruf für sie bestimmt ist, und daß es an den Tagen, die es im Haushalt des Vaters verbringt, in der Küche bleibt, wenn das Telefon klingelt. Es hat zwar den Impuls, den Hörer abzunehmen, doch dann erinnert es sich daran, daß der Vater in der letzten Situation dieser Art über die Störung verärgert war. Also klingelt das Telefon weiter, und das Kind starrt es mit Schuldgefühlen an, fragt sich, ob der Anruf wohl wichtig ist, und versucht herauszufinden, welches Verhalten in dieser konkreten Situation das richtige wäre.

Natürlich müssen sich alle Kinder ständig an unterschiedliche Regeln anpassen – zu Hause, in der Schule und im Haushalt von Verwandten. Doch entscheidend ist, daß Kinder aus getrennten Familien, um sich anpassen zu können, die unterschiedlichen Lebensgewohnheiten und Vorstellungen ihrer Eltern genau beobachten mußten, und dies mit einer Wachsamkeit, die Kinder aus intakten Familien normalerweise nicht zu entwickeln brauchen. Am einzigen Ort, an dem wir alle die Möglichkeit haben sollten, uns ein wenig zu entspannen – dort, wo wir zu Hause sind –, müssen Kinder geschiedener Eltern ihre Vergrößerungsgläser stets in Reichweite und ihre »Denkkappe« stets aufgesetzt halten. Bei ihnen können sogar harmlose, alltägliche Entscheidungen Fragen wie »Soll ich den Telefonhörer abnehmen? Was soll ich mit Essensresten machen?« Anspannung und moralische Konflikte verursachen.

Für wen entscheide ich mich?

Die vielleicht wichtigste Entscheidung, die viele Kinder Geschiedener treffen müssen – und die Kindern von verheirateten Eltern völlig fremd ist –, ist die Entscheidung für einen bestimmten Elternteil. Glücklicherweise ist vielen Menschen klar, daß es für solche Kinder eine Qual ist, diese Entscheidung treffen zu müssen. Eltern, die sich scheiden lassen wollen, werden gewöhnlich dazu gedrängt, die Entscheidung darüber, wo ihre Kinder leben sollen und wie sie das Besuchsrecht regeln wollen, selbst zu treffen.

Doch obwohl sich unsere Gesellschaft über die mit der Entscheidung für einen Elternteil potentiell verbundene Belastung im klaren ist, ist eben diese Entscheidung für Kinder

Geschiedener – entweder kurz nach der Scheidung oder Jahre danach – fast immer unvermeidbar. In unserer landesweiten Umfrage äußerte ein Drittel der jungen Erwachsenen aus durch Scheidung getrennten Familien, sie seien in den Jahren nach der Scheidung aufgefordert worden, zu entscheiden, bei welchem Elternteil sie leben wollten [[32]]; aber selbst diese recht hohe Zahl erzählt nur einen Teil der Geschichte. In anderen Fällen war die Entscheidung zwischen den beiden Eltern im Geist von Kindern Geschiedener lebendig, auch wenn ihre Eltern sie ihnen nicht stellten. Von den zwei Dritteln der Kinder Geschiedener, die *nicht* aufgefordert wurden zu entscheiden, bei welchem Elternteil sie leben wollten, sagte ein Drittel, sie hätten gern die Möglichkeit zu dieser Entscheidung gehabt, doch hatten sie diese offenbar nicht bekommen.

Selbst wenn die Sorgerechtsvereinbarungen ohne uns Kinder getroffen und wir weder aufgefordert wurden, uns für einen Elternteil, bei dem wir leben wollten, zu entscheiden, noch eine solche Entscheidung hätten treffen wollen, standen wir, als wir anfingen, eigene Entscheidungen darüber zu treffen, wo wir unsere Zeit verbringen wollten, immer wieder vor der Frage, welchem Elternteil wir in einer bestimmten Situation den Vorzug geben wollten. Die Notwendigkeit, zwischen unseren Eltern zu wählen, blieb für viele von uns während unserer ganzen Kindheit und noch darüber hinaus bestehen.

Obwohl den meisten Eltern, die sich scheiden lassen, klar ist, daß sie ihre Kinder nicht zu einer Entscheidung zwischen ihnen zwingen sollten, kommt dies immer wieder vor. Eltern fühlen sich während ihrer Scheidung extrem verletzlich. Wenn der eine Elternteil vom anderen verlassen worden ist, muß er sich mit tiefen Gefühlen der Zurückweisung auseinandersetzen und fürchtet möglicherweise, auch noch die Liebe und Treue seiner Kinder zu verlieren. Kyle war sechs Jahre alt, als seine Eltern sich scheiden ließen. Er erinnerte sich, daß er mit seinem Vater zusammen auf der vorderen Veranda gesessen hatte, als sein Vater ihn fragte, ob er bei seiner Mutter oder bei ihm leben wolle. Kyle erklärte: »Ich war damals noch ein kleines Kind, und er war in dieser Situation sehr aufgewühlt, aber … es ist schon ziemlich hart, einem sechsjährigen Kind solch eine Frage zu stellen. Ich glaube, er war ziemlich fertig. Meine Mutter hatte die Scheidung in die Wege geleitet.« Weil Kyles Vater jahrelang mit seinem Alkoholismus gekämpft hatte, war für Kyle klar, wo er leben wollte, wenn seine Eltern sich scheiden lassen würden. Weil er sich zu einer Antwort gedrängt fühlte, sagte er zu seinem Vater, er wolle bei seiner Mutter leben.

Auch Daniels Mutter war nach ihrer Scheidung sehr verletzlich. Dies führte manchmal dazu, daß sie ihren Sohn in schwierige Situationen brachte. Daniel erzählte, daß seine Mutter ihre Kinder aufgefordert hatte, zwischen ihr und ihrem Vater zu wählen. Er sagte: »Ich erinnere mich, daß sie uns fragte: ›Wen liebt ihr mehr?‹« Nachdem er einen Schluck Wasser getrunken hatte, fuhr er fort: »Weil wir auf diese Frage nicht antworteten, versuchte sie es mit einer anderen Formulierung: ›Bei wem würdet ihr denn lieber wohnen?‹ Ich war damals alt genug, um sagen zu können: ›Ich weiß es nicht.‹ Aber ich weiß noch, daß meine Brüder sagten: ›Also, vielleicht bei Papi. Ach nein, vielleicht doch bei Mami.‹ Als ob sie sich wirklich Gedanken darüber machen würden. Ich hingegen wußte, was da gespielt wurde.«

Daniel sagt, wenn er und seine Brüder heute mit ihrer Mutter über jene Situation sprächen, »schwört meine Mutter, daß sie uns so etwas nie gefragt hat. Sie wird sehr empfindlich, wenn ich auch nur erwähne, daß sie uns diese Frage gestellt hat. Aber ich erinnere mich noch ganz genau daran, daß mir ihre Frage sehr zu schaffen gemacht hat, weil ich mich einfach nicht in der Lage fühlte, solch eine Entscheidung zu treffen. Ich mußte mich damals regelrecht zwingen, mir vor Augen zu führen, was an beiden Eltern gut und was an ihnen schlecht war. Und schon wenn ich nur darüber nachdachte, bekam ich Schuldgefühle.«

Wenn Kinder aufgefordert werden, zwischen ihren beiden Eltern zu wählen, versuchen sie, die moralische Wertigkeit beider einzuschätzen. Was ist in den beiden Haushalten gut und was schlecht? In welcher Hinsicht haben sie recht und in welcher Hinsicht nicht? Für wen von beiden sollen sie sich entscheiden?

Kinder fühlen sich in einer schrecklichen Zwickmühle, wenn sie entscheiden sollen, bei welchem Elternteil sie leben wollen. Doch andererseits nehmen es ältere Kinder manchmal sehr übel, wenn man ihnen *nicht* die Möglichkeit gibt, selbst zu entscheiden, bei wem sie leben wollen. Jasons Eltern trennten sich, als er vierzehn Jahre alt war. Nach der Scheidung stritt Jason erbittert mit seiner Mutter. Noch heute klagt er: »Wir hatten keine Wahl. Eine der Fragen, die ich meiner Mutter stellte, nachdem sich meine Eltern getrennt hatten, lautete: ›Warum leben wir eigentlich bei dir?‹ Und sie antwortete: ›Das haben wir so entschieden.‹« Darauf entgegnete er: »Wer zum Teufel gibt dir das Recht, an meiner Stelle eine Entscheidung zu treffen? Ich weiß, daß du meine Mutter bist, aber was ist, wenn ich nicht hier leben will?«

Obwohl Entscheidungen über das Sorgerecht erstmals zum Zeitpunkt der Scheidung getroffen werden, kann die Frage, wo das Kind leben soll, jahrelang bestehen bleiben. Als ich an der Tür von Angelas Wohnung in einer Vorstadtsiedlung klingelte, meldete sich an der Türsprechanlage ihr kleiner Sohn, obwohl Angela nicht weit entfernt war. Sie schaffte es, ihn mit einem Video zufriedenzustellen, das er sich im Nachbarraum anschaute, und forderte mich dann auf, mich mit ihr zusammen an den Eßzimmertisch zu setzen.

Ihre Eltern hatten sich scheiden lassen, als sie vier Jahre alt gewesen war. Damals hatten die Eltern entschieden, daß sie und ihr Bruder während des Schuljahrs zusammen mit ihrer Mutter an der Westküste leben würden und daß sie jeden Sommer bei ihrem Vater im Mittleren Westen verbringen sollten. Doch Jahre später, als Angela in der siebten Klasse war, wurde sie vor die Entscheidung gestellt, zwischen ihren Eltern zu wählen. »Offenbar hatte meine Mutter mit meinem Vater bei der Scheidung eine Art Abkommen ausgehandelt, demzufolge wir, wenn sie einen bestimmten Teil ihrer Ausbildung machen würde, ein paar Jahre bei ihm leben sollten. Dann kam dieser Zeitpunkt, und sie hielt sich nicht an die Vereinbarung.« Angela senkte die Stimme und sprach leise, damit ihr Sohn nicht hörte, was sie sagte: »Deshalb wendete sich mein Vater an einen Anwalt, und dieser erklärte ihm wahrscheinlich, daß er bei einer gerichtlichen Auseinandersetzung um das Sorgerecht kaum Erfolg haben werde, wenn die Kinder sich nicht für ihn entschieden.«

Deshalb organisierte Angelas Vater ein Treffen seiner Kinder mit dem Anwalt. Er glaubte, daß es den Kindern möglicherweise leichter falle, einer neutralen Person gegenüber ihre Gefühle zu äußern. Doch als Angela dem Anwalt gegenüber saß, hatte sie das Gefühl, sie sei in Gefahr, alle zu verraten. »Hätte ich gesagt, ich sei bei meiner Mutter unglücklich oder ich wolle bei meinem Vater leben, dann hätte ich meine Mutter verraten; und hätte ich gesagt, ich wolle *nicht* bei meinem Vater leben, dann hätte ich ihn verraten. Deshalb war ich in großer Unruhe. Und ich wünschte mir sehnlichst, diese Entscheidung nicht treffen zu müssen.«

Was Angela erlebt hat, erinnert mich an meine eigene Situation. Ebenso wie bei ihr, tauchte auch bei mir die Frage, bei wem ich leben wollte, viele Jahre nach der Scheidung meiner Eltern erneut auf. Sie hatten sich Anfang der 1970er Jahre getrennt, als Vätern nur selten das Sorgerecht zugesprochen worden war. Mein Vater hat mir erzählt, er habe damals mit einem Rechtsanwalt über die Möglichkeit, das Sorgerecht gerichtlich durchzusetzen, gesprochen, doch dieser habe ihm erklärt, einen solchen Prozeß könne er nur gewinnen, wenn er beweisen könne, daß meine Mutter diese Aufgabe nicht zu erfüllen vermochte. Da mein Vater durchaus davon überzeugt war, daß meine Mutter ihre Aufgabe gut erfüllte, und er sie nicht in eine gerichtliche Auseinandersetzung verwickeln wollte, erklärte er sich damit einverstanden, daß ich den größten Teil der Zeit bei meiner Mutter leben würde.

Einige Jahre später stellte sich die Frage erneut. Daß ich ein Jahr bei meinem Vater und meiner Stiefmutter lebte – ich war in dieser Zeit glücklich, bei ihm zu sein, sehnte mich aber sehr nach meiner Mutter und meinem Zuhause –, hing mit einer Entscheidung zusammen, die man mir überlassen hatte. Ich war sieben Jahre alt, als meine Mutter beschloß, noch einmal zur Schule zu gehen. Sie wußte, daß das erste Jahr ihres Ausbildungsprogramms für sie sehr anstrengend werden würde, und diese Situation wurde zusätzlich dadurch erschwert, daß mein Bruder noch ein Baby war. Als ich eines Nachmittags mit Papierpuppen auf der Veranda vor unserem Haus spielte, setzte sie sich auf die Stufen neben mich und fragte mich, was ich davon hielte, ein Jahr bei meinem Vater zu leben. Sie hätte in dieser Zeit ziemlich viel zu tun, und vielleicht würde es mir mehr Spaß machen, so lange bei meinem Vater zu sein. Sie sagte: »Denke einmal darüber nach, und sag mir Bescheid, ob du Lust dazu hast.« Ich war fasziniert von der Vorstellung, bei meinem Vater wohnen zu können, doch sobald sie gegangen war, vergaß ich die Frage wieder.

Nach ein paar Tagen kam meine Mutter erneut auf das Thema zu sprechen. Sie fragte mich, ob ich über die Möglichkeit, ein Jahr bei meinem Vater zu leben, nachgedacht hätte. Tatsächlich hatte ich nicht ein einziges Mal daran gedacht, seit sie mich darauf angesprochen hatte. Doch als sie wieder davon anfing, kam mir diese Idee sehr interessant vor – schließlich vermißte ich meinen Vater oft sehr. Andererseits konnte ich mir nicht vorstellen, ein ganzes Jahr von meiner Mutter fern zu sein, da ich nie längere Zeit ohne sie gelebt hatte. Da mir völlig unklar war, wie ich solch eine Entscheidung treffen sollte, sagte ich, ohne auch nur zwei Minuten darüber nachgedacht zu haben, mit der Logik einer typischen Siebenjährigen: »Bisher habe ich immer bei dir gelebt; deshalb sollte ich vielleicht wirklich einmal ein Jahr bei meinem Papi sein.« Es war für mich wie eine Unterhaltung auf dem Spielplatz. Meine Mutter hatte die Möglichkeit gehabt, mich eine Zeitlang bei sich zu haben, deshalb war jetzt mein Vater an der Reihe.

Die Entscheidung war gefallen, und die Räder setzten sich in Bewegung. Monate später packten wir meine Sachen, ich verabschiedete mich von meiner Mutter, meinem Stiefvater und meinem kleinen Bruder, und dann reiste ich zu meinem Vater, um bei ihm zu leben. Doch obwohl ich mich freute, ihn wiederzusehen, wurde dies eines der härtesten Jahre meiner Kindheit, denn ich vermißte meine Mutter und mein Zuhause mit einer sengenden Intensität, wie ich es mir nie hätte vorstellen können. Daß ich selbst mich für diese Lösung entschieden hatte, machte das Jahr für mich noch schwieriger. Ich glaubte, ich selbst sei schuld, daß ich so traurig war; schließlich hatte ich ja die Entscheidung getroffen. Deshalb war es nun einzig und allein meine Sache, damit fertig zu werden.

Als wir älter wurden, nahmen die Entscheidungen für einen unserer beiden Elternteile manchmal merkwürdige Formen an. Beispielsweise hatte Katy ihren Vater nach der Scheidung ihrer Eltern, als sie drei Jahre alt gewesen war, immer als etwas furchterregend empfunden; trotzdem hatte sie ihn geliebt und auch nie an seiner Liebe zu ihr gezweifelt. Deshalb war sie ziemlich verblüfft gewesen, als sie im Alter von zehn Jahren von ihrer Mutter gefragt worden war, ob sie wolle, daß ihr Stiefvater sie adoptiere – was bedeutete, daß ihr leiblicher Vater seine elterlichen Rechte aufgeben mußte. Weil Katy ein gutes Verhältnis zu ihrem Stiefvater hatte und weil ihre Mutter und ihr Vater jahrelang wegen der Unterhaltszahlungen gestritten hatten, hatte Katys Mutter es vermutlich für sinnvoll gehalten vorzuschlagen, daß Katys Stiefvater nun ihr Adoptivvater würde. Doch Katy erinnerte sich: »Obwohl ich mir wirklich Gedanken darüber machte, ob ich meinen Stiefvater zu einem festen Bestandteil meiner Ursprungsfamilie machen sollte … hielt ich es für wichtig, auch meinen biologischen Vater als meinen Vater anzusehen. Ich hatte eine gute Beziehung zu ihm, und die wollte ich nicht aufgeben.« Nach langem Ringen hatte Katy sich an ihre Mutter gewandt und den Vorschlag abgelehnt. Doch die Bedeutung, die diese Entscheidung für sie im Alter von zehn Jahren gehabt hatte, war ihr in Erinnerung geblieben.

Jahre später, als Katys Mutter mit ihrem Vater vor Gericht wegen der College-Gebühren stritt, hatte die Wut ihrer Mutter auf ihren Vater auch Katy erfaßt, und sie hatte deswegen mit ihrem Vater einen heftigen Streit gehabt. »Er sagte ungefähr: ›Wenn du jetzt auf der Stelle aus meinem Leben verschwändest, würde mir das nicht das Geringste ausmachen.‹ … Er war manchmal sehr schlecht gelaunt, und dann ließ er es krachen.«

Das hatte Katy zutiefst verletzt. Sie erklärte: »Ich war die einzige, die über all die Jahre zu ihm gehalten hat.« Sie gestand mir, daß sie ihn hatte fragen wollen: »Wie kommst du eigentlich auf den Gedanken, daß ich dich jemals im Stich lassen könnte?« Sie betonte: »Ich hatte diese Möglichkeit, und ich weiß nicht einmal, ob ihm das klar war.« Aus ihrer Sicht hatte Katy einen geheimen Bund mit ihrem Vater, über den sie nie sprach und von dem er wahrscheinlich nichts wußte – daß sie sich entgegen den Wünschen ihrer Mutter für ihn entschieden hatte. Und dieses insgeheime Treueversprechen machte seine gefühllosen Äußerungen Jahre später für sie umso unerträglicher.

Wir Kinder Geschiedener mußten auch viele unwichtigere, aber ebenso belastende Entscheidungen zwischen unseren beiden Eltern treffen. Als wir noch klein waren, wurde uns meist gesagt, was wir zu tun hatten und bei welchem Elternteil wir jeweils sein sollten. Unsere Eltern organisierten, wo wir lebten und wann wir den anderen Elternteil besuchten, wer uns abholte und zurückbrachte und dergleichen mehr. Doch als wir älter wurden, blieb es zunehmend uns überlassen, wann wir wo blieben und wohin wir gingen. Heutzutage leben Eltern, die zum Wohle ihrer Kinder eine »gute Scheidung« zu arrangieren versuchen, manchmal sogar sehr nah beieinander. Nach ihrer Auffassung ist einer der Vorteile der Nähe beider Haushalte, daß die Kinder »hin- und herwechseln können, wie es ihnen gefällt.« Solche Eltern glauben, auf diese Weise entstünde eine Struktur, die derjenigen einer intakten Familie ähnele, weil das Kind leicht und jederzeit zu beiden Eltern in Kontakt treten könne.

Das Problem ist, daß durch die räumliche Nähe der Haushalte beider Eltern – manchmal beziehen sie sogar gemeinsam ein Zweifamilienhaus, in dem die Mutter oben und der Vater unten wohnt – die den Kindern durch die Scheidung aufgebürdete Last kaum verringert wird. Im Gegenteil, wenn die beiden Eltern so nah beieinander wohnen, daß ein kleines Kind zu Fuß vom einen zum anderen gehen kann, wird dadurch die Last des Kindes noch vergrößert. Plötzlich ist es nicht mehr Aufgabe der Eltern, darüber zu entscheiden, wann das Kind von der einen Welt in die andere reist. Vielmehr kann unter diesen Umständen sogar ein Kind, das noch nicht alt genug ist, um allein irgendwohin zu reisen, kommen und gehen, »wie es will.« Es wird dann Sache des Kindes zu entscheiden, bei welchem Elternteil es jeweils sein will und wie lange.

Jason hatte als Kind diese Möglichkeit. Seine Eltern hatten sich scheiden lassen, als er vierzehn Jahre alt gewesen war, und sie waren in zwei separate Wohnungen gezogen, die nicht weit voneinander entfernt lagen. An vielen Nachmittagen ging Jason nach der Schule und dem Training zu seinem Vater, blieb dort eine Weile, aß mit ihm und sah mit ihm fern. Er erinnerte sich, daß er, wenn er abends auf dem Sofa lag und fernsah, immer auf der Hut davor war einzuschlafen. Äußerlich wirkte er entspannt, aber innerlich blieb er wachsam, weil er fürchtete, er könnte einschlafen und würde dann die Nacht in der Wohnung seines Vaters verbringen. Um dies zu verhindern, raffte er sich irgendwann im Laufe des Abends auf und machte sich auf den Weg zurück zur Wohnung seiner Mutter.

Dabei fühlte er sich jedesmal schuldig, weil er seinen Vater allein zurückließ. Jason spürte, daß dieser es gern gesehen hätte, wenn er länger geblieben wäre, und er hatte das Gefühl, er habe keine Chance, einen guten Zeitpunkt für sein Fortgehen zu wählen. Er sah sich gezwungen, eine mehr oder weniger willkürliche Entscheidung zu treffen, und das machte die Situation für ihn noch schlimmer.

Einige mögen sich darüber wundern, daß Jason das Gefühl hatte, sein Kommen und Gehen habe einen so starken Einfluß auf die Empfindungen seiner Eltern. Doch viele Jahre später sprach Jason mit seinem Vater über die gemeinsam verbrachten Abende, und sein Vater bestätigte: »Ja, es war für mich immer schwer, dich fortgehen zu sehen.« Eltern sind auch nur Menschen, und natürlich sind sie traurig, wenn ihre Kinder sie verlassen. Und Kinder spüren, daß ihre Eltern traurig sind, selbst wenn die Eltern dies vor ihnen zu verbergen versuchen.

Im Gegensatz dazu brauchen Kinder, die in einer intakten Familie leben, nicht darüber nachzudenken, wann und wie sie mit ihren Eltern zusammen sein wollen. Sie mögen mehr Zeit mit dem einen Elternteil als mit dem anderen verbringen, aber sie brauchen ihr Zusammensein mit beiden Eltern nicht zu planen und sich auch keine Gedanken darüber zu machen, wie ihre Eltern sich diesbezüglich fühlen.

Natürlich kommt es nur relativ selten vor, daß Geschiedene so nah beieinander wohnen, daß ihre kleinen Kinder jederzeit allein von der einen zur anderen Wohnung gehen können. In der Regel bemühen sich geschiedene Eltern um einen größeren Abstand voneinander, und manchmal leben sie sogar sehr weit voneinander entfernt. Doch wenn wir als Kinder Geschiedener nicht schon entscheiden mußten, wieviel Zeit wir mit jedem Elternteil verbringen wollten, als wir noch im Haushalt des einen von ihnen wohnten, dann stand uns diese Entscheidung bevor, nachdem wir das Elternhaus verlassen hatten.

Viele Kinder geschiedener Eltern berichten über die Probleme, mit denen sie sich auseinandersetzen mußten, nachdem sie das College abgeschlossen hatten oder nachdem sie von zu Hause ausgezogen waren. Angelas Vater war zutiefst verletzt, als seine Tochter ihn nach der College-Zeit nicht mehr jeden Sommer besuchte, weil ihre Zeit knapper geworden war und für sie außer dem Kontakt zu ihrer Mutter und ihrem Vater auch andere Dinge wie Jobs und Reisen wichtig geworden waren. Katy erinnerte sich, daß sie in den kurzen Pausen, die ihr Studium an einer *Ivy-League*-Universität ihr ließ, regelmäßig die »Ostküstentour« machte: Sie besuchte dann ihren Vater und ihre Mutter, die mehrere Bundesstaaten voneinander entfernt lebten.

Stephen sagte, es sei für ihn noch immer anstrengend, seinen Vater und seine Mutter zu besuchen, die nach wie vor nicht weit voneinander entfernt wohnen. Wenn er sein früheres Zuhause besuche, könne er sich nicht an einem Ort – einer der beiden Wohnungen seiner Eltern – entspannen, sondern er bemühe sich, die Kontakte zu beiden miteinander in Einklang zu bringen. Er fühlt sich schuldig, wenn er zuviel Zeit bei einem Elternteil verbringt, aber er nimmt es seinen Eltern andererseits auch übel, wenn sie seine

Bemühungen, es ihnen beiden recht zu machen, nicht anerkennen und ihn dabei nicht unterstützen. Er berichtete: »Kürzlich war ich nach langer Zeit einmal wieder bei meinen Eltern zu Besuch, und der einzige Zeitpunkt an jenem Wochenende, an dem ich meinen Vater treffen konnte, war der Sonntag. Doch er hat einfach Golf gespielt. Ich weiß noch genau, daß ich darüber ziemlich empört war, weil ich mir immer große Mühe gebe, alle treffen zu können.«

Das Bemühen, es allen recht zu machen, wird noch schwieriger, wenn Kinder geschiedener Eltern selbst heiraten und Kinder bekommen. Unsere familiären Verpflichtungen vervielfältigen sich, wenn angeheiratete Verwandte hinzukommen, und manchmal sind auch die Eltern der Ehepartner geschieden. Wenn dann Kinder geboren werden, wollen natürlich alle Großeltern ihre Enkel sehen, aber die ständig knapper werdende Zeit und die aufgrund der Vervielfältigung der Verwandtschaft explodierenden Reisekosten machen die Entscheidung darüber, mit welchem Elternteil man Zeit verbringen will, noch schwieriger. Für Kinder Geschiedener bleibt die Notwendigkeit, sich zwischen den beiden Eltern zu entscheiden, so lange bestehen, wie sie selbst und ihre Eltern leben.

Was glaube ich?

Angesichts der Widersprüche zwischen den Überzeugungen und Wertvorstellungen unserer beiden Eltern sowie der Tatsache, daß Kinder Geschiedener so oft allein sind, entwickeln sie häufiger als andere Kinder unabhängig von ihren Eltern eigene Wertvorstellungen. Viele haben erkannt, daß Kinder geschiedener Eltern unabhängiger werden, aber Professor Glenn und ich waren überrascht, als wir feststellten, wie stark sie sich in dieser Hinsicht von Gleichaltrigen aus intakten Familien unterscheiden. So erklären junge Erwachsene aus durch Scheidung getrennten Familien häufiger, daß sie andere Moralvorstellungen als ihre Väter und Mütter haben. [[21/25]] Auch eine kleine Zahl derjenigen, die aus intakten Familien stammen (ungefähr 6 Prozent), erklärt dies, aber von den geschiedenen Eltern Abstammenden erklären 24 Prozent, daß ihre Moralvorstellungen denen ihrer Väter nicht entsprechen, und 17 Prozent erklären dies bezogen auf ihre Mutter.

Fast ein Viertel der Untersuchungsteilnehmer aus getrennten Familien war mit der Aussage »Mein Vater hat mir den Unterschied zwischen richtig und falsch sehr genau beigebracht« [27] nicht einverstanden, und über ein Zehntel von ihnen bestätigt diese Aussage im Hinblick auf ihre Mutter [23] nicht, wohingegen die Zahl derjenigen aus intakten Familien, die das gleiche von ihren Eltern behaupten, nur sehr klein war – sie lag bei drei beziehungsweise einem Prozent.

Auf die Frage hin, wer ihnen ihr Gefühl für richtig und falsch vermittelt hat [23/27], nennen viele Kinder Geschiedener ihre Mutter (nur in seltenen Fällen ihren Vater) als wichtigen Einfluß, aber oft erwähnen sie außerdem andere Quellen. Katy erklärte, ihre

Wertvorstellungen habe sie teilweise von ihrer Mutter übernommen und teilweise ergäben sie sich aus ihrer religiösen Überzeugung. Sie erklärt: »Wenn ich etwas entscheiden muß, denke ich darüber nach, was meine Mutter in dieser Situation tun würde. Denn sie ist sehr religiös, und ich bin es ebenfalls.« Joanna erklärte, ihre Werte stammten »aus der Kirche und von meiner Mutter.« Louisas Werte stammten »erstens von meiner Mutter, zweitens von meinen Freunden und drittens aus der Kirche.«

Während aus getrennten Familien stammende junge Erwachsene heute generell *weniger* religiös sind als Gleichaltrige aus intakten Familien, hat eine erstaunlich große Zahl von uns das Gefühl, *religiöser* zu sein als ihre Eltern. Fast ein Drittel aller Kinder Geschiedener bestätigte die Aussage »Ich halte mich heute für religiöser, als meine Mutter es jemals war« [65], also doppelt so viele wie junge Erwachsene aus intakten Familien. Ungefähr die Hälfte von uns – verglichen mit einem Drittel derjenigen aus intakten Familien – bestätigt die Aussage »Ich halte mich für religiöser, als mein Vater es jemals war.« [68]

Andere Kinder Geschiedener erklären, wenn es um richtig und falsch gehe, würden sie versuchen, die Antwort in sich selbst zu finden, statt sich an ihren Eltern oder an einer religiösen Tradition zu orientieren. Melissa erklärte, ihre Reaktion auf die widersprüchlichen Anweisungen, die ihre Eltern ihr in ihrer Kindheit gegeben hätten, sei gewesen, daß sie eigene Regeln entwickelte. Sie schaute die dicke Katze an, die es sich auf ihrem Schoß bequem gemacht hatte, kraulte ihr den Nacken und erzählte mir: »Als Jugendliche habe ich eine sehr genaue Vorstellung darüber entwickelt, was ich für korrekt hielt. Dabei hat mir im Grunde keiner geholfen. Weil ich nicht so recht wußte, was von mir erwartet wurde, überlegte ich mir: ›Wenn ich etwas als richtig empfinde, tue ich es.‹« Diese Einstellung erwies sich für Melissa als sinnvoll, und sie bewahrte sie vor einigen gefährlichen Situationen. – Beispielsweise beinhaltete eine der Regeln, die sie selbst für sich entwickelt hatte, daß sie als Teenager sexuelle Aktivitäten vermeiden wollte. – Doch ist das Entwickeln eigener Verhaltensregeln und Wertvorstellungen für viele Kinder und Jugendliche riskant.

Selbst in der Gruppe der Kinder Geschiedener, die einen College-Abschluß schaffen und die im weiteren Verlauf ihres Lebens erfolgreich sind, äußern sich einige unverblümt über die Schwierigkeiten, die sie bei ihren Bemühungen, das Richtige zu tun, haben. Eric stand kurz davor, Vater zu werden. Er sagte, bis vor kurzem habe sein Leben darin bestanden, »mich jedes Wochenende zu betrinken. Natürlich spielten auch Drogen eine Rolle, allerdings keine harten.« Er erklärt: »Ich habe mit alldem praktisch aufgehört, um Geld sparen zu können, und wir ziehen in ein neues Haus. … Jetzt bin ich wieder auf dem richtigen Weg.« Als ich ihn fragte, wie er das Gefühl für richtig und falsch entwickelt habe, zog er seine Kappe tiefer und schaute weg. »Ich glaube, mein Gefühl für richtig und falsch ist nicht sehr klar – und das ist nicht gut.« Er fuhr fort: »Meine Treue Frauen gegenüber war viele Jahre lang nicht berauschend.« Eric bemühte sich mittlerweile, möglichst gute Entscheidungen zu treffen, soweit er aufgrund seines Urteilsvermögens dazu in der Lage war. Doch hinsichtlich seiner Wertvorstellungen schien er immer noch unklar zu sein.

Wozu gehöre ich?

Man mag denken, daß Kinder – und insbesondere kleine Kinder – die Frage »Wozu gehöre ich?« relativ leicht beantworten können. Doch wenn Kinder in zwei Umgebungen gleichzeitig aufwachsen, werden durch die Frage nach ihrer Zugehörigkeit für sie tiefe moralische und spirituelle Bereiche berührt. Wir sind als Kinder zwischen zwei Welten hin- und hergereist, und in gewisser Hinsicht gehörten wir beiden an. Doch waren dies nicht zwei beliebige Welten, sondern es war in beiden Fällen die Welt eines Elternteils, der den anderen zurückgewiesen hatte oder der selbst vom anderen zurückgewiesen worden war. Diese beiden Welten waren nicht nur einfach unterschiedlich, sondern zwischen ihnen bestand ein grundsätzlicher Konflikt, und das hatte zur Folge, daß sogar einfache Fragen eine gewaltige moralische Bedeutung anzunehmen schienen.

Die Frage der Zugehörigkeit war unterschwellig in vielen anderen Fragen, mit denen wir uns auseinandersetzten, enthalten. In jedem moralischen Dilemma, mit dem wir konfrontiert wurden, wurde für uns die Frage der Zugehörigkeit akut und die Befürchtung, ausgeschlossen zu werden. Wir versuchten, uns auf die gegensätzlichen Wertvorstellungen und Überzeugungen unserer Eltern einen Reim zu machen, und bemühten uns herauszufinden, ob wir diese Sichtweisen übernehmen konnten. Wir hinterfragten die unterschiedlichen häuslichen Regeln unserer Eltern – und zwar nicht nur, um nicht in Schwierigkeiten zu kommen, sondern auch, weil wir uns zugehörig fühlen wollten. Wir fragten uns: »Wenn ich mich für den einen Elternteil [bzw. seine Einstellungen] entscheide, wird mich der andere dann ablehnen?«

Vielleicht signalisiert nichts in stärkerem Maße Zugehörigkeit als die körperliche Ähnlichkeit mit einem anderen Menschen. Doch stellten wir oft fest, daß ausgerechnet unsere Ähnlichkeit mit einem Elternteil uns zum Außenstehenden machte, zu jemandem, der *nicht* dazugehört.

In einer intakten Familie signalisiert die Ähnlichkeit mit einem Elternteil Zugehörigkeit. Eltern und Kind erfreuen sich einer einzigen starken Familienidentität, die sogar die Form der Nase oder die Beschaffenheit des Haares umfaßt. Gleich auszusehen oder sich gleich zu verhalten ist der ultimative Anker für das Gefühl, einer Gruppe anzugehören. Alle möglichen Organisationen, ob es sich dabei um Gangs, Clubs oder Berufsgruppen handelt, versuchen im Grunde, die Verbindungen innerhalb einer Familie nachzuahmen, indem sie ihre Mitglieder dazu anhalten, die gleichen Jacketts, Uniformen oder Tätowierungen zu tragen.

In einer durch Scheidung getrennten Familie kann der Ähnlichkeit mit einem Elternteil eine völlig andere Bedeutung zugeschrieben werden. Wenn wir wie unser Vater oder unsere Mutter aussahen, konnte uns das in unseren Familien auch als einen Außenstehenden brandmarken – als jemanden, der dem anderen, konkurrierenden Club angehört.

Durch meine Gespräche mit den verschiedensten jungen Erwachsenen wurde mir klar, daß in vielen Familien, geschiedenen wie intakten, die Mütter häufig frustriert ausrufen: »Du verhältst dich genau wie dein Vater!« Doch war den Jugendlichen aus intakten Familien, wenn sie solche Äußerungen gehört hatten, immer klar gewesen, daß dieser Vergleich nicht besonders negativ gemeint war, auch wenn die Mutter ihre Frustration kaum deutlicher hätte zum Ausdruck bringen können –, denn den Betreffenden war ohne jeden Zweifel klar, daß der Vater ein voll akzeptiertes Mitglied der Familie war. Sie selbst liebten ihren Vater und waren sich sicher, daß auch ihre Mutter ihn liebte. Deshalb konnte ein derartiger Vergleich nicht besonders böse gemeint sein.

Vergleicht hingegen eine geschiedene Mutter ihr Kind mit ihrem Exmann, kann dies bei dem Kind Anspannung und Furcht erzeugen. Als Kinder aus durch Scheidung getrennten Familien haben wir unsere beiden Eltern wie zwei Extreme erlebt. Niemand hätte sich von unserer Mutter stärker unterscheiden können als unser Vater, und umgekehrt. Von einem Elternteil mit dem anderen verglichen zu werden empfanden wir als äußerst bedrohlich. Selbst ein relativ harmloser Vergleich, der keineswegs mit der Absicht angestellt wurde, uns zu beunruhigen, hatte für uns einen bedrohlichen Unterton: »Du ähnelst dem, der nicht zu uns gehört. Du bist kein vollwertiger Bestandteil meiner Welt.« Zweifellos hat ein geschiedener Elternteil in Wahrheit selten das Gefühl, daß sein Kind kein legitimer Bestandteil seiner Welt ist. Doch da unsere Eltern in zwei völlig getrennten Welten lebten, die wir als einander entgegengesetzt wahrnahmen, suchten wir unablässig nach Hinweisen, die auf einen Ausschluß hindeuteten, und hörten und spürten solche Anzeichen.

Für junge Menschen aus intakten Familien ist die Frage, ob sie einem Elternteil ähneln, in der Regel nicht mit negativen Bedeutungen verbunden. Manche antworten darauf, daß sie beiden Eltern ähneln, und einige zählen sogar auf, welche ihrer Merkmale von welchem Elternteil stammen – »Ich habe die Augen und den Teint meiner Mutter und die Nase meines Vaters« und dergleichen. Oft lächeln sie, wenn sie so etwas sagen, als erinnerten sie sich an unterhaltsame Familiengespräche, in denen Eltern und Kinder gemeinsam darüber spekulierten, wer wem in welcher Hinsicht ähnelte. Andere antworten auf die Frage nach der Ähnlichkeit mit ihren Eltern, daß ihr Äußeres oder ihre Persönlichkeit stärker dem einen Elternteil ähnele, entweder dem Vater oder der Mutter. Doch Menschen aus intakten Familien sind solche Ähnlichkeiten in der Regel noch nie als problematisch erschienen.

Einige der Befragten aus intakten Familien erinnerten sich daran, daß ihnen ein solcher Vergleich einmal als bedrohlich erschienen war, doch dieses Gefühl der Bedrohung war für sie nicht besonders tiefreichend gewesen. Eine Frau erklärte, ihr Vater habe in ihrer Kindheit manchmal gesagt, sie verhalte sich wie ihre Mutter. Sie erklärte: »Anfangs habe ich in solchen Momenten gedacht: ›Was bedeutet das?‹ Doch dann habe ich mir gesagt: ›Ich bin eben wie meine Mutter, damit muß ich wohl leben.‹«

Eine andere Frau sagte: »Wenn ich mich verantwortungslos verhielt, sagte meine Mutter etwas wie: ›Hör auf, dich wie dein Vater zu benehmen!‹« Sie grinste, zuckte die Achseln und sagte dann: »Aber ich habe meinen Vater immer sehr geschätzt. Ich habe nie geglaubt, daß meine Eltern irgend etwas falsch machen könnten. Deshalb war das für mich kein Problem.«

Häufiger erinnerten sich junge Menschen aus intakten Familien daran, daß ein Elternteil sie in einem für sie positiven Sinne mit dem anderen Elternteil verglichen hatte. Ein Mann berichtete, seine Mutter habe sich sein Schulfoto angesehen und gesagt, er gleiche seinem Vater. Mehrere Frauen erklärten, ihr Vater sei stolz darauf gewesen, daß sie ihrer Mutter in ihrem Äußeren und in ihrer Persönlichkeit geglichen hätten. Eine erinnerte sich zärtlich: »Mein Vater sagte oft, meine Mutter sei toll, und er sei froh, daß seine Töchter ihrer Mutter stärker ähnelten als ihm.«

Genetisch unterscheiden sich Kinder aus durch Scheidung getrennten und intakten Familien natürlich nicht. Doch erinnern sich junge Erwachsene aus durch Scheidung getrennten Familien nicht an fröhliche Gespräche innerhalb der Familie, bei denen festgestellt wurde, daß ihre Nase der ihres Vaters oder ihr Lächeln dem ihrer Mutter ähnelte. Vielmehr hatten sich viele Kinder Geschiedener angesichts der Möglichkeit, daß sie einem Elternteil oder beiden ähneln könnten, eher besorgt oder zutiefst bedroht gefühlt.

Anthony, dessen Eltern sich hatten scheiden lassen, als er fünf Jahre alt gewesen war, wuchs zusammen mit seinem jüngeren Bruder bei seiner Mutter auf, doch hatte er auch oft seinen Vater besucht, der nur fünfzehn Minuten entfernt wohnte. Anthony hatte viele gute Erinnerungen an seine Mutter, und er berichtete ausführlich darüber, wie sie sich für ihn und seinen Bruder aufgeopfert hatte. Doch als wir auf die Ähnlichkeit mit einem Elternteil zu sprechen kamen, erinnerte er sich an einen Vorfall, der für ihn sehr schmerzlich gewesen war. Mit einem deutlichen Ausdruck des Unwohlseins begann er: »Ich werde Ihnen jetzt etwas erzählen, das mir ziemlich zugesetzt hat. Meine Mutter nannte mich oft ›Herr J…‹ [das war der Nachname seines Vaters], wenn ich etwas getan hatte, worüber sie wütend war. Das bedeutete: ›Du verhältst dich wie dein Vater‹, und ich wußte, daß sie ihn nicht mochte und ihn für einen schlechten Menschen hielt.«

Kyle fühlte sich ebenso. Als Kind hatte er geglaubt, er habe seine Neigung zu Wutanfällen von seinem Vater geerbt, denn das hatte seine Mutter immer behauptet: »Sie sagte: ›Du bist genau wie dein Vater.‹ Das verletzte mich sehr. Ich empfand es als Herabsetzung.«

In anderen Fällen hatten geschiedene Mütter in einem Anfall von Frustration gesagt, ihr Kind verhalte sich wie sein Vater, doch hatten sie dies zurückgenommen, wenn sie aufgefordert wurden zu erklären, was genau sie damit meinten. Daniel berichtete, wenn seine Mutter ihm vorgeworfen habe, er verhalte sich wie sein Vater, sei er »sehr wütend geworden, weil sie das nicht mit einem Lächeln, sondern mit einem Stirnrunzeln sagte und weil es offensichtlich sehr negativ gemeint war.« Er faltete seine Hände und preßte die Fingergelenke zusammen. »In solchen Augenblicken kochte ich innerlich. Ich sagte dann: ›Und was ist dagegen einzuwenden?‹ Das passierte ziemlich oft. Jedesmal wenn wir etwas getan hatten, was ihr nicht gefiel, sagte sie: ›Das ist genau wie bei eurem Vater.‹ Das machte uns jedesmal wütend. Wir wußten, daß ›wie-unser-Vater-sein‹ bedeutete, schlecht zu sein. Deshalb hatte ich, wenn sie so etwas sagte, immer das Gefühl, sie wolle mir damit sagen, daß ich schlecht sei.«

Dann entspannten sich seine Hände wieder, und er schaute mich mit finsterem Blick an und fuhr fort: »Manchmal habe ich mich dann mit ihr angelegt und erwidert: ›Damit willst du sagen, daß ich schlecht bin.‹ Und sie hat geantwortet: ›Nein, das habe ich *nicht* sagen wollen.‹ Es war sehr verwirrend. Ihre Botschaften an mich waren sehr ambivalent.«

Vergleiche mit dem anderen Elternteil wirkten nicht immer wie eine Zurechtweisung. Beispielsweise war Eric mit seinem Bruder bei seinem Vater aufgewachsen, und die beiden hatten ihre Mutter oft besucht. Eric hatte gesehen, was sein Vater tagtäglich auf sich genommen hatte, um für seine Söhne zu sorgen. Manchmal hatte seine Mutter, wenn sie über irgend etwas frustriert war, gesagt, er sei übellaunig wie sein Vater. Doch solche Äußerungen hatten Eric eher geärgert, als daß sie ihn wütend gemacht hatten, weil er sicher gewesen war, daß sein Vater kein schlechter Mensch sein konnte.

In wieder anderen Fällen waren Kinder verunsichert und besorgt, obwohl ihre Mutter sie nicht mit ihrem Vater verglichen hatte. Eine Frau sagte, daß sie sich wie ihr Vater verhalten habe, sei »für meine Mutter wahrscheinlich von Bedeutung gewesen, aber sie hat das nie erwähnt.« Eine andere Frau sagte, sie habe ihrem Vater äußerlich stark geähnelt, und »manchmal hatte ich das Gefühl, daß das für meine Mutter schwierig war. Ich habe dann gedacht: ›Sie meint vielleicht, daß ich ihm zu stark ähnele, und ich sehe ihm tatsächlich sehr ähnlich.‹« Eine andere Frau erinnerte sich: »Ich glaube, meine Mutter war manchmal verärgert, weil ich meinem Vater so ähnlich bin.«

Auch ich hatte in meiner Kindheit und Jugend derartige Ängste. Schon als ich noch sehr klein war, hörte ich, daß ich ganz auf meinen Vater käme. Das hat man mir so oft gesagt, daß ich es als Tatsache akzeptierte, obwohl ich mir als Mädchen manchmal gewünscht habe, auch mit meiner Mutter verglichen zu werden, die ich für sehr schön hielt. Selbst meine Mutter verglich mich immer wieder mit meinem Vater, und anders, als wenn andere mich mit ihm verglichen, konnte ich mich an ihre Vergleiche nie gewöhnen. Sie sagte, ich gestikulierte genau so wie er, oder ich hätte seinen Sinn für Albernheiten und Humor. Meist wies sie mit einer eigenartigen Faszination auf diese Ähnlichkeiten hin, als empfände sie es als interessant, daß ich aufgrund genetischer Einflüsse so stark meinem Vater ähnelte, obwohl ich nicht täglich Kontakt zu ihm hatte. Doch wenn sie solche Vergleiche anstellte, erstarrte ich innerlich und suchte in ihrem Gesicht nach Anzeichen für Mißbilligung. In solchen Situationen wurde mir plötzlich die Gefahr des Ausschlusses bewußt, der mir aufgrund der Identifikation mit jemandem drohte, der sich, wie ich glaubte, kaum noch stärker von ihr hätte unterscheiden können.

Wir Kinder Geschiedener wurden häufiger mit unserem Vater als mit unserer Mutter verglichen. Meist verbrachten wir viel Zeit mit unserer Mutter, und vielleicht neigen Mütter generell stärker zu solchen Vergleichen. Doch manchmal fürchten sich Kinder Geschiedener auch davor, ihrer Mutter zu ähneln. Katy lehnte sich in ihrem Sitz zurück und berichtete: »Wegen meines dunklen Haars sehe ich genau wie meine Mutter aus. Wenn ich mit den Verwandten meines Vaters zusammen war, fühlte ich mich immer als Außenstehende.« Sie deutete auf ihr Gesicht und fuhr fort: »Es war deutlich zu erkennen, daß ich genetisch auch von jemand anderem als meinem Vater abstammte. Für mich war es, als würden sie denken: ›Teufel auch! Wer war denn da im Spiel?‹« Was Katy bis zu diesem Punkt gesagt hatte, hatte ich verstanden, doch ihre Schlußfolgerung überraschte mich: »Wenn ich mit meinem Vater im Auto saß, hatte ich immer Angst, die Leute könnten denken, daß ich seine Geliebte sei.« Katy hatte also nicht nur das Gefühl, ihre Ähnlichkeit mit ihrer Mutter kennzeichne sie in der Familie ihres Vaters und in seinem Lebensumfeld als Außenstehende, sondern die Tatsache, daß sie eine heranwachsende »außenstehende« Frau war, sei auch mit ihr unangenehmen sexuellen Bedeutungen verbunden, selbst in der Umgebung ihres eigenen Vaters.

Wenn Kinder aus intakten Familien mit einem Elternteil oder mit dem anderen verglichen wurden, konnte ein solcher Vergleich ein Ausdruck von Stolz oder von Frustration sein. Doch selbst wenn der Elternteil, der die Ähnlichkeit beobachtet hatte, offensichtlich frustriert war, verfügten die Kinder aus intakten Familien über innere Ressourcen, die ihnen ermöglichten, mit einem solchen Vorwurf fertig zu werden, so wie jene junge Frau, die zu ihrem Vater sagte: »Genau, ich bin wie meine Mutter. Sieh zu, wie du damit klarkommst.« Kinder aus intakten Familien wissen, daß auch die Tatsache, daß ein Elternteil auf sie wütend oder über sie verärgert ist, nichts daran ändert, daß sie, was auch immer geschehen mag, zur gleichen Familie gehören.

Denjenigen unter uns, die aus durch Scheidung getrennten Familien stammen, fehlte dieses unbestreitbare Gefühl einer gemeinsamen familiären Identität. Selbst wenn ein Elternteil einen harmlosen oder sogar schmeichelhaften Vergleich anstellte, gelangte dieser nicht in einem Vakuum zum Ausdruck. Vielmehr war uns die Geschichte des schwerwiegenden Konflikts zwischen den Welten unserer Eltern wohlvertraut, und dieser Konflikt kam uns zu Bewußtsein, wenn wir mit einem Elternteil verglichen wurden. Selbst bei den kürzesten und scheinbar unwichtigsten Unterhaltungen überprüften wir minutiös, was unsere Eltern gesagt und getan hatten, und wir suchten nach Anzeichen für das Zugeständnis der Zugehörigkeit oder des Ausschlusses, der Zurückweisung oder der Bestätigung, und dies alles war Teil unseres unablässigen Bemühens herauszufinden, wo wir wirklich hingehörten.

Polare Gegensätze

Die schwierigen moralischen Fragen, die sich aus dem Zusammenprall der Welten unserer beiden Eltern ergaben, erschienen uns als um so dringlicher, als diese beiden Welten häufig wie polare Gegensätze wirkten. Zwei Drittel der Untersuchungsteilnehmer, die aus geschiedenen Ehen stammten, stimmten folgender Aussage zu: »Meine Eltern wirkten (nach ihrer Scheidung) wie polare Gegensätze zueinander.« [4][46] Hingegen sah nur ein Drittel der aus intakten Familien Stammenden ihre Eltern als polare Gegensätze, und 43 Prozent verneinten dies vehement.

Natürlich könnten einige Kinder Geschiedener ihre Eltern auch schon vor deren Scheidung als polare Gegensätze erlebt haben, und genauso könnte es bei einigen Kindern aus intakten Familien sein. Vereinfachend könnte man sagen, daß sich manche Eltern trennen, weil sie sich so oft streiten, daß sie wie »Katz und Maus« (polare Gegensätze) wirken. Doch wie wir feststellten, hat die Tatsache, daß Kinder ihre Eltern als polare Gegensätze wahrnehmen, nicht viel mit der erinnerten Stärke oder Häufigkeit der Konflikte in ihrer Familie zu tun. In der landesweiten Umfrage gab nur ein Fünftel der jungen Erwachsenen aus durch Scheidung getrennten Familien an, ihre Eltern hätten sich nach der Scheidung oft gestritten [[117]], aber zwei Drittel erklärten, ihre Eltern seien ihnen wie polare Gegensätze erschienen. Offenbar vermittelt irgend etwas, das mit der Scheidung als solcher zusammenhängt, uns in stärkerem Maße den Eindruck, daß unsere Eltern einander wie polare Gegensätze gegenüberstehen. Schaut man sich Ehe und Scheidung aus der Perspektive eines Kindes an, so wird verständlich, warum dieser Eindruck entsteht.

Alle Eltern, ob verheiratet oder geschieden, sind unterschiedlich, so wie dies auch für zwei beliebige Menschen gilt. Doch erleben verheiratete Eltern vieles gemeinsam, und dadurch wird das Gefühl der Nähe zwischen ihnen gestärkt. Sie leben im gleichen Haushalt, haben Kontakt zur Familie des Partners, haben viele gemeinsame Freunde, und auch hinsichtlich ihrer ökonomischen Situation sind sie miteinander verbunden. Aus ihrer Verbindung gehen Kinder hervor, die gewöhnlich beiden Eltern biologisch ähneln. Außerdem ziehen die Eltern diese Kinder gemeinsam auf. An ihrem Arbeitsplatz, in ihrem Bekanntenkreis und auch praktisch überall sonst werden sie als Paar angesehen, wobei die Tatsache, daß sie verheiratet sind, so wirkt, als verkünde ein Plakat über ihren Köpfen, daß es mehr gibt, was sie miteinander verbindet, als Dinge, die sie voneinander trennen. Es wird zwar immer Unterschiede zwischen ihnen geben, aber weil sie verheiratet sind und als verheiratetes Paar zusammenleben, gleichen ihre beiden Welten sich im Laufe der Jahre immer stärker einander an.

Im Gegensatz dazu gab es für uns Kinder Geschiedener kaum etwas, das die beiden Welten unserer Eltern nach ihrer Trennung stärker übereinbrachte. Sie hatten kein gemeinsames Zuhause mehr und pflegten keinen Kontakt zur Familie und zum Freundeskreis des Partners, und auch in der Öffentlichkeit traten sie nicht mehr als Paar auf. Zwar bestand zwischen ihnen aufgrund ihrer gemeinsamen Verantwortung für uns Kinder in finanzieller Hinsicht immer noch eine gewisse Verbindung, aber ihre wirtschaftliche Lage veränderte sich häufig unabhängig von der des Expartners sehr stark. Die einzigen weiterhin bestehenden Verbindungen zwischen ihren beiden Welten waren die zu uns. Ansonsten stand es ihnen frei, neue Bindungen und neue Risiken einzugehen, um etwas Neues auszuprobieren. Da keine Struktur sie mehr aneinander band, wurden die Unterschiede zwischen ihnen im Laufe der Jahre größer, und ihre Welten wirkten immer gegensätzlicher. Nachdem sie es aufgegeben hatten, ihre beiden Welten in Einklang zu bringen, fingen wir an, sie als polare Gegensätze zu sehen.

Ebenso wichtig ist, daß unsere normale kognitive Entwicklung uns dazu prädisponiert, unsere geschiedenen Eltern als polare Gegensätze anzusehen. Das Denken von Kindern ist anfangs von Kontrasten und Gegensätzen geprägt; für unser Denken sind in dieser Zeit Gegensätze wie groß und klein, nah und fern, hell und dunkel charakteristisch. Ebenso wichtig sind Kategorien wie gut und böse sowie richtig und falsch. Als wir als Kinder Geschiedener mit zwei starken Kräften konfrontiert wurden, die voneinander getrennt waren und in einem Gegensatz zueinander standen – unseren geschiedenen Eltern –, war es ganz natürlich, daß wir unsere Mutter und unseren Vater als eine weitere Polarität wie groß und klein oder hell und dunkel sahen. Allerdings wirkte diese neue Polarität bis tief in unser Inneres hinein.

Das Kinderbuch *To & Fro, Fast & Slow*, von dem schon in Kapitel 2 die Rede war, basiert auf dem Leben eines Kindes, das zwischen seinen geschiedenen Eltern hin- und herreist, und an dessen Beispiel kleinen Kindern das Wesen von Gegensätzen erklärt werden soll. Im ganzen Buch geht es um die Spaltung, die dem Kind das Gefühl vermittelt, in zwei völlig gegensätzlichen Welten aufzuwachsen. Natürlich wird die Situation des Kindes als glücklich beschrieben – es reist fröhlich von einem Zuhause zum anderen und erfreut sich an den vielen verschiedenen Erlebnissen, die es an den beiden Orten erwarten. Natürlich macht es Kindern Freude, ein Bauernhaus mit Tieren auf dem Lande zu besuchen und anschließend in der Stadt einen Ausflug in ein naturwissenschaftliches Museum zu unternehmen, doch ist es für sie alles andere als einfach, in einer von so krassen Gegensätzen geprägten Welt aufzuwachsen.

Wenn wir als Kinder Geschiedener mit einer neuartigen und komplexen moralischen Frage konfrontiert wurden – »Wo gehöre ich hin? Was denken und glauben meine Eltern? Was zu tun ist richtig?« – hielten wir nicht nur in zwei beliebigen Welten nach Hinweisen auf die Antwort Ausschau, sondern in zwei Welten, die uns als so unterschiedlich wie Tag und Nacht vorkamen. Die Kluft zwischen diesen beiden Welten ließ es uns fast als unmöglich erscheinen, auch nur die kleinsten Unterschiede zwischen ihnen miteinander in Einklang zu bringen. Da wir Kinder aus durch Scheidung getrennten Familien nicht in Kinderbüchern aufgewachsen sind, konnten wir nicht unbefangen zwischen den beiden Welten unserer Eltern umherspringen, sondern wir fühlten uns mental zwischen ihnen gefangen.

Noch aus einem anderen Grund sind unsere Eltern durch die Scheidung für uns zu polaren Gegensätzen geworden. Wie eine Ehe kann man auch eine Scheidung als eine Art Institution ansehen. Unsere Eltern standen nicht aufgrund einer Struktur, die ihre Einheit in den Vordergrund stellte – wie es bei der Ehe der Fall ist –, in einer Beziehung zueinander, sondern aufgrund einer Struktur, die ihre Unterschiedlichkeit und Gegensätzlichkeit hervorhob: die Scheidung. Was für die Ehe die Einheit der Partner ist, sind für die Scheidung zentral die Unterschiede zwischen den Partnern, die sich als größer erwiesen haben als sämtliche Gemeinsamkeiten. Selbst wenn *die Partner selbst* nicht das Gefühl hatten, besonders gegensätzlich zu sein, sind sie aufgrund der Struktur der Scheidung für uns trotzdem zu krassen Gegensätzen geworden.

Ich habe kürzlich mit einer anderen Vertreterin der Generation Ex mit Namen Stephanie Hanley gesprochen, die als Textilentdesignerin und Geburtshelferin arbeitet und an der Ostküste lebt. Auch sie war der Meinung, daß geschiedene Eltern ihren Kindern als polare Gegensätze erscheinen. Sie berichtete, daß ihre Eltern ihr insbesondere hinsichtlich ihrer religiösen Überzeugungen so erschienen seien. Vor ihrer Scheidung waren sie zusammen in die Kirche gegangen. Seit der Scheidung hatte ihre Mutter keine Gottesdienste mehr besucht, doch Stephanies Vater und ihre Stiefmutter hatten sich einer strengen Baptistengemeinde angeschlossen, in der die Mädchen sonntags in der Kirche Röcke hatten tragen müssen. Stephanie und ihre jüngeren Schwestern hatten jedes zweite Wochenende bei ihrem Vater verbracht und sich damit abgemüht, sich an die völlig unterschiedlichen Vorstellungen und Regeln ihrer Eltern anzupassen. Manchmal waren diese beiden Welten kollidiert, und Stephanie war völlig verwirrt gewesen. Sie berichtete: »Es war ziemlich merkwürdig, wenn ich mit meiner Mutter bei Wal-Mart war und dort zufällig Freunde aus der Kirche traf und eine Hose trug.«

Als Stephanie den Haushalt ihrer Mutter verließ, um ein College zu besuchen, wählte sie *fiber arts** als Hauptfach. Ihr Kunstprojekt im Senior-Jahr, das zwei Jahre zurücklag, war eine große freistehende Plastik gewesen, die sich mit dem Thema »Licht und Dunkelheit« beschäftigte. Auf der einen Seite der Skulptur schwamm eine Qualle im Wasser – eine Anspielung auf ein Kindheitserlebnis mit ihrem Vater. Die andere Seite bildete ein Laubwald, der den Beruf der Mutter symbolisierte. Die beiden Seiten der Skulptur waren an den Enden miteinander verbunden, gingen aber nicht ineinander über. Stephanie, die ihr Kunstwerk mittlerweile als Darstellung der Polarität ihrer Eltern versteht, die ihr Selbstgefühl bestimmt hat, konnte sich daran erinnern, daß sie es sich angeschaut und gedacht hatte: »Ist diese Skulptur ein Symbol für mich oder für die Mauer, um die ich herumkommen muß?«

Nur ein Viertel der jungen Erwachsenen aus getrennten Familien, aber drei Viertel derjenigen aus intakten Familien bestätigten nachdrücklich die Aussage: »Wenn meine Eltern Konflikte hatten, wußte ich immer, daß sie darüber hinwegkommen würden« [15] – ein weiterer deutlicher Unterschied (und bei dieser Frage wie auch bei den meisten anderen wurden die Kinder geschiedener Eltern aufgefordert, ihre Antwort auf die Si

---

* Textil- und Papierkunst, schließt Skulpturen aus Pappmaché ein, Anm. d. Übers.

tuation *nach* der Scheidung zu beziehen, nicht auf die davor). Nur eine Minderheit von uns erinnert sich daran, daß unsere Eltern nach ihrer Scheidung häufig Konflikte hatten, doch schon die Scheidung selbst vermittelte vielen von uns den Eindruck, daß ihre beiden Welten sich permanent im Konflikt befanden. Hingegen waren die meisten aus intakten Familien stammenden Teilnehmer unserer Untersuchung sehr zuversichtlich, daß ihre Eltern über eventuelle Konflikte, die zwischen ihnen entstehen mochten, »hinwegkommen« würden.

Viele der Menschen, die ich für dieses Buch interviewt habe, stehen mir noch immer klar vor Augen, obwohl mittlerweile Monate und in manchen Fällen sogar Jahre vergangen sind. Daniel ist einer von ihnen. Er blieb mir als sehr nachdenklich und aufrichtig in Erinnerung. Ihm lag daran, ernsthaft über die großen Fragen des Lebens zu reden. Er hatte schon früh eine eigene Familie gegründet und in seinem Beruf bereits wichtige Erfolge erzielt. Er bemühte sich sehr, das Richtige zu tun. Er wirkte gewissenhaft und unabhängig.

Nun mögen einige sagen, wenn eine Scheidung Kinder zu lernen zwinge, unabhängig zu denken, dann sei das doch eine gute Sache. Das Problem ist, daß es, wenn man gesunde und selbstsichere junge Menschen aufziehen will, keine besonders erfolgversprechende Strategie ist, Kinder mit verwirrenden moralischen Fragen zu konfrontieren. Vielleicht kommen die Kinder tatsächlich darauf, was richtig ist, doch ebensogut kann es passieren, daß sie mit dieser Herausforderung nicht fertig werden und zu falschen Resultaten gelangen. Daß Kinder Geschiedener sich gezwungen sehen, ein Wertesystem zu entwickeln, ohne daß sie von ihren Eltern klare Anweisungen erhalten, könnte (neben vielen anderen Dingen) zu erklären helfen, warum sie als Gesamtgruppe häufiger zu Substanzmißbrauch, sehr frühen Schwangerschaften, Depressionen, Straftaten vor Erreichen der Volljährigkeit und Selbstmord neigen. Einigen Kindern gelingt es, die Antworten zu finden, die sie brauchen, anderen hingegen nicht. Letztere fühlen sich von der Last bedrückt, die mit zu schnellem Erwachsenwerden verbunden ist, und sie bemühen sich verzweifelt um eine Lösung.

Selbst diejenigen, denen dies gelingt, werden durch das Aufwachsen in zwei unterschiedlichen Welten deutlich geprägt. Daniel und die anderen Kinder Geschiedener, die ich interviewte, verbrachten ihre Kindheit damit, sich mit den Welten ihrer Eltern auseinanderzusetzen statt mit ihrer eigenen. Obwohl es ihnen wie den meisten Kindern gelang, ihren Spaß zu haben, sind sie noch heute von einer Aura des Ernstes und der Wachsamkeit umgeben, die sie von anderen Menschen ihres Alters unterscheidet. In der Kindheit findet ein allmähliches Heranreifen zu einem Erwachsenen statt, der unabhängig über komplexe moralische Themen nachzudenken vermag. Es ist nicht sinnvoll, Kindern die Last aufzubürden, diese Aufgabe allein zu lösen.

Mit einigen der in diesem Kapitel aufgeworfenen Fragen müssen sich auch Kinder aus intakten Familien auseinandersetzen. Allerdings übernehmen in diesen Familien die Eltern bei dieser Auseinandersetzung die Führungsrolle. Ihre Aufgabe ist es, ihre konträren Überzeugungen und Erlebensweisen in Einklang zu bringen und ihren Kindern konsistente Auffassungen über richtig und falsch zu vermitteln. Gelingt ihnen dies nicht, ist klar, wer für dieses Versagen verantwortlich ist. Auch Kinder verheirateter Eltern müssen über moralische Fragen nachdenken, können dies aber in den meisten Fällen dann tun, wenn sie dazu bereit sind, und außerdem können sie bei dieser Auseinandersetzung mit höherer Wahrscheinlichkeit auf die Unterstützung ihrer Eltern zurückgreifen.

Natürlich werden auch Kinder aus intakten Familien manchmal schon früh mit bedrükkenden Erlebnissen konfrontiert. Ein Familienmitglied kann krank werden oder sterben, ein Elternteil kann seine Arbeit verlieren, und auch andere Tragödien können passieren. Außerdem gibt es in jeder Kindheit weniger wichtige, aber trotzdem sehr schmerzliche Verluste: Haustiere sterben, die Familie zieht um, Freundschaften enden. Doch in solchen Situationen bemühen sich die meisten Eltern, für ihre Kinder da zu sein, sie zu trösten und ihnen über den Verlust hinwegzuhelfen.

Noch wichtiger jedoch ist, daß intakte Familien auf die leidvollsten Verlustsituationen im Alltagsleben keinerlei Einfluß haben. Die meisten Eltern tun alles, was in ihrer Macht steht, um nicht krank zu werden oder ökonomisch zu scheitern. Manchmal läßt sich so etwas nicht vermeiden, aber oft braucht es nicht zu passieren.

Im Falle einer »guten Scheidung« können die großen moralischen Fragen besonders verwirrend sein. Oft wurde uns Kindern Geschiedener gesagt, die Scheidung sei niemandes Schuld, die Ehe unserer Eltern sei einfach an einen Endpunkt gekommen. Die Eltern erklären ihren Kindern, sie könnten einander einfach nicht mehr lieben. Oder, und das ist noch verwirrender, sie erklären ihnen, daß sie einander zwar noch lieben, aber einfach nicht mehr zusammenleben können. Im Falle einer »guten Scheidung« werden gewöhnlich beide Eltern dem Kind gegenüber als »gut« dargestellt. Weder Mami noch Papi ist schuld am Scheitern der Ehe. Trotzdem hatten wir als Kinder Geschiedener mit einer ganzen Reihe von Fragen zu kämpfen, auf die wir nie eine Antwort erhalten haben: »Wenn meine Eltern sich nicht einig sind, was richtig ist, wer von ihnen hat dann recht, und wer von ihnen liegt falsch? Wo gehöre ich hin? Was soll ich tun?«

Als ich als Kind mit diesen Fragen rang, war mir nicht klar, daß für die Auseinandersetzung mit ihnen in erster Linie die Eltern verantwortlich sein sollten. Statt dessen mühte ich mich allein damit ab, und weil mir das notwendige Wissen fehlte, um diese Aufgabe bewältigen zu können, isolierte ich mich um so stärker. Niemand erklärte mir, daß meine Eltern mir eine Aufgabe übertragen hatten, die einfach zu schwierig für mich war. Im Gegenteil: Alle in meiner Umgebung sagten, es sei meinen Eltern hoch anzurechnen, daß ihnen eine »gute Scheidung« gelungen sei. Deshalb mußte ich als Kind annehmen, wenn es mir nicht gelänge, mit der Last, die mir auferlegt wurde, fertig zu werden, dann müsse irgend etwas mit *mir* nicht in Ordnung sein.

Vielleicht vereinfacht es Kindern Geschiedener die moralische Einschätzung ihrer Situation, wenn der eine Elternteil als »schlecht« und der andere als »gut« bezeichnet wird, doch einfach ist die Situation eines solchen Kindes auch dann nicht. Wird beispielsweise einem Vater vorgeworfen, er habe eine Affäre und ruiniere dadurch seine Ehe, und wird die Mutter als gut und unschuldig angesehen, dann mag das dem Kind die Entscheidung darüber erleichtern, welchen Elternteil es als Vorbild wählt, aber andererseits wird durch eine derartige Simplifizierung auch eine Menge Porzellan zerschlagen. Das Kind verliert dabei nämlich den Respekt vor einem der beiden Eltern, und es verinnerlicht die Lektion, daß man Eheprobleme unter anderem dadurch lösen kann, daß man den Ehepartner verläßt und sich mit jemand anderem zusammentut. Wenn ein Elternteil für das Mißlingen einer Ehe und für die Probleme, die danach auftreten, verantwortlich gemacht wird, kann dies außerdem zu einer unangemessen rigiden Beurteilung der Welt führen. Der »gute« Elternteil ist nie ausschließlich gut, doch seine Fehler werden übersehen. Und der »schlechte« Elternteil ist nur selten ausschließlich schlecht, aber seine guten Eigenschaften werden als unwichtig abgetan.

Ganz gleich, ob die Scheidung unserer Eltern eine »gute« oder eine »schlechte« war, in jedem Fall wurden wir mit einer neuartigen Situation konfrontiert, die uns zwang, schon früh eigene Wertvorstellungen und Überzeugungen zu entwickeln. Doch das Aufwachsen in zwei Welten gleichzeitig bewirkte noch mehr, als daß es uns zwang, uns verfrüht mit komplexen moralischen Fragen auseinanderzusetzen. Die Trennungslinie zwischen den beiden Welten unserer Eltern wurde durch eine Mauer der Geheimhaltung und angezweifelter Wahrheiten verstärkt. Durch diese Mauer entstand in uns ein beunruhigendes Geheimnis, das Gefühl, innerlich geteilt zu sein. In der ohrenbetäubenden Stille der »guten Scheidung«, in der wir uns verwirrt oder überfordert fühlten, glaubten wir, nur uns selbst Vorwürfe machen zu können.

6

Geheimnisse

Als Kind erhielt ich mehr Gelegenheit, mich im Bewahren von Geheimnissen zu üben, als mir lieb war. Und meist handelte es sich nicht um meine eigenen Geheimnisse.

Einmal, als ich zehn Jahre alt war, saß ich mit meinem Vater zusammen am Küchentisch des Hauses, das er mit meiner Stiefmutter bewohnte, umgeben von einer blau-weiß gemusterten Tapete, die wie Porzellan für besondere Festtage aussah. Ich erzählte ihm gerade etwas, das kürzlich zu Hause bei meiner Mutter passiert war, als er mich plötzlich unterbrach.

»Lebt Paul bei dir und deiner Mutter?« fragte er.

Ich erstarrte. Die Augen meines Vaters wirkten freundlich, aber sein Blick war auch sehr direkt, wodurch er signalisierte, daß er sich nicht mit Lügen abspeisen lassen würde. Wenn er mir diese Frage stellte, kannte er die Antwort nicht. Und wenn er sie nicht kannte, dann wollte meine Mutter das wahrscheinlich nicht. Aber es war schwierig, die Tatsache zu verbergen, daß der Freund meiner Mutter bei uns lebte; zumindest war es daran zu erkennen, daß sein Name in zahlreichen Geschichten vorkam.

Ich weiß nicht mehr, was ich damals geantwortet habe. Wahrscheinlich bin ich rot geworden und habe ihn gequält angeschaut, und mein Vater hatte Mitleid mit mir und ließ die Sache auf sich beruhen. Aber ich erinnere mich, daß meine beiden Welten in einer anderen Situation kollidierten, als ich ein Geheimnis des einen Elternteils fast dem anderen ausgeplaudert hätte.

Familien treffen regelmäßig Entscheidungen darüber, welche Informationen Außenstehenden weitergegeben werden dürfen. Doch wenn eine Familie in zwei Teile zerbricht, wird es für das Kind plötzlich viel häufiger notwendig, solche Entscheidungen zu treffen. Kinder geschiedener Eltern reisen vom einen Elternteil zum anderen und erfahren so unzählige private Dinge über beide. Und sie merken schnell, daß beide einige dieser Informationen vor dem Expartner geheimhalten wollen.

Manche Eltern fordern ihre Kinder ausdrücklich auf, bestimmte Dinge geheimzuhalten. Experten raten davon ab,[47] und vielen geschiedenen Eltern gelingt es auch tatsächlich, ihren Kindern solche Belastungen zu ersparen. Doch weder den Eltern noch den Experten ist klar, daß es praktisch nicht zu vermeiden ist, daß Kinder Geheimnisse wahren müssen, wenn sie zwischen ihren Eltern hin- und herreisen.

Geschiedene Eltern sind wie jedes andere Paar, das sich getrennt hat. Sie reagieren empfindlich auf alle Nachrichten, die ihren ehemaligen Partner betreffen, insbesondere wenn es um eine neue Liebesbeziehung des anderen oder um Geld geht. Als Kinder Geschiedener haben wir schnell die Lektion gelernt – Informationen, die solche Gefühle der Wut oder der Verletztheit auslösen konnten, nicht weiterzugeben.

Natürlich interessiert nicht alle geschiedenen Eltern weiterhin sehr stark, was ihr Expartner im Sinn hat, und vielen ist es auch nicht besonders wichtig, was dieser über ihr eigenes Leben weiß oder nicht weiß. Doch auch diese Einstellung wirkt auf die Kinder belastend. Wenn ein Elternteil von uns kaum Interesse an der Welt des anderen erkennen läßt, kann es sein, daß wir das als ein Zeichen mangelnden Interesses an *unserem* Leben in jener anderen Welt verstehen. Auf diese Weise kann bei uns das Gefühl entstehen, daß jede der beiden Hälften unserer Kindheit für den Elternteil, der damit nichts zu tun hat, ein Geheimnis ist.

Therapeuten und andere Fachleute sehen Geheimnisse gewöhnlich als sehr problematisch an. Nach ihrer Auffassung erschweren sie eine gesunde Kommunikation, und dies schadet dem Wohl von Kindern und Familien.[48] Doch eine ganze Generation von Kindern geschiedener Eltern muß mit einer regelrechten Epidemie von Geheimnissen fertig werden, weil diese fast zwangsläufig Bestandteil des Aufwachsens in einer durch Scheidung getrennten Familie sind.

Was sage ich Mami nicht? Was sage ich Papi nicht?

»Mir wurde verboten, meinem Vater irgend etwas über finanzielle Angelegenheiten zu erzählen«, erinnerte sich Katy. »Über dieses Thema durfte keinesfalls gesprochen werden, weil das jemanden auf die Idee hätte bringen können, keinen Unterhalt mehr zu bezahlen.« Sie hielt inne und nestelte nervös an einem dünnen Silberband an ihrem Finger. »Noch heute denke ich, wenn mir das Thema in den Sinn kommt«, und dann flüsternd: »Oh, das geht nur die Familie etwas an.«

Alicia berichtete, daß ihre Eltern nie über Geld gesprochen hätten. »Über Geld sprach man einfach nicht – darüber, wieviel jemand verdiente und wieviel er ausgab.«

Melissa lehnte sich in ihrem Küchenstuhl zurück und sagte: »Besonders als wir noch sehr klein waren, sagte meine Mutter, wenn wir aufbrachen, um unseren Vater zu besuchen: ›Das könnt ihr ihm erzählen, aber das nicht.‹« Dazu schnitt sie eine Grimasse und sagte, wenn sie mit ihrer Schwester von ihrem Vater zurückgekommen sei, »waren wir wie kleine Spioninnen. Meine Mutter nahm uns nach solchen Besuchen ins Verhör wie bei der Gestapo. »Was haben sie getan? Welche Kleider haben sie getragen? Wohin sind sie mit dir gegangen? Was hast du gesagt? Und was haben sie über mich gesagt?«

27 Prozent der heutigen jungen Erwachsenen aus getrennten Familien bestätigen die Aussage »Manchmal hat ein Elternteil mich aufgefordert, wichtige Geheimnisse vor dem anderen Elternteil zu wahren«, wohingegen dies bei nur 10 Prozent der jungen Erwachsenen aus intakten Familien der Fall war. Doch diese Angaben beziehen sich nur auf diejenigen unter den Kindern Geschiedener, die ausdrücklich *aufgefordert* wurden, bestimmte Geheimnisse zu wahren. Alle, die aus irgendwelchen Gründen das Gefühl hatten, sie müßten Geheimnisse bewahren, fallen dabei unter den Tisch. Ich habe festgestellt, daß diese subtileren, aber ebenfalls isolierend wirkenden Geheimhaltungserlebnisse in unserem Alltag sehr häufig vorkamen.

Untreue ist ein Geheimnis, das vielen Kindern geschiedener Eltern nach ihren eigenen Berichten aufgebürdet wurde, und ganz sicher war dies für sie eines der schmerzhaftesten Geheimnisse überhaupt. Obwohl Untreue in vielen Ehen ein ernstes Problem ist,[49] enden nicht alle Ehen, die darunter leiden, mit einer Scheidung. Doch wenn der schützende Schleier einer Ehe entfernt wird und die Handlungen der Eltern ans Tageslicht kommen, erhalten die Kinder der Geschiedenen häufiger Kenntnis darüber, was ein untreuer Elternteil getan hat. Einige von ihnen berichteten mir, ihnen sei schon vor dem Ende der Ehe ihrer Eltern klar gewesen, daß ein Elternteil untreu gewesen sei, und manchmal wußten sie dies sogar schon, bevor der verratene Elternteil es gemerkt hatte.

Eric wurde plötzlich sehr aufgeregt, als ich ihn über diese Thematik befragte, und er antwortete: »Als meine Eltern sich scheiden ließen, betrog meine Mutter definitiv meinen Vater, und ich habe das gewußt und nichts darüber gesagt.« Sein Unterkiefer spannte sich an. »Das war ein ziemlich beschissenes Gefühl. Eine Zeitlang habe ich meine Mutter richtig gehaßt.«

Auch Jason hatte irgendwie gewußt, daß die Ehe seiner Eltern an der Untreue seiner Mutter gescheitert war, hatte sich sein Wissen aber nicht eingestehen wollen. Er schaute mich eindringlich an und sagte: »Man möchte nicht denken, daß die eigene Mutter eine Ehebrecherin ist.«

Manche Kinder Geschiedener sagten, sie hätten die Untreue eines Elternteils besonders früh entdeckt. Will, dessen Vater seine Mutter betrogen hatte, erklärte: »Wenn du in der siebten, achten Klasse bist und weißt, was dein Vater tut, dann ist das ziemlich schmerzhaft.« Ich vermutete, daß Will die Affäre seines Vaters früher bemerkt hatte als seine Mutter, und fragte ihn, ob das so gewesen sei. Er antwortete: »Ja, als ich zehn oder elf Jahre alt war, nahm er mich zu Baseball-Spielen mit, und seine Freundin war immer dabei. Ich habe mich dann immer gefragt: ›Wenn ich jetzt nach Hause gehe, was erzähle ich Mami dann nicht? Und was sage ich Papi nicht?‹ Man steht dazwischen und ist zu jung für diese

Dinge. Man kommt dadurch völlig von der Rolle.«

Untreue ist nicht das einzige Geheimnis, mit dem Kinder geschiedener Eltern häufiger konfrontiert werden. Natürlich ist auch die Scheidung selbst oft ein Objekt der Geheimhaltung. Manche Kinder Geschiedener erinnern sich, daß sie über die bevorstehende Scheidung früher als ihre Geschwister informiert wurden, und einige wußten sogar schon vor einem Elternteil, daß es dazu kommen würde.

Stephen war zwölf Jahre alt, als seine Mutter ihm gegenüber ständig Andeutungen machte, daß sie vorhabe, sich von seinem Vater scheiden zu lassen – Informationen, die er vor seinen jüngeren Schwestern glaubte geheimhalten zu müssen. Er behielt dieses Geheimnis während der Herbst- und Weihnachtsferien für sich, bis seine Eltern sich schließlich nach Neujahr mit ihren drei Kindern zusammensetzten und ihnen die Neuigkeit mitteilten.

Meine eigenen Eltern vermieden es weitgehend, mich zur Geheimhaltung bestimmter Informationen aufzufordern, und dafür bin ich ihnen sehr dankbar. Doch als sie in den Jahren nach der Scheidung ihrer eigenen Wege gingen, gab es für mich viele Situationen, in denen ich neue Entwicklungen früher bemerkte, als meine Eltern sie mir hatten mitteilen wollen. So war es beispielsweise im Herbst des Jahres, in dem ich neun war, nachdem ich wieder zu meiner Mutter, meinem Stiefvater und meinem Bruder zurückgekehrt war. Wenn ich mir heute jene Situation noch einmal vor Augen führe, sehe ich recht deutlich, daß sich in jenem Jahr Spannungen zusammenbrauten, doch ich war völlig überrascht, als mein Stiefvater mir eines Tages während eines Gesprächs auf den Stufen zur Eingangstür unseres Hauses eröffnete: »Ich glaube, deine Mutter und ich werden uns scheiden lassen.«

Ich weiß nicht, warum er mir das damals gesagt hat, und mir kommt heute der Gedanke, daß er wegen dieses Vorhabens sehr erregt war und hoffte, mit mir darüber reden zu können. Vielleicht hoffte er sogar, ich würde ihm versichern, daß ich ihn liebte. Wenn es tatsächlich so war, muß meine Reaktion für ihn ziemlich enttäuschend gewesen sein. Ich konnte einfach nicht verstehen, daß er uns verlassen würde. Seit ich drei Jahre alt gewesen war, hatte er in meinem Leben eine zentrale Rolle gespielt. Als ich versuchte, mir das Leben ohne ihn vorzustellen, reagierte mein Gehirn mit einer Blockade. Deshalb nickte ich nur, und das sah für ihn wahrscheinlich so aus, als nähme ich die Neuigkeit auf die leichte Schulter. Wir sprachen nie wieder darüber.

Als ich einige Monate später in meinem Zimmer im Dachgeschoß war, hörte ich plötzlich, wie sich die Hintertür unseres Hauses mit einem leisen Klicken schloß. Das Geräusch war nicht besonders ungewöhnlich, aber aus irgendeinem Grund war ich sofort hellwach. Ich schlich die Treppe hinunter und fand meine Mutter in dem Schaukelstuhl sitzen, den sie gekauft hatten, als mein Bruder geboren war. Ihr Blick wirkte abwesend.

»Was ist passiert?« fragte ich und fürchtete mich insgeheim vor der Antwort.

»Rob ist weg«, sagte sie. »Er hat uns verlassen.«

Ich hatte das Gefühl, daß der Boden sich unter mir bewegte. Mein Magen rebellierte, und mein Gesicht war plötzlich sehr heiß. Ich warf mich meiner Mutter auf den Schoß und schluchzte hemmungslos. Sie hielt mich in ihren Armen und schaukelte den Stuhl ganz leicht. All die Situationen, in denen ich stumm genickt und den Eindruck erweckt hatte, ich würde mit allem leicht fertig, all die Situationen, in denen ich so getan hatte, als hätte ich alles im Griff, obwohl ich in Wirklichkeit vor Angst völlig gefühllos gewesen war – alle diese unterdrückten Emotionen überfluteten mich plötzlich. Ich war entsetzt darüber, daß Rob einfach so in die Nacht verschwunden war. Ich hatte Angst davor, daß meine Mutter mich im Stich lassen würde.

»Wohin ist er gegangen?« fragte ich heulend.

»Ich weiß es nicht«, antwortete sie.

»Warum weinst du denn nicht?« wollte ich wissen.

»Weil ich schon so viel geweint habe«, erklärte sie. »Ich habe keine Tränen mehr übrig.«

Ich hatte schon Monate vorher von diesem Geheimnis erfahren, aber da ich es einfach nicht hatte fassen können, hatte ich es verdrängt. Erst als sich die Tür endgültig geschlossen hatte, traf mich die Realität ihrer Scheidung mit voller Kraft.

Eigenartigerweise habe ich nur an jenem einen Abend über die Trennung geweint. Obwohl ich meinen Stiefvater oft vermißte, weinte ich um diesen Verlust erst einige Jahre später, als er starb, erneut. Danach weinte ich viele Male, viele Jahre lang, und immer wenn ich allein war. Ich glaube, wenn ich um ihn weinte, weinte ich auch um unser gemeinsames Leben: wie meine Mutter und mein Stiefvater voller Liebe und Hoffnung auf dem Land ein Zuhause aufgebaut hatten und wie wir alle voller Freude meinen kleinen Bruder willkommen geheißen hatten. Stück für Stück war die Grundlage jenes Lebens mir entglitten, und deswegen fühlte ich mich ungeheuer einsam, und ich sah mich nur in der Lage, erwachsen zu wirken, wenn ich die Gefühle ignorierte, die aufwallten, während meine beiden Eltern ihren nun getrennten Lebenswegen folgten.

Die Jahre vergingen, und immer wieder erreichten mich einschneidende Nachrichten. Eines Nachmittags, als ich dreizehn war, kam meine Mutter zu mir und sagte, sie habe am Telefon mit meinem Vater gesprochen und erfahren, daß er und meine Stiefmutter sich scheiden lassen wollten. Mein Vater wolle mir dies erzählen, wenn er später im Laufe des Monats zu Besuch komme, aber sie wolle es mir schon jetzt mitteilen. Ich weiß nicht so recht, warum sie dies tat. Vielleicht glaubte sie, es würde mich glücklich machen. Ich hatte mich jahrelang über meine Stiefmutter beklagt, und obwohl ich mit meiner Stiefschwester viel Angenehmes erlebte, hatte ich mich bei unseren zahlreichen Streitigkeiten immer sehr schlecht gefühlt.

Aber es ist schwierig, sich über eine Scheidung zu freuen, unter welchen Umständen auch immer. Ich empfand einmal wieder gar nichts, nur ein Gefühl der Taubheit. Wochen später kam mein Vater zu Besuch. Als wir auf dem Highway zum Haus meiner Großeltern fuhren, räusperte er sich und sagte: »Hmm, ich muß dir etwas erzählen.«

Er schaute wieder auf die Straße, während ich dasaß und mich schuldig fühlte, weil ich schon wußte, was er sagen würde.

»Katherine und ich trennen uns. Wir werden uns scheiden lassen.«

Ich nickte, als ob diese Information für mich neu wäre. Ich wollte ihm nicht erklären, daß meine Mutter mir das schon gesagt hatte, weil ich wußte, daß er dann wütend werden würde. Was die Nachricht selbst betraf, war mir nicht so recht klar, welche Gefühle sie bei mir hervorrief. Natürlich waren die Jahre ihrer Ehe für mich schwierig gewesen. Aber andererseits hatte ich meine Stiefmutter und meine Stiefschwester gekannt, seit ich fünf Jahre alt gewesen war. Ich schaute auf die Straße vor uns. Wieder einmal war die Zukunft – in einer Hälfte meines Lebens – völlig ungewiß.

Ich litt nicht nur unter diesem erneuten Verlust, sondern war auch wütend darüber. Ein verwirrender Aspekt der Scheidung eines Elternteils von einem Stiefelternteil, dem man sich nicht besonders nahe fühlte, ist, daß dieser Mensch plötzlich in einem völlig anderen, negativen Licht dargestellt wird. Ich hatte die erste Scheidung dieser Art erlebt, als ich dreizehn Jahre alt gewesen war, und dann eine weitere mit Anfang Zwanzig, als meine Mutter und mein zweiter Stiefvater sich scheiden ließen – die geheiratet hatten, als ich dreizehn gewesen war.

Wenn ein Elternteil erneut heiratet, kann es einige Zeit dauern, bis man als Kind mit dem neuen Ehepartner zurechtkommt. Und was die Erwachsenen dem Kind gewöhnlich nicht mitteilen, ist, daß der Stiefelternteil vielleicht an der Verschlechterung der Beziehung mitschuldig war. Als Kind hat man mich aufgefordert, ich sollte mich bemühen, mit meinen Stiefeltern zurechtzukommen – ich sollte mich zusammennehmen und mich an die neuen Gegebenheiten anpassen. Doch leider hatte ich oft das Gefühl, daß meine Bemühungen um ein gutes Verhältnis zu meinen Stiefeltern von diesen damit »belohnt« wurden, daß sie meine Gefühl verletzten.

Und irgendwann kommen der Elternteil und der Stiefelternteil dann plötzlich zu der Überzeugung, daß sie nicht mehr miteinander auskommen. Aus irgendeinem Grund ist ihre Beziehung zu Ende, und das Kind braucht sich nicht mehr damit abzumühen, sich mit dem Stiefelternteil gutzustellen. So habe ich es erlebt, und zwar nicht einmal, sondern mehrmals. Darüber freute ich mich nicht, sondern war wütend und verwirrt. Ich fragte mich: »Wozu habe ich mir eigentlich die ganze Mühe gegeben?« All die Jahre des Schmerzes, in denen es uns schließlich irgendwie gelungen war, einen Anschein von familiärer Einheit zusammenzuschustern, waren vergeblich gewesen, weil die Erwachsenen plötzlich beschlossen hatten, ihre Beziehung zu beenden. Und dieses Spiel sollte ich nun ein weiteres Mal bereitwillig mitmachen.

Natürlich können Geheimnisse auch Aktivitäten betreffen, die wesentlich banaler sind als Scheidungsabsichten oder Affären der Eltern. Die simpelsten und alltäglichsten Ereignisse können zum Gegenstand von Geheimnissen werden, was einige Kinder Geschiedener dazu bringt zu glauben, daß *alles* ein Geheimnis sei. Kimberly erklärte scharf: »Ich habe ständig Geheimnisse gewahrt. Wenn ich zu meinem Vater sagte, meine Mutter habe uns angebrüllt, und sie habe seit neun Monaten nicht mit meiner Schwester geredet, dann regte er sich sehr auf und sagte, das sei nicht richtig. Das führte dazu, daß ich ihm solche Dinge einfach nicht mehr erzählte. Mit meiner Mutter war es genauso. Wenn Papi auf mich wütend war und etwas quer durch den Raum nach mir warf, dann sagte ich ihr das nie, weil sie nicht gewußt hätte, wie sie darauf hätte reagieren sollen.« Sie stellte ihre leere Teetasse zurück auf die Untertasse und fuhr fort: »Mir war schon sehr früh klar, daß es mein Leben hier und mein Leben dort gab.«

Allison zog eine Augenbraue hoch, als sie berichtete: »Im Grunde gab es zwei getrennte Bereiche in meinem Leben. Beide Elternteile hatten ihre eigenen Wahrheiten, und ich versuchte, ihnen Informationen über den jeweils anderen vorzuenthalten, sofern dies nicht absolut notwendig war oder sie etwas selbst herausgefunden hatten.«

Joanna sagte mit kaum verhüllter Traurigkeit: »Mein ganzes Leben ist für meinen Vater ein Geheimnis.«

Andere Kinder Geschiedener erinnern sich, daß sie einem Elternteil gegenüber stets auf der Hut gewesen waren. Daniel berichtete, daß seine Mutter ihn vielsagend vor seinen Vater gewarnt hatte und daß ihm später klargeworden sei, daß diese Warnungen jeder Grundlage entbehrt hatten, was aber nichts daran änderte, daß er sich ihretwegen in Gegenwart seines Vaters gehemmt gefühlt hatte. Er erklärte: »Als sie sich trennten, sagte meine Mutter: ›Paß auf mit deinem Vater‹, mehr nicht. Deshalb fragte ich sie: ›Was meinst du damit?‹ Und sie antwortete: ›Ich fürchte, daß er versuchen wird, dich einer Gehirnwäsche zu unterziehen und dir Dinge über mich zu erzählen, die nicht stimmen.‹« Daniel schaute einen Augenblick aus dem Fenster und fuhr dann fort: »Ich kann Ihnen versichern, daß ich meinem Vater lange überhaupt nicht vertraut habe, weil ich annahm, daß die Sicht meiner Mutter zuträfe. Ich halte mich für einen ehrlichen Menschen, aber wenn mein Vater mir eine etwas heiklere Frage stellte, reagierte ich darauf jedesmal sehr ausweichend.«

Andere erinnern sich, daß sie ihr Wissen über neue Beziehungen ihrer Eltern zu anderen Partnern nach der Scheidung geheimgehalten hatten. Oft lernten sie die neuen Partner ihrer Eltern anläßlich eines Besuchs bei diesem Elternteil kennen. Stephen sagte: »Ich weiß noch genau, wie mein Vater meine spätere Stiefmutter kennenlernte. Er stellte mich ihr vor, und ich kam sehr gut mir ihr aus, aber meiner Mutter habe ich nie etwas darüber erzählt. Ein paar Wochen später erfuhr meine Mutter von der neuen Beziehung, und sie war sehr aufgebracht, als sie merkte, daß ich darüber Bescheid gewußt und ihr nichts davon gesagt hatte.« Er rollte die Augen und fuhr fort: »Ich hatte das Gefühl, schon wieder voll in einen Schlamassel hineingeraten zu sein.«

Wieder andere berichteten, in der einen elterlichen Welt habe ein geradezu unheimliches Schweigen über die andere geherrscht. Alicia klang verwundert, als sie sagte: »Es gab zwar keine Geheimnisse, aber ich weiß nicht, wie gut meine Eltern einander über ihre private Situation auf dem Laufenden hielten. Über diese Dinge redeten sie praktisch nicht miteinander. Sie sagten: ›Meine Sache ist meine Sache, und deine Sache ist deine. Unsere einzige Gemeinsamkeit sind unsere Kinder.‹«

Zur Wahrung von Geheimnissen aufgefordert zu werden oder es selbst für erforderlich zu halten, Geheimnisse zu wahren, war für die meisten jungen Erwachsenen aus intakten Familien unvorstellbar. Natürlich gibt es auch in intakten Familien mit großen Problemen schädlich wirkende Geheimnisse. Ein junger Mann aus einer intakten Familie, dessen Vater Alkoholiker war, sagte unumwunden: »Wenn sich mein Vater in meiner Kindheit und Jugend betrank, hatte ich keinerlei Interesse daran, meiner Mutter zu erzählen, daß er einmal wieder einen gehoben hatte, weil sie sonst auf der Stelle einen Wutanfall bekommen hätte.«

Andere aus intakten Familien Stammende sagten, es habe zwar ein paar Geheimnisse gegeben, aber diese seien meist harmlos gewesen – und merkwürdigerweise war es dabei häufig um die Ausgaben der Mutter beim Einkaufen gegangen. Eine Frau sagte: »Es waren meist relativ unwichtige Dinge. ›Sag deinem Vater nicht, daß ich dieses Paar Schuhe gekauft habe.‹ Im übrigen waren sie immer viel zusammen, und keiner von ihnen mußte aus beruflichen Gründen reisen. Deshalb glaube ich nicht, daß es zwischen ihnen Geheimnisse gab.«

Eine andere Frau sagte leichthin: »Ja, das Einkaufen. Wenn ich mit meiner Mutter einkaufen ging, sagte sie: ›Erzähl das deinem Vater nicht‹ oder: ›Sag deinem Vater nicht, daß du Geld brauchst. Ruf’ mich dann einfach an.‹ Wichtigere Geheimnisse gab es nicht.«

Andere junge Erwachsene aus intakten Familien sagten, sie hätten nicht geheimgehalten und keine Informationen über den anderen Elternteil verheimlicht. Sie erklärten beispielsweise: »Nein, sie haben nie über ihre Privatangelegenheiten gesprochen« oder »Sie sind ihre eigenen Wege gegangen.« Doch einige der Befragten grinsten breit und gaben zu, daß *sie selbst* in ihrer Kindheit und Jugend viele Geheimnisse gehabt hätten. Interessant ist, daß keiner der Untersuchungsteilnehmer, die aus einer durch Scheidung getrennten Familie stammten, diese Frage benutzt hat, um über eigene Geheimnisse in der Zeit der Kindheit und Jugend zu sprechen, und ebensowenig entlockte die Frage auch nur einem einzigen von ihnen ein Lächeln.

Geheime Welten

Obwohl wir als Kinder geschiedener Eltern mit vielen Geheimnissen fertig werden mußten, wußten wir nicht unbedingt mehr über unsere Eltern als Kinder aus intakten Familien. Ganz im Gegenteil. Nur wenigen, die unsere Situation nicht aus eigener Erfahrung kennen, ist klar, daß wir immer dann, wenn wir am Leben der einen unserer beiden Familien teilnahmen, das Leben in der anderen Familie vermißten. Oft haben wir von bestimmten Ereignissen erst bei unserem nächsten Besuch bei diesem Teil unserer Familie erfahren – wenn überhaupt jemals. Nicht nur unser eigenes Leben im anderen Teil unserer Familie mußten wir unserem anderen Elternteil gegenüber oft geheimhalten, sondern unsere Eltern hielten manchmal außerdem ihr ganzes Privatleben und ihre gesamte eigene Welt vor uns geheim.

Angelas Mutter und Vater zogen während der Kindheit und Jugend ihrer Tochter beide mehrmals um. Sie organisierten diese Umzüge immer so, daß Angela in dieser Zeit gerade beim anderen Elternteil war. Für Angela war es sehr verwirrend, bei ihrem nächsten Besuch in eine völlig neue Situation zu kommen – in ein neues Haus, ein neues Wohnviertel, eine neue Schule und dergleichen mehr. »Es war für mich sehr beängstigend, in das neue Haus zu kommen, das ich noch nie gesehen hatte, das aber schon eingerichtet war«, sagte sie leise. »Man fühlte sich in solchen Situationen eine Zeitlang wie zu Besuch. … Ich wußte nicht, wo was aufbewahrt wurde, und ich kannte den Weg zur Schule nicht.«

Katy lachte und berichtete in einem etwas zynischeren Ton, als Teenager habe sie bei jeder sich bietenden Gelegenheit als eine Art Standardwitz erzählt, jedesmal wenn sie ihren Vater besuche, habe dieser »ein neues Auto, ein neues Haus oder eine neue Frau.«

Ein junger Mann aus einer durch Scheidung getrennten Familie erinnerte sich, daß er als Teenager schockiert und verletzt gewesen sei, weil man ihm erst Monate später mitgeteilt hatte, daß sein Vater, dem er sich sehr verbunden fühlte, wegen einer schweren Herzerkrankung in einem Krankenhaus behandelt worden war.

In einer intakten Familie hätte ein Kind gewußt, daß seine Familie umzieht oder daß sein Vater im Krankenhaus ist oder daß seine Eltern ein neues Auto gekauft haben, einfach weil es dabeigewesen wäre und am Geschehen teilgenommen hätte. In einer getrennten Familie nimmt das Leben der beiden geschiedenen Eltern seinen Lauf, während das Kind natürlich immer nur an einem der beiden Orte, an denen die Eltern wohnen, sein kann. Obgleich wir manchmal mehr Informationen erhalten haben als Kinder aus intakten Familien – insbesondere heikle oder geheime und potentiell explosive Informationen –, wußten wir in anderen Fällen wesentlich weniger.

Dieses Mittragen von Geheimnissen in unserer Familie hat unsere langfristige Beziehung zu unseren Eltern dauerhaft beeinflußt. Gemeinsame Erlebnisse werden zu den Erinnerungen, an die Familien anknüpfen, wenn sie in späteren Jahren zusammenkommen. Wenn eine intakte Familie sich zum Essen an einem großen Tisch versammelt, kommen Geschichten zur Sprache, in denen es beispielsweise darum geht, wie Johnny nach dem Umzug in das neue Haus Angst vor dem Keller hatte, wie Janie die Farbe des ersten neuen Autos der Familie auswählte und wie beängstigend es für alle war, als der Vater im Krankenhaus lag.

So wie wohl bei allen Kindern geschiedener Eltern waren auch bei mir die Erinnerungen, ebenso wie meine gesamte Kindheit, in zwei Teile gespalten. Von Menschen, die aus geschiedenen Familien stammen, hört man häufig, daß zumindest dem einen Elternteil und oft auch beiden das, was im Lebens des anderen Elternteils vor sich ging, nicht klar gewesen sei. Ashley erzählte: »Ich glaube nicht, daß mein Vater weiß, wie einsam wir uns gefühlt haben, wenn wir bei unserer Mutter waren. Meine Großmutter starb, als ich zwölf Jahre alt war, und danach war meine Mutter sehr oft nicht zu Hause, und wir mußten mehr oder weniger allein zurechtkommen.«

Samantha runzelte die Stirn, als sie sagte: »Mein Vater wußte nicht, wie es für mich war, mit meinem Stiefvater zusammenzuleben. Er weiß nichts darüber, wie es dort zuging.« Dann zuckte sie die Achseln und fuhr fort: »Und meine Mutter hatte die Haltung: ›Sie besuchen halt ihren Vater. Sie fahren zum Camping mit ihm oder was weiß ich, und dann kommen sie wieder zurück.‹«

Allison berichtete: »Ich glaube nicht, daß sie viel darüber wußten, was im jeweils anderen Teil meiner Familie vor sich ging. Sie nahmen an, daß ich dort das tat, was Kinder eben so tun. Über mein Leben beim anderen Elternteil wurde nie gesprochen.«

Alicia sagte: »Wenn ich von einem Wochenende bei meinem Vater zurückkam, fragte meine Mutter gewöhnlich: ›Na, was habt ihr denn gemacht? War es schön?‹ Und ich antwortete: ›Ach, wir haben Pizza gegessen oder da-da-da-da.‹ Ich glaube nicht, daß sie wußten, was der andere Elternteil mit uns unternahm. Und nachdem sie erneut geheiratet hatten, waren sie fast nur noch mit ihrem eigenen Leben beschäftigt.«

Einige sagten, ihre Eltern hätten ärgerlicherweise an ihren unzutreffenden Ansichten über das Zusammenleben ihrer Kinder mit dem anderen Elternteil festgehalten. Daniel erklärte: »Ich glaube, sie wissen ganz gut, wie es in unserem Leben aussieht, aber meine Mutter glaubte, wenn ich meinen Vater besuchte, hätte ich mich immer gut amüsiert. Aber so war es nicht.«

Joanna berichtete frustriert: »Mein Vater glaubt, unsere Mutter hätte uns einer Gehirnwäsche unterzogen. Aber meine Mutter hat immer gesagt: ›Mir ist egal, was ihr denkt. Ich will nicht hören, daß ihr schlecht über euren Vater redet.‹ Deshalb werde ich sehr ärgerlich, wenn er solche Dinge sagt.«

Viele berichteten auch, bei den Gesprächen, die sie nun als Erwachsene mit ihren Eltern führten, seien sie neugierig zu hören, was sich Jahre zuvor im Haushalt des anderen Elternteils tatsächlich abgespielt hatte, und sie würden durch das, was sie zu hören bekämen, oft sehr überrascht. Rochelle erklärte grinsend: »Meine Mutter weiß nichts über mein Leben bei meinem Vater. Und ich glaube, einige Dinge, die ich ihr darüber erzählt habe, haben sie ziemlich schockiert.«

Chamäleons

Weil die Fähigkeit von Kindern, Fakten richtig darzustellen, beschränkt ist, ist es für sie besonders schwierig, Geheimnisse für sich zu behalten. Wie haben wir es geschafft, die beiden Welten unserer Eltern voneinander getrennt zu halten und immer daran zu denken, welche Informationen wir einem Elternteil mitteilen konnten und welche nicht? Einige von uns haben dieses Problem gelöst, indem sie bei jedem Elternteil zu einer anderen Person wurden.

Professor Glenn und ich waren verblüfft, als wir feststellten, daß die Kinder geschiedener Eltern in unserer Studie mehr als doppelt so häufig der Aussage »Ich fühlte mich meinen beiden Eltern gegenüber jeweils wie ein anderer Mensch« [9] zustimmten als Befragte aus intakten Familien. Fast die Hälfte der Untersuchungsteilnehmer aus durch Scheidung getrennten Familien hatte solche Empfindungen. Auch in diesem Fall wirkt sich eine »gute Scheidung« besser aus als eine »schlechte«, aber auch im günstigeren Fall ist die Wahrscheinlichkeit immer noch mehr als doppelt so hoch wie im Falle einer glücklichen Ehe, daß die Kinder sich bei jedem Elternteil wie eine andere Person fühlen, und sie ist auch immer noch etwas höher als bei einer unglücklichen, aber relativ konfliktarmen Ehe.

Jen Robinson, eine junge Dichterin der *Generation Ex*, schreibt Aufschlußreiches darüber, wie es sich auf die Dauer auswirkt, wenn Kinder sich bei ihren beiden Eltern jeweils wie eine andere Person fühlen. »[Die Scheidung] sollte auf mich keinerlei Einfluß haben; meinen Eltern gelang eine ›gute Scheidung‹. Sie redeten noch miteinander und wollten sich beide weiterhin aktiv um ihre elterlichen Aufgaben kümmern. ... Alles lief ganz gut. – Natürlich stimmte das nicht so ganz.«

Eine Auswirkung der Scheidung ihrer Eltern, so schreibt Robinson,[50] machte sich bemerkbar, als für sie die College-Zeit begann: »Ich fand leicht Freunde, aber sie verkehrten immer in stark voneinander abgegrenzten Gruppen, zwischen denen nur selten Kontakt entstand. Trat dies ein, fühlte ich mich innerlich unter Druck, es beiden Gruppen recht zu machen und gleichzeitig die Interaktion zwischen ihnen zu beeinflussen. ... Manchmal wurden solche Situationen unerträglich, und das Ergebnis war, daß ich die eine Gruppe meiner Freunde verwirrte und wütend machte, indem ich sie völlig ignorierte. Irgendwann wurde mir klar, daß ich mich reintegrieren mußte – daß ich gegenüber allen, die mich kannten, zu jenem Ganzen werden mußte, das ich war.«[51]

Robinsons Bericht darüber, wie sie sich, um sich zu heilen, mit den Spaltungen in ihrem Inneren auseinandersetzen mußte, indem sie sich bemühte, gegenüber allen Menschen in ihrer Umgebung »das Ganze zu sein«, das sie war, wird vielen aus durch Scheidung getrennten Familien stammenden Erwachsenen wohlvertraut sein. Wenn diese zu erklären versuchen, wie sie sich an die Welten ihrer beiden Eltern anpaßten, beschreiben sie sich manchmal als »Chamäleon« oder als »Schauspieler«. Allisons Augen weiteten sich, als sie mir berichtete: »Kinder geschiedener Eltern sind die perfektesten Chamäleons auf unserem Planeten. Durch die Umstände, unter denen man lebt, wird man gezwungen, für alle Menschen alles zu sein. Mein Mann sagt zu mir: ›Du bist eine Spitzenschauspielerin, weil du alles darstellen kannst, was du in jeder beliebigen Situation verkörpern mußt.‹ Das gleiche beobachte ich bei einer Freundin, deren Eltern auch geschieden sind. Wir können in jeder Situation das Verhalten der Person, mit der wir gerade zusammen sind, problemlos spiegeln, und diese Person denkt dann, daß wir ihr ähnlich sind. Wir können das, weil wir es schon als Kinder getan haben. Wir beherrschten dieses Spiel schon damals.«

Kimberly beschrieb ein ähnliches Phänomen. »Ich wußte schon sehr früh, wie meine Eltern waren. Für mich war das völlig klar – ›So ist Mami, so ist Papi. Und so mußt du mit ihnen umgehen.‹« Sie hielt inne und erklärte: »Ich weiß nicht, *wie* ich das herausgefunden habe; ich nehme an, daß ich es einfach durch zunehmende Erfahrung in der Praxis gelernt habe. Wir lebten bei meiner Mutter und besuchten unseren Vater jedes Jahr den ganzen Juli über. Deshalb hatten wir reichlich Zeit, die Persönlichkeiten dieser beiden Menschen zu verstehen – wie sie tickten, worüber sie lachten und was ihnen nicht gefiel. Über diese Dinge denkt man als Kind ständig nach.«

Auch Daniel hatte das Bedürfnis gehabt, sich an die beiden Welten seiner Eltern anzupassen; aber er hatte sich auch gesorgt, daß eine zu starke Ähnlichkeit mit dem einen Elternteil seine Fähigkeit, sich der Welt des anderen anzupassen, beeinträchtigen könnte. Er sagte: »Manchmal dachte ich: ›Ich bin genau wie mein Vater‹, und in anderen Fällen dachte ich: »Ich bin genau wie meine Mutter.‹ Und das machte mir Sorgen. Aber generell kann ich eigentlich nicht von mir sagen, daß ich dem einen oder der anderen ähnlicher bin.«

Ich fragte ihn: »Meinen Sie, daß Sie versucht haben, zwischen den beiden Einflüssen eine Balance herzustellen?«

Er nickte und antwortete: »Ja, ich bin mir dessen sehr bewußt, und ich habe daran gearbeitet. Bei mir schrillt eine Alarmglocke, wenn ich meiner Mutter oder meinem Vater zu ähnlich werde.«

Auch bei Rochelle klang es, als sei sie ein Chamäleon, als sie über ihre beiden Familien sagte: »Ich glaube, daß ich mich zwischen ihren beiden Welten ziemlich problemlos hin- und herbewegen kann.«

Jason fand auf das Bild des Chamäleons sehr treffend. »Genau das ist es! Dieser Vergleich ist phantastisch! Ich bin nämlich der Meinung, daß viele Kinder Geschiedener ihre Gefühle unterdrücken. … Sie tragen je nach Situation verschiedene Hüte. Ihr Handeln ist nicht besonders konsistent.«

Chamäleons verändern ihre Hautfarbe, um sich an eine neuartige Umgebung anzupassen. Hingegen müssen Kinder geschiedener Eltern Veränderungen zustande bringen, die bis in ihr innerstes Zentrum reichen. Stephens Geschichte ist ein besonders eindrucksvolles Beispiel hierfür.

Stephen ist mittlerweile 27 Jahre alt und Camp-Director. Er war zwölf Jahre alt, als seine Eltern sich scheiden ließen. Als er in den Raum trat, fiel mir sofort sein gutes Aussehen auf – seine muskulösen Schultern, sein lockiges Haar und seine dunklen Augen. Er wirkte sehr selbstsicher. Doch bei der Begrüßung schüttelte er mir etwas zu schnell und zu übereifrig die Hand. Als wir uns hinsetzten, wirkte er angespannt. Es war, als hielte er den Atem an, während wir miteinander redeten, und er begann die meisten Sätze mehrmals und fand erst nach diesen mehrfachen Anläufen die Worte, die er brauchte, um sie zu beenden.

Daß seine Eltern sich scheiden lassen wollten, wurde Stephen klar, weil seine Mutter so oft entsprechende Andeutungen machte, aus denen er sich das Bevorstehende zusammenreimen konnte. Bis zu diesem Zeitpunkt hatte er keinerlei Anzeichen dafür erkannt, daß es in der Ehe seiner Eltern Probleme gab. »Mir ist nie etwas Ungewöhnliches aufgefallen.« Obwohl nie jemand ausführlicher darüber redete, erfuhr er später, daß es letztendlich deshalb zur Scheidung gekommen war, weil seine Mutter sich unglücklich gefühlt hatte.

Nach der Scheidung seiner Eltern blieben Stephen und seinen Schwestern viele der starken Veränderungen erspart, mit denen Kinder in solchen Fällen häufig fertig werden müssen. Sein Vater zog in eine Wohnung in der Nähe, und er und seine Schwestern wohnten weiterhin bei ihrer Mutter, die in dem Haus blieb, in dem die Familie vor der Scheidung gewohnt hatte. Er konnte fast jedes Wochenende zu seinem Vater, und wenn er etwas mit Freunden unternehmen wollte, war das auch kein Problem. Seine Mutter zog nie um, und Stephen konnte in der gleichen Schule bleiben und weiter in der Nähe seiner besten Freunde und seiner Großeltern wohnen. Beide Eltern heirateten innerhalb weniger Jahre erneut, doch gingen aus diesen Zweitehen keine weiteren Kinder hervor. Abgesehen von anfänglichen Reibereien mit seinem Stiefvater kam Stephen mit seinen Stiefeltern gut aus. Seine beiden Eltern ließen sich nicht mehr scheiden, und heute sieht er alle vier – seine beiden leiblichen Eltern und deren neue Partner – als seine Eltern an. Falls jemals ein Kind wirklich eine »gute Scheidung« erlebt hat, dann gilt das für Stephen.

Doch obwohl Stephen bei der Neustrukturierung des Lebens seiner Familie nur mit relativ geringen Verlusten fertig werden mußte, entstanden auch für ihn durch die Trennung seiner Eltern zwei neue Welten – Welten, in denen Spaltungen und Geheimnisse wichtige Rollen spielten. Das erste wichtige Geheimnis hatte seine Mutter ihm anvertraut, und Stephen hatte es vor seinen Schwestern und seinem Vater geheimgehalten – daß sie sich von seinem Vater scheiden lassen wollte. Das nächste wichtige Geheimnis wurde offenbart, als sich seine Eltern eines Abends mit ihren drei Kindern zusammensetzten und sie über die bevorstehende Scheidung informierten. Stephens Vater hatte oft »Überstunden gemacht«. Doch nun klärten die Eltern ihre Kinder darüber auf, daß er an diesen Abenden nach einer neuen Wohnung gesucht und die Grundlagen für ein neues Leben zu schaffen versucht hatte. Am Abend dieses Gesprächs ging der Vater in die neue Wohnung. Dies war für Stephen ein ziemlicher Schock, und ebenso schockierte ihn, daß »die einzige Familiensituation, die ich bisher gekannt hatte, sich radikal veränderte.«

Von diesem Zeitpunkt ab wurde die Spaltung zwischen den beiden Welten immer größer. Schon sehr bald empfand Stephen einen subtilen Druck, sich mit der Sicht seiner Mutter zu identifizieren. Diese wollte nicht, daß er und seine Schwestern über ihren Vater schlecht redeten, doch sie *wollte* ihren Kindern offenbar ihre Auffassung nahebringen, daß sie völlig im Recht gewesen sei, als sie die Scheidung eingeleitet hatte, und daß sie auch bei ihren Konflikten mit dem Vater wegen Geld richtig liege. Da Stephen jedoch glaubte, er müsse seinen Vater verteidigen, hatte er zu Beginn seiner Teenagerjahre oft mit seiner Mutter Streit gehabt. Gleichzeitig hatte er auch das Bedürfnis, er müsse seine Mutter schützen. Als sein Vater eine Beziehung zu der Frau knüpfte, die er später heiratete, beschloß er, seiner Mutter nichts davon zu erzählen, weil er fürchtete, sie würde sich dann verletzt fühlen. Einige Wochen später informierte eine Freundin, die sie im Supermarkt getroffen hatte, sie über die neue Entwicklung. Die Folge war, daß sie auf Stephen wütend wurde, weil dieser ihr nichts davon gesagt hatte. In dieser Situation und in vielen anderen hatte Stephen das Gefühl, zwischen seinen Eltern und ihren unterschiedlichen Bedürfnissen festzusitzen.

Als besonders verblüffend empfand ich während meines Gesprächs mit Stephen, daß er offenbar unbewußt auf viele meiner Fragen antwortete, indem er einmal über seine »rationale« und ein anderes Mal über seine »emotionale« Seite sprach. Was er zuerst sagte, spiegelte gewöhnlich seine wahren Gefühle. Anschließend fügte er, wie um sich zu entschuldigen, hinzu, dieses Gefühl sei nicht »rational«, sondern »emotional«, und er deutete seine Aussage so um, daß daraus hervorging, was nach seiner Meinung die »rationale« Reaktion beinhaltet hätte.

Als er über seine Konflikte mit seiner Mutter als Teenager sprach, erklärte er zunächst freimütig: »Vielleicht ist *wütend* das richtige Wort. Ich glaube, ich habe es meiner Mutter damals übel genommen, daß sie nicht mit meinem Vater zusammengeblieben ist. Und ich glaube, ich bin ihr deshalb immer noch böse.« Dann fuhr er sehr langsam und vorsichtig zu reden fort: »Wissen Sie, das ist nicht rational. Damals war mir klar, daß die Trennung letztendlich für alle Beteiligten das Beste war. Aber ich glaube, ich habe ihr übel genommen, daß sie die Scheidung in die Wege geleitet hat. Wenn sie das nicht getan hätte, wären meine Eltern wahrscheinlich noch einige Zeit zusammen geblieben. Vielleicht wären sie sogar heute noch zusammen.« Im weiteren Verlauf des Gesprächs kamen die Gefühle zum Vorschein, die Stephen als Kind gehabt hatte: »Das könnte teilweise der Grund für meinen Groll auf sie gewesen sein – daß ich in der Situation, wie sie vorher war, glücklich gewesen bin. Wir waren eine normale Familie, zumindest aus meiner Sicht, und jetzt ist das nicht mehr so.«

Dann veränderte er seine Sitzhaltung und ging wieder dazu über, seine Mutter zu verteidigen: »Ein Teil von mir hatte das Gefühl, daß sie recht hatte, und ein anderer, großer Teil von mir wollte sich und insbesondere ihr das nicht eingestehen.«

Ich wartete einen Augenblick und fragte dann: »Hielt irgendein Teil von Ihnen es für falsch, daß Ihre Mutter Ihren Vater verlassen hat?«

Er dachte einen Moment lang nach und antwortete dann: »Ja, ich glaube, das hat die emotionale Seite von mir gedacht … und wahrscheinlich habe ich deshalb angefangen, ihr Vorwürfe zu machen. Während meine rationale Seite sich die Situation anschauen und sagen konnte: ›Das ist das Beste für sie und wahrscheinlich auch für die Familie‹, wollte eine andere Seite von mir unbedingt, daß unsere Familie zusammenblieb, und diese Seite war wütend auf meine Mutter.« Später schüttelte Stephen den Kopf und erklärte, infolge der Scheidung neige er zu Extremhaltungen. »In bestimmter Hinsicht ist mein Leben sehr rational und in anderer Hinsicht sehr irrational.«

Das machte mich sehr neugierig, und ich fragte ihn: »Was bedeutet *rational* für Sie?«

Er erklärte: »Daß ich mir eine Situation objektiv anschaue und sie verstehe. … Emotional zu sein bedeutet für mich, daß ich eine Situation, die mich aufregt, wesentlich schlimmer darstelle, als sie tatsächlich ist. Ich reagiere in diesem Zustand extremer, als wenn ich mir die Situation rational anschaue.«

Als ich später über dieses Gespräch nachdachte, schien es mir, als seien Stephens Versuche, sich Dinge »rational« anzuschauen, etwas verzweifelte, aber mittlerweile auch zur Gewohnheit gewordene Versuche, die beiden gegensätzlichen Welten, mit denen er seit der Scheidung seiner Eltern fertig werden mußte, zu verstehen und in einem gewissen Maße miteinander in Einklang zu bringen, selbst wenn er bei dem Versuch, diese beiden Welten miteinander zu versöhnen, seine eigenen Gefühle ignorieren mußte. Auch heute noch machen sich seine tieferen, authentischen Gefühle gelegentlich bemerkbar. Doch offenbar hat irgend jemand ihm gesagt – oder er selbst ist zu dieser Überzeugung gelangt –, daß diese tieferen Gefühle Überreaktionen oder Extremsichtweisen seien – also keine angemessenen Reaktionen auf eine beunruhigende Situation und sicher nicht rational.

Diese innere Spaltung wurde im Laufe unserer Gespräche immer wieder sichtbar. Als ich Stephen fragte, wie er sich gefühlt habe, wenn seine beiden Eltern nach der Scheidung zusammen in einem Raum gewesen seien, antwortete er: »Wenn ich mir aus rationaler Perspektive den positiven Aspekt anschaue, denke ich, daß ich mich ziemlich glücklich schätzen kann, verglichen mit den meisten anderen Kindern Geschiedener, weil meine Eltern dazu in der Lage sind.«

Nachdem er eine Zeitlang über seine positiven Gefühle gesprochen hatte, fragte ich ihn: »Empfinden Sie noch irgend etwas anderes?«

Darauf antwortete er: »Ich erinnere mich daran, daß es mich ziemlich gestreßt hat, als wir nach meinem College-Abschluß einmal alle zusammen zum Essen ausgingen.« Wenn seine Eltern zusammen sind, so sagte er, »fühle ich mich, als müsse ich dafür sorgen, daß es allen gut gehe – als müßte ich alle glücklich machen.« Später im Laufe des Gesprächs antwortete er auf meine Frage, wie er mit seinen Stiefeltern auskomme: »Ich komme mit beiden sehr gut aus. Und ich möchte noch einmal darauf hinweisen, daß dies die rationale Sicht der Dinge ist: daß meine Eltern jetzt zwar nicht mehr zusammen, aber viel glücklicher sind.»

Vielleicht sind Stephens Eltern jetzt tatsächlich glücklicher, als wenn sie zusammen geblieben wären. Aber das ist *ihre* Wahrheit. Während Stephen mir über sein Leben berichtete, schien es ihm schwerzufallen oder sogar unmöglich zu sein, zu *seiner* Wahrheit

zu stehen und sie für sich sprechen zu lassen – daß die Scheidung seiner Eltern ihn völlig
fertig gemacht hatte, daß er seiner Mutter vorwarf, die Veränderung verschuldet zu haben,
und daß er sich danach gesehnt hatte, daß seine Eltern weiter zusammen blieben. Statt
dessen sprach er über sich, als sei er zwei Personen gleichzeitig: der rationale Stephen,
der sich verzweifelt bemühte, seine beiden Welten in Einklang zu bringen, indem er die
Erklärungsansätze seiner beiden Eltern – aber insbesondere den seiner Mutter mit dem
seines Vaters – in Einklang zu bringen versuchte; und der emotionale Stephen, der seinen Vater verteidigte und der über die Richtung, in die sich seine Familie entwickelt hatte,
zutiefst unglücklich war und ist. Auch bei Gesprächen mit anderen jungen Erwachsenen,
die aus durch Scheidung getrennten Familien stammten, hörte ich oft, daß die Betreffenden sich innerlich wie völlig unterschiedliche Menschen fühlten; doch Stephen beschrieb
den inneren Konflikt, in dem er sich befand, weil er versuchte, mit den unterschiedlichen
Welten seiner beiden Eltern zurechtzukommen, besonders anschaulich und in vielen, teilweise sehr schmerzhaften Einzelheiten.

Was ist wahr?

Durch das Bemühen, mit Geheimnissen fertig zu werden, entsteht für Kinder geschiedener Eltern ein zentrales moralisches Dilemma. Auf die eine oder andere Weise wurden
wir als Kinder und als junge Erwachsene mit der Frage »Was ist wahr?« konfrontiert.

Aus unserer landesweiten Umfrage ging erstaunlicherweise hervor, daß über die Hälfte
der jungen Erwachsenen aus getrennten Familien die Aussage »Was meine Mutter als die
Wahrheit hinstellte und was mein Vater als wahr bezeichnete, waren oft zwei völlig verschiedene Dinge« [8] bestätigte, wohingegen dies von den jungen Erwachsenen aus intakten Familien nur ein Fünftel tat.

Die Wahrheit wird unter anderem deshalb zu einem zentralen Problem, weil manche
Eltern sich nach einer Scheidung versucht fühlen, ihren Kindern »die Wahrheit« zu ent-
hüllen. Solange Eltern verheiratet sind, prangern sie in der Regel nicht alle Fehler und
Mängel ihrer Partner an, sondern sie kehren diese Dinge eher unter den Teppich und verbergen so die weniger günstigen Aspekte vor den Kindern. Nach einer Scheidung jedoch
haben sie dieses starke Bedürfnis, sich als Einheit darzustellen, nicht mehr, und beide
haben eher ein gewisses Interesse daran, die Mängel des anderen ans Licht zu bringen, um
zu erklären, warum es zur Scheidung gekommen ist, oder um in aktuellen Konflikten mit
dem anderen Elternteil ihre eigenen Ansichten zu stützen.

Tammy sagte über die Scheidung ihrer Eltern: »Ich erfuhr plötzlich alle möglichen
Dinge, von denen ich vorher nichts geahnt hatte.« Unter anderem klärte ihre Mutter sie
über die Affären ihres Vaters auf.

Rochelle sagte: »Meine Mutter hat nie versucht, diese Dinge vor uns geheimzuhalten.

Sie war immer bemüht, uns zum selbständigen Denken zu erziehen und uns die Wahrheit zu sagen«, einschließlich der Wahrheit über ihren Vater.[52]

Melissa erinnerte sich, daß ihr Vater während der Ehe ihrer Eltern Alkoholiker gewesen war und stark getrunken hatte. Sie sagte: »Vor der Scheidung hat unsere Mutter versucht, uns immer rechtzeitig in einen kleinen abgeschlossenen Raum zu verbannen, damit wir von den häßlichen Dingen nichts mitbekämen und perfekte kleine Kinder sein konnten. ... Doch als unsere Familie auseinanderfiel und sie versuchen mußte, alles allein zu regeln, war sie nicht mehr in der Lage, die schöne Fassade zu erhalten. Deshalb merkten wir plötzlich, daß kein Geld auf dem Konto war und wir die Stromrechnung nicht bezahlen konnten.

Eine Familie, die mit Alkoholismus, Untreue oder anderen großen Problemen kämpft, muß sich irgendwann mit der Wahrheit auseinandersetzen, ganz gleich, ob die Eltern zusammenbleiben oder nicht. Doch wenn es zur Scheidung kommt, wird das Kind oft ganz plötzlich mit vielen Informationen konfrontiert, die teilweise sehr beunruhigend wirken. Für die Kinder tritt an die Stelle eines zweifellos schwierigen Lebens, in dem die Mutter versuchte, sie vor den Problemen der Familie abzuschirmen, die Offenbarung, daß der Vater die Familie verlassen hat, daß er Alkoholiker ist und daß das Geld fehlt, um die Stromrechnung zu bezahlen.

Daß Familien sich mit ihren Problemen auseinandersetzen, ist sehr wichtig. Und wenn ihre Probleme besonders schwierig sind, brauchen sie Hilfe. Manchmal führt an der Scheidung der Eltern kein Weg vorbei. Für Kinder ist es trotzdem nicht leicht, mit den plötzlichen Offenbarungen nach einer Scheidung fertig zu werden. Außerdem ist die mutmaßliche »Wahrheit« alles andere als gesichert.

Einige junge Menschen haben gesagt, nach der Scheidung habe ein Elternteil ihnen Informationen über den anderen gegeben, von deren Richtigkeit sie in späteren Jahren nicht mehr überzeugt gewesen seien. Steve berichtete, als er in der achten Klasse gewesen sei, habe sein Vater Kontakt zu seiner Mutter aufgenommen und sie aufgefordert, sein Besuchsrecht auf Reisen in einen anderen Bundesstaat zu erweitern. Er erklärte: »Meine Mutter hatte große Angst, mein Vater könnte versuchen, uns Kinder zu kidnappen. Mit dieser Angst hat sie uns infiziert. Und ich hatte auch immer ein wenig Angst, wenn er uns besuchte. Ich habe mich dann jedesmal gefragt: ›Wird er versuchen, uns zu entführen?‹ Jahre später war Steve schockiert, als er erfuhr, daß sein Vater um die Neuregelung nur gebeten hatte, weil er sich dadurch die Möglichkeit verschaffen wollte, mit seinen Kindern bei seinem Bruder zu wohnen, wenn er von seinem weit entfernten Wohnsitz kam, um seine Kinder zu sehen, statt mit ihnen jedesmal in ein teures Hotel gehen zu müssen. Wenn er diese Möglichkeit gehabt hätte, wären ihm häufigere Besuche möglich gewesen. Steve kommentierte dies deutlich verärgert: »Ich wußte das damals nicht. Meine Mutter und mein Stiefvater hatten mir nur gesagt: ›Er will euch zu seinem Haus mitnehmen können, und wenn ihr erst einmal dort seid, wird er euch nie mehr weglassen.‹ Und das habe ich geglaubt. Schließlich hatte meine Mutter es gesagt, und die hätte mich ja wohl nicht belogen – dachte ich jedenfalls.«

Andere erinnerten sich daran, daß ihre Eltern sie eindeutig irregeführt hatten. Sara sagte: »Mein Vater ging mit uns aus und kaufte uns Dinge, und ich nehme an, daß er sich dadurch bei uns beliebt machen wollte.« Jahre später erfuhr sie zu ihrer Bestürzung: »Er hat nur so getan, als ob er uns etwas geschenkt hätte. In Wirklichkeit hat er das Geld von den Unterhaltszahlungen an meine Mutter abgezogen.«

Manchmal haben Kinder geschiedener Eltern das Gefühl, daß sie die Wahrheit über einen Elternteil gegen die Vorwürfe des anderen oder gegen die von Verwandten verteidigen müßten. Bei Daniel wurden alte Ängste geweckt, als er sich daran erinnerte, wie seine Eltern einander nach ihrer Scheidung beschuldigt hatten: »Sie haben damals Dinge gesagt, die mir wirklich sehr zugesetzt haben. Ich war ständig drauf und dran, mich einzumischen und zu sagen: ›Nein, das stimmt nicht. Mutter hat so etwas nie getan.‹ Oder: ›Nein, das hat Vater nie gesagt.‹ Doch statt irgend etwas zu sagen, habe ich nur ›innerlich geschwitzt‹ und geschwiegen.«

Alex sagte, anläßlich seiner Besuche bei seinem Vater hätten seine Tanten schlecht über seine Mutter geredet und sie für die Probleme verantwortlich gemacht, mit denen sein Vater kämpfte. »Sie sagten, bestimmte Probleme habe meine Mutter verschuldet oder meine Mutter sei böse. … Vielleicht haben sie es nicht genau in diesen Worten gesagt, aber das war immer der Sinn dahinter. Bei mir ging es durch ein Ohr hinein und durch das andere wieder heraus, schon in meinem damaligen Alter. Weil ich während eines großen Teils der Zeit bei meiner Mutter lebte, wußte ich, daß dies einfach nicht zutraf.«

Die Frage, was die Wahrheit ist, spielt in Lebensbeschreibungen von Kindern Geschiedener häufig eine Rolle. In einer kürzlich in der *Oprah Winfrey Show* gesendeten speziellen Episode über Kinder Geschiedener[53] saß ein siebenjähriger Junge zwischen seinen Eltern, die ihn und seinen Bruder offensichtlich liebten und sich um ihre Kinder sorgten. Der Junge schaute Oprah mit weit geöffneten Augen an und sagte: »Mein Vater sagt Wahrheiten. Meine Mutter sagt Wahrheiten. Deshalb weiß ich nicht so recht, was ich denken soll. Ich habe meinem Vater vertraut, und er hat gelogen; und ich habe meiner Mutter vertraut, und sie hat gelogen. Deshalb kann ich keinem von beiden vertrauen.«

Selbst Forschern, die die starke Häufung von Scheidungen akzeptieren, ist aufgefallen, daß geschiedene Eltern unterschiedliche Ansichten darüber haben, was wahr ist. Constance Ahrons schreibt in ihrem Buch *The Good Divorce* (dt.: *Die gute Scheidung*) über die geschiedenen Paare, mit denen sie ihre Untersuchung durchführte:

Wie ich erwartet hatte, tauchten in den beiden Hälften der Geschichte des Ex-Paares [*sic!*] Unterschiede auf; nachdem ihre Namen entfernt worden waren, konnten wir nicht mehr feststellen, wer von ihnen mit wem verheiratet gewesen war. Die Partner äußerten sich sogar unterschiedlich über so grundlegende Fakten wie den Zeitpunkt ihrer Trennung, darüber, wer beschlossen hatte, sich scheiden zu lassen, aus welchen Gründen, wie stark der Vater sich für seine Kinder engagierte, wie hoch die Unterhaltszahlung war und ob sie regelmäßig erfolgte und wieviel Zeit jeder Elternteil tatsächlich mit den Kindern verbrachte.[54]

Wenn geschiedene Paare sich oft nicht einmal über die einfachsten Tatsachen – beispielsweise über den Zeitpunkt ihrer Trennung oder die Höhe der Unterhaltszahlung des Vaters – einig sind, treten in den folgenden Jahren wahrscheinlich auch noch viele andere Meinungsverschiedenheiten zutage.

Ein anderer Forscher stellte fest, daß sogar in Fällen, in denen Paare ihre Eheprobleme sehr ähnlich sehen, ihre Situationsbeschreibungen nach der Scheidung stark voneinander abzuweichen beginnen. Weil eine Scheidung in der Regel mit einem Streit verbunden ist, fühlen sich oft beide Partner dazu veranlaßt, ihre Darstellungen zu revidieren[55] und ihre Expartner negativer und sich selbst positiver darzustellen. Das Kind, das abwechselnd mit beiden Elternteilen zusammen ist, muß deshalb mit zwei unterschiedlichen Wahrheiten fertig werden, und es bleibt allein ihm überlassen, welche dieser Wahrheiten es akzeptiert oder ablehnt.

Die meisten geschiedenen Eltern belasten ihre Kinder nicht absichtlich mit Geheimnissen. Ganz im Gegenteil. Obwohl sie diese mehr als doppelt so oft wie verheiratete Paare auffordern, Geheimnisse für sich zu behalten, halten sich die meisten von ihnen an den Expertenrat, ihren Kindern solche Belastungen zu ersparen. Doch wenn man sich die Berichte von Kindern Geschiedener anhört, merkt man, daß durch die Teilung einer Familie neue Strukturen entstehen, durch welche die guten Absichten der Eltern außer Kraft gesetzt werden und fast zwangsläufig eine Tendenz zur Geheimhaltung entsteht.

Als Kinder geschiedener Eltern haben wir uns bemüht, uns an die unterschiedlichen Welten unserer Eltern anzupassen. Wir setzten uns mit ihren unterschiedlichen Wahrheiten auseinander und hielten es für unsere Aufgabe, die Widersprüche zwischen ihnen miteinander in Einklang zu bringen. Für einige von uns war dies so belastend, daß sie ihren Eltern nicht mehr vertrauen konnten. Die Wahrheit wurde zu etwas Dunklem, etwas Verformbarem, zu etwas, das man sogar zum eigenen Vorteil nutzen konnte.

Trotzdem hatte das Aufwachsen in zwei Welten für uns auch einige positive Konsequenzen. Wenn es uns gelang, mit dieser Situation fertig zu werden, erlangten wir dadurch manchmal Fertigkeiten, die uns später als Erwachsenen gute Dienste leisteten – beispielsweise lernten wir, in unterschiedlichen Situationen verschiedene »Hüte« zu tragen, einander widersprechende Informationen gegeneinander abzuwägen und als Diplomat zwischen zwei im Zwist liegenden Ländern zu vermitteln.

Doch selbst für uns »erfolgreiche« Kinder geschiedener Eltern ging viel verloren: das Gefühl, immer die gleiche authentische Person zu sein, mit wem wir auch zusammen

waren. Auch auf jene Fülle an Erinnerungen, die man sammelt, wenn man mit allen Mitgliedern der eigenen Familie zusammenlebt, mußten wir verzichten. Und, was vielleicht
das Wichtigste und Traurigste ist: Wir verloren die unbefangene Sicherheit – ein Gefühl,
auf das jedes Kind ein Anrecht hat –, daß wir unsere Eltern und ihre Bedürfnisse nicht zu
studieren brauchten. Wir hätten uns an harmlosen kindlichen Phantasien erfreuen sollen,
lernten aber, wie ein Kind geschiedener Eltern es einmal formuliert hat, »wie man das
Spiel spielt«.

7

Alte Seelen
in Kinderkörpern

Eine der wichtigsten Erkenntnisse, die wir durch unsere Studie gewannen, war, daß Kinder geschiedener Eltern eine starke Verbindung zum Glauben an Gott haben. Das überraschte mich. Doch als ich darüber nachdachte, wurde mir klar, daß diese Verbindung auch in meinem eigenen Leben zu erkennen war.

Als ich das Alter erreichte, in dem ich aus dem Haushalt meiner Mutter auszog, beschäftigten mich spirituelle Fragen sehr. Meine Eltern hatten sich in der Vergangenheit zu verschiedenen Zeitpunkten in Glaubensgemeinschaften unterschiedlicher Art engagiert. Mein Vater hatte einer Baptistengemeinde angehört, an deren Aktivitäten ich während meiner Besuche bei ihm teilgenommen hatte. Meine Mutter hatte einer Gemeinde der *United Church of Christ* angehört, die mir sehr gefallen hatte. In ihrem Versammlungsraum befand sich ein Lebensbaum aus Rauchglas, es gab eine Sammlung moderner Hymnen, die in einem selbstgemachten Liederbuch zusammengefaßt waren, und der freundliche Priester mit seinem langen wallenden Bart gab jedem Gemeindemitglied ein Namensschild. In der Kirche, die mein Vater besuchte, registrierte der Priester mich und die anderen Kinder nur, wenn er die Gemeindemitglieder nach dem Gottesdienst an der Kirchentür verabschiedete. Hingegen schenkte der Priester in der Gemeinde meiner Mutter (ebenso wie alle übrigen Erwachsenen) den Kindern viel Aufmerksamkeit. Sie sprachen beim gemeinsamen Kaffeetrinken mit uns, bezogen uns in Gruppendiskussionen über soziale Probleme ein und veranstalteten gemeinsame Essen, bei denen wir immer willkommen waren.

Als meine Mutter den Mann kennenlernte, der mein zweiter Stiefvater wurde, und dieser kein Interesse an der Kirche hatte, besuchte sie die kirchlichen Veranstaltungen nicht mehr. Weil die Kirche einige Kilometer von unserem Haus entfernt lag, für mich ein langer Fußweg, nahm ich noch eine Weile jeden Sonntag allein an den Gottesdiensten teil.

Da ich mich dort aber allein etwas verloren fühlte, stellte auch ich die Besuche ein, als ich zwölf Jahre alt war.

Deshalb war es für alle, die mich kannten, eine große Überraschung, als ich drei Jahre später die große Kirche der Pfingstgemeinde, die in der Nähe unseres Hauses lag, zu besuchen anfing. Zuerst ging ich etwas widerwillig zusammen mit meinem damaligen Freund. Ich hatte das Gefühl, von ihm »mitgeschleppt« zu werden, war aber andererseits auch neugierig, welche Ursache sein plötzliches Interesse am christlichen Glauben haben mochte. Er wechselte bald auf ein College, aber ich besuchte die Kirche auch ohne ihn weiter. Ich habe Jahre gebraucht, um herauszufinden, wie sein plötzliches religiöses Interesse entstanden war.

Viele Menschen empfinden die Theologie der Pfingstgemeinde als sehr vielgestaltig und lebensbejahend, und ich respektiere diese Sichtweise. Doch ich persönlich gewann den Eindruck, daß sie destruktiv auf die Seele wirkt. Die einzige Botschaft, die ich hörte, war, daß ich eine Sünderin sei. Vielleicht habe ich deshalb über längere Zeit an den Veranstaltungen dieser Gemeinde teilgenommen. Ich war in meiner Entwicklung als Jugendliche an einen Punkt gekommen, an dem ich anfing, meine zutiefst geteilte Identität und mein Gefühl, keiner Liebe wert zu sein, zu erkennen. Das Bemühen um Selbstverleugnung erschien mir in dieser Situation als das genau richtige Ziel, wenn nicht sogar als die einzige Möglichkeit, die ich hatte. Allerdings hatte ich das Gefühl, daß die Botschaft der Erlösung, die ich hörte, für jemand anderen bestimmt sei – vielleicht für denjenigen, der vor mir auf der Kirchenbank saß.

Die gesamte Erfahrung mit dieser Kirchengemeinde wirkte zutiefst isolierend. Ich fand nie Freunde unter den Gemeindemitgliedern. Ich wurde nie eingeladen, an Treffen kleinerer Gruppen teilzunehmen, und ich wußte nicht einmal, daß solche Zirkel existierten. Ich habe auch nie ein Gespräch mit einem Priester geführt. Mein Versuch, in dieser Gemeinde heimisch zu werden, war ein Fehlschlag auf der ganzen Linie. Allerdings muß ich zugeben, daß mir nie der Gedanke gekommen ist, von mir aus Kontakt zu irgend jemandem aufzunehmen. Ich saß allein da und saugte wie ein Schwamm die Botschaft auf, daß ich unwürdig sei und daß die Dinge, die mir Freude machten – Filme anschauen, Romane lesen, mit meinem Freund ausgehen –, schreckliche Sünden seien. Ich konnte zwar versuchen, diesen furchterregenden Gott zu bitten, in mein Herz zu kommen, aber wahrscheinlich würde ich für ihn niemals gut genug sein.

Während ich jene Kirche besuchte, schrieb ich kein Tagebuch mehr und las auch nichts mehr außer der Bibel und meinen Schulbüchern. Meine Freunde distanzierten sich großtenteils von mir, weil sie nicht verstanden, weshalb ich plötzlich ein so verdrießlicher und freudloser Mensch geworden war. Mein Freund ging immer noch mit mir aus, aber da er ein weit entferntes College besuchte, sahen wir uns nicht oft. Meine Mutter war beunruhigt über meine Veränderung und untersagte mir, die Kirche zu besuchen. Ich ging aber trotzdem hin, und sie wußte nicht, was sie dagegen tun sollte. Sie versuchte, mit meinem Vater darüber zu reden, doch weil er weit entfernt lebte und nichts von den Auswirkungen mitbekam, antwortete er, wenn ihr größtes Problem sei, daß ihre Tocher im Teenager-Alter eine Kirche besuche, dann sei das für ihn kein Problem.

Hingegen war mein neuer Stiefvater von dem Weg, den ich eingeschlagen hatte, angeekelt. Er mokierte sich über meine christliche Musik: Wenn er ein paar Takte von Amy Grants »El Shaddai« aus meinem Zimmer hörte, wurde er so wütend, daß er dunkelrot anlief. Meine Mutter sagte später, wenn ich angefangen hätte, Drogen zu konsumieren, hätte sie gewußt, wie sie mir hätte helfen können, aber was sie mit einer Tochter anfangen sollte, die plötzlich zu einer fundamentalistischen Christin geworden sei – und dazu auch noch einer sehr unglücklichen –, das sei ihr völlig schleierhaft gewesen.

Rein zufällig hatte ich eine sehr wirksame Methode entdeckt, gegen meine Mutter und ihren neuen Ehemann zu rebellieren – allerdings glaube ich nicht, daß das der Hauptgrund für mein Festhalten an dieser religiösen Orientierung war. Vielmehr nehme ich an, daß ich es aus dem gleichen Grund getan habe, aus dem einige junge Frauen an der Schwelle zum Erwachsenenalter Anorexie oder Bulimie entwickeln: Sie wollen die Kontrolle über ihren Körper erlangen und ihre Gefühle betäuben. Ich kämpfte zwar auch mit Problemen, die mit meinem Körperbild zusammenhingen, doch am stärksten plagte mich das Gefühl der Wertlosigkeit meiner Seele.

Dies war eine schreckliche Zeit in meinem Leben, aber glücklicherweise eine relativ kurze: Sie dauerte knapp zwei Jahre. Ein positiver Nebeneffekt dieser Entwicklung, und wahrscheinlich der einzige, war die erstaunliche Verbesserung meiner Schulzensuren – außer dem Lesen der Bibel und der Erledigung meiner Hausaufgaben hatte ich einfach kaum etwas zu tun. Ich hatte seit Jahren an Honors-Classes [Spezialkursen] teilgenommen und war in einigen Fächern gerade so durchgekommen, aber ich hatte auf meinen Zeugnissen in einigen Fächern auch regelmäßig Dreien und Vieren gehabt, seit ich zehn Jahre alt gewesen war, und zwar hauptsächlich, weil ich es notorisch versäumt hatte, meine Hausaufgaben zu erledigen, mich auf Prüfungen vorzubereiten und Hausarbeiten rechtzeitig abzugeben. Da der Zeitpunkt des Wechsels aufs College näherrückte, kam meine »Bekehrung« keinen Augenblick zu früh. Aufgrund der ausgezeichneten Zensuren, die ich mir einige Jahre lang sicherte, und weil meine Mutter in der Fakultät der *Medical School* einer guten Universität beschäftigt war, konnte ich die High-school ein Jahr früher verlassen und mich kurz vor meinem siebzehnten Geburtstag als Freshman an einem College einschreiben.

Als ich aufs College ging, verließ ich die Kirche, beendete die Beziehung zu meinem Freund und lief dann in meiner neuen Umgebung einen Monat lang ziemlich verängstigt umher, denn ich fürchtete, mich müsse nun ein Blitz der Vergeltung treffen, weil ich mich von Gott abgewandt hatte. Nach einer Weile gewöhnte ich mich an die neue Situation, fand einen neuen Freund und einen Freundeskreis unter den wenigen »Alternativen«, die das College besuchten. So trat ich den holprigen Weg in das Leben junger Erwachsener an, und ich war hungrig nach fast allen Ideen und Erlebnissen, sofern diese nichts mit Gott zu tun hatten.

Einige Jahre später begann ich in der gleichen Woche, in der ich heiratete, Kurse an der *University of Chicago Divinity School* zu besuchen. Die alten Freunde, die meine Geschichte kannten, waren schockiert. Meine neueren Freunde waren nur verwirrt. Sie hatten nie gehört, daß ich auch nur das geringste Interesse an Religion zum Ausdruck gebracht hatte. Sie wußten nur, daß ich soeben geheiratet und mich für ein Studium angemeldet hatte, das mich auf ein geistliches Amt vorbereiten sollte. Meine Freunde hielten mich für völlig durchgeknallt.

Wie viele Menschen wußten sie nicht, worum es in der *Divinity School* geht. Ich wollte mich mit dem Sinn des Lebens und aller Dinge befassen. Ich wollte die großen Ideen kennenlernen, indem ich etwas über sie las und mit anderen über sie redete – über Liebe, Leiden, Hoffnung und vielleicht sogar über Gott. Ich befand mich damals auf einer Art emotionaler Achterbahnfahrt und in einer intellektuellen Goldgrube. Drei Jahre lang studierte ich Ethik und Theologie sowie frühe jüdische und christliche Geschichte. Einen einjährigen Griechischkurs schloß ich mit Auszeichnung ab. Anschließend arbeitete ich als Praktikantin für das Priesteramt in einer sehr heterogenen Gemeinde im Stadtzentrum von Chicago und mühte mich damit ab, biblische Texte zu deuten und Predigten zu halten, die meinem Anspruch gerecht wurden, daß ich selbst jedes Wort davon glauben müsse.

Ich verbrachte einen mir endlos erscheinenden Sommer als Kaplan in einem großen städtischen Krankenhaus, wo ich Tag für Tag und oft bis spät in die Nacht im Bereitschaftsdienst Leiden und Sterben und die Trauer von Familien miterlebte und außerdem jeden Morgen mit einer kleinen Gruppe anderer angehender Kapläne zusammentraf und mit ihnen gemeinsam versuchte, den Sinn hinter alldem zu finden. Oft begab ich mich in die Einsamkeit des Raums für den Bereitschaftsdienst und weinte: Um die sanftmütige alte Frau, die in stummer Agonie auf der Intensivstation lag und von ihrer Familie nie besucht wurde. Um das vierzehnjährige Mädchen, das eine späte Fehlgeburt gehabt hatte und darum bat, ihr Baby noch einmal sehen zu dürfen, woraufhin ich es zusammen mit einem anderen Kaplan in ein Tuch gehüllt aus der Leichenhalle holte. Und am heftigsten weinte ich in der Nacht, in der ich einem siebenjährigen Jungen, dessen Eltern geschieden waren und der selbst Krebs hatte, mitgeteilt hatte, daß sein noch junger Vater, dem er sehr zugetan war, soeben in der Notaufnahme gestorben war. Ich weinte wegen ihm, wegen meines Bruders und über mich selbst.

Ich fragte mich: »Wo ist Gott in alldem?« Und ich frage mich das heute immer noch. Mit Wut auf Gott habe ich viele Jahre lang gekämpft. Aus einer bestimmten Perspektive betrachtet ist Wut auf Gott keine schlechte Sache. Viele große Propheten und Theologen haben den größten Teil ihres Lebens damit verbracht, ihre Faust gegen Gott zu erheben.

Doch meine Wut hat mich auch von Gott ferngehalten. Nur zu oft stand ich unter dem Einfluß eines trügerischen Gefühls, die Kontrolle über das Geschehen zu haben, indem ich den Tag damit verbrachte, Punkte einer Liste zu erledigen, um meinen Gefühlen zu entgehen.

Obwohl ich mir immer noch unsicher bin, wo ich in Beziehung zu Gott und zur Kirche stehe, gelange ich allmählich zu der Überzeugung, daß im Leiden ein gewisser Sinn zu finden ist – daß die Liebe auf irgendeine Weise überlebt und daß eine hartnäckige Lebenskraft immer wieder aufwallt. Jeden Tag werden Babys geboren – ein unglaubliches Wunder, das direkt vor unseren Augen geschieht und das alle Verluste ausgleicht und sie auf irgendeine Weise überdauert. Vielleicht ist das nicht genug, aber weiter bin ich mit meinen spirituellen Einsichten noch nicht. Und die beste spirituelle Übung, die ich gefunden habe, besteht darin, darüber zu schreiben.

Einsame spirituelle Reisen

Aufgrund der Interviews, die ich für dieses Buch durchführte, wurde mir klar, daß ich mit meinen Erfahrungen nicht allein stand, daß die spirituelle Reise von Kindern Geschiedener oft sehr gewunden und einsam ist und überraschende Wendungen nimmt. Wir müssen früh und allein mit tiefreichenden Verlusten fertig werden und uns mit großen Sinnfragen auseinandersetzen. Wir suchen nach Erklärungen in einer Kultur, die unsere Verluste nur zu oft leugnet, unsere Fragen als »niedlich« oder »altklug« abtut oder uns einfach völlig ignoriert. Wir sind »alte Seelen« in Kinderkörpern. Wenn wir älter werden und unser Heim verlassen, sind wir häufig nicht im herkömmlichen Sinne religiös. Wir sehnen uns zwar ebenso nach Spiritualität wie unsere Altersgenossen aus intakten Familien, aber Verlust, Leiden und Mangel an Vertrauen zu unseren Eltern oder Wut auf sie und sogar auf Gott sind für unsere spirituelle Reise eher charakteristisch.

Als Kinder geschiedener Eltern kennen wir die Einsamkeit. Verglichen mit Kindern aus intakten Familien bestätigen dreimal so viele von uns die Aussage »Ich war als Kind sehr viel allein.« [104] Als Erwachsene bestätigen 22 Prozent von uns »Ich habe nicht das Gefühl, daß irgend jemand mich wirklich versteht« [62], wohingegen dies bei nur 14 Prozent der Menschen aus intakten Familien der Fall ist. 23 Prozent von uns – und damit fast doppelt so viele wie Gleichaltrige aus intakten Familien – bestätigen die Aussage »Ich habe das Gefühl, daß ich mich auf meine Freunde besser verlassen kann als auf meine Familie.« [57]

Von den Untersuchungsteilnehmern, deren Eltern eine »gute Scheidung« gelang, bestätigt über die Hälfte die Aussage »Ich habe in meinem Leben viele Verluste erlitten« [60], und fast zwei Drittel derjenigen, bei denen die Scheidung der Eltern weniger glimpflich verlief, bestätigen diese Aussage ebenfalls. Im Gegensatz dazu ist dies bei 42 Prozent

derjenigen, die mit beiden Eltern in einer unglücklichen, aber konfliktarmen Ehe aufwuchsen, und bei nur einem Drittel der Menschen aus glücklichen Ehen der Fall.

Bei einigen von uns hat die stark von Leiden geprägte äußere Lebenssituation die Beziehung zu Gott stark gestört. Ein Fünftel der Befragten aus getrennten Familien bestätigte die Aussage »Wenn ich an die üblen Dinge denke, die in meinem Leben passiert sind,
fällt es mir schwer, an einen Gott zu glauben, der sich um uns Menschen kümmert« [89],
anderthalbmal so viele wie Gleichaltrige aus intakten Familien. Doch ist Leiden auf unserer spirituellen Reise nicht immer ein Hindernis. Drei Viertel der jungen Erwachsenen
aus getrennten Familien, verglichen mit zwei Dritteln der Gleichaltrigen aus intakten Familien, bestätigen die Aussage »Meine Spiritualität ist durch die Widrigkeiten, mit denen
ich in meinem Leben fertig werden mußte, gestärkt worden.« [63]

Viele Kinder Geschiedener werden durch Verlusterlebnisse und durch das Bemühen
um Zugehörigkeit dazu angeregt, jenen Sinn und Trost zu suchen, den Menschen im Engagement für eine religiöse Praxis finden können. Doch anders als Menschen aus intakten
Familien haben wir uns häufig selbst eine religiöse Überzeugung gesucht und sind schon
in sehr jungen Jahren ohne unsere Eltern in eine Kirche gegangen. Hingegen sind andere
Kinder geschiedener Eltern überzeugt, daß die Religion die Verluste, die sie aufgrund der
Scheidung ihrer Eltern erlitten haben, ignoriert – oder, was noch schlimmer ist, sogar
aktiviert. Als wir aufwuchsen, mußten wir uns oft allein mit spirituellen Fragen auseinandersetzen, ohne ein voll akzeptiertes Mitglied einer Glaubensgemeinschaft zu sein und
ohne uns am Vorbild unserer Eltern orientieren zu können.

Sehnen und fürchten, suchen und zurückgewiesen werden

Viele junge Erwachsene aus durch Scheidung getrennten Familien, die ich kennengelernt
habe, setzten sich wie ich mit ihrem Glauben an Gott auseinander. Angela ist eine sehr
nachdenkliche junge Frau, die auf mich wirkte, als befinde sie sich in spiritueller Hinsicht
in einer Art Niemandsland. Einerseits schien sie sehr stark an einem religiösen Leben
interessiert zu sein, doch andererseits war sie auch zynisch und sehr auf der Hut vor religiöser Heuchelei.

Nachdem wir eine Weile miteinander geredet hatten, fragte ich Angela, ob sie an Gott
glaube. Sie starrte auf den Boden und sagte langsam: »Ich glaube nicht an Gott, aber ich
glaube an eine Art Verbundenheit zwischen Mensch und Natur. Nicht im kosmischen Sinne, sondern in dem Sinne, daß Menschen so vieles gemeinsam haben. Unser Leben ist so
kurz. Am Ende kehren wir ins Nichtsein zurück, und wenn wir nicht füreinander sorgen,
während wir hier sind, tragen wir nichts Gutes zum Ganzen bei.« Sie blickte mich an und
fuhr fort: »Das ist unsere Chance, verstehen Sie? Die einzige Chance, die wir haben, die
Welt zu verbessern, besteht darin, daß wir versuchen, zu anderen Menschen gut zu sein.«

Angela erklärte, sie sei sich nicht immer so sicher gewesen, daß sie nicht an Gott glaube. Ihre Eltern hatten sich scheiden lassen, als sie vier Jahre alt gewesen war. Ihr Vater war Jude, und ihre Mutter war als Katholikin aufgewachsen, aber anläßlich ihrer Heirat zum Judentum konvertiert. Nach der Scheidung hatte die Mutter die jüdische Religion nicht mehr praktiziert, doch Angela hatte in ihrer Stiefmutter, die Lutheranerin war, ein Vorbild für die hingebungsvolle Beziehung zu einem Glauben gefunden.

»Ich bewundere Menschen, die einen Glauben haben«, erklärte sie. »Meine Stiefmutter glaubt aufrichtig an Gott. Ich bewundere, daß sie einen so starken Glauben hat und daß sie stets versucht, richtig zu handeln – und das Richtige zu sagen und zu fühlen –, weil sie sich Gott gegenüber dazu verpflichtet fühlt. Angela fuhr fort: »Als ich zwölf oder dreizehn Jahre alt war, wurde mir klar, daß ich auch so sein wollte. Ich wollte diese Art von Glauben entwickeln und dieses Gefühl der Zugehörigkeit erleben, denn das ist auch etwas Wichtiges, das ich bei religiösen Menschen beobachte. Sie schließen sich einer Kirchen- oder Synagogengemeinde an und haben dann eine Gruppe von Freunden, Unterstützern und Menschen, die für sie da sind. Also betete ich und ging zur Kirche, und ich gab mir ziemliche Mühe mit all diesen Dingen. … Ich versuchte wirklich, Zugang zum christlichen Glauben zu finden.«

Angela fühlte sich vom Glauben ihrer Stiefmutter angezogen, aber sie geriet dadurch auch in Schwierigkeiten. Als Tochter eines Juden und einer ehemaligen Katholikin hatte sie das Gefühl, daß die Kirche zwar viel verspricht, aber der in der Bibel beschriebenen Vision häufig ganz und gar nicht gerecht wird. Sie erklärte: »Die dunklen Punkte in der Geschichte der christlichen Kirche haben mich immer sehr beschäftigt.« In dem Sommer, als sie zwölf Jahre alt war, hatte sie zum Pastor gesagt: »Was sagen Sie eigentlich zu den Kreuzzügen? Das war doch schrecklich! Damals sind viele Menschen umgekommen.« Sie hielt inne, schüttelte den Kopf und sagte: »Er sah aus, als wolle er sagen: ›Ach, das weißt du schon? Mach dir deswegen keine Sorgen.‹« Die Reaktion des Priesters bot ihr wenig Trost, und sie fühlte sich von ihm in ihrer aufrichtigen Auseinandersetzung mit der Möglichkeit eines Lebens aus dem Glauben nicht ernst genommen.

Nach dem Sommer war Angela zu ihrer Mutter an die Westküste zurückgekehrt. Sie berichtete: »Ich sagte zu ihr: ›Ich möchte Christin werden, ich glaube jetzt an Gott.‹ Sie antwortete: ›Oh, das ist gut.‹ Und dann fuhr sie fort: ›Du weißt ja, daß deine Großeltern Juden sind.‹ Ich antwortete: ›Ja‹, und sie sagte: ›Und jetzt denkst du wohl, daß sie in die Hölle kommen.‹« Angela trank einen Schluck Kaffee und fuhr dann fort: »Ich glaube, daß sie mich necken wollte, weil ich so stark mit meinem Vorhaben identifiziert war, wie das bei Zwölfjährigen oft der Fall ist. Wahrscheinlich hat sie geglaubt, es sei nur eine Phase.«

Doch für Angela war es mehr als eine Phase. Ihre Suche nach der richtigen Lebensweise und nach Zugehörigkeit, ihr Kampf mit den tiefen Paradoxien des Glaubens, so wie wir ihn leben, waren für sie ernste Fragen, die sich nicht irgendwann von selbst erledigten. Der Beginn der Adoleszenz ist eine sehr bewegte Zeit, in der bei vielen jungen Menschen die

Verbindung zu einer Glaubenstradition entweder stärker wird oder völlig abstirbt. Das ist auch bei Kindern Geschiedener so. Doch Angela, die bereits eine intensive Bekanntschaft mit Paradoxien und mit dem Leiden gemacht hatte, wurde von den Erwachsenen, denen sie sich anvertraute, nicht ernst genommen. Sie berichtete: »Nach einiger Zeit wurde mir klar, daß ich einfach keinen Glauben hatte. Letztendlich glaubte ich einfach nicht daran, daß es einen Gott gibt. ... Mir wurde klar: Du mußt deine Lebensphilosophie auf eine andere Grundlage stellen.«

Obwohl Angela erklärte, sie glaube nicht an Gott, fühlte sie sich von einem religiösen Leben weiterhin angezogen, weil sie als Kind so einsam gewesen war und weil eine Glaubensgemeinschaft ihr Bedürfnis nach Zugehörigkeit hätte erfüllen können. »Es ist schön, eine Gruppe zu haben, zu deren Mitgliedern man in Kontakt treten kann und die sich umeinander kümmern«, sagte sie sehnsüchtig. »In der Kirche, die meine Stiefmutter besucht, wird immer noch verkündet, wenn ein Gemeindemitglied im Krankenhaus liegt, und anschließend beten alle für die betreffende Person, und sie wird besucht. Es ist schön, daß diese Menschen bereit sind, sich um andere zu kümmern, selbst wenn sie diese nicht einmal gut kennen. Nur weil jemand zur Gemeinde gehört.« Doch ihr jugendlicher Zynismus, entstanden durch zerstörte Hoffnungen, treibt sie dazu, Distanz zu wahren: »Die andere Seite der Medaille ist: Was ist mit denjenigen, die nicht dazugehören? Sollte man sich denn nicht auch um sie kümmern? Und ist es nicht ein wenig fragwürdig, sich um Menschen nur deshalb zu kümmern, weil man sonntags zwei Stunden lang im gleichen Raum wie sie sitzt? So geht es bei mir hin und her. Einerseits erscheint mir die Vorstellung, zu einer solchen Gemeinde zu gehören, als sehr tröstlich, und in anderen Momenten erscheint sie mir als ein wenig hohl.«

Wenn Gott das Leben imitiert

Andere empfinden noch stärker Spannungen als Angela. Diese jungen Menschen haben so gravierende Verluste erlebt, daß sie nicht in der Lage sind, in einer religiösen Überzeugung einen Sinn zu finden, die sich mit diesen Verlusten nicht befaßt. Für diese Menschen reißt der Glaube die Wunden, die durch vor so vielen Jahren in ihrer Familie erlittene Verluste entstanden sind, wieder auf.

Melissas Eltern ließen sich scheiden, als ihre Tochter fünf Jahre alt war. Ihr Vater zog an die Westküste, um sich eine Arbeit zu suchen, und kehrte von dort nie mehr zu seiner Familie zurück; allerdings besuchte seine Tochter ihn gelegentlich. Melissa sieht sich heute als nur wenig religiös, obwohl sie glaubt, »daß es da draußen etwas gibt, das ich gewöhnlich Gott nenne.« Doch ihr mangelndes Interesse an religiösen Angelegenheiten war teilweise darauf zurückzuführen, daß der religiöse Glaube auf schmerzhafte Weise ihre Verlustgefühle reaktiviert hatte.

»Als ich noch sehr klein war, war meine Mutter sehr aktiv in der Episkopalkirche«, berichtete sie. »Dort lernt man immer Gebete. … Wenn irgend etwas passierte, das ich nicht verstand, dachte ich: ›Vielleicht sollte ich beten.‹ Ich setzte mich dann hin und dachte: ›Wie soll ich jetzt beten?‹ Gewöhnlich fing man ein Gebet wie einen Brief an. ›Lieber Gott, wie geht es dir? Mir geht es gut. Heute war es warm. Ich hoffe, daß du mir helfen kannst.‹« Sie hielt inne und lachte. »Weil Gott nie geantwortet hat, habe ich mir irgendwann gedacht: ›Ich habe ihm geschrieben und keine Antwort bekommen. *Das ist doch genauso wie bei Papi!*‹«

Melissa fuhr fort: »Als Teenager habe ich mich von der organisierten Religion distanziert. Sie versprechen einem so viel, und wenn man klein ist, besonders wenn die eigenen Eltern sich haben scheiden lassen, sucht man etwas, das in sich stimmig ist.« Sie sagte, als Kind Geschiedener habe sie das Gefühl gehabt, zwischen ihren beiden Eltern und deren Rollen hin und her zu taumeln. Sie sei sich nie völlig sicher gewesen, was als nächstes geschehen würde. Wenn in einer Religion gesagt wird, daß Gott immer für uns da ist und daß er absolut verläßlich ist, dann empfand ich das natürlich als sehr attraktiv.« Sie dachte einen Augenblick nach und fuhr dann sehr bedächtig fort: »Aber es ist schwierig, weil das, was sie bieten, nicht die Art von Verläßlichkeit und Stabilität ist, nach der du suchst. Es gibt da niemanden, zu dem man einfach hingehen und den man mit einem Hallo begrüßen kann. ›Das ist Gott, ich halte Gottes Hand.‹ … Man muß so vieles glauben – und an diesem Punkt in meinem Leben reagierte ich: ›Glauben?‹ Sie schaute mich mit großen Augen an. »Glauben an was? Woran soll ich denn glauben? Ich habe einmal geglaubt, daß meine Eltern immer da sein würden. … Und woran soll ich *jetzt* glauben?«

Melissa wurde schließlich klar, daß eine Beziehung zu Gott »keine substanzielle Grundlage hat. Ich konnte sie nicht berühren. Und ich wollte etwas, das man berühren, spüren, schmecken, beißen und zerbrechen konnte. Etwas, das real war. Mit ›Was wäre wenn‹, mit Versprechen und mit Träumen wollte ich nichts zu tun haben. Für mich war entscheidend: ›Wenn ich nicht zu ihm gehen und ihn umarmen kann, brauche ich erst gar nicht darüber nachzudenken.‹« Melissas jugendliche Hoffnungen lebten auf, wenn sie über die Existenz eines allgegenwärtigen Gottes nachdachte, doch in dieser Hoffnung war für sie bereits die Möglichkeit des Verlusts enthalten. Ein Gott, den sie nicht berühren konnte, ähnelte aus ihrer Sicht zu sehr einem Vater, den sie nur selten sah. Sie hatte sich als Teenager von der Religion zurückgezogen, um nicht erneut einen für sie katastrophalen Verlust zu erleben.

Ich habe immer wieder solche Verbindungen zwischen der Art, wie Kinder ihre Eltern erlebt hatten, und ihren Empfindungen gegenüber Gott gefunden.

Anders als Melissa war Will in einer Kirchengemeinde aufgewachsen, und er war bis Anfang Zwanzig Mitglied seiner katholischen Pfarrgemeinde gewesen. Die Ehe seiner Eltern war durch eine Affäre seines Vaters zerbrochen, die Will früher als seine Mutter bemerkt hatte. Er war seiner Mutter nach der Scheidung nahe, hatte mit ihr aber nicht über seine Wut wegen des Vorgefallenen reden können, weil sie zu sehr damit beschäftigt gewesen war, ihre eigenen Wunden zu heilen. Deshalb unterdrückte er seine Gefühle, die daraufhin viele Jahre später in seinen Beziehungen zu Freundinnen zum Ausdruck gelangten.

Er berichtete: »Ich glaube, als meine Eltern sich scheiden ließen, hat sich in mir eine ziemlich starke Wut aufgebaut. Und ich wußte nicht, wie ich sie hätte zum Ausdruck bringen können. Ich hatte das Gefühl, daß alles sich gegen mich gewendet hatte.« Dann beschrieb er, wie er sich als Jugendlicher, kaum älter als zehn Jahre, in der Kirche gefühlt hatte. »Ich war ziemlich wütend. Ich dachte: ›Gott, ich komme hierher, bete ständig zu dir, und nichts ändert sich. Ich verstehe das einfach nicht. Ich bin sehr wütend, und das ist nicht gut.‹« Dann sagte er: »Ich glaube, daß ich deshalb aufgehört habe, in die Kirche zu gehen.«

Um diese Zeit wandte Will sich an einen Therapeuten, und dadurch erhielt er zum ersten Mal die Möglichkeit, die negativen Gefühle auszudrücken, die er seinem unberechenbaren Vater gegenüber und wegen der Scheidung seiner Eltern entwickelt hatte. »Dadurch ist alles wieder auf den Teppich gekommen, und ich bin in die Realität zurückgekehrt. Es gelang mir, was in der Vergangenheit geschehen war, zu einem gewissen Abschluß zu bringen, und ermöglichte mir weiterzugehen. Die starke Wut, die ich vorher hatte, ist verschwunden. Und in meinen Beziehungen zu anderen Menschen habe ich nun mehr Vertrauen. Im Laufe der Zeit ist es mir gelungen, mit meinen Gefühlen ins Reine zu kommen … Dinge abzuhaken und auf sich beruhen zu lassen, statt sie ständig mit mir herumzuschleppen.« Er lehnte sich in seinem Stuhl zurück und erklärte: »Ja, ich glaube mittlerweile an Gott und dergleichen. Aber ich gehe nicht oft zur Kirche.«

Wills Beziehung zu Gott ist heute distanziert und wachsam, ganz ähnlich wie die zu seinem Vater. Er will zwar keinen von beiden völlig aus seinem Leben verbannen, aber er vertraut ihnen auch nicht.

Auf ein Zeichen warten

Ashley war 33 Jahre alt, als wir uns trafen. Sie arbeitete als selbständige Beraterin für Informationstechnologie und lebte allein in einer Eigentumswohnung in der Nähe des Vorstadtviertels, in dem sie aufgewachsen war. Ashley hatte einen gewinnenden Humor, der sowohl scharf als auch selbstironisch war. Doch wenn sich das Gespräch ernsten Themen zuwandte, verfiel sie oft in stereotype Antworten, als halte sie es für sinnlos, sich zu tiefgehend mit irgend etwas auseinanderzusetzen. »Das Leben ist kurz«, sagte sie oft. Und wenn es im Gespräch um ihre Mutter ging, schloß sie jeden Dialog mit dem Satz »Ich liebe meine Mutter, aber ich mag sie nicht« ab.

Ashleys Eltern hatten sich scheiden lassen, als sie fünf Jahre alt gewesen war. Als jüngstes von vier Kindern wuchs sie zusammen mit ihren Geschwistern bei ihrer Mutter auf, die bei einem sehr erfolgreichen Unternehmen arbeitete, ständig Überstunden machen mußte, auch samstags, und außerdem an den Abenden viel unterwegs war. Ashleys Großmutter lebte mit der Familie zusammen, sie kochte jeden Abend, und das Essen stand »genau um sechs auf dem Tisch«. Außerdem wusch sie die Wäsche und brachte den Kindern Leckereien mit. Die Großmutter füllte die Lücke aus, die durch die Scheidung im Familienleben entstanden war. Sie war gestorben, als Ashley zwölf Jahre alt gewesen war, und hatte insbesondere bei Ashley ein intensives Gefühl der Leere hinterlassen. Ab diesem Zeitpunkt blieben Ashley und ihre Geschwister sich selbst überlassen, wobei die älteren bald ihrer eigenen Wege gingen und oft in große Schwierigkeiten gerieten.

Nach dem Tod der Großmutter fand Ashley kaum noch einen Bezug zu den übrigen Familienmitgliedern, und auch ihre Spiritualität verkümmerte. Sie war in afroamerikanischen Baptistengemeinden aufgewachsen, und dort hatte man ihr das Bild eines strafenden Gottes vermittelt. In der Sonntagsschule und in den Predigten verschiedener Kirchen hatte sie gelernt, daß Gott ein Richter sei, den wir Menschen fürchten müßten, und daß wir kaum etwas tun könnten, um den Erwartungen, die Gott an uns richte, gerecht zu werden. Sie sagte: »Als Kind habe ich nie darüber nachgedacht, wie Gott aussehen mochte oder wie er oder sie wohl sei, sondern mich beschäftigte vor allem, was Gott wohl über mich dächte. Bin ich ein guter Mensch, und mache ich alles richtig? Ich glaube, ich hatte Angst vor Gott. Wenn ich etwas tue, wovon ich weiß, daß es falsch ist, komme ich dann in die Hölle oder werde als schlecht beurteilt?«

Als Ashley noch sehr jung gewesen war, hatte ihre Großmutter sie und ihre Geschwister mit in die Kirche genommen, während ihre Mutter zu Hause geblieben war. Doch als Ashley das Schulalter erreicht hatte, war sie mit ihren Geschwistern zusammen ohne Begleitung mit dem Bus zur Kirche gefahren. Irgendwann hatten ihre älteren Geschwister auf Kirchenbesuche verzichtet. »Von da ab fuhr ich allein hin«, erinnerte sie sich. Doch mit vierzehn Jahren gab auch sie auf.

Ashley war in der Kirche nicht das einzige Kind gewesen, das ohne seine Eltern zu den Gottesdiensten kam. »Auch noch ein paar andere Kinder kamen allein. Ihre Eltern brachten sie mit dem Auto und setzten sie ab.« Ashley berichtete auch: »Die Kinder, die mit ihren Eltern kamen, saßen auf den vorderen Bänken.«

Ashleys Erinnerung daran, daß jene anderen Kinder weit vorn gesessen hatten, empfand ich als ziemlich ergreifend. Vielleicht hatten die Kinder, die mit ihren Eltern zusammen zur Kirche kamen, tatsächlich nicht immer vorn gesessen, doch Ashleys Erinnerung dokumentierte ihr Gefühl, ausgegrenzt zu werden. Wie Angela und wie ich selbst war auch sie eine »alte Seele« in einem Kinderkörper gewesen, die in der Kirche aus ihr unverständlichen Gründen allein in einer der hinteren Bankreihen gesessen hatte.

Ashley erzählte mir, sie sei als Kind jede Woche allein zur Kirche gegangen, weil sie auf der Suche nach »Kontinuität, nach etwas Vertrautem« gewesen sei. Als ich sie fragte, ob sie als Kind gebetet habe, antwortete sie etwas vage: »Nicht besonders viel. Ich habe immer gedacht, daß man sein Schicksal nicht beeinflussen kann. Das habe ich sehr, sehr lange geglaubt. Noch heute sind meine Freunde sauer auf mich, weil ich nichts plane. Sie fragen mich: ›Möchtest du dies oder jenes tun?‹ Ich antworte ihnen dann, daß ich mich nur mit dem Heute auseinandersetzen kann. Daraufhin schauen sie mich an, als ob ich verrückt sei. Sie haben ganz gute Ideen, und wenn diese sich tatsächlich so umsetzen lassen, wie sie sich das vorstellen, dann ist das wunderbar. Wenn nicht, na ja. Ich kann mich nicht erinnern, daß ich oft gebetet oder mich mit irgendwelchen Bitten an Gott gewendet habe.« Ashley versuchte, mit ihren Verlusterlebnissen fertig zu werden, indem sie sich bemühte, möglichst wenig zu brauchen oder haben zu wollen.

Natürlich hat Ashley trotzdem Bedürfnisse. Beispielsweise möchte sie heiraten und Kinder bekommen. »Wenn oder falls ich heirate«, sagte sie und schaute dabei ihre auf dem Schoß liegenden Hände an, »möchte ich die Ehe in der Kirche eines Priesters schließen lassen, der mich kennt.« Sie schaute mich an und fuhr fort: »Aber ich glaube nicht, daß es dazu kommen wird. Und wenn oder falls ich Kinder bekomme, möchte ich, daß sie in einer religiösen Atmosphäre aufwachsen. Ich halte das für sehr wichtig. Doch im Moment treibe ich ziemlich ziellos umher.«

Es ist nicht so, daß Ashley sich nicht bewußt darum bemühen würde, eine Glaubensgemeinschaft zu finden, die ihr zusagt. Sie erklärte: »In den letzten fünf Jahren war ich praktisch einmal im Monat mit Freunden jeweils in einer anderen Kirche. Aber ich habe noch nichts gefunden, das mich wirklich gepackt hätte. Ich sitze da und denke etwas wie: ›Seid ihr hier eigentlich echt?‹ Diese Dinge sprechen mich in meiner aktuellen Lebenssituation einfach nicht an. Ich weiß nicht, auf welches Zeichen ich warte oder welcher Satz genau bei mir ankommen und mich dazu bringen würde zu sagen: ›Hier will ich am Gottesdienst teilnehmen!‹«

Ich fragte Ashley, ob sie nach einem Ort suche, wo sie sich gekannt oder verstanden fühle.

Sie antwortete erregt: »Menschen verstehen andere Menschen nicht. Sie sagen nur immer ›Hmm, hmm.‹« Sie nickte, und ihr Blick drückte gespielte Besorgnis aus. »Und sie glauben, sie würden zuhören und könnten einen verstehen. Aber das ist nicht so.«

Ashley sucht inneren Frieden. »Das ist es. Ich möchte meinen Geist beruhigen, mit mir selbst im Frieden sein und zumindest wissen, daß ich ein guter Mensch bin und meinen Beitrag zum Wohl der Gesellschaft leiste.« Doch dann zuckte sie die Achseln und sagte: »Wenn ich wüßte, wonach ich Ausschau halte, könnte ich es vielleicht finden.«

Offensichtlich hatte Ashley über den spirituellen Aspekt ihres Lebens viel nachgedacht. Sogar ihr Plan, jeden Monat eine andere Kirche zu besuchen, dokumentierte die Ernsthaftigkeit ihres Bemühens. Als ich sie irrtümlich fragte: »Was meinen Sie, was Sie dazu bringen würde, wieder jede Woche zur Kirche zu gehen?«, korrigierte sie mich: »Einmal im Monat.« Doch obwohl Ashley einen Ort sucht, an dem sie Frieden finden, sich einer Gruppe zugehörig fühlen und an dem sie spüren kann, daß die Menschen ihr wirklich zuhören und nicht nur, wie sie sagte, seelenlos die Wörter »Ich spüre deinen Schmerz« aussprechen, hält sie sorgsam Abstand. Wöchentlich eine Kirche zu besuchen würde sie zu sehr verletzen, wenn ihre unausgesprochenen Hoffnungen dabei jedesmal unerfüllt blieben. Deshalb geht sie nur einmal monatlich zur Kirche, um etwas zu suchen, das ihren Vorstellungen entspricht.

Wir könnten auf Gott vertrauen (oder auch nicht)

Auf den ersten Blick wirkte Allison anders. Ihre Eltern waren nicht religiös gewesen, und sie hatten sich scheiden lassen, als ihre kleine Tochter zwei Jahre alt gewesen war. Allisons einziges Vorbild in religiöser Hinsicht war ihre Großmutter mütterlicherseits gewesen. Doch das Kind hatte ihre streng fundamentalistischen Überzeugungen als lieblos und hart empfunden, und Allison hatte sich auch nicht bemüht, selbst eine ihr gemäße religiöse Überzeugung zu suchen. Sie war noch in den Zwanzigern gewesen, als sie ihren zukünftigen Ehemann kennengelernt, seinen Glauben – den Katholizismus – angenommen und ihn in einer römisch-katholischen Kirche geheiratet hatte. Heute besucht sie mit ihrem Mann regelmäßig die Kirche, sie betet zu Hause mit ihm und ihrer kleinen Tochter, und sie hofft, ihrer Tochter einen starken Glauben erschließen zu können, wie sie selbst ihn als Kind nicht hatte. Wie war es zu Allisons Bekehrung gekommen?

Tatsächlich ist die Bekehrung immer noch sehr fragil, weil Allison weiterhin stark unter den Nachwirkungen jenes Vertrauensverlustes leidet, der ihr seit ihrer frühen Kindheit zu schaffen macht. Sie erklärte: »Mein Mann und ich gehen jeden Sonntag gemeinsam zur Messe, aber ich kann von mir nicht behaupten, daß ich besonders tiefe spirituelle Empfindungen habe. Ich hoffe, daß ich dazu mit zunehmendem Alter einen besseren Zugang entwickeln werde.« Sie fuhr fort: »Mein Mann ist sowohl tief religiös als auch zutiefst spirituell.« Sie würde diese Empfindungen auch sich selbst und ihrer Tochter gern erschließen. »Aber ich muß gestehen, daß ich von uns beiden diejenige bin, die diese Dinge eher etwas äußerlich erlebt.«

Allison hat viel darüber nachgedacht, warum der Glaube ihres Mannes stärker ist als ihr eigener. Sie erklärt sich das so: »Mein Mann hat eine sehr glückliche, behütete und liebevolle Kindheit gehabt. Wahrscheinlich hat er eine bessere Grundlage für Religiosität, weil er auf bestimmte Dinge vertrauen kann.« Über sich selbst hingegen sagte sie: »Mir persönlich ist all dies sehr neu und wenig vertraut. Schließlich habe ich erst in den letzten Jahren gelernt, meinem Mann zu vertrauen.« Sie hält ihre Geschichte nicht für ungewöhnlich.

Allison sagte, sie empfinde es als »sehr problematisch«, ein Kind geschiedener Eltern zu sein und trotzdem zu versuchen, an Gott zu glauben. Was so viele junge Erwachsene aus durch Scheidung getrennten Familien mir geschildert hatten, spiegelte sich auch in

Allisons Worten: »Wenn die wichtigste Beziehung im Leben eines Menschen, seine Beziehung zu seinen Eltern, schon früh unwiderruflich zerbricht und es dadurch zu einem der zentralen Merkmale seines Lebens wird, daß diese wichtigste Beziehung bei ihm nicht vorhanden war, dann ist mit grundlegenden Vertrauensproblemen zu rechnen. Deshalb glaube ich, daß es für meinen Mann generell leichter ist, auf etwas zu vertrauen, denn für ihn gab es immer etwas, worauf er vertrauen konnte. Für mich ist es viel schwieriger zu sagen: ›Okay, ich kann voll und ganz auf ein höheres Wesen vertrauen. Ich kann mich ganz und gar auf Gott verlassen‹, obwohl bei mir nie jene Grundlage bestanden hat, auf der dieses Vertrauen hätte entstehen können.«

Die Vorstellung, daß Gott einer Elternfigur gleicht, ist in vielen Religionen zu finden. Insbesondere im Christentum wird Gott immer wieder als Vater bezeichnet. Ich fragte Allison, ob sie glaube, Gott sei einer Elternfigur ähnlich.

Sie dachte einen Augenblick lang nach und antwortete dann: »Vielleicht ist das ein Teil des Problems. Denn wenn ich es so sehen würde, wäre das für mich eine negative Beziehung … Meine Eltern sind für mich keine guten Vorbilder. Deshalb kann ich mit der Vorstellung, daß Gott einer Elternfigur gleicht, keine angenehmen Empfindungen verbinden.«

Wenn Gott zum Vater wird

Andere Kinder geschiedener Eltern finden in einer Kirche spirituelle Heilung und Freude. Michael wandte sich schon sehr früh einer Kirche zu. Doch wie so viele andere in seiner Situation besuchte auch er die Kirche ohne seine Eltern. Er berichtete: »Ich bin nicht in einem religiösen Heim aufgewachsen. Meine Mutter ist Katholikin, und mein Stiefvater ist es auch, aber sie praktizieren ihren Glauben nicht. Sie gingen Weihnachten und Ostern zur Kirche, das war alles.« Doch als er vierzehn Jahre alt war, lud sein bester Freund ihn ein, mit ihm eine Kirche zu besuchen. »Es war eine Baptistenkirche, und sie hatten einen speziellen Gottesdienst für Jugendliche, der mir wirklich sehr gut gefallen hat. Je häufiger ich ihn besuchte, um so wohler fühlte ich mich dort und umso zugehöriger. Nach einiger Zeit überantwortete ich mein Leben Christus und gewöhnte mir an, regelmäßig zu den Gottesdiensten zu gehen.

Michael lehnte sich zurück und lächelte, während er berichtete: »Ich weiß noch genau, wie begeistert ich war, als ich meine erste Bibel bekam. Ich kann mich sogar noch an ihren Geruch erinnern. Und ich verbrachte in meinem Zimmer viele Stunden damit, sie zu lesen, und ich dachte, das ist das Aufregendste, was es auf der ganzen Welt gibt: daß Gott für mich da ist und daß mir all dies möglich ist. Vorher war mein Leben von einer riesigen Leere beherrscht gewesen. Aber nachdem ich Christus angenommen hatte, sah ich alles völlig anders. Als Kind hatte ich zwar an Gott geglaubt, aber nun war Gott bei mir ... Gott war nicht mehr irgendwo da draußen. Gott begleitete mich und lebte in mir.« Michaels neu gefundener Glaube veränderte alle Bereiche seines Lebens, auch sein Leben in der Schule. »Bis zu diesem Zeitpunkt war ich in der Schule mittelmäßig gewesen. Doch nun erschien es mir als sehr wichtig, überall im Leben mein Bestes zu geben. Ich nahm engagierter am Unterricht teil und bekam deshalb sehr gute Zensuren.«

Als Michael die High-school besuchte, wandte er sich zusammen mit seiner Freundin, die später seine Frau wurde, einer anderen Kirche zu. »Es war eine Presbyterianer-Kirche. Und ich lernte, daß man seinen Glauben hinterfragen konnte. Man brauchte nicht etwas ganz Bestimmtes zu glauben, und damit hatte es sich. Zweifel hatten durchaus ihre Berechtigung. Das war sehr wichtig für mich. Ich trat dem Jugendchor bei, und die Kirche wurde zu meinem Heim in der Fremde.»

Durch die Weiterentwicklung seiner Beziehung zu Gott gelang es Michael, die gewaltige Empfindung der Leere zu überwinden, die durch seine angespannte Beziehung zu seinem Vater entstanden war, der seine Mutter wegen einer anderen Frau verlassen hatte. Im Hause des Vaters hatte zwischen seinen Kindern aus erster und zweiter Ehe ein Konkurrenzkampf getobt, und Michaels älterer Bruder war oft über ihn hergefallen und hatte ihn gnadenlos gehänselt. Unterdessen war Michaels Vater häufig abwesend, entweder bei seiner Arbeit oder beim Golfspiel. Michael sagte: »Gott ist zu meinem Vater geworden. Er war für mich der Vater, der einen nie im Stich läßt und der immer für einen da ist, mit dem man immer reden kann und der immer zuhört.« Kinder geschiedener Eltern bestätigen fast doppelt so häufig (38 Prozent) wie Kinder aus intakten Familien (22 Prozent) die Aussage »Ich stelle mir Gott als den liebenden Vater oder die liebende Mutter vor, den oder die ich im realen Leben nie hatte.« [88] Hätten wir in unsere Studie die vielen Kinder Geschiedener einbezogen, die jeden Kontakt zu ihrem Vater verlieren, wäre diese Zahl möglicherweise noch höher ausgefallen.

Das Ringen um die Aussöhnung von Glauben und Familie

Doch zu kämpfen haben sogar diejenigen unter den Kindern geschiedener Eltern, die ihrem Glauben treu bleiben. Katys Eltern ließen sich scheiden, als ihre Tochter drei Jahre alt war. Ihre Mutter kehrte zu ihren eigenen Eltern zurück und zog ihre Tochter im katholischen Glauben auf, bis sie schließlich wieder einen Mann kennenlernte und später heiratete, der für Katy zu einem zweiten Vater wurde.

Katy nahm bereitwillig die Rituale des Katholizismus an und findet heute Trost und Freude in ihrem stetig wachsenden Glauben, mit dem sie sich intensiv auseinandersetzt. Mittlerweile ist sie verheiratet und als niedergelassene Psychiaterin tätig, und sie wendet sich regelmäßig an Gott und die katholische Kirche, was ihr bei der Auseinandersetzung mit schwierigen Fragen hilft. Sie erklärte mir, sie stelle sich Gott als eine Kraft vor, die

»einen Plan verfolgt, der nicht unbedingt alles umfaßt, was geschieht. … Eher ist es so, als sei er auf meiner Seite. Er kümmert sich um mich und liebt mich, und er hat ein Ziel für mich.«

Als Kind hatte Katy gelernt, daß Jesus ihr Freund sei, »ein guter Mensch, der mich liebte. Die Beziehung zu ihm war sehr liebevoll, und charakteristisch für sie war eine Haltung des Vergebens.« Während sie von ihrer Mutter zu ihrem Vater und wieder zurück reiste, »entwickelte ich das Gefühl, daß Gott immer bei mir ist. Besonders wenn ich von einem Ort zum anderen wechselte, konnte ich mir immer sicher sein, daß Gott an beiden Orten gegenwärtig war – und auch überall dazwischen.«

Dieses Kind geschiedener Eltern fand Trost in der Gewißheit, daß Gott bei ihm war, wenn es zwischen den beiden Welten seiner Eltern hin und herreiste.

Im Haushalt ihrer Mutter lebte Katy ihren Glauben zusammen mit ihrer Familie; doch wenn sie ihren Vater besuchte, ging sie allein in die Kirche. Sie fand immer eine Möglichkeit, eine katholische Messe zu besuchen, schon als sie noch sehr jung war. An wichtigen Feiertagen kamen ihr Vater und ihre Stiefmutter manchmal mit ihr, doch in der Regel besuchte Katy die Gottesdienste allein und bat ihren Vater nur, sie zur Kirche zu fahren.

Obgleich Katy sich als Kind sehr stark dem katholischen Glauben verbunden fühlte, durchlebte sie manchmal, wenn sie in der Kirche saß, starke Konflikte zwischen ihrem Bedürfnis, die Lehren ihrer Religion zu akzeptieren, und dem für sie ebenso wichtigen Bedürfnis, ihre Eltern als gute Menschen anzusehen. Sie erwähnte in diesem Zusammenhang die Passage über Scheidung aus dem Neuen Testament, in der Jesus sagt, daß ein Mann, der sich von seiner Frau scheiden läßt, die ihm untreu war, sie dazu bringt, Ehebruch zu begehen.[56] Katy erinnerte sich: »Mit dieser Stelle habe ich mich mehrmals beschäftigt, weil darin klar zum Ausdruck kommt, daß eine Scheidung nicht gut ist. Man konnte es einfach nicht so drehen, daß man sagen konnte: ›Die Scheidung war in Ordnung‹ oder: ›Was sie getan haben, war akzeptabel.‹ Nein.«

Noch stärker beunruhigte sie eines der Zehn Gebote: »Du sollst nicht ehebrechen.« Sie sagte: »Ich kam allmählich zu der Überzeugung, daß mein Vater dies getan hatte. Und das war definitiv beklagenswert. Es handelt sich nicht um Empfehlungen, sondern um Gebote.« Katy kam ganz leicht ins Stocken, als sie berichtete: »Es gab immer einen gewissen Zwiespalt in mir. Es ging eigentlich nicht so sehr darum, ob ich meinem Vater vergeben konnte, sondern die entscheidende Frage war: ›*Wird meinem Vater vergeben werden?*‹«

Ein weiterer beunruhigender Konflikt entstand für Katy, als sie herausfand, daß ihre Eltern sich nicht nur hatten scheiden, sondern außerdem ihre Ehe hatten annullieren lassen: Dies bedeutet, daß die katholische Kirche erklärt hatte, die Ehe der beiden sei im Sinne des Katholizismus gar nicht gültig gewesen. »Damit bin ich bis heute nicht im Reinen. Ich habe mich im College ein wenig damit auseinandergesetzt, denn nachdem ich erfahren hatte, was eine solche Annullierung beinhaltet, erschien sie mir als lächerlich. Ich sagte: ›Wie kann es sein, daß ich nicht existiere? Wenn die Ehe nicht existiert hatte, wer bin ich dann? Und was bin ich?« Nach einer kurzen Pause fuhr sie fort: »Aber ich habe mich nie wirklich gründlich damit auseinandergesetzt.«

Mir fiel auf, daß Katy, wenn sie sich mit einer Frage dieser Art befaßte, ins Stocken geriet, über das schwierige Thema, das entweder die Stichhaltigkeit der Antwort ihrer Religion oder die Gutartigkeit ihres Vaters in Frage stellte, zu grübeln begann und sich dann zurückzog und die Stirn runzelte. Sie konnte die beiden Seiten ihres Lebens – das, was sie in ihrer Familie erlebt hatte und erlebte, und ihren Glauben – nur in Einklang bringen, indem sie sich nicht zu stark auf die Spannungen, die zwischen beidem bestanden, konzentrierte.

Gottes Gegenwart außerhalb einer Glaubensgemeinschaft empfinden

Andere Kinder geschiedener Eltern entdecken eine lebenszugewandte Spiritualität, die sie mit einer Quelle des Sinns und mit anderen Menschen verbindet – allerdings nicht unbedingt innerhalb einer Glaubensgemeinschaft. Daniel wuchs als Sohn deutscher Einwanderer jüdischen Glaubens auf, die sich scheiden ließen, als er sieben Jahre alt war. Er arbeitet als Assistenzarzt in einem städtischen Krankenhaus, ist mittlerweile verheiratet und hat zwei kleine Kinder. Daniel erinnert sich, daß seine Mutter ihm in seiner Kindheit von Gott erzählt hatte und daß er aufgrund dessen, was er über Gott erfuhr, den Eindruck gewann, daß das »ein ziemlich cooler Bursche« war.

Als einsamer und manchmal verängstigter Junge empfand er Gott als Hilfe. Er berichtete: »Ich weiß noch, daß ich schon als kleines Kind mit Gott geredet habe. Ich habe zu ihm gesagt: ›Ich habe Angst‹ und ähnliches.« Daniel sprach mit Gott, »als ob Gott jemand wäre, der mich irgendwie behütete. Ich stellte mir Gott als ein Wesen vor, das sich um mich kümmert.«

Daniels geschiedene Eltern unterstützten ihn und seine Brüder in ihrer religiösen Erziehung, obwohl sie nicht bei seiner *Bar Mitzvah* zusammensaßen. Irgendwann verlor Daniel jedoch das Interesse an der Zugehörigkeit zu einer Glaubensgemeinschaft, und seine Beziehung zu Gott nahm eine andere Form an. »Ich führe heute mit Gott keine Gespräche unter vier Augen mehr«, erklärte er. »Das änderte sich, als ich dreizehn oder vierzehn Jahre alt war. Ich gehe auch nicht mehr in die Synagoge, um zu Gott zu beten.«

Doch dann wiederholte Daniel eine Geschichte, die er mir schon einmal erzählt hatte. Darin ging es um die Ehrfurcht, die er empfunden hatte, als er das erste Mal als Arzt einem Baby auf die Welt geholfen hatte. Er sagte: »Es gibt ein jüdisches Gebet für Situationen, in denen etwas zum ersten Mal geschieht. Man lobt Gott, wenn man das erste Mal etwas geschafft hat. Und dieses Etwas war für mich so neu, daß ich das Gefühl hatte, dieses Gebet sprechen zu müssen.«

Daniel denkt oft an Gott. »In der Bibel steht, daß wir nach Gottes Ebenbild geschaffen sind. Nach meiner Auffassung ist damit unsere Fähigkeit gemeint, fürsorglich und liebevoll zu sein und zu lieben. Das ist es, was das Ebenbild Gottes im Grunde ausmacht. Außerdem habe ich das Gefühl, daß Gott im moralischen Bereich eine Rolle spielt. Ich glaube, daß er zornig ist, wenn es zu Massenmorden und anderen Greueltaten kommt. Wenn ich an einen Gott glauben will, muß ich auch daran glauben, daß Gott über diese Qualität verfügt.«

Außerdem hat Daniel das Gefühl, daß Gott heute durch Liebe und rechtschaffenes Handeln in seinem Leben gegenwärtig ist. Er zog mit einer Fingerspitze langsam die Linien einer Graffiti-Zeichnung nach, die in die Schulbank geritzt war, in der er saß. »Gott ist da, wenn ich rechtschaffen handle«, erklärte er. »Wenn ich Freude in meiner Familie, in meinem Beruf und in guten Beziehungen zu Freunden habe, dann ist Gott gegenwärtig.«

Spirituell, aber nicht religiös

Junge Erwachsene aus durch Scheidung getrennten Familien fühlen sich seltener allgemein *religiös*. Sie fühlen sich ebenso *spirituell*[57] [[41]] wie Menschen aus intakten Familien – eine ähnlich große Mehrheit beider Gruppen erklärte, sie sei »sehr« oder »ziemlich« spirituell –, doch sagten junge Menschen aus getrennten Familien häufiger, die religiösen Institutionen seien für sie nicht von Bedeutung. 37 Prozent von ihnen stimmten der Aussage »Die Religion scheint sich mit den für mein Leben wichtigen Fragen nicht zu beschäftigen« [61] zu, verglichen mit 29 Prozent der Befragten aus intakten Familien. Und 46 Prozent der Kinder geschiedener Eltern bestätigten die Aussage »Ich glaube, daß ich die höchste Wahrheit auch ohne die Hilfe einer Religion finden kann« [64], wohingegen dies nur 36 Prozent der jungen Erwachsenen aus intakten Familien tun.

Schon ein flüchtiger Blick auf das Engagement in Glaubensgemeinschaften in der Kindheit ließ deutliche Unterschiede erkennen. Junge Menschen aus intakten Familien erklärten erheblich häufiger, daß sie als Kinder regelmäßig an Gottesdiensten teilgenommen hatten [[35]], wobei fast drei Viertel berichteten, daß sie dies jede Woche oder zumindest fast jede Woche getan hatten, wohingegen dies unter den Kindern Geschiedener nur für etwas mehr als die Hälfte galt. Befragte, die aus geschiedenen Ehen stammten, erklärten nur halb so oft wie Untersuchungsteilnehmer aus intakten Familien, daß sie während ihrer gesamten Kindheit häufig an Gottesdiensten teilgenommen hätten.[58]

Einer der Gründe dafür, daß wir als Kinder Geschiedener weniger religiös aufwachsen, ist, daß auch unsere Eltern seltener religiös sind. Generell sind Menschen, die sich scheiden lassen, weniger religiös als andere Menschen.[59] Doch selbst wenn sich unsere Eltern in der Zeit, als sie verheiratet waren, aktiv für eine Religion engagiert hatten, konnte unsere Verbindung zu einer Glaubensgemeinschaft durch die mit der Scheidung verbundenen Komplikationen beendet werden.

Alicias religiöse Aktivität ließ nach der Scheidung ihrer Eltern stark nach. Diese hatten sich getrennt, als Alicia sieben Jahre alt gewesen war, und beide hatten innerhalb eines Jahres erneut geheiratet. »Weil die Familie meiner Mutter methodistisch war und am Aufbau einer methodistischen Kirche mitgewirkt hatte, war auch meine Mutter in dieser Gemeinde sehr engagiert. Ich erinnere mich, daß ich schon sehr früh oft zur Kirche gegangen bin.« Sie blinzelte in die helle Sonne, die durch das Fenster schien und sagte: »Merkwürdigerweise kann ich mich nicht daran erinnern, daß ich mit meinem Vater zur Kirche gegangen bin, wenn ich ihn an jedem zweiten Wochenende besuchte.« Alicia hatte durch die Familie ihres Stiefvaters eine andere religiöse Tradition kennengelernt. »Ich bin mit ihnen mehrmals in die Presbyterianerkirche gegangen, und dort gefiel es mir nicht. Sie sangen andere Lieder, die Lobpreisungen waren anders, und die Gemeindemitglieder waren generell viel spießiger. Danach habe ich zu Hause zu meiner Mutter gesagt: ›Da will ich nicht mehr hingehen.‹« Danach hatte sie mit der Kirche bis nach der College-Zeit nichts mehr zu tun.

Aus welchem Grund auch immer – geringeres Interesse an der Religion oder Mangel an Nähe zu den geschiedenen Eltern – erinnern sich Kinder Geschiedener wesentlich seltener daran, in ihrer Familie religiöse und spirituelle Anleitung erhalten zu haben. Wir sagen wesentlich seltener als Menschen aus intakten Familien, daß unsere Eltern uns dazu gebracht haben, uns für einen religiösen Glauben zu engagieren. Etwas über die Hälfte der Kinder geschiedener Eltern bestätigt die Aussage »Meine Mutter hat mich dazu gebracht, einen religiösen Glauben zu praktizieren« [50], wohingegen dies bei vier Fünfteln der jungen Menschen aus intakten Familien der Fall war. Diese ziemlich große Differenz fällt noch größer aus, wenn es um die Väter geht: Etwa ein Drittel von uns sagt, daß unser Vater uns zum Praktizieren eines religiösen Glaubens aufgefordert habe, im Gegensatz zu zwei Dritteln der jungen Menschen, die aus intakten Familien stammen. [51]

Die landesweite Umfrage förderte ähnliche starke Unterschiede auch bezüglich des Gebets zutage. Nur 41 Prozent der Kinder geschiedener Eltern, im Gegensatz zu 69 Prozent der Teilnehmer aus intakten Familien, bestätigten die Aussage »Meine Mutter hat mir beigebracht zu beten.« Etwas über ein Drittel der Kinder Geschiedener, aber etwas mehr als die Hälfte der aus intakten Familien Stammenden erklärte, sie hätten oft mit ihrer Mutter gebetet. [[54]] Und nur 17 Prozent der Kinder Geschiedener, aber 47 Prozent der Teilnehmer aus intakten Familien, erklärte, ihr Vater habe ihnen das Beten beigebracht [[53]], und weniger als ein Fünftel der Kinder Geschiedener, im Verhältnis zu mehr als einem Drittel der Teilnehmer aus intakten Familien, bestätigte, daß sie oft mit ihrem Vater gebetet hatten. [[55]]

Das vielleicht bedauerlichste Resultat der Untersuchung ist, daß von den jungen Erwachsenen, die zum Zeitpunkt der Scheidung ihrer Eltern regelmäßig eine Kirche oder

Synagoge besucht hatten, zwei Drittel berichteten, niemand – weder ein Priester noch ein anderes Gemeindemitglied – sei in dieser besonders schwierigen Zeit in ihrem Leben auf sie zugekommen und habe mit ihnen geredet, wohingegen nur ein Viertel angab, daß ein Priester oder ein Gemeindemitglied dies getan habe.

Insofern ist es nicht überraschend, daß sich Kinder aus geschiedenen Ehen, wenn sie das Erwachsenenalter erreichen, generell weniger stark einem religiösen Glauben verbunden fühlen und daß sie sehr oft keinem formellen religiösen Bekenntnis gemäß leben. Eine wichtige Studie ergab, daß katholisch und gemäßigt protestantisch aufgewachsene Kinder geschiedener Eltern[60] mehr als doppelt so häufig ihre religiöse Praxis aufgeben wie Menschen, die in intakten Familien aufgewachsen sind, und daß dies bei konservativeren Protestanten mehr als dreimal so wahrscheinlich ist. Im Rahmen der von Professor Glenn und mir durchgeführten landesweiten Studie erklärten 68 Prozent der Teilnehmer aus intakten Familien, verglichen mit 55 Prozent der Teilnehmer aus getrennten Familien, daß sie sehr oder zumindest ziemlich religiös seien [[40]], und 35 Prozent der Teilnehmer aus intakten Familien nahmen zum Zeitpunkt der Umfrage mindestens einmal wöchentlich an Gottesdiensten teil, wohingegen dies nur bei 24 Prozent der Teilnehmer aus getrennten Familien der Fall war. [[42]] Es bestanden auch sehr große Unterschiede hinsichtlich der Kirchenmitgliedschaft. Fast zwei Drittel der Untersuchungsteilnehmer aus intakten Familien, verglichen mit etwas weniger als der Hälfte derjenigen aus getrennten Familien, erklärten, daß sie zur Zeit Mitglieder einer Kirche seien.[61] [[43]]

Obgleich es sich in beiden Fällen nur um eine Minderheit handelt, ging aus der landesweiten Studie auch hervor, daß Kinder Geschiedener mindestens doppelt so oft wie die Mitglieder der Vergleichsgruppe an der Ernsthaftigkeit der religiösen Überzeugung ihrer Eltern zweifelten [[66/69]] – ein Gefühl, das nicht nur die Skepsis hinsichtlich der religiösen Überzeugungen der Eltern zum Ausdruck bringt, sondern auch einen tiefen Mangel an Respekt den eigenen Eltern gegenüber erkennen läßt. 19 Prozent der Kinder geschiedener Ehen, verglichen mit 9 Prozent derjenigen aus intakten Familien, beziehen ihren Zweifel an der Ernsthaftigkeit der religiösen Haltung auf ihre Mütter [[66]] und 27 Prozent – verglichen mit 14 Prozent derjenigen aus intakten Familien – auf ihre Väter. [[69]]

Wie sich eine Scheidung auf die religiöse Identität der betroffenen Kinder auswirkt

Doch dieses allgemeine Bild verschleiert wichtige Unterschiede. Einige aus getrennten Familien stammende Untersuchungsteilnehmer wurden nach der Scheidung ihrer Eltern wesentlich religiöser, andere wandten sich von der Religion ab. Und als junge Erwachsene fühlen wir Kinder Geschiedener uns wahrscheinlich wesentlich religiöser, als unsere Eltern es jemals waren – zweimal so häufig, wie Menschen aus intakten Familien dieses

Gefühl ihren Müttern gegenüber hatten [[65]], und auch wesentlich häufiger, als sie dies ihren Vätern gegenüber empfanden. [[68]]

Und wenn wir als Kinder Geschiedener religiös sind, unterscheiden wir uns auch deutlich hinsichtlich unserer religiösen Identität. Ein ähnlicher Prozentsatz junger Menschen sowohl aus getrennten als auch aus intakten Familien bezeichnet sich als Protestanten. [[38]] Doch während die Untersuchungsteilnehmer aus intakten Familien häufiger Katholiken waren, waren die aus geschiedenen Ehen häufiger evangelikal orientiert.

26 Prozent der Teilnehmer aus intakten Familien waren katholisch, verglichen mit 19 Prozent derjenigen aus getrennten Familien. Aus verschiedenen Gründen ist ein solcher Unterschied zu erwarten. Weil bei Katholiken die Wahrscheinlichkeit einer Scheidung etwas geringer ist, kann man davon ausgehen, daß sich unter ihnen weniger Kinder Geschiedener befinden. Die Fakten lassen sich aber auch anders erklären. Die strengere theologische Sicht der Scheidung könnte einigen katholischen Kindern geschiedener Eltern das Gefühl vermitteln, daß sie in der katholischen Kirche weniger gern gesehen sind. Ein junger Mann sagte: »Man bekam ziemlich deutlich das Gefühl vermittelt, daß man als Kind aus einer geschiedenen Familie kein Katholik mehr sein konnte.« Es ist zwar grundsätzlich nicht zutreffend, daß Kinder, deren Eltern sich haben scheiden lassen, keine Katholiken mehr sein können, aber diese falsche Vorstellung ist trotzdem sehr verbreitet.[62]

41 Prozent der Untersuchungsteilnehmer aus getrennten Familien bezeichneten sich als wiedergeborene oder evangelikale Christen, wohingegen dies bei denjenigen aus intakten Familien in 37 Prozent der Fälle so war. [[39]] Der Unterschied ist mit 4 Prozent nicht besonders groß, doch da Kinder Geschiedener grundsätzlich weniger stark religiös orientiert sind, ist er trotzdem signifikant.

Warum könnten Kinder Geschiedener häufiger evangelikal sein? Generell ist die Zahl der Scheidungen unter denjenigen, die sich als evangelikal bezeichnen,[63] höher als unter freidenkerischen Nichtkirchenbesuchern (wobei allerdings Evangelikale, die regelmäßig zur Kirche gehen, sich seltener scheiden lassen als nicht religiös Orientierte). Es könnte sein, daß etwas mehr Kinder Geschiedener bei einem Elternteil oder bei zwei Eltern aufwuchsen, die sich als evangelikal bezeichneten, und daß die Kinder diese religiöse Identität übernehmen. Andererseits sind evangelikale Kirchen meist eher als konventionellere protestantische Kirchen bereit, sich mit Scheidungen auseinanderzusetzen und sie als Problem – oder sogar als Sünde – anzusehen. Doch andererseits gehen sie auch häufiger aktiv und einladend auf Getrennte und Geschiedene zu. In einer Kultur, die nur zu oft nicht bereit ist, sich damit auseinanderzusetzen, was Kinder geschiedener Eltern durchgemacht haben, wirkt die Bereitschaft evangelikaler Kirchen, offen über die mit einer Scheidung verbundenen Probleme zu sprechen und Geschiedene gleichzeitig willkommen zu heißen, auf viele anziehend.

Ein weiterer Grund,[64] aus dem Kinder Geschiedener evangelikale Kirchen als attraktiver empfinden könnten, ist die Art, wie diese Gemeinden Gott sehen. Die evangelikale

Theologie betont die zentrale Rolle eines Vatergottes als Retter, und junge Menschen, die aus durch Scheidung getrennten Familien stammen, sagen häufig, daß sie Gott als den Vater oder die Mutter sehen, den oder die sie nie hatten.

Gott als Vater oder Mutter

Viele Kinder Geschiedener empfinden es als schmerzhaft, über Gott nachzudenken. Wenn man sich klar macht, wie Vorstellungen über Gott Kindern und Jugendlichen vermittelt werden, erkennt man schnell, warum das so ist. Ich habe kürzlich ein dünnes Buch[65] gefunden, in dem die Autoren die biblische Aussage, daß Gott die Menschen nach seinem Ebenbild geschaffen habe, zu veranschaulichen versuchen, indem sie die Leser fragen: »Hat Ihnen schon einmal jemand gesagt, daß Sie das Lächeln oder die Augen Ihres Vaters haben? Oder wurden Sie schon einmal als so schüchtern oder heiter oder klug wie Ihre Mutter bezeichnet?«

Kinder aus intakten Familien mögen solche Fragen als neutral empfinden. Wie könnte man Kindern besser nahebringen, über ihre spirituelle Erschaffung nachzudenken, als indem man sich auf die beiden Menschen bezieht, die sie (physisch) geschaffen haben? Für Kinder aus geschiedenen Ehen hingegen sind solche Fragen alles andere als unbelastend. Wenn wir uns als Kinder Geschiedener fragen, ob wir das Lächeln unseres Vaters geerbt haben oder ob wir schüchtern wie unsere Mutter sind, aktiviert dies bei uns alle möglichen Gefühle der Beklommenheit. Der scheinbar harmlose Vergleich fördert tiefe und schmerzhafte Gefühle zutage, deren sich die Autoren des erwähnten Buches offenbar nicht bewußt waren. Leider lehren auch heute noch viele Glaubensgemeinschaften Kindern, daß Gott wie ein Vater ist; dabei ignorieren sie, wie die Kinder diese Erklärung aufnehmen und wie sie darauf reagieren.

Ich forderte junge Erwachsene aus geschiedenen Ehen und intakten Familien auf, über die Vorstellung nachzudenken, daß Gott ein Vater oder eine Mutter sei. Die Reaktionen der Kinder Geschiedener waren sehr aufschlußreich sowohl bezüglich ihrer Gedanken über ihre Eltern als auch bezüglich ihrer Gedanken über Gott. Will reagierte auf die Frage verwirrt. Er war auf seinen Vater jahrelang wütend gewesen, weil dieser seine Mutter so schlecht behandelt hatte. Als ich ihn fragte, ob Gott für ihn wie ein Vater oder wie eine Mutter sei, schaute er mich verblüfft an. »Ja, ich denke, ein Vater ist jemand, der unsere letzte Hoffnung ist«, antwortete er langsam. »Er beschützt uns und sorgt dafür, daß alles in Ordnung ist.« Dann wurde seine Stimme unsicher, und er schaute auf seine Hände. »Ich habe eine Niete gezogen. Ich habe einfach eine Niete gezogen.«

Kimberly sagte, Gott sei wie ein Vater oder eine Mutter, weil Gott »versucht, uns zu prüfen. … Wir werden im Leben mit vielen Prüfungen konfrontiert. Und diese Prüfungen müssen von irgendwoher kommen.«

»Kommen sie von Gott?« fragte ich sie.

»Ich glaube schon«, antwortete sie. Kimberly hatte sich die ungewöhnliche Sicht zu eigen gemacht, daß die Rolle der Eltern wie auch Gottes darin bestehe, Menschen mit Prüfungen zu konfrontieren. Im Rahmen unserer landesweiten Umfrage bestätigten 22 Prozent der Kinder Geschiedener Kimberlys Auffassung »Die Schwierigkeiten, mit denen ich in meinem Leben fertig werden muß, kommen von Gott« [91], wohingegen dies bei den Untersuchungsteilnehmern aus intakten Familien nur in 17 Prozent der Fälle so war.

Rochelle sagte, Gott sei wie eine Elternfigur [[83/84]], weil er »mir die Dinge gibt, die ich brauche.« Sie betonte: »Genauso, wie wir unsere Eltern um Dinge bitten können *sollten* und wie sie für uns sorgen *sollten*.« Ihr Vater war, wie sie sagte, in ihrer Kindheit und Jugend nur selten auf ihre Bedürfnisse eingegangen, nicht einmal wenn sie ihn ausdrücklich um etwas gebeten hatte.

Andere erklärten, Gott sei ihnen *nicht* wie eine Elternfigur erschienen. Allison sagte: »Wenn Gott eine Elternfigur wäre, würde ich die Beziehung zu ihm als sehr negativ sehen.« Alicia sagte, Gott sei »wie ein Mentor, ein älterer, weiserer Mensch … nicht wie eine Elternfigur«, womit sie sehr deutlich machte, wie sie ihre Eltern sah. Ein junger Mann erklärte, Gott sei nicht wie eine Elternfigur, weil Gott »klüger ist« als wir. Eine junge Frau sagte, von Eltern erwarte man Zuwendungen und Trost, doch auf sie wirke Gott »wie ein Manager, der alles zu kontrollieren versucht.«

Daniel erwähnte das Buch *Die Farbe von Wasser* von James McBride, in dem der Autor, der als Kind eines schwarzen Vaters und einer weißen Mutter aufwuchs, in der Versicherung seiner Mutter Trost fand, daß Gott weder schwarz noch weiß sei, sondern von »der Farbe des Wassers«.[66] Daniel spekulierte, daß auch Gott weder Vater noch Mutter sei, sondern von der »Farbe des Wassers«, und diese Vorstellung empfand er als befreiend. Melissa erklärte, sie stelle sich Gott nicht als Elternfigur vor, sondern als »Autorität, Kontrolle und Sicherheit«. Sie habe in ihrer Familie keine »umfassende, makellose Liebe« erlebt, und deshalb sei Gott für sie kein »Teil der Familie«.

Verlorene Eltern

Weil Kinder Geschiedener auf die Vorstellung, daß Gott eine Elternfigur ist, auf so vielfältig unerwartete Weisen reagierten, beschloß ich, sie mit jener bekannten biblischen Geschichte zu konfrontieren, in der Gott als gütiger und liebevoller Vater porträtiert wird. Im Gleichnis vom verlorenen Sohn[67] beschließt ein Sohn, sein Elternhaus zu verlassen, und er bittet seinen Vater, ihm sein Erbteil auszuzahlen. Dann reist er in weite Ferne und gibt das Geld seines Vaters aus. Nachdem er den absoluten Tiefpunkt erreicht hat, kehrt er nach Hause zurück und hofft, daß sein Vater ihm gestattet, in seinem Haushalt als Diener zu arbeiten. Doch der Vater nimmt ihn mit offenen Armen wieder auf und veranstaltet zur Feier seiner Rückkehr ein Fest. Oft wird diese Geschichte herangezogen, um zu veranschaulichen, daß Gott uns wie ein liebender Vater willkommen heißt und daß er uns gern vergibt, wenn wir unsere Fehler einsehen und nach Hause zurückkehren.

Einigen jungen Menschen aus intakten Familien erschien diese Geschichte nicht als besonders interessant oder relevant für ihr eigenes Leben, doch andere reagierten sehr positiv darauf. Sie sahen sich selbst als verlorene Söhne oder Töchter – oder sie berichteten, bei ihrer Schwester oder ihrem Bruder sei es so gewesen –, weil sie ihre Eltern durch schlechte Zensuren, Abbruch des College-Besuchs, Drogenkonsum, Geldverschwendung oder den elterlichen Wünschen zuwiderlaufende berufliche Entscheidungen enttäuscht hätten. Doch ihre Eltern hatten sie weiterhin geliebt und sie wieder zu Hause aufgenommen, als sie bereit gewesen waren zurückzukehren.

Jennifer, eine 31jährige Wissenschaftlerin, deren Eltern seit 35 Jahren verheiratet waren, sagte eifrig: »Darüber kann ich Ihnen eine Geschichte erzählen.« Vor vielen Jahren, als sie auf dem College gewesen war, hatte sie »diesen Jungen kennengelernt. Er besuchte keine Schule, und er wollte, daß ich mit ihm durch das Land reiste. Das war für mich sehr aufregend. Deshalb fragte ich meine Eltern erst gar nicht, ob sie damit einverstanden seien, sondern ich rief einfach an und erklärte, ich dächte darüber nach, dies zu tun. Ihre Reaktion war ein massives Nein. Sie sagten: ›Was fällt dir eigentlich ein? Du kannst doch nicht einfach das College abbrechen!‹ Und sie sagten auch noch viele andere Dinge, die Eltern in solchen Situationen sagen. Aber ich hörte einfach nicht hin.

Wir kauften uns einen alten Volvo-Kombi, in dem wir wohnen wollten. Dann besorgten wir uns alle möglichen anderen Dinge – ein Futon und genügend Reis und Bohnen für die nächsten zwanzig Jahre. Schließlich rief ich meine Eltern aus Utah an und sagte: ›Hallo, wißt ihr, was los ist? Ich wollte euch sagen, daß es mir gut geht, aber ich habe die Schule abgebrochen.‹ Und sie antworteten nur: ›Geht es dir gut? Bitte, ruf uns weiter an.‹« Sie lachte traurig. »Ich erinnere mich daran, daß ich ihnen einen Brief schickte, in dem ich geschrieben hatte: ›Ich weiß, was ich tue, und ich bin einfach ein Individuum, und blah blah blah. Ich liebe euch sehr, aber ihr müßt verstehen, daß ich jetzt erwachsen bin. Außerdem sind wir sehr verliebt.‹«

Sieben Monate später hatte sich die Situation stark verändert. Jennifer war im tiefsten Süden, das Auto war kaputt, sie mochte ihren Freund nicht mehr, sie hatte starke Gewissensbisse wegen des College-Abbruchs und wegen alldem, was sie dadurch versäumt hatte, und sie sehnte sich sehr nach ihren Eltern.

Sie erzählte: »Mir wurde klar, daß meine Entscheidung falsch gewesen war, und ich beschloß, meinen Freund zu verlassen.« Sie besorgte sich ein Busticket und fuhr nach Hause, nach Richmond in Virginia. »Ich hatte meine Eltern nicht angerufen, um meine Ankunft anzukündigen. Und ich war völlig in Panik. Ich stieg in meinen Hippieklamotten und wallendem Haar die Treppe zur Eingangstür hinauf. Und sie umarmten mich so herzlich, wie ich es noch nie erlebt hatte. Beide weinten und sagten: ›Wir sind froh, daß du hier bist!‹ Mir war so peinlich, was ich getan hatte und wie dumm ich gewesen war, und sie empfingen mich so herzlich. Das war einfach unglaublich.«

Wie Jennifer konzentrieren sich Menschen, die aus intakten Familien stammen, wenn sie die Geschichte vom verlorenen Sohn hören, auf das Ende der Geschichte, wo der Sohn erlebt, daß er trotz seiner Fehler geliebt wird. Doch Kinder geschiedener Eltern denken oft eher über den Anfang dieser Geschichte nach. Daß jemand sein Heim verläßt, sagt uns etwas, allerdings nicht unbedingt die Vorstellung, daß ein *Kind* dies tut. Vielmehr werden einige von uns daran erinnert, daß sie allein zu Hause waren, während ihre geschiedenen Eltern arbeiten mußten oder ausgegangen waren, oder wir denken an das Weggehen, durch das es zur Scheidung kam. In unserer Deutung der Geschichte sind die Rollen vertauscht: Es geht nicht um einen verlorenen Sohn, sondern um verlorene Eltern.

Joanna sagte, wenn sie als Jugendliche in der Kirche die Geschichte vom verlorenen Sohn gehört habe, habe sie immer gedacht: »Vielleicht wird mein Vater eines Tages beschließen, wieder zu uns zurückzukommen.« Nachdem sich ihre Eltern hatten scheiden lassen, als sie fünf Jahre alt gewesen war, hatte ihr Vater weiter in der gleichen Stadt gelebt, aber Joanna und ihre Brüder nur einmal im Jahr gesehen. Er hatte sie während der Weihnachtsfeiertage für ein paar Stunden abgeholt und war mit ihnen frühstücken gegangen. Wenn er sie anschließend wieder zurückbrachte, pflegte er zu sagen – »man konnte die Uhr danach stellen«, wie Joanna bemerkte – »Ich komme dann samstags mal wieder vorbei und hole euch ab«, aber das tat er nie. Nach diesen Besuchen zog Joanna sich in ihr Zimmer zurück und weinte. Sie hatte sich immer gefragt, warum ihr Vater wesentlich mehr Zeit mit den fünf Kindern verbrachte, die seine zweite Frau mit in die Ehe gebracht hatte, als mit seinen eigenen drei Kindern.

Joanna berichtete, sie habe ihrem Vater viele Gelegenheiten gegeben zurückzukommen. Sie ist ihm gegenüber sehr vorsichtig und auf der Hut, aber sie möchte den Kontakt zu ihm aufrechterhalten, und insbesondere möchte sie, daß er ihr Baby kennenlernt. Sie hat sogar zu ihm gesagt: »Ich bin bereit, mir Mühe zu geben, aber ich muß sehen, daß auch du dich bemühst. Und damit meine ich nicht, daß du einmal kommst und dann wieder für ein Jahr verschwindest.« In der Geschichte vom verlorenen Sohn ist der Vater bereit, seinem Sohn, obwohl dieser Fehler gemacht hat, eine zweite Chance zu geben. Diese Geschichte erinnert Joanna an ihre eigene Bereitschaft, die Hoffnung nicht aufzugeben, daß ihr Vater irgendwann Interesse an ihrem Leben entwickeln wird, obwohl er sie als Kind ständig zurückgewiesen hat.

Auch andere Kinder Geschiedener denken, wenn sie die Geschichte vom verlorenen Sohn hören, daran, daß ihre Eltern sie verlassen haben. Alicias Eltern hatten sich scheiden lassen, als sie sieben Jahre alt gewesen war. Beide heirateten innerhalb eines Jahres erneut, und beide ließen sich später wieder scheiden. Als ich sie fragte, ob die Geschichte vom verlorenen Sohn für ihr Leben irgendeine Bedeutung hätte, antwortete sie: »Ich habe ehrlich gesagt noch nie erlebt, daß jemand weggeht und später zurückkommt und willkommen geheißen wird.« Sie lachte bitter. »In meinem Leben sind die Menschen entweder irgendwohin gegangen und haben anschließend wieder etwas anderes gemacht, oder sie sind weggegangen und dann dort geblieben, wo sie hingegangen waren.«

Andere Kinder geschiedener Eltern deuten die Geschichte noch etwas anders. Sie denken an den Sohn, der nach Hause kommt, aber sie sagen, selbst wenn sie rebelliert und ihr Zuhause verlassen hätten, hätte es kein stabiles Zuhause gegeben, zu dem sie hätten zurückkehren können. Sie sehen *sich* als diejenigen, die an Ort und Stelle geblieben sind, während ihre Eltern kamen und gingen, oder sie sehen sich als diejenigen, die hin und her reisten, um die Verbindung zu ihrer Familie aufrechtzuerhalten.

Melissa dachte über die Geschichte nach und sagte: »Ich fand diese Entwicklung immer sehr schön, falls so etwas tatsächlich jemals funktioniert hat … daß man einfach weggehen konnte und die Liebe trotzdem Bestand hatte. Für mich stellte sich die Frage: ›Wenn sie mich lieben, warum leben sie dann so weit voneinander entfernt? Und warum gehen sie ständig mit Freunden aus? Als Kind Geschiedener bleibt man immer an einem Ort und bemüht sich mit aller Kraft, die Situation zu stabilisieren.«

Melissa erklärte: »Ich dachte mir, wenn ich wegginge, dann wäre mein Zuhause nicht mehr da, wenn ich später zurückkommen wollte.«

Eine andere junge Frau aus einer durch Scheidung getrennten Familie, die ich im Rahmen eines früheren Projekts interviewte,[68] sagte, einigen ihrer Freunde bedeute die Geschichte vom verlorenen Sohn sehr viel. »Sie fühlen sich, als seien sie fortgegangen, hätten ihre Familien im Stich gelassen und seien später zurückgekommen. Doch ich war in meiner Familie immer die Pflichtbewußte – diejenige, die weit reiste, um meine Mutter und meinen Vater zu sehen. Ich habe nicht einmal etwas bekommen, das ich hätte zurückweisen können! Nichts war so stabil, als daß man davon hätte weggehen und wieder dahin zurückkommen können.«

Du sollst Vater und Mutter ehren

Die Reaktionen von Kindern Geschiedener auf die Geschichte vom verlorenen Sohn empfand ich als so ergreifend, daß ich beschloß, sie auch nach einem der Zehn Gebote zu befragen, demjenigen, das vorschreibt, Vater und Mutter zu ehren. Weil die Zehn Gebote die westlichen religiösen, kulturellen und juristischen Traditionen so stark geprägt haben, nehmen viele Menschen sie ernst, auch wenn sie sich nicht für besonders religiös halten; und dies gilt insbesondere für Gebote, die alltagsrelevante moralische Grundsätze betreffen.

Junge Erwachsene, deren Eltern noch verheiratet sind, reagieren auf die Erwähnung des Gebots, Vater und Mutter zu ehren, häufig, indem sie darüber sprechen, was ihre Eltern für sie getan haben. Dies werde erst mit zunehmendem Alter – ihrem eigenen und dem ihrer Eltern – bewußter. Ein Mann sagte: »Als Kind glaubt man, das Leben sei leicht. Ich habe meine Eltern früher oft kritisiert. Wenn man erwachsen wird, erkennt man, daß das Leben ziemlich kompliziert ist. Je älter ich werde, um so netter gehe ich mit meinen Eltern um.« Ein anderer sagte, daß er das Gebot, die Eltern zu ehren, für sehr wichtig halte, weil die Eltern »mir so viel gegeben und so viel für mich geopfert haben. Ich habe großen Respekt vor ihnen.« Eine Frau sagte, in ihrer Jugend habe sie alles, was mit ihren Eltern zusammengehangen habe, kritisiert, doch nun falle es ihr leicht, sie zu ehren. »Meine Eltern waren Rockstars. … Ich verehre sie sehr. Wir hatten zusammen gute und schlechte Zeiten, aber verglichen mit vielen anderen, die ich kenne, hatte ich eine ziemlich außergewöhnliche Kindheit.«

Eine andere junge Frau sagte: »Mein Vater und meine Mutter haben so viel für mich getan und so viele Opfer für mich gebracht, daß es der Gipfel der Respektlosigkeit wäre, sie nicht zu ehren.« Ihre Eltern zu ehren bedeutete für sie, »dafür zu sorgen, daß es ihnen gut geht, wenn sie älter werden, sich um die Erfüllung ihrer alltäglichen und emotionalen Bedürfnisse zu kümmern und eine Beziehung zu ihnen zu unterhalten.« Wie sie erklärte auch eine andere junge Frau, die Eltern zu ehren bedeute, »in einer Beziehung zu ihnen zu stehen«. Sie sagte: »Wenn ich an das Ehren denke, fällt mir die Beziehung ein, die ich zu ihnen habe. … Auf diese Weise ehren wir unsere Eltern: indem wir ihnen unsere Liebe zeigen, indem wir ihnen etwas geben und uns so für all das revanchieren, was sie uns gegeben haben.«

Nicht alle jungen Erwachsenen aus intakten Familien sahen dieses Gebot so positiv. Einige hatten schwierige Beziehungen zu ihren Eltern. Ein Mann aus einer intakten Familie, in der starke Konflikte aufgetreten waren, erklärte, für ihn sei es sehr schwierig gewesen, sich an das Gebot, die eigenen Eltern zu ehren, zu halten. »Ich habe mit meiner Frau darüber gesprochen, was es beinhaltet.« Er sagte, ihm sei klar geworden, »wenn man bei allem, was sie tun, nur immer nickt und sagt: ›Oh, das ist wunderbar‹, dann hat das nichts mit Ehren zu tun.«

Während Kinder verheirateter Eltern nur dann sagen, daß sie mit der Erfüllung dieses Gebots Schwierigkeiten haben, wenn es in ihrer Familie schwerwiegende Probleme gegeben hat, empfinden Kinder geschiedener Eltern das Gebot häufig als generell für sie problematisch. Wichtig ist dabei, daß es die Eltern als eine Einheit darstellt, was bei ihren leiblichen Eltern nicht zutrifft. Doch die Probleme reichen noch viel tiefer.

Einige Kinder aus geschiedenen Ehen sagen, daß sie einen Elternteil ehren, der sich für sie sehr aufgeopfert habe – oft ist dies eine alleinstehende Mutter, die mit großen Schwierigkeiten fertig werden mußte und der es gelang, ihre Kinder gut zu erziehen. Doch an die Aufopferung dieses Elternteils dachten sie häufig, weil der andere Elternteil versagt hatte. Sie konzentrierten sich oft auf den Elternteil, der versagt hatte, und sie erklärten, sie hätten damit gerungen, wie dieses Gebot in Anbetracht der Fehler, die ihre Eltern gemacht hätten, zu verstehen sei. Wieder andere Kinder Geschiedener waren der Ansicht, ihre beiden Eltern hätten sich für sie nicht sonderlich aufgeopfert, und sie selbst hätten sich über dieses Gebot die meisten Gedanken gemacht.

Die Untreue ihrer Eltern und das Gefühl, von ihnen im Stich gelassen worden zu sein, hatten einige Kinder Geschiedener im Hinblick auf das Gebot, die eigenen Eltern zu ehren, in große Schwierigkeiten gebracht. Joanna sagte, sie frage sich, wie sie ihren Vater ehren solle, wo sie doch wisse, daß er ihre Mutter wegen einer Affäre verlassen habe. Will sagte, er ehre seine Mutter, doch angesichts der Untreue seines Vaters und »des Schmerzes, den er meiner Mutter und mir zugefügt hat, könnte ich ihn im Moment kaum ehren.« Eric sagte, er respektiere und ehre seine Mutter heute, doch sei das nicht immer so gewesen. Ihre Affäre mit einem Freund hatte zur Scheidung ihrer Ehe geführt, und deshalb habe er viele Jahre lang den Respekt vor seiner Mutter verloren.

Andere rangen mit mangelndem Vertrauen zu einem Elternteil. Kimberly hatte sich als Heranwachsende oft mit ihrer Mutter gestritten. Sie sagte, als Kind habe sie sich im Hinblick auf das Gebot gefragt: »Warum soll ich meine Mutter ehren, wenn sie nicht in der Lage ist, mir ihre Liebe zu zeigen oder mich zu ehren?« Ashleys Beziehung zu ihrer Mutter war ähnlich schwierig gewesen, und sie sagte, sie verstehe das Gebot nun im Sinne von »Ehre deinen Vater, und sieh zu, daß du mit deiner Mutter zurechtkommst.« Mit der Mutter »zurechtzukommen« bedeutete für sie, den Anschein einer Verbindung zu ihr aufrechtzuerhalten – beispielsweise daran zu denken, ihr zum Muttertag und an ihrem Geburtstag etwas zu schenken –, jedoch im übrigen Distanz zu ihr zu halten.

Samantha sagte: »Die eigenen Eltern zu ehren ist eine gute Sache, vielleicht bis zu einem bestimmten Alter, bis man selbst etwas über die Welt gelernt hat.«

Ich fragte sie: »In welchem Altern haben Sie selbst etwas über die Welt gelernt?«

Sie massierte einen angespannten Nackenmuskel und antwortete: »Ich glaube, ich habe es ziemlich früh gelernt, weil meine Mutter zum zweiten Mal geheiratet hat, als ich zehn Jahre alt war. Ich habe damals gelernt, daß ich nicht unbedingt mit allem, was sie tut, einverstanden bin. Deshalb würde ich das Gebot, die Eltern zu ehren, etwas umformulieren, nämlich zu ›Ehre deine Eltern, aber benutze dabei dein Urteilsvermögen, so gut du kannst.‹«

Die Beziehungen mancher Kinder Geschiedener zu beiden Eltern sind so schwach oder schmerzhaft, daß sie nicht wissen, wie sie das Gebot erfüllen sollen, daß ihnen dies sogar als unmöglich erscheint. Melissa scheuchte ihre Katze von ihrem Schoß und sagte dann, sie ehre ihre Eltern aus folgendem Grund nicht: »Ich bin nicht der Meinung, daß sie sich um ihre Kinder so gekümmert haben, wie sie es eigentlich hätten tun mussen. Um ein kleines Kind, das hilflos ist, sollten sich die Eltern mit großer Hingabe kümmern. … Mir ist nie in den Sinn gekommen, meine Eltern ohne jede Einschränkung zu ehren, weil sie dies umgekehrt auch nicht getan haben.«

Alicia, die keinerlei Schwierigkeiten hatte, über spirituelle Themen zu reden, konnte mit dem Gebot, die Eltern zu ehren, nichts anfangen. »Was bedeutet das genau? Ihre

Wünsche ehren? Ich weiß einfach nicht, was es bedeuten soll.« Dann runzelte sie die Stirn. »Jeder ehrt auf eine andere Weise, nicht wahr? Wie ehren Sie?«

Obwohl einige Kinder geschiedener Eltern mit dem Gebot nichts anfangen konnten, sprachen andere – besonders diejenigen, die als Praktizierende eines Glaubens aufgewachsen waren – darüber, daß dieses Gebot sie dazu gebracht habe, sich mit ihrer Beziehung zu ihren Eltern auseinanderzusetzen. Die Existenz des Gebots hatte sie dazu veranlaßt, an einer Beziehung zu arbeiten, in der sie verletzt oder enttäuscht worden waren, statt sich, nachdem sie erwachsen und unabhängig waren, einfach davon zu distanzieren.

Katy sagte, das Gebot habe sie in ihrem Leben sehr unterstützt. »Es hat mich dazu gebracht, meine beiden Eltern zu achten und zu ehren, mochte kommen, was wollte.« Sie erinnerte sich, daß das Gefühl, sie müsse ihren Vater ehren, teilweise erkläre, weshalb sie auch nach dem Verlassen ihres Elternhauses weiterhin ihren Vater besucht habe.

Anthony sagte, er habe in seiner Jugend oft über das Gebot nachgedacht. Er erinnerte sich, daß sein Vater verletzt gewesen war, als Anthony und sein Bruder, damals beide Teenager, ihn nicht oft hatten besuchen wollen. Der Vater hatte gesagt: »In der Bibel steht, daß man seinen Vater ehren soll, und ich habe nicht das Gefühl, daß ihr das mir gegenüber tut.« Anthony hatte mit seinem Vater über dieses Thema gestritten und ihm erwidert, in der Bibel stehe auch, daß Eltern ihre Kinder ehren sollten, und das hatte sein Vater nach seinem Gefühl nicht getan.

Als Erwachsener hatte Anthony das Problem gelöst, indem er zu der Auffassung gelangt war: »Die Gebote sind etwas, woran wir uns Gottes wegen halten. Du ehrst deinen Vater, weil Gott es dir aufgetragen hat – und indem du es tust, ehrst du Gott.« Heute ehrt er seinen Vater weniger, als daß er ihn bedauert: »Was das Ehren angeht, so habe ich ihn nie völlig verlassen und nichts mehr mit ihm zu tun haben wollen. Mir tut leid, daß er keine Menschen hat, die ihn wirklich lieben und die sich ihm als ihrem Vater verbunden fühlen.«

Rochelle war von ihrem Vater zutiefst enttäuscht gewesen. Sie hatte ihr Herz erforscht, gebetet und mit ihrem Vater über ihre Empfindungen gesprochen. Mittlerweile ist sie an einen Punkt gekommen, an dem sie ihm »zugetan sein kann, wie er mir nie zugetan war«, und zwar teilweise, weil sie weiß, daß dieses Gebot existiert.

Tammy beschrieb ein ähnliches Erlebnis des Vergebens ihrem Vater gegenüber im Laufe ihrer spirituellen Entwicklung und als deren Resultat, und sie erklärte: »Selbst wenn ich heute auf meinen Vater wütend bin, will ich nichts tun, das Gott nicht gefällt.«

Als ich Steve nach dem Gebot befragte, sagte er gereizt: »Ich ringe mit diesem Gebot, seit ich meinen Glauben gefunden habe, und ich tue das immer noch. … Nur aufgrund meines Glaubens beschäftige ich mich damit, daß ich mich so verhalten muß. Wäre das nicht der Fall, hätte ich meine Mutter wahrscheinlich schon längst abgeschrieben; und mit meinem Vater verhält es sich genauso. … Aber ich kann Gott nicht ehren, wenn ich nicht meine Mutter und meinen Vater ehre.«

Michael erinnerte sich daran, daß er nach seiner Bekehrung zum Christentum als Teenager oft über dieses Gebot nachgedacht hatte und auch darüber, welche Bedeutung es für seinen Glauben und für seine Beziehung zu seinen Eltern hatte. Er sagte, seine Mutter zu ehren sei für ihn leicht. Bezüglich seines Vaters jedoch erklärte er: »Okay, ich respektiere ihn, aber das bedeutet nicht, daß ich ihn immer mögen muß.«

Nach Hause kommen

Glaubenstraditionen können Kindern Geschiedener als unverständlich oder irrelevant erscheinen, insbesondere wenn ihre Deutung unser Erleben ignoriert. Doch enthalten die gleichen Überlieferungen auch bewegende Geschichten, die uns helfen können, Erlebtes auf neuartige Weise zu verstehen. Eine dieser Geschichten ist die über das Exil. In der jüdisch-christlichen Überlieferung spielt die Geschichte vom Exil in einigen Büchern alttestamentlicher Propheten sowie in der Geschichte des Judentums generell eine zentrale Rolle; und auch für den christlichen Glauben ist das Exil ein wichtiges Thema.

Wir Kinder Geschiedener, die den Kontakt zu unseren beiden Eltern aufrechterhalten, sind Reisende und als solche ständig unterwegs. Wir fühlten uns oft weit weg von zu Hause und waren unsicher, wo wir hingehörten. Was wir erlebt haben, ist der biblischen Geschichte vom Exil nicht unähnlich. Zwar wurden wir meist nicht fortgeschickt – obwohl auch das manchmal vorkommt. Vielmehr mußten wir weggehen, weil Kräfte, auf die wir keinen Einfluß hatten, uns dazu zwangen. Oft war eine Sorgerechtsregelung, nicht die Wünsche unserer Eltern, der Grund unseres rastlosen Reisens.

Als Kinder geschiedener Eltern haben wir in zweifacher Hinsicht eine Art Exil erlebt. Zunächst haben wir unsere Ursprungsfamilie verloren. Zwar gab es in unserem Leben meist weiterhin eine Mutter und einen Vater, doch dieses Leben wurde nie mehr so, wie es einmal gewesen war. Das Erlebnis von Mutter und Vater als einer Einheit – unseren Eltern –, das Heim, in dem wir mit ihnen zusammen lebten, und die Freunde, die dort verkehrten, das umfassende Beziehungsnetz, innerhalb dessen die Ehe unserer Eltern existierte – ein Teil von alldem oder all dies ging uns verloren.

Das zweite Exilerlebnis erstreckte sich über unsere gesamte Kindheit, während der wir ständig zwischen unseren Eltern hin- und herreisten. Kinder spüren in Gesellschaft ihrer beiden Eltern eine elementare Ganzheit, die nur mit der Nähe und Sicherheit vergleichbar ist, in deren Genuß wir als Erwachsene in intimen Beziehungen zu gelangen hoffen. Doch nachdem unsere Eltern kein verheiratetes Paar mehr waren, sondern sich wieder in zwei Einzelne verwandelt hatten, erlebten wir jene elementare Ganzheit nie mehr. Für Kinder Geschiedener bedeutet der Kontakt mit einem Elternteil *immer*, daß sie den anderen Elternteil verlieren. Im Laufe der Zeit wurde auf diese Weise unsere gesamte Existenz geteilt – wir wurden zwischen zwei Welten zerrissen. Exil ist eine spirituelle Bezeichnung für unser Gefühl inneren Geteiltseins. Diese hilft zu erklären, weshalb wir uns geteilt und verstreut fühlen.

Doch das Exil ist nicht das Ende der Geschichte. In der jüdisch-christlichen Tradition wird den Gläubigen versichert, daß sie zu Gott heimkehren können. Wie Katy und Michael gelangen einige zu der Überzeugung, daß eine spirituelle Reise im Rahmen einer Glaubensgemeinschaft möglich ist und heilend wirkt. Sie entdecken eine ganzheitliche Identität und eine ebensolche Lebensgeschichte, und dies hilft ihnen, ihre sich verändernden und komplexen Familiengeschichten zu verstehen.

Ich persönlich ringe immer noch mit diesen Fragen. Im Moment finde ich Frieden und Hoffnung in meiner eigenen wachsenden Familie und in meinem Schreiben. Vor Jahren habe ich entdeckt, daß ich im Sturm Ruhe finden konnte, indem ich versuchte, den Sturm zu benennen, ihn in Worte zu fassen. Wenn ich aufhörte zu schreiben, überkam mich ein gewisser Friede – ein Gefühl der Ordnung oder sogar der Schönheit wurde dann wiederhergestellt.

Das Schreiben dieses Buches war für mich eine spirituelle Übung: eine Übung im tiefen Hinterfragen, eine Suche nach Sinn, eine Entdeckung der Verbindung zu anderen, eine Bestätigung dessen, daß ich nicht allein bin. Aufgrund der Untersuchungen, die ich im Rahmen der Arbeit an diesem Buch durchgeführt habe, bin ich mir heute sicher, daß die Scheidung meiner Eltern mich nicht definiert – daß wir alle viel zu komplex sind, als daß ein einzelnes Ereignis in unserem Leben uns erklären könnte. Doch selbst wenn wir nicht das Gefühl haben, daß die Trennung unserer Eltern uns definiert, ist ihre Trennung für unserer Selbstverständnis von zentraler Bedeutung.

8

Ehrlichkeit im Umgang mit Kindern Geschiedener

Dieses Buch beschreibt meinen Versuch, die Wahrheit über die Scheidung herauszufinden, eine Reise, die ich antrat, als ich Mitte Zwanzig war, und die nun – ich bin mittlerweile fast 34 Jahre alt – zu ihrem Ende gelangt. Ich muß zugeben, daß ich zu Anfang dieser Reise wütend war. Ich war all der starren Annahmen, die andere Menschen über mein Leben entwickelt hatten, müde. Zu viele Menschen glaubten, weil meine Eltern mich liebten und sich nicht stritten oder weil sie sich schon so früh hatten scheiden lassen, daß ich mich nicht daran erinnern konnte, oder weil es mir gelungen war, mit den Anforderungen, mit denen das Leben mich konfrontierte, ziemlich gut fertig zu werden, könne die Scheidung keine so schwerwiegende Wirkung auf mich gehabt haben. Meinem Gefühl nach hatten meine Eltern und hatte die Kultur als Ganzes mein reales Erleben kaum verstanden.

Wie wohl jeder Mensch bin auch ich immer noch gelegentlich über meine Eltern frustriert, aber ich bin nicht mehr wütend auf sie. Ihre Entscheidung, sich zu trennen, hatten sie vor langer Zeit getroffen, als sie beide noch 21 Jahre alt gewesen waren. Als sie sich trennten, hatten die damaligen Experten immer wieder betont, wenn sie selbst glücklich seien, würden auch ihre Kinder glücklich werden. Einige vertraten zu jener Zeit sogar die Auffassung, daß Eltern, deren Ehe nicht glücklich sei, die Pflicht hätten, sich scheiden zu lassen, weil sie andernfalls ihren Kindern irreparablen Schaden zufügten. Differenziertere Vorstellungen über Glück – daß es in Ehen Abstufungen des Unglücklichseins gibt, daß eheliches Glück sich in Zyklen einstellen kann, daß eine Scheidung Erwachsene nicht immer automatisch glücklich macht und daß Kinder sich von Natur aus über das Glück ihrer Eltern nicht so viele Gedanken machen wie über ihr eigenes – hatten Anfang der 1970er Jahre kaum Einfluß.

Wenn ich mir heute meine Mutter, meinen Vater und meine Stiefmutter, die ich nun schon fast fünfzehn Jahre habe, anschaue, dann fällt mir auf, wie sehr sie alle meine Arbeit an diesem Buch unterstützt haben, wie stolz sie auf meine Erfolge sind, wie herzlich sie meinen Ehemann aufgenommen haben und wie wunderbar sie als Großeltern sind. Für all dies bin ich ihnen dankbar.

Doch ich ärgere mich immer noch über die Kultur, in der ich lebe. Seit Beginn des neuen Jahrtausends sind mittlerweile schon wieder fünf Jahre vergangen. Wir haben mehr als drei Jahrzehnte lang die Auswirkungen des starken Zunehmens von Scheidungen miterlebt. Einige umfangreiche Studien sind durchgeführt worden, und die erste Generation der Kinder Geschiedener ist erwachsen geworden und hat angefangen, ihre Stimme zu Gehör zu bringen. Doch unsere Gesellschaft ignoriert in der Debatte über die Scheidung nach wie vor die Kinder. Für die Elterngeneration, die uns aufgezogen hat, und für heutige geschiedene Eltern ist die Geschichte, die in diesem Buch erzählt wird, völlig neu.

Vergleichen Sie die Sichtweise, die in diesem Buch beschrieben wird, mit folgenden Ansichten, die in unserer Kultur immer noch vertreten werden:

→ Das eigentliche Problem bezüglich der Scheidung sind Eltern, die nicht aufhören, sich zu streiten. Wenn Eltern eine »gute Scheidung« gelingt, geht es ihren Kindern gut.

→ Kindern geschiedener Eltern, die nicht offensichtlich geschädigt werden, geht es gut, und niemand braucht sich um sie zu sorgen.

→ Durch Scheidung getrennte Familien sind einfach eine von vielen verschiedenen Arten von Familien. Wir sollten die familiäre Vielfalt begrüßen und aufhören, geschiedenen Eltern Schuldgefühle zu vermitteln.

→ Es spielt keine Rolle, ob die Mutter und der Vater eines Kindes verheiratet sind und zusammenleben. Entscheidend ist, daß Kinder eine Familie haben, die sie liebt.

Wir werden ständig mit *Happy-talk*, optimistischen Stellungnahmen zum Phänomen der Scheidung, konfrontiert. Dieser Sichtweise mögen die besten Absichten zugrunde liegen. Geschiedene Eltern sind verletzlich und sorgen sich um ihre Kinder. Deshalb versuchen die Experten, sie zu beruhigen und ihnen nützliche Ratschläge zu geben. Doch wenn *Happy-talk* den Schmerz, den Kinder Geschiedener empfinden, bagatellisiert, verzerrt oder ignoriert, wird damit die Grenze zum Bereich handfester Schädigungen überschritten.

Zungenfertige, übertrieben optimistische Annahmen über die Situation nach einer Scheidung haben meine Generation in ihrer Kindheit und Jugend geschädigt, und sie schädigen auch die heute aufwachsende Generation von Kindern geschiedener Eltern. Deshalb frage ich mich: Kann unsere Kultur bezüglich der Kinder Geschiedener ehrlich werden?

Das Märchen von der »guten Scheidung«

Die Vorstellung der »guten Scheidung« hat mit der Realität der betroffenen Kinder wenig zu tun. Selbst im Falle einer »guten Scheidung« sagte die Hälfte der befragten Betroffenen, sie hätten sich schon als kleine Kinder wie Erwachsene gefühlt. [[11]] Die Hälfte sagte, das Leben in ihrer Familie sei sehr belastend gewesen. [[10]] Mehr als die Hälfte sagte, sie hätten viele Verluste erlebt. [[60]] Fast die Hälfte sagte, die Regeln in den Haushalten ihrer beiden Eltern seien unterschiedlich gewesen. [[13]] Ein Drittel sagte, sie seien als Kinder sehr einsam gewesen. [[104]] Eine »gute Scheidung« anzustreben mag bewirken, daß sich die Erwachsenen bei ihrem Beschluß, sich scheiden zu lassen, oder bei der Scheidung, die ihnen von ihrem Partner aufgezwungen wurde, besser fühlen; doch die Geschichten, die Kinder geschiedener Eltern erzählen, zeigen, daß es falsch und irreführend ist, das, was wir erlebt haben, als »gut« zu bezeichnen.

Rebecca Walker, die Autorin von *Black, White, and Jewish*, hat das, was als »gute Scheidung« bezeichnet wird, erlebt. Sie hielt engen Kontakt zu ihren beiden Eltern, und diese kamen relativ gut miteinander aus. Doch um ihren beiden Eltern nahe sein zu können, mußte Rebecca es auf sich nehmen, regelmäßig zwischen den beiden Welten ihrer Eltern hin und her zu reisen, wobei sie nie wußte, zu welcher dieser beiden Welten sie wirklich gehörte oder wo die Grenzen ihres »veränderlichen Selbst« lagen.

Walker schreibt, als ihre Eltern sich hätten scheiden lassen, »beschlossen sie, daß ich abwechselnd jeweils zwei Jahre bei einem von ihnen verbringen sollte. Ich weiß nicht, wie sie auf diesen Gedanken gekommen sind. … Ihre Entscheidung hatte zur Folge, daß ich jedes zweite Jahr umziehen und die Schule wechseln mußte. … Dieses ständige Hin und Her von einer jüdischen in eine schwarze Umgebung, von D. C. nach San Francisco, von einem Mittelklasse-Milieu in eine radikale Künstler-Bohème, ist nicht mit dem Zappen von Sender zu Sender, sondern eher mit einem Wechsel von Planet zu Planet, zwischen Universen, die einander nie überlappen, zu vergleichen. Ich durchlebe Tage und Wochen, lerne Menschen und Orte kennen, schaffe eine Verbindung zu ihnen und muß mich dann wieder von ihnen lösen. Ich begegne Menschen und verabschiede mich wieder von ihnen. Wenn man bei alldem an etwas festhalten will, macht man es sich schwerer, sich anzupassen und die Erfordernisse einer neuen Umgebung zu erfüllen. Leichter ist es, zu vergessen, immer wieder ganz von vorn anzufangen, die Welt wie in einem Film vorüberziehen zu lassen, ohne daß irgend etwas haften bleiben kann.«[69]

Einige mögen sagen, wenn geschiedene Eltern an den beiden entgegengesetzten Küsten des Landes lebten und erwarteten, daß ihr Kind alle zwei Jahre vom einen zum anderen Elternteil umziehe, dann sei das natürlich keine »gute Scheidung«. Es sei kein Wunder, daß dies für die kleine Rebecca zuviel gewesen sei. Aber genauso schwierig ist es – und manchmal sogar noch schwieriger –, wenn die beiden Eltern weiter in der gleichen Stadt leben und die Kinder häufig zwischen ihnen hin- und herreisen. Sogar einige Befürworter einer »guten Scheidung« bestätigen, daß dieses Hin und Her für die Kinder sehr schwierig ist. Doch merkwürdigerweise bringt diese Beobachtung sie nicht dazu, ihre Vorstellung von einer »guten Scheidung« grundsätzlich zu überdenken.

Constance Ahrons gesteht in ihrem Buch *Die gute Scheidung*: »Ganz gleich, wie gut Eltern kooperieren, die Kinder müssen in jedem Fall eine Anpassungsleistung erbringen, wenn sie vom einen Elternteil – und dessen Heim – zum anderen wechseln.« Sie führt das Beispiel von Janet und Sybil[70] an, zwei kleinen Mädchen im Alter von vier und sieben Jahren, die eine Hälfte der Woche im Haus ihrer Mutter verbringen und die andere Hälfte bei ihrem Vater. Ahrons beschreibt ihre Familie als eines von vier Beispielen für gut funktionierende, durch Scheidung getrennte Familien. Mit anderen Worten: Janet und Sybil wachsen in einem der *besten* Szenarien einer »guten Scheidung« auf, die Ahrons anführt.

Sie schreibt: »Es kommt nicht selten vor, daß die Kinder einige Stunden oder sogar einige Tage lang ärgerlich oder übertrieben anhänglich oder distanziert sind, bevor sie sich [an das andere Zuhause] anpassen. … An den Tagen des Umzugs in den anderen Haushalt regredierte Janet, die Jüngere der beiden. Sie lutschte verstärkt am Daumen, wurde weinerlich und klammerte sich an ihre Mutter. Sybil hingegen verhielt sich völlig anders. Sie wurde schon vor dem Wechsel etwas unbändig. Sie war unabhängiger und etwas ungezogen.«

Ahrons beschreibt die Reaktionen der Mädchen sehr sachlich, als handle es sich um geringfügige Details, mit denen man sich im Rahmen der übergeordneten Aufgabe, eine »Zweikernfamilie« zu organisieren, eben auseinandersetzen müsse. Bei der Lektüre ihres Buches stellte ich schockiert fest, daß sie offensichtlich keinen einzigen Augenblick darüber nachgedacht hatte, daß das deutlich erkennbare Leiden der Kinder ihre zuversichtliche Darstellung dieser »Zweikern«-Modellfamilie ad absurdum führte. Die Reaktionen der beiden Mädchen zeigen deutlich, wie sehr die angeblich konstruktive Regelung sie belastete – das vierjährige Kind regredierte, lutschte verstärkt am Daumen und hängte sich an die Mutter, und das siebenjährige geriet schon vor dem Wechsel in den anderen Haushalt in eine Krise. Dies alles spielte sich jede Woche zweimal ab, und die Autorin führt diese Situation als Idealbeispiel für eine »gute Scheidung« an! Ich konnte nicht umhin, mich zu fragen, wie es jenen Kindern in ihrer Studie ergangen sein mochte, die nicht mit so extrem kooperativen Eltern gesegnet gewesen waren.[71]

Befürworter der »guten Scheidung« weigern sich anzuerkennen, daß die Kindheit der Kinder Geschiedener von häufigen traurigen Abreisen geprägt ist. Die meisten Kinder aus intakten Familien, die wir befragten, konnten sich nicht vorstellen, daß sie regelmäßig monatelang von ihrer Mutter oder ihrem Vater getrennt würden. Doch als Kinder von Eltern, die sich um eine »gute Scheidung« bemüht hatten, lebten wir Tage, Wochen, Monate oder sogar Jahre ohne Unterbrechung zuerst von unserer Mutter und später von unserem Vater getrennt.

Nachdem wir so oft mit so schwerwiegenden Verlusten hatten fertig werden müssen, stumpften viele von uns solchen Erlebnissen gegenüber allmählich ab. Ich lernte, meine Sehnsucht nach meinem Vater zu unterdrücken, und ich gab mir alle Mühe zu ignorieren, wie sehr ich meine Mutter vermißte. Die siebenjährige Sybil lernte sehr schnell, »aufzugeben, schon bevor sie aufbrach«. Rebecca Walker stellt fest: »Es ist leichter, … die Welt wie auf einer Filmleinwand vorüberziehen zu sehen und nicht zuzulassen, daß irgend etwas haften bleibt.« Als kleine Kinder konnten wir schon allein in ein Flugzeug einsteigen, und wir ließen unsere Mutter oder unseren Vater mit einer Sachlichkeit zurück, wie nur wenige Kinder aus intakten Familien es könnten oder sich auch nur annähernd vorzustellen in der Lage sind. Auf Menschen, die uns nicht gut kannten, wirkten wir ungewöhnlich erwachsen oder sogar bezaubernd reif. Doch innerlich kämpften wir jahrelang mit Distanzierung und Spaltung. Natürlich ist eine »gute Scheidung« besser als eine schlechte – aber gut ist sie trotzdem nicht.

Gemischte Familien

Einige fürchten, der Begriff *Stieffamilie* beschwöre die Erinnerung an Märchen über böse Stiefmütter und vernachlässigte Kinder herauf. Deshalb wollen sie für Familien, die durch erneute Heirat entstehen, den Begriff *gemischte Familie* einführen.[72] Wiederverheirateten Erwachsenen gefällt dieser Begriff natürlich, weil sie die Vergangenheit hinter sich lassen und ein neues Leben beginnen wollen, das sie als Einheit empfinden. Und viele Therapeuten befürworten dieses Bestreben, weil sie die damit verbundenen positiven Konnotationen unterstützen wollen. Doch auch wenn der Begriff *gemischte Familie* vielleicht das Erleben oder die Hoffnungen von Erwachsenen repräsentiert, ist er, wenn er verwendet wird, um das Leben der Kinder zu beschreiben, nichts weiter als eine andere Form von *Happy-talk*. Was wir als Kinder Geschiedener erlebt haben, war alles andere als »gemischt« oder gar »gut vermischt«.

Ich habe noch nie gehört, daß Kinder geschiedener Eltern den Begriff *gemischte Familie* verwenden, wenn sie über die Familie sprechen, in der sie aufgewachsen sind. Vielmehr benutzen sie Begriffe wie Scheidung, Wiederheirat, Stiefeltern, Freunde und Freundinnen ihrer Eltern, Stiefschwestern und Halbbrüder, und häufig sprechen sie auch über spätere erneute Scheidungen oder Trennungen. So sehr unsere Eltern gehofft haben mögen, in ihren Zweitehen eine »gute Vermischung« der Teile ihrer alten mit denjenigen ihrer neuen Familie zustandebringen zu konnen, haben wir doch als Kinder immer zwei Familien gehabt, und oft hatten diese Mitglieder, die einander nicht einmal kannten. Nach einer Scheidung und einer anschließenden erneuten Heirat war unsere Realität *geteilt*, nicht gemischt. Zu sagen, wir seien in einer »gemischten Familie« aufgewachsen, ist unehrlich und schädlich – ein Versuch, das, was wir erlebt haben, in einem Begriff zu erfassen, der hauptsächlich dazu dient, Erwachsenen zu einem besseren Gefühl zu verhelfen.

In Anbetracht der in dem Begriff *gemischte Familie* enthaltenen Tendenz war ich enttäuscht, als ich erfuhr, daß sogar die amerikanische Volkszählungsbehörde[73] diesen Begriff mittlerweile benutzt, um alle Familien zu bezeichnen, zu denen »mindestens ein Stiefelternteil, ein Stiefkind und/oder ein Halbbruder oder eine Halbschwester gehören.«

Kürzlich wurde auch vorgeschlagen, Stieffamilien *Bonusfamilien* zu nennen.[74] Ebenso wie der Begriff *gemischte Familie* versieht auch die Bezeichnung *Bonusfamilie* einen Familientyp, den die betroffenen Kinder als geteilt und belastend empfinden und der für sie häufig mit vielen Verlusten verbunden ist, mit einem eindeutig schönfärberischen Etikett.

»Bird-nesting«

Auch der Begriff *Bird-nesting* wurde kürzlich neu geprägt.[75] Er bezieht sich auf eine Situation, in der zwei geschiedene Eltern, denen klar geworden ist, daß das ständige Hin-und-Herreisen zwischen den beiden Haushalten der Eltern für ihre Kinder eine Belastung ist, einen gemeinsamen Haushalt organisieren, in dem die Kinder ständig wohnen, wohingegen die Eltern abwechselnd einziehen. Die Zeit, in der sie sich nicht um die Kinder zu kümmern brauchen, verbringen die Eltern jeweils in ihrem separaten Heim in der Nähe.

Man könnte »Bird-nesting« als den Ausdruck einer mitfühlenden Haltung der geschiedenen Eltern verstehen, weil sie versuchen, ihren Kindern ein ebenso festes Zuhause zu bieten, wie eine intakte Familie es ihnen geben würde. Doch nur wenigen gelingt es, eine solche Regelung auf Dauer durchzuhalten, weil es für Erwachsene meist sehr schwierig ist, abwechselnd in zwei Haushalten zu wohnen. Dem ist entgegenzuhalten, daß Kinder geschiedener Eltern dies ständig tun müssen, unsere Gesellschaft diese Belastung aber unter den Teppich zu kehren versucht. Wie jedes Arrangement im Rahmen einer sogenannten »guten Scheidung« ist auch Bird-nesting wesentlich instabiler als eine verheiratete, intakte Familie, und es ist zweifelhaft, ob ein Lösungsversuch dieser Art länger als ein paar Jahre Bestand haben kann. Wenn ein Elternteil wieder auf Partnersuche geht oder sogar erneut heiratet, erscheint mir die Wahrscheinlichkeit, daß der neue Partner bereit wäre, ständig zwischen zwei Haushalten zu wechseln oder jeweils eine halbe Woche allein zu leben, als sehr gering. Und was würde ein Elternteil tun, dem an einem entfernten Ort eine sehr attraktive Arbeit angeboten wird? Würde er das Bird-nesting mit seinem Expartner dann trotzdem fortsetzen können?

Außerdem vermag Bird-nesting nichts an einem der größten Verluste, zu denen es im Falle einer Scheidung kommt, zu ändern: Wenn das Kind mit dem einen Elternteil zusammen ist, so bedeutet das immer, daß es mit dem anderen Elternteil *nicht* zusammen ist. Wenn beim Bird-nesting der Vater eintrifft, geht die Mutter fort, und umgekehrt. Braucht man als Kind die Mutter wegen irgend etwas, muß man bis Donnerstag warten. Wie alle Arrangements, die im Interesse einer sogenannten »guten Scheidung« getroffen werden, ordnet auch Bird-nesting die Bedürfnisse der Kinder dem Zeitplan der Erwachsenen unter, wohingegen das Zusammenleben in einer intakten Familie sich viel stärker an den zeitlichen Bedürfnissen der Kinder orientiert.

Anders als der Begriff *gemischte Familie* wird der Begriff *Bird-nesting* wohl niemals besonders bekannt werden, weil er eine Praxis beschreibt, deren Popularität sich vermutlich immer in engen Grenzen halten wird. Der Begriff klingt so nett und kuschelig und beschwört das Bild herauf, daß Mami und Papi sich wie Vögel abwechselnd zu ihrem Baby in ein warmes Nest setzen.[76]

Kaum etwas könnte der Wahrheit ferner sein, und dies weist auf die Gefahren hin, die mit den meisten Formen von *Happy-talk* über Scheidungen verbunden sind. Es ist kaum vorstellbar, daß ein Elternteil in einer belastenden Ehesituation ein logistisch so kompliziertes Arrangement als entlastend empfindet. Und abgesehen vom beschönigenden Charakter des Begriffs tragen auch beim Bird-nesting die Kinder die Hauptlast ihres Bemühens, die Welten ihrer beiden Eltern zu verstehen.

Falle nicht auseinander!

Happy-talk über Scheidungen geht von den beteiligten Erwachsenen aus. Sie benutzen solche beschönigenden Begriffe in Gesprächen mit anderen Erwachsenen, oder sie schreiben Bücher und Artikel, die für Erwachsene bestimmt sind. Diese wirken auf das Leben der Kinder sehr einengend und formend, wenn auch indirekt. Es gibt aber auch eine spezielle Art von *Happy-talk*-»Literatur«, die sich an die Kinder selbst wendet.

Ich habe bereits das Kinderbuch *To & Fro, Fast & Slow* erwähnt, in dem die ständigen Reisen eines Kindes zwischen den Wohnorten seiner geschiedenen Eltern zum Anlaß genommen werden, um die Kinder über das Wesen von Gegensätzen aufzuklären. Ich war nicht überrascht, als ich merkte, daß seine optimistische Darstellung der Konsequenzen von Scheidungen auch Erwachsene anspricht. Ein Rezensent[77] schrieb in der *New York Times*: »Die Bilder laden junge Leser ein, die Unterschiede zwischen zwei Lebensweisen zu erkennen, und gleichzeitig wird veranschaulicht, daß das beschriebene Kind viel Freude hat. Das Buch übermittelt die Botschaft, daß eine Situation, die zumindest in der Theorie als problematisch gilt – eine Scheidung –, andererseits auch das Erleben bereichern und den Horizont erweitern kann.« In seiner etwas plumpen Schlußfolgerung impliziert der Rezensent, daß es eigentlich nicht notwendig sei, den mit einer Scheidung verbundenen Fakten allzuviel Aufmerksamkeit zu schenken. Nennen wir die Fakten doch einfach »Theorien«, und bemühen wir uns, falschen Trost in einem fiktiven Kind zu finden, das sein Leben nach der Scheidung für einen großen Spaß hält!

Andere Bücher, die sich an Kinder geschiedener Eltern wenden, versuchen diese zu trösten, indem sie ihnen erklären, daß sie nicht allein sind – daß auch viele andere Kinder mit geschiedenen Eltern aufwachsen. Ein Beispiel hierfür ist *My Parents Are Divorced Too: A Book for Kids, by Kids*.[78] Dieses Buch ist für Kinder im Alter zwischen neun und zwölf Jahren gedacht, und es enthält die Antworten von Kindern Geschiedener auf Fragen, die ihnen von anderen, die sich in der gleichen Situation befanden, gestellt wurden. Behandelt werden Themen wie das Ausgehen eines Elternteils mit neuen potentiellen Partnern, die Sexualität der Eltern und dergleichen. Offenbar geht es den Autoren hauptsächlich darum, den Schock, den Kinder erleben, wenn ihnen klar wird, daß ihre Mütter oder Väter eine sexuelle Beziehung mit jemandem beginnen, der nicht ihre Mutter oder ihr Vater ist, durch das Wissen zu lindern, daß andere Kinder genau das gleiche erleben. Auch andere Bücher dieser Art beschäftigen sich sehr konkret mit den Verlusten und Belastungen, die mit einer Scheidung verbunden sind, und gleichzeitig versuchen sie die Zuversicht zu verbreiten, daß es auf die betroffenen Kinder tröstlich wirkt zu wissen, daß sie nicht die einzigen sind, die so etwas miterleben. Einige neuere Titel dieser Art sind *It's Not Your Fault, Koko Bear*; *My Parents Still Love Me Even Though They're Getting Divorced*; *Mommy and Daddy Bear's Divorce*; *I Don't Want to Talk About It* und *Help!: A Girl's Guide to Divorce and Stepfamilies*.

In einem Kapitel mit der Überschrift »The Children's Story of Divorce« aus ihrem 1996 erschienenen Buch *The Divorce Culture* analysierte die Sozialkritikerin und Historikerin Barbara Dafoe Whitehead die damals aktuelle Kinderliteratur über Scheidungen und gelangte zu dem Schluß, daß diese Bücher, anders als die für Eltern mit Scheidungsabsichten bestimmte Literatur, die Anliegen und Ängste der Kinder zumindest registrieren. Doch sie merkt auch an: »Die mit der Opferrolle verbundenen Tröstungen sind gering.«[79] Wenn man den Kindern versichert, daß sie nicht die einzigen sind, die die Scheidung miterleben, vermag das den Schmerz der Betroffenen nur wenig zu verringern.

Es trifft auch zu, daß einige dieser Kinderbücher, wie Whitehead schreibt, eher darauf abzielen, die Emotionen der betroffenen Kinder zu regulieren,[80] als ihnen zum freien Ausdruck zu verhelfen. Ein gutes Beispiel für diese Tendenz ist das Buch *Don't Fall Apart on Saturdays!: The Children's Divorce-Survival Book*.[81] Schon das Titelbild des Buches wirkt verstörend. Es zeigt eine Cartoon-Zeichnung eines jungen afro-amerikanischen Mädchens vor einem gezackten gelben sternartigen Gebilde, das sich von einem rosafarbenen Hintergrund abhebt. Ähnlich wie das Mädchen auf dem Cover von *To & Fro, Fast & Slow*, streckt auch dieses Kind seine Arme und Beine weit von sich, als sei es auf eine Folterbank gespannt. Doch ist das Gesicht dieses Kindes zum Himmel emporgerichtet und sein Mund wie bei einem schmollenden Smiley abwärts gezogen, und merkwürdigerweise sind alle Körpersegmente voneinander getrennt, da Ober- und Unterarme, Hände und sämtliche anderen Gliedmaßen des Körpers durch relativ große Zwischenräume voneinander getrennt sind. Unmittelbar über dem Kopf des Kindes befindet sich der Titel des Buches, in Großbuchstaben geschrieben und ergänzt durch ein Ausrufezeichen. Das Mädchen wirkt erschöpft, benommen und verängstigt. Jedes Detail des Titelbildes deu-

tet auf einen überwältigenden emotionalen Zustand und ein Gefühl innerer Zerstücke-
lung hin. Doch der Titel des Buches fordert die Protagonistin auf, ja brüllt sie förmlich an,
nicht auseinanderzufallen, obwohl genau das offensichtlich bereits passiert ist.

Im Text des Buches setzt sich ein Psychologe mit einigen der schwierigsten Übergangs-
riten auseinander, mit denen ein Kind geschiedener Eltern konfrontiert wird: Ein Elternteil verläßt das gemeinsame Heim der Familie; die Entscheidung des Kindes darüber,
bei welchem Elternteil es wohnen will; wie das Kind es erlebt, wenn seine Eltern wieder
Beziehungen zu potentiellen Partnern anknüpfen; und dergleichen mehr. Selbst wenn
man zugesteht, daß manche Scheidungen unvermeidlich sind und daß ein Kinderbuch,
das sich mit den potentiellen Problemen betroffener Kinder auseinandersetzt, für diese
nützlich sein kann, muß man sich doch fragen, ob das soeben Geschilderte die richtige
Herangehensweise ist. Vermag ein Slogan wie »*Don't fall apart on saturdays*« einem Kind,
das am Samstagmorgen darauf wartet, von seinem Vater abgeholt zu werden, auch nur
den geringsten Trost zu bieten und zu verhindern, daß es »auseinanderfällt«? Und ist es
wirklich nützlich, die schrecklichen Nachwirkungen einer Scheidung auf die betroffenen
Kinder – den Verlust ihres Zuhauses; die Entscheidung für den einen oder den anderen
Elternteil; das Wissen darum, daß ein Elternteil mit einem neuen Partner sexuell verkehrt;
und dergleichen mehr – zu thematisieren? Oder versuchen Erwachsene durch solche Bemühungen, eine Schnellheilung zu erreichen – mit einem Mittel, das die lebenslangen
Auswirkungen einer Scheidung auch nicht ansatzweise aus der Welt zu schaffen vermag?

Leugnen in Form von Happy-talk

Letztendlich entlarvt sich *Happy-talk* im Hinblick auf Scheidungen selbst. In den beflis-
senen »Schokoladenseiten«-Darstellungen läßt sich leicht ein defensives Gewahrsein der
umfangreichen negativen Aspekte von Scheidungen ausmachen. Jeder, der ehrlich ist,
weiß, daß eine Scheidung viel Schmerz verursacht. Selbst diejenigen, die ihre Ehe beenden wollen, empfinden die Scheidung als sehr belastend und verwirrend. Die Scheidung
hält regelmäßig die Spitzenposition der Ereignisse im Leben von Menschen, die eine Depression auslösen können.[82]

Doch nur wenige andere Ereignisse auf solchen Listen belastender Ereignisse inspirieren zu einer solchen Flut von Büchern, Zeitungsartikeln, Websites und Talkshows, die
sich mit der Oberfläche des betreffenden Phänomens beschäftigen. Warum? Weil eine
Scheidung im Gegensatz zum Verlust des Arbeitsplatzes, zum Tod des Ehepartners und
zu schweren Krankheiten auf einer *Entscheidung* beruht, die zumindest einen der Ehepartner trifft. Durch *Happy-talk* über Scheidungen versucht unsere Gesellschaft, zwei kon-
troverse Wünsche in Einklang zu bringen: den Wunsch, das weitverbreitete Phänomen
Scheidung zu akzeptieren, und den Wunsch, glückliche und gesunde Kinder aufzuziehen.

Zwischen diesen beiden Wünschen besteht ein unmittelbarer Konflikt, und bis heute versuchen wir mit diesem Konflikt hauptsächlich durch Leugnen in Form von *Happy-talk* fertig zu werden.

Happy-talk vermittelt Erwachsenen ein falsches Bild vom Wesen der Scheidung. Dabei wird die Scheidung als geordnet verlaufendes oder gar planbares Ereignis hingestellt statt als gewaltige Störung, die neue, unerwartete und unliebsame Türen öffnet. Der Schmerz und das Chaos, die einer Scheidung häufig folgen, werden dabei verharmlost, und dadurch werden Eltern, die in einer von Problemen belasteten, aber möglicherweise heilbaren Ehe leben, zur Scheidung animiert.

Besonders schädlich am *Happy-talk* ist, daß die Kinder angelogen werden. Kinder geschiedener Eltern erleben in der Regel sehr schmerzhafte Verluste, moralische Verwirrung, spirituelles Leid, starke Spannungen in ihren Beziehungen oder sogar deren Zerbrechen, und sie müssen mit mehr sozialen Problemen fertig werden als andere Kinder. Doch der im Bezug zu Scheidungen so verbreitete *Happy-talk* beharrt darauf, daß die Kinder genau das Gegenteil erleben. Angeblich ist das Leben der Familie nach der Scheidung ein einziger großer Spaß. Das Auftauchen neuer Partner, die in die Familie aufgenommen werden, die Frische einer erneuten Eheschließung und das Abenteuer des ständigen Hin- und-Hers zwischen den Welten der beiden Eltern werden in den höchsten Tönen und als geradezu erstrebenswert beschrieben. Wenn *Happy-talk* sich mit den realistischen Belastungen einer Scheidung befaßt, wird so getan, als vermöchte die bloße Erwähnung dieser Dinge den Schmerz zu beseitigen. So oder so erschwert die falsche Bezeichnung unserer realen Erlebnisse es uns noch zusätzlich, unsere wahren Gefühle zu erkennen und mitzuteilen und schließlich zu heilen.

Zwei Arten von Kindern

Die dauerhaften Folgen von *Happy-talk* bezogen auf Scheidungen werden offenkundig, wenn man die Einstellungen unserer Gesellschaft gegenüber Kindern aus intakten Familien mit ihren Einstellungen gegenüber Kindern geschiedener Eltern vergleicht. Viele Menschen meinen, sie würden alle Kinder gleich behandeln. Doch in unserer Kultur existieren zwei sehr unterschiedliche Philosophien über Kindererziehung – eine, die für die Kinder verheirateter Eltern reserviert ist, und eine andere, die für Kinder geschiedener Eltern gilt.

Ich werde bei den Babys beginnen. Ob Sie es glauben oder nicht, es wird tatsächlich heftig darüber debattiert, ob das ständige Hin-und-Herreisen zwischen geschiedenen Eltern für Babys schädlich ist. Einige Experten vertreten die Auffassung, daß Babys geschiedener Eltern sich an diese Reiserei gut anpassen könnten, während andere diese Praxis für sehr problematisch halten. Eine Kolumnistin hat sich kürzlich für mehr Übernachtungsbesuche von Kindern unter zwei Jahren bei ihren Vätern ausgesprochen.[83] Als Begründung zitiert sie Aussagen von Forschern, denen zufolge »Kinder, die länger als drei oder vier Tage von einem Elternteil getrennt sind, unter Streß leiden.« Sie fordert die Familiengerichte auf, sich von der Idee zu lösen, daß Kinder einen »psychologisch primären Elternteil« haben (gewöhnlich ihre Mutter), und der Tatsache Rechnung zu tragen, daß Kinder Bindungen zu beiden Eltern haben und deshalb den Kontakt zu beiden pflegen müssen. Andernfalls litten sie infolge der Scheidung unter verstärktem Streß.

Natürlich haben Kinder eine Bindungsbeziehung zu beiden Eltern und brauchen sie deshalb beide. Doch scheint diese Kolumnistin – ebenso wie alle, die für eine gleichberechtigte Wahrnehmung des Sorgerechts durch beide Eltern sogar schon bei Babys eintreten – zu vergessen, daß Kinder Geschiedener *immer nur jeweils mit einem Elternteil zusammen sein können*. Ja, wir haben als Kinder unseren Vater vermißt und hätten ihn häufiger sehen müssen. Doch wenn wir bei Papi waren, vermißten wir Mami. Welche Konsequenzen sind demnach aus der Erkenntnis, daß sogar Babys »durch eine Trennung von einem Elternteil, die länger als drei oder vier Tage dauert, gestreßt werden«, zu ziehen? Sollte man die Zeitspanne, die das Kind jeweils bei einem Elternteil verbringt, auf drei Tage beschränken, damit es innerhalb einer Woche von der Mutter zum Vater und wieder zurück zur Mutter wechseln kann? Und sollte dieser ständige Wechsel sich wirklich Woche für Woche wiederholen? Glaubt tatsächlich irgend jemand, daß es für Kinder unter zwei Jahren weniger belastend ist, einem solchen ständigen Wanderzirkus unterworfen zu sein?

Die beiden unterschiedlichen Kindererziehungsphilosophien, die ich vorhin erwähnt habe, werden erkennbar, wenn wir uns die generelle Einstellung unserer Kultur zu Babys vor Augen führen. Unzählige Elternbücher und Zeitschriftenartikel führen uns unablässig vor Augen, daß Babys verletzlich und bedürftig sind und daß sie Kontinuität und eine verläßliche Umgebung brauchen. Frisch gebackene Eltern trauen sich kaum, einmal allein mit jemandem Kaffee trinken zu gehen, weil sie glauben, ihre kurze Abwesenheit könnte ihrem Baby schaden. Wenn sie vorhaben, zu einer anderen Marke von Babynahrung zu wechseln, nimmt das für sie eine Bedeutung an, als gehe es darum, Passagiere für eine Space-Shuttle-Mission auszuwählen.

Doch wenn unsere Kultur sich mit Kindern geschiedener Eltern befaßt, spielt alles, was sonst über Babys gesagt und gedacht wird, plötzlich keine Rolle mehr. Babys brauchen die ständige Betreuung durch ihre Mutter? Vergiß es! Wenn Babys regelmäßig drei Tage und Nächte ohne ihre Mutter auskommen müssen, ist das völlig in Ordnung! Babys brauchen eine verläßliche Umgebung, und sie bevorzugen einen immer gleichen Tagesablauf? Unsinn! Sie freuen sich, wenn sie irgendwo anders aufwachen! Das familiäre Leben sollte um die Bedürfnisse des Babys organisiert werden? Wer behauptet denn so was! Babys passen sich problemlos an die Bedürfnisse der Erwachsenen an!

Und Babys sind ja nur der Anfang. Unsere Kultur behandelt Kinder Geschiedener, die über das Babyalter hinaus sind, als seien sie eine besondere Spezies – als ob sie anpassungsfähiger und belastbarer wären als andere Kinder. Wir erwarten von Kindern geschiedener Eltern generell, daß sie mit Situationen keinerlei Probleme haben, deren Bewältigung von Kindern verheirateter Eltern nur selten, wenn überhaupt jemals, erwartet wird.

Wie oft schicken verheiratete Eltern ihr Kind für Tage, Wochen, Monate oder sogar Jahre von zu Hause weg? Wie oft verbringen verheiratete Eltern regelmäßig Abende ohne ihre Kinder, wenn sie nicht durch ihre berufliche Situation dazu gezwungen werden? Wie oft setzen verheiratete Eltern ihre Kinder allein in ein Flugzeug? Wie oft teilen verheiratete Paare die Ausgaben für ihre Kinder bis auf den letzten Cent? Wie oft bringen verheiratete Eltern einander vor Gericht? Wie oft schlafen verheiratete Eltern mit einem anderen Sexualpartner im eigenen Haus und in Anwesenheit des Kindes? Wie oft lesen verheiratete Eltern ihren Kindern Bücher vor, in denen schmerzliche Verluste beschrieben werden, die die Kinder als interessante und spannende Abenteuer erlebt haben könnten?

Natürlich vermeiden verheiratete Eltern alle diese Dinge nicht grundsätzlich, und ebensowenig tun Geschiedene alles, was soeben beschrieben wurde. Doch solche Verhaltensweisen sind unter geschiedenen Eltern so verbreitet, daß niemand auch nur einen Augenblick darauf verschwendet, über sie Rechenschaft abzulegen.

Tatsache ist jedoch, daß die Bedürfnisse verheirateter und geschiedener Eltern genau die gleichen sind. Beide Gruppen gehören der gleichen Spezies an. Aber weshalb werden dann Kinder Geschiedener als belastbarer angesehen? *Weil es für die Erwachsenen wichtig ist, daß sie belastbarer sind.*

9

Zum Schluß

Was Kinder
geschiedener Eltern wollen

Im vorigen Winter besuchte ich eines Tages einen Buchladen in der Nachbarschaft, um mir einmal wieder die neuesten Bücher für geschiedene Eltern und ihre Kinder anzuschauen. Weil ich etwas in Eile war, ging ich auf die erste Verkäuferin zu, die ich sah, obwohl sie ziemlich gestreßt wirkte.

Ich sagte: »Entschuldigen Sie, können Sie mir sagen, wo ich die Bücher über Scheidung finde?«

Als der gestreßte Eindruck, den sie erweckt hatte, blitzschnell einem deutlichen Ausdruck von Sympathie wich, wurde mir klar, daß sie glaubte, *ich* wollte mich scheiden lassen.

Ich musterte mich selbst. Mein großer Schwangerschaftsbauch war unter meinem schweren Mantel deutlich zu erkennen. Weil meine Hände oft anschwollen, hatte ich meinen Ehering schon vor Wochen ausgezogen. Und da ich mehrere Abende in Folge lange an einem Kapitel gearbeitet hatte, nachdem ich zuvor mein kleines Kind ins Bett gebracht hatte, wirkte ich wahrscheinlich ziemlich fertig. Sie muß gedacht haben, daß es mir ziemlich übel gehe – kurz vor einer Scheidung, schwanger und einem Zusammenbruch nahe.

Ich war drauf und dran, ihren Irrtum richtigzustellen, unterließ es aber dann. Vielleicht war der Grund ihrer plötzlichen Freundlichkeit, daß sie selbst eine Scheidung hinter sich hatte. Vielleicht hätte meine lächelnd vorgebrachte Richtigstellung – *Nein, ich doch nicht!* – zwar mich von meinem Unbehagen befreit, aber das ihre geweckt. Letztendlich sagte ich nichts und folgte ihr zu einem Regal im hinteren Teil des Ladens, in dem sie mir die Bücher zeigte, die ich suchte, und mich dann allein ließ. Ich machte mich jedoch nicht sogleich daran, die Bücher zu sichten, sondern setzte mich auf einen Stuhl und dachte über das, was geschehen war, nach.

Einen Augenblick lang hatte ich die Verwirrung und Scham und den Ärger gespürt, die ein Elternteil, der sich scheiden lassen will, oft erlebt. Und mir wurde einmal wieder klar, wieviel Sicherheit mir meine Ehe gegeben hat, während ich dieses Buch schrieb. Ich konnte es aus der Perspektive des Kindes schreiben und brauchte nicht darüber nachzudenken, was ich tun würde, falls mein Mann mich verlassen oder sich herausstellen würde, daß ich einen Idioten geheiratet hatte.

Obwohl ich den größten Teil der Zeit damit verbrachte, über die Scheidung aus der Perspektive eines Kindes nachzudenken, hatte ich dabei nie die Absicht, geschiedene Eltern anzuklagen. Bei meinen Vorträgen treffe ich immer wieder mit geschiedenen Eltern zusammen, und das Leiden, das ich auf vielen ihrer Gesichter sehe, bricht mir das Herz. Ich möchte sie dann trösten, meinen Arm um ihre Schultern legen und ihnen sagen: »Du gehörst nicht zu denjenigen, die ich zu überzeugen versuche. Du hast es schon kapiert.«

Meine Überzeugungsarbeit gilt allen anderen Mitgliedern unserer Gesellschaft, insbesondere verheirateten Eltern, die unrealistische Vorstellungen über Scheidungen haben. Ich möchte völlig falsche Annahmen wie die folgenden anprangern: daß eine Scheidung keine Rolle spielt, wenn die Eltern weiterhin miteinander auskommen; daß die Scheidung unwichtig ist, solange die Kinder sich nicht wie »Ausschußware« fühlen; daß die Scheidung keine negativen Folgen hat, wenn die Eltern weiterhin ihre Kinder lieben. Ich bin der Auffassung, daß alle Erwachsenen – ganz gleich, was sie selbst erlebt haben – in der Lage sein sollten, sich die Sichtweise ihrer Kinder offen anzuhören.

Die erste Generation, die in einer Zeit aufgewachsen ist, in der Scheidungen zu einem weitverbreiteten Phänomen wurden, ist mittlerweile erwachsen. Wir Kinder geschiedener Eltern wissen aus persönlicher Erfahrung, daß jede Art von Scheidung uns eine enorme Last auferlegt, die unsere moralische und spirituelle Identität viele Jahre lang beeinflußt. Wir wissen, daß eine »gute Scheidung« kein Allheilmittel ist. Und wir können nun für uns selbst das Wort ergreifen.

Wir wollen ein echtes Zuhause; Eltern, die in ihrer Ehe eine starke Verbindung zueinander aufgebaut haben; Verständnis für das, was wir wirklich erlebt haben; und eine sichere Welt für unsere Kinder – eine einzige Welt.

Ein echtes Zuhause

Auf der praktischen Ebene ist eine Scheidung die Teilung eines Zuhauses. Wenn Kinder Geschiedener erwachsen werden, sehnen sie sich nach einem echten Zuhause und in Verbindung damit nach Zugehörigkeit.

Viele Kinder geschiedener Eltern versuchen, ein solches Zuhause zu schaffen, indem sie sich bemühen, selbst eine dauerhafte Ehe aufzubauen. Allison sagte, als sie aufgewachsen sei, habe sie sich nirgendwo wirklich zu Hause gefühlt, doch heute sei ihr Zuhause für sie das Zusammensein »mit meinem Mann und meinem Kind. Wenn ich das Haus betrete, ist es für mich wie ein sicherer Hafen.« Steve sagte: »Meine Frau und ich wohnen seit fast fünf Jahren in unserem Haus. Das ist die längste Zeitspanne, die ich seit 1980 an einem einzigen Ort verbracht habe; deshalb ist das Haus, das wir mit unseren Kindern bewohnen, unser Zuhause. Es ist unser Zufluchtsort, an dem – so hoffen wir zumindest – immer Frieden herrscht.«

Ashley berichtete, sie habe sich das erste Mal zu Hause gefühlt, als sie als Erwachsene das Heim bezogen habe, das sie für sich selbst geschaffen hatte: »Als ich schließlich meine eigene Wohnung bezog … nahm ich alle meine Sachen dorthin mit, alles, was mir wirklich wichtig war, und ich dachte: ›Unglaublich! Das ist mein Zuhause, das bin ich, das ist mein Leben.‹« Ashleys neue Wohnung war für sie nicht nur ein Dach über dem Kopf. Sie war ihr ganz persönlicher Ort, an dem sie »ihren Kram« hatte. Durch ihr neues Heim bekam ihr Leben eine festere Grundlage.

Daniel hatte erst kürzlich ein starkes und verläßliches Gefühl von einem Zuhause entwickelt. Das war geschehen, als er mit seiner Frau von einem langen Urlaub zurückgekehrt war. Seine Augen leuchteten, als er berichtete: »Wir hatten eine Reise unternommen, und als ich mit dem Auto auf den Weg zu unserem Haus einbog, wurde mir plötzlich klar, daß dies der einzige Ort ist, wo wir hingehören. Zum ersten Mal hatte ich das Gefühl, daß ich zu Hause war. Das war für mich ein sehr neuartiges Gefühl, und ich war begeistert, es zu spüren.

Ich sagte zu meiner Frau: ›Weißt du was? Ich glaube, daß ich jetzt zum ersten Mal in meinem Leben weiß, was ein Zuhause ist.‹

Sie schaute mich ein wenig traurig und gleichzeitig sehr glücklich an.

Ich sagte zu ihr: ›Ich habe das Gefühl, daß das hier wirklich der Ort ist, wo ich hingehöre.‹«

Wenn wir Kinder geschiedener Eltern erwachsen werden, wollen wir uns ein verläßliches Heim schaffen, in dem wir unsere eigenen Kinder in einer Atmosphäre der Sicherheit aufziehen können. Alle Eltern wollen für ihre Kinder das gleiche, aber wir haben dieses Bedürfnis in besonders starkem Maße. Wenn wir unseren Kindern ein liebevolles Zuhause mit verläßlichen Strukturen geben können, in dem ihre Mutter und ihr Vater jeden Tag für sie da sind, empfinden wir tiefe Dankbarkeit und Freude. In unserer Ehe mit Problemen konfrontiert zu werden ist für uns besonders qualvoll, weil wir nur zu gut wissen, daß unsere Kinder bei einem Scheitern unserer Ehe als erstes ihr sicheres Zuhause verlieren würden.

Weil ich selbst Kind geschiedener Eltern bin, werde ich oft gefragt, welche Art von Sorgerechtsregelung nach meiner Ansicht für die betroffenen Kinder die beste ist. Wo sollte das Heim von Kindern sein, deren Eltern sich scheiden lassen müssen? Diese Frage zu beantworten ist in keinem Fall leicht. Nach allem, was ich im Rahmen meiner Untersuchungen und in meinem eigenen Leben herausgefunden habe, ist die bestmögliche Situation für Kinder das Leben mit Mutter und Vater in einem einzigen Zuhause. Häufige starke Streitigkeiten der Eltern und alle Arten von Gewalt sind für Kinder sehr schlecht. Wenn

Eltern Probleme dieser Art haben, ist es für sie sehr wichtig, sich Hilfe zu suchen – und einigen bleibt nichts anderes übrig, als sich scheiden zu lassen. Doch in den meisten Ehen, die heutzutage geschieden werden – nämlich in zwei Dritteln von ihnen – gibt es keine massiven offenen Konflikte. Und in all diesen Fällen besteht durchaus die Möglichkeit, die Ehen um der Kinder willen zu retten und zu stärken.

Wenn Eltern sich tatsächlich scheiden lassen müssen oder wenn sie bereits geschieden sind, sollte ihnen klar sein, daß es keine »alleinseligmachende« Sorgerechtsregelung gibt, die für alle Kinder und Familien die richtige ist. Für manche Kinder ist es besser, hauptsächlich bei einem Elternteil zu wohnen, in anderen Fällen ist es vorzuziehen, daß sie gleichviel Zeit bei beiden Eltern verbringen.

Weil den meisten Menschen klar ist, daß im Leben eines Kindes beide Eltern eine wichtige Rolle spielen sollten, wird oft angenommen, das gemeinsame aktive Sorgerecht sei für die Kinder in jedem Fall die beste Möglichkeit. Nur in diesem Fall verbringt das Kind wirklich viel Zeit mit beiden Eltern. Für einige Kinder und Familien könnte ein Arrangement dieser Art die beste Lösung sein. Doch drängen bestimmte Gruppen die verschiedenen amerikanischen Bundesstaaten zunehmend, dem gemeinsamen Sorgerecht gesetzlich absolute Präferenz einzuräumen.[84] Die dies betreiben, wollen also nicht, daß diese Form des Sorgerechts eine unter vielen Möglichkeiten ist, sondern daß die Familienrichter bei ihren Entscheidungen von der Voraussetzung ausgehen, daß das gemeinsame Sorgerecht für das Kind in *jedem* Fall das Beste ist. Auch ohne daß entsprechende Gesetze existieren, gehen immer mehr Richter, Eltern und Experten davon aus, daß das gemeinsame Sorgerecht das Scheitern der Beziehung eines Elternteils zu seinem Kind am besten zu verhindern vermag.

Mir persönlich erscheint dieser Trend als äußerst bedenklich. Wenn Eltern sich für das gemeinsame aktive Sorgerecht aussprechen, steht für sie gewöhnlich das Recht der Eltern auf ihre Kinder im Vordergrund. Gruppen, die sich für die Rechte von Vätern einsetzen, vertreten die Auffassung, daß Väter ein Recht auf gleichberechtigten Kontakt zu ihren Kindern haben. Und Mütter und ihre Fürsprecher treten dem mit dem Argument entgegen, daß Mütter zumindest die gleichen, wenn nicht sogar umfassendere Rechte als die Väter haben sollten. Diese Debatte ist höchst bedauerlich. Natürlich ist es für geschiedene Eltern schwer, wenn sie das Recht verlieren, ihr Kind ständig um sich zu haben; und daß sie deshalb wütend, traurig und aufgebracht sind, ist wirklich nicht verwunderlich. Doch Sorgerechtsentscheidungen um der Rechte der betroffenen Erwachsenen auf ihre Kinder willen zu treffen ist das Schlimmste, was wir Kindern geschiedener Eltern antun können.

Kinder sind kein Besitz. Man kann sie nicht teilen wie ein Teilzeitwohnrecht oder ein geerbtes Festtags-Service. Kinder sind verletzliche Menschen, die sich noch in der Entwicklung befinden, und sie haben ganz spezifische Bedürfnisse. Zu diesen zählen Liebe, Stabilität, die Anleitung zu einer konsistenten moralischen Haltung und die Unterstützung ihrer sich entfaltenden Spiritualität.

Wie das vorliegende Buch gezeigt hat, werden diese Bedürfnisse seltener erfüllt, wenn Kinder nicht in einem einzigen Heim aufwachsen, in dem sie zusammen mit ihrer Mutter und ihrem Vater leben. Eine Scheidung zwingt die Kinder der Geschiedenen, zwischen ihren beiden Eltern hin- und herzureisen. Insbesondere das gemeinsame aktive Sorgerecht zwingt die Kinder zu fast unablässigem Reisen. Eine »gute Scheidung« in Verbindung mit gemeinsamem Sorgerecht bürdet den Kindern noch mehr auf als andere Arten von Sorgerechtsregelungen.

Gemeinsames aktives Sorgerecht erfordert viel Kooperation zwischen den Eltern. Das größte Risiko ist dabei, daß durch die Verpflichtung zur gemeinsamen Ausübung des Sorgerechts, sogar wenn die Betreffenden einander in der Vergangenheit tätlich angegriffen haben, die Feindseligkeiten noch stärker werden und eine Situation entsteht, die für die Kinder noch unerträglicher ist, als sie vorher schon war.

Ich halte es für falsch und gefährlich, wenn Staaten Gesetze verabschieden, die festlegen, daß das gemeinsame aktive Sorgerecht für jedes Kind und jede Familie die beste Lösung ist. Richter und Eltern sollten weiterhin die Möglichkeit haben, sich selbst ein Bild davon zu machen, welche Regelung im konkreten Fall den Bedürfnissen des Kindes am besten Rechnung trägt. Außerdem möchte ich Eltern, die sich scheiden lassen wollen, davor warnen, die Zeit ihres Kindes starr zwischen sich aufzuteilen und es im Sinne dieser Regelung ständig zwischen den beiden elterlichen Haushalten hin- und herwandern zu lassen – es sei denn, das Kind ist schon so alt, daß es wirklich in der Lage ist, sich selbst für eine solche Regelung zu entscheiden.

Ich habe in diesem Buch über Kinder Geschiedener berichtet, die den Kontakt zu beiden Eltern aufrechterhalten konnten, und ich habe dies hauptsächlich deshalb getan, weil viele diese Situation für die »beste Lösung« im Interesse der Kinder halten. Doch hat diese Charakteristik meiner Darstellung einige dazu veranlaßt, mich zu fragen, ob die Belastung, die ich bei Kindern beobachtet habe, die zwischen den beiden Welten ihrer Eltern hin- und herreisen, es nicht nahelegt, daß die betroffenen Kinder statt dessen besser ausschließlich in der Welt eines Elternteils bleiben. Sind Kinder, die den Kontakt zu einem Elternteil völlig verlieren oder die diesen Elternteil nur sehr selten sehen, möglicherweise besser dran?

Ich werde mich mit dieser Frage zu einem späteren Zeitpunkt beschäftigen. Im Moment neige ich zu der Auffassung, daß es in der Regel nicht besser ist, sondern eher schädlicher, wenn Kinder Geschiedener den Kontakt zu einem Elternteil – und das ist oft der Vater – völlig verlieren. Das tiefe Gefühl des Verlustes und der Zurückweisung, das entsteht, wenn ein Kind sich von seinem Vater verlassen fühlt, bleibt das ganze weitere Leben lang bestehen. Dies ist etwas, das ich niemandem wünschen möchte, und ganz sicher ist dies keine Alternative, die ich für den Umgang mit Kindern geschiedener Eltern empfehlen würde.

Wenn wir fragen, ob es für Kinder Geschiedener besser ist, zwischen ihren beiden Eltern hin- und herzureisen oder ob sie besser in Kauf nehmen, einen Elternteil völlig zu verlieren, widmen wir uns dem zweifelhaften Bemühen, den Schmerz verschiedener Kinder zu bewerten und zu vergleichen – ein trauriges Bestreben, das in keinem Fall zu einem positiven Resultat führen kann. Bei Entscheidungen über die Art des Kontaktes einer getrennt lebenden Familie gibt es leider keine simplen Lösungen und Antworten. Fest steht, daß die meisten Menschen die tiefen Verlustgefühle registrieren, die Kinder empfinden, wenn sie ohne Vater oder Mutter aufwachsen. Statt zu versuchen, zwischen verschiedenen gleichermaßen unzulänglichen Möglichkeiten zu wählen, sollten wir besser mehr Energie auf eine umfassendere Frage konzentrieren: Wie läßt sich erreichen, daß weniger Kinder in durch Scheidung getrennten Familien und mehr in einem sicheren Zuhause aufwachsen?

Starke Verbundenheit in der Ehe

Nur in einer dauerhaften Ehe können wir unseren Kindern ein sicheres Zuhause bieten. Eltern zu haben, die zusammen leben, ist nicht das gleiche, wie verheiratete Eltern zu haben. Drei Viertel der ohne Ehe zusammenlebenden Paare trennen sich vor dem sechzehnten Geburtstag ihres Kindes;[85] deshalb befinden sich die Kinder von ohne Trauschein zusammenlebenden Paaren in einer besonders instabilen Situation.

Kinder Geschiedener nähern sich ihrer eigenen Heirat mit komplexen und manchmal dissonanten Emotionen – angefangen von Hoffnung über Furcht bis hin zu Zynismus. Wenn es uns als Kindern Geschiedener gelingt, eine glückliche Ehe zu führen, sind wir dafür jeden Tag aufs Neue dankbar. Doch beim ersten Anzeichen eines sich anbahnenden Konflikts werden wir taub vor Angst. Immer wieder wurde dokumentiert, daß Kinder Geschiedener sich selbst häufiger scheiden lassen,[86] und das ist tatsächlich so. Doch in einer Gesellschaft wie der unseren, in der Scheidungen derart verbreitet sind, wird durch eben diesen Umstand jede Ehe anfälliger.

Viele Jahre lang wurde im Hinblick auf Kinder geschiedener Eltern am häufigsten gefragt: Sollten unglücklich verheiratete Eltern sich scheiden lassen oder um ihrer Kinder willen zusammenbleiben? Doch diese Frage geht zumindest heute an der Problematik vorbei. Erstens muß eine Ehe, die heute unglücklich ist, nicht unbedingt auch ein paar Jahre später noch unglücklich sein. Und zweitens ist eine Scheidung kein zuverlässiges Heilmittel gegen Unglücklichsein.

Beispielsweise hat eine Studie gezeigt, daß nur eine Minderheit derer, die heute in ihrer Ehe unglücklich sind, sich fünf Jahre später noch genauso fühlen.[87] Unglückliche Ehen können glücklicher werden und tun dies auch tatsächlich häufig,[88] wenn die betreffenden Paare besser zu kommunizieren lernen oder eine gute Eheberatung erhalten oder auch wenn sie einfach nicht aufgeben und darauf warten, daß die Belastungen, unter denen ihre Ehe leidet, nachlassen. Und eine Scheidung bringt häufig neue, unerwartete Belastungen mit sich.[89] Die Zahl der Scheidungen bei Zweitehen liegt wesentlich höher als die bei erstmalig Verheirateten.[90]

Unsere Gesellschaft kann nur dann eine ausgewogene Einstellung entwickeln, die einerseits die Notwendigkeit mancher Scheidungen akzeptiert und andererseits gesunde Ehen unterstützt, wenn wir unser Denken über die Ehe radikal verändern. Zur Zeit engagieren sich viele Menschen überall in den USA in einer schnell wachsenden »Ehebewegung«, um genau dieses Ziel zu verfolgen.[91]

Diejenigen unter uns, die aus geschiedenen Ehen hervorgegangen sind, werden von einem Erbe geplagt, daß es ihnen erschwert, selbst eine gute Ehe zu führen. Doch andererseits wissen wir instinktiv, daß eine Scheidung in besonders üblen Fällen unumgänglich sein kann und daß sogar eine »gute Scheidung« sich wesentlich schlechter auswirkt als das, was einige eine »leidlich gute« *(good enough)* Ehe nennen. Wenn unsere Ehe nicht unter wirklich sehr schwerwiegenden Problemen leidet, besteht erfahrungsgemäß die beste Chance für uns selbst und unsere Kinder, ein glückliches Leben zu führen, darin, daß wir uns Hilfe suchen, wenn wir sie brauchen, und daß wir versuchen, mit der Person, in die wir uns einmal verliebt hatten, zusammenzubleiben.

Der Wahrheit ins Auge sehen

Das Bemühen um Zugehörigkeit kann für Kinder Geschiedener besondere Schwierigkeiten mit sich bringen. Sowohl den mittlerweile erwachsenen unter ihnen als auch denjenigen, die noch jung sind, wäre bei ihrem Bemühen um Heilung und Ganzheit sehr geholfen, wenn die Menschen in ihrer Umgebung – Familienangehörige, Freunde und Kollegen, Lehrer, Priester und Therapeuten, gesellschaftliche Honoratioren und politische Entscheidungsträger – verstehen würden, was Kinder Geschiedener tatsächlich erleben.[92]

Dies ist die Wahrheit über uns: Einige von uns, und wesentlich mehr, als es bei Menschen, die aus intakten Familien stammen, der Fall ist, kämpfen mit großen Problemen. Die Scheidung unserer Eltern steht in einem Zusammenhang mit häufigeren Vorkommen von Depression, Suizidversuchen und Suizidgedanken, gesundheitlichen Problemen, sexuellem Mißbrauch in der Kindheit, Schulabbruch, Nichtaufnahme ins College, Haftstrafen, Suchtkrankheiten, frühen Schwangerschaften und dergleichen mehr. Einige wurden von ihren geschiedenen Eltern praktisch sich selbst überlassen und wendeten sich aufgrund dessen dem Konsum von Drogen und Alkohol oder der Suche nach Nervenkitzel in besonders riskanten Situationen zu, um auf diese Weise ihren Schmerz zu betäuben. Einige Kinder Geschiedener wurden von Erwachsenen mißbraucht, die in unser Zuhause kamen, nachdem ein Elternteil die Familie verlassen hatte. Einige leiden immer noch unter den Narben, die durch die Scheidung ihrer Eltern bei ihnen entstanden sind: Es fällt uns schwerer als anderen, einen Schulabschluß zu schaffen, eine Arbeit zu finden und zu behalten, Beziehungen aufrechtzuerhalten und selbst eine dauerhafte Ehe zu führen. Obgleich wir leiden, wirken wir oft wie unsichtbar. Wir leben an der Peripherie und kämpfen mit unserem Schmerz, während unsere Freunde und Nachbarn Erfolg haben und weiterkommen.

Doch diejenigen, deren Leiden für andere Menschen deutlich erkennbar ist, bilden nur die Spitze eines Eisbergs. Die anderen, die durch ihre Probleme weniger stark behindert werden, sind überall – an Ihrem Arbeitsplatz, in der Schule und in der Kirche. Wir Kinder Geschiedener unterscheiden uns rein äußerlich nicht sonderlich von anderen Menschen. Vielleicht wirken wir ein wenig vorsichtiger; vielleicht sind wir etwas zögerlicher, wenn wir neue Freundschaften aufbauen; und vielleicht verhalten wir uns generell ein wenig ängstlicher als andere Menschen. Aber wir finden Freunde, verlieben uns, erreichen Ziele, sind in unserem Beruf erfolgreich; und einigen von uns geht es sogar ziemlich gut.

Doch wenn Sie jemanden von uns über sein Leben befragen, werden Sie feststellen, daß die Scheidung unserer Eltern für den Verlauf unserer Kindheit und für unsere heutige Existenz von zentraler Bedeutung ist. Wir mußten zu rasch erwachsen sein. Wir waren uns nicht sicher, wo wir hingehörten. Oft vermißten wir unsere Eltern sehr, wenn wir nicht mit ihnen zusammen waren. Einige von uns sehnten sich danach, wie unsere Eltern zu sein, und waren andererseits entsetzt, wenn wir ihnen zu sehr ähnelten. Wir mußten vieles selbst herausfinden – was richtig und was falsch ist, was wir glauben sollten und ob es einen Gott gibt. Wir wußten nie, ob wir um Hilfe bitten konnten, wenn wir diese brauchten. Mit Kontroversen konfrontiert, glaubten wir, es sei einzig und allein unsere Sache, zu begreifen, was da vor sich ging, weil das Schweigen, das unsere Kindheit verhüllte, uns kaum eine andere Wahl zu lassen schien.

Diejenigen unter uns, die in ihrem Leben erfolgreich sind, haben mit den sichtbar leidenden Kindern Geschiedener mehr gemeinsam, als Außenstehende denken mögen. Daß wir es geschafft haben, die größten Schwierigkeiten zu überwinden, eine Arbeit zu finden, vielleicht sogar ein College zu besuchen und Karriere zu machen – diese Erfolge beinhalten nicht zwangsläufig, daß unsere Eltern mit ihrer Scheidung besser umgegangen sind als andere Eltern. Manche Kinder überleben schreckliche Erlebnisse und werden durch sie letztlich stärker. Andere zerbrechen an den gleichen Krisen und leiden zeitlebens darunter. Wenn andere Menschen uns, die wir die Scheidung unserer Eltern in unserer Kindheit durchgestanden haben, anschauen und zu dem Schluß gelangen, daß unsere Kindheit und die Scheidung selbst »in Ordnung« gewesen sind, so zeigt dies, daß die Betreffenden sich in unsere Situation nicht so recht hineinversetzen können und daß sie sich über die Fähigkeit des Menschen, trotz widrigster Umstände zu überleben und zu gedeihen, nicht im klaren sind.

Diejenigen unter uns, die aus durch Scheidung getrennten Familien stammen, sind an diesem Schicksal nicht völlig zerbrochen; doch wollen wir deshalb noch lange nicht als wohlfeiler Beweis dafür herhalten, daß Kinder nicht unbedingt beide Eltern brauchen.

Wir brauchten unsere Mutter und unseren Vater, daß sie in einer Ehe zusammenlebten und daß sie möglichst auch gut miteinander auskamen.

Wenn unsere Eltern nicht zusammenbleiben konnten, brauchten wir es und verdienten wir es, in einer Gesellschaft aufzuwachsen, die den schwerwiegenden Verlust, den wir erlitten hatten, als das zu sehen bereit war, was er war, die sich weigerte, über unsere Probleme mit *Happy-talk* hinwegzugehen, und die der Versuchung widerstand, Kinder als »unverwüstlich« zu bezeichnen, um die Entscheidungen ihrer Eltern zu rechtfertigen.

Wir wissen heute, was eine Scheidung bei Kindern bewirkt. Deshalb sollten wir den Kindern geben, was sie brauchen.

Eine sichere Welt

Ich traf Allison in einem Café in der Stadt an einem kühlen, wolkenverhangenen Tag. Sie hatte sich gerade um ihre Tochter gekümmert und würde später an diesem Tag einen Kurs in einer Universität leiten. Sie erzählte mir einige Stunden lang davon, wie sie mit geschiedenen Eltern aufgewachsen war, wie sie als Erwachsene den Kontakt zu ihrem Vater verloren hatte und wie sie später den Kontakt zu ihm wieder aufgenommen hatte, kurz bevor er während einer Operation gestorben war. Sie erzählte mir, wie sehr sie ihren Mann liebte, wie gut dieser sie verstehe und wie er sie bewundere und necke, weil sie, wie er sagte, eine so gute Schauspielerin sei, die sich auf jede Situation perfekt einstellen könne.

Allison wollte sich noch ein wenig auf ihren Kurs vorbereiten, und ich mußte quer durch die Stadt zu einem anderen Interview fahren. Während wir unsere Jacken anzogen, schaute ich sie an – eine junge, attraktive Frau, die sehr ruhig und kontrolliert wirkte, freundlich, aber nicht übersprudelnd – und dachte an die Wärme und Begeisterung, die sie erkennen ließ, wenn sie über ihr Baby sprach.

»Wie wollen Sie Ihre Tochter aufziehen?« fragte ich.

Allison beugte sich vor, schaute mir in die Augen und antwortete leidenschaftlich: »Ich möchte einfach, daß sie Kind sein kann. Ich möchte nicht, daß sie sich für mich und meinen Mann verantwortlich fühlt.« Während sie weitersprach, wurde Ihre Stimme lauter und kräftiger: »Ich möchte, daß sie das Gefühl hat, daß sie sich, wenn sie aufwacht, in einer Familie befindet, die ihr Sicherheit gibt, und daß sie sich nie zu sorgen braucht, sie könnte zwischen ihren Eltern hin- und hergeworfen werden.«

Viele von uns träumen von einer vollständigen Familie, die nicht durch eine Scheidung zerbrochen ist – von einer Familie, in der unsere Kinder nie darüber nachzudenken brauchen, was ein Zuhause ausmacht, weil sie das Glück haben, dies als eine Selbstverständlichkeit ansehen zu können. Wir träumen von einer Familie, in der unsere Kinder fest verwurzelt sind und aus dieser Position mit Ehrfurcht und Verwunderung und ein wenig Angstlust die Welt außerhalb betrachten können.

Während ich die Arbeit an diesem Buch abschließe, krabbelt meine siebzehn Monate alte Tochter unten im Haus herum und plappert fröhlich mit ihrem Babysitter. In wenigen Wochen werde ich unser zweites Baby bekommen. Wie man uns gesagt hat, wird es ein Junge sein. Der Mann, mit dem ich seit fast acht Jahren zusammenlebe, ist ein wunderbarer Vater – was ich allerdings ohnehin angenommen hatte. Als ich Anfang Zwanzig war, konnte ich mir keine Zukunft für mich vorstellen, doch nun sehe ich ihr voller Hoffnungen entgegen.

Dieses Buch ist für meine Generation eine Chance, ihre Geschichte zu erzählen. Doch noch wichtiger ist, daß es in der Hoffnung geschrieben wurde, daß die Kinder, die heute aufwachsen, von einem klareren Bewußtsein (ihrer Eltern und der Kultur, in der sie leben) dessen profitieren, daß es nicht ausreicht, wenn wir unsere Kinder lieben. So hart es auch manchmal sein kann, müssen wir Eltern doch unser Bestes tun, um *einander* zu lieben und zu vergeben, jeden Tag. Wir tun dies, damit unsere Kinder das haben, was so viele von uns nicht hatten – eine Mutter und einen Vater in ein und demselben Zuhause, Stabilität und Ganzheit sowie Liebe. Wir tun dies, damit unsere Familien ein Leben lang zusammenbleiben können, und zwar nicht nur um unseres eigenen Glückes willen, sondern auch, damit unsere Kinder glücklich sein können.

Anmerkungen

Einleitung

1 Voraussetzung für die Teilnahme von Probanden, die aus durch Scheidung getrennten Familien stammten, war, daß sie ihre beiden Eltern in den Jahren nach der Scheidung mindestens einmal im Jahr gesehen hatten; in vielen Fällen hatten sie jedoch häufiger Kontakt zu ihnen gehabt. Unter den Teilnehmern hatte niemand den Tod eines Elternteils erlebt, bevor sie selbst achtzehn Jahre alt gewesen waren, und es gab unter ihnen auch keine später Adoptierten. Als »intakt« werden in dieser Studie Familien bezeichnet, wenn die Eltern der Teilnehmer vor ihrer Geburt geheiratet hatten, verheiratet geblieben waren und dies auch weiterhin sind, es sei denn, ein Elternteil oder beide waren gestorben, nachdem der Teilnehmer achtzehn Jahre alt geworden war. Probanden, die bereits vierzehn Jahre alt waren, als ihre Eltern sich scheiden ließen, bezogen wir nicht in die Untersuchung ein, weil wir uns auf diejenigen konzentrieren wollten, die zumindest einige Jahre ihrer Kindheit in einer durch Scheidung getrennten Familie verbracht hatten.

Weil so viele Studien sich mit der Frage beschäftigen, wie viele Kinder geschiedener Eltern offensichtliche und schwerwiegende Probleme haben, und um zu überprüfen, ob eine Scheidung sich auch bei denjenigen unter den betroffenen Kindern auswirkt, denen es oberflächlich betrachtet »gut« zu gehen scheint, wählten wir für die im Rahmen der Studie durchgeführten persönlichen Interviews »erfolgreiche« Kinder Geschiedener aus – solche, die einen College-Abschluß geschafft hatten. Auf diese Weise versuchten wir, eine qualitative Stichprobe junger Menschen zusammenzustellen, die offenbar erfolgreich waren und die wahrscheinlich abgesehen von der Scheidung keine anderen schwierigen Situationen erlebt hatten.

Bei der Auswahl von fünfzehnhundert jungen Menschen für die landesweite Befragung verzichteten wir auf den erfolgreichen College-Abschluß (das für die Interviews entwickelte Erfolgskriterium). Deshalb geben die Ergebnisse der landesweiten Erhebung, über die in diesem Buch berichtet wird, Aufschluß über *alle* Kinder Geschiedener, die zu beiden Eltern Kontakt haben (also nicht nur über diejenigen, denen es letztendlich »gut« geht), wohingegen die persönlichen Interviews, aus denen die im Buch beschriebenen Geschichten und Anekdoten stammen, mit Kindern geschiedener Eltern durchgeführt wurden, denen es zum Zeitpunkt der Befragung offenbar »gut« ging. Dies bedeutet nicht, daß die Situation junger Menschen, die nach der Scheidung ihrer Eltern jeglichen (oder so gut wie jeden) Kontakt zu einem Elternteil verloren hatten, *nicht* untersucht wurde und daß ihre Erlebnisse sich in den im vorliegenden Buch berichteten Resultaten der landesweiten Befragung und der persönlichen Interviews *nicht* niedergeschlagen haben.

2   Die Forscher, die ein Beratungsgremium für dieses Projekt bildeten, sind Norval Glenn von der *University of Texas* in Austin, der außerdem an der landesweiten Befragung im Rahmen des Projekts aktiv mitgewirkt hat; Judith Wallerstein vom *Center for the Family in Transition* und leitende Autorin des Buches *Scheidungsfolgen: Die Kinder tragen die Last. Eine Langzeitstudie über 25 Jahre*; Don Browning von der *University of Chicago Divinity School* und Gründer des *Religion, Culture and Family Project*; und Barbara Dafoe Whitehead, Mitbegründerin des *National Marriage Project* und Autorin von *The Divorce Culture*.

3   In anderen Studien wurden Stichproben aus verschiedenen Regionen verwendet. Die hier vorliegende Untersuchung wurde erstmals in den Vereinigten Staaten mit einer national repräsentativen Stichprobe von Menschen durchgeführt, die in getrennten Familien aufgewachsen sind (unter Einbeziehung einer Kontrollgruppe von ähnlicher Größe, deren Mitglieder aus intakten Familien stammten).

4   Diese 71 jungen Erwachsenen wurden nach dem Zufallsprinzip von SRBI Inc. aus New York City anhand ausgewählter Postleitzahlen aus Atlanta, Chicago, Arlington in Virginia und Vorstadtbezirken von Philadelphia ausgewählt. Zu allen Ausgewählten nahm ich zunächst telefonisch Kontakt auf und vereinbarte mit ihnen ein Treffen in ihrem Umfeld, wo ich ein Interview durchführte, das aufgezeichnet wurde und in der Regel mindestens zwei Stunden dauerte. Diese Interviews wurden später transkribiert.

5   Paul R. Amato und Alan Booth, *A Generation at Risk: Growing Up in an Era of Family Upheaval*: Harvard University Press, 1997), S. 220.

6   Das Leben wird für Kinder nicht unbedingt leichter, nachdem die konfliktreiche Ehe ihrer Eltern beendet ist, aber es wird in der Regel besser. Die durchaus vernünftige Verteidigung der Scheidung konfliktreicher Ehen sollte uns jedoch nicht gegenüber den Schwierigkeiten blind machen, die im Leben dieser Kinder weiterhin bestehen. Nur zu oft wird angenommen, daß in Fällen, in denen die Eltern sich trennen *mußten*, die späteren Erlebnisse der Kinder unwichtig seien.

7   Paare, die ihre Ehe retten oder eventuelle spätere Probleme durch Ehevorbereitungskurse von Anfang an zu verhindern versuchen wollen, können auf der Website www.smartmarriages.com entsprechende Angebote finden.

8   Namen und Erkennungsmerkmale aller Studienteilnehmer wurden geändert, um die Privatsphäre der Betreffenden zu schützen.

Kapitel 1: Als Kind geschiedener Eltern aufwachsen

9   Einige dieser Studien sind: Frank F. Furstenberg Jr. & Andrew J. Cherlin, *Divided Families: What Happens to Children When Parents Part* (Cambridge: Harvard University Press, 1991); Sara McLanahan & Gary Sandefur, *Growing Up with a Single Parent: What Hurts, What Helps* (Cambridge: Harvard University Press, 1994); und Amato & Booth, *A Generation at Risk*, a. a. O.

10   E. Mavis Hetherington & John Kelly, *For Better or for Worse: Divorce Reconsidered* (New York: W. W. Norton & Co., 2002).

11 Judith Wallerstein, Julia Lewis & Sandra Blakeslee, *The Unexpected Legacy of Divorce: A 25 Year Landmark Study* (New York: Hyperion, 2000); dt.: *Scheidungsfolgen: Die Kinder tragen die Last. Eine Langzeitstudie über 25 Jahre* (München: Juventa, 2002).

12 Die Statistik über den Prozentanteil junger Erwachsener, die Kinder geschiedener Eltern sind, wurde von Professor Norval Glenn anhand der *2000 General Social Survey* und des *2000 Census* zusammengestellt.

13 Ava Chin, Hg., *Split: Stories from a Generation Raised on Divorce* (New York: Contemporary Books, 2002); Stephanie Staal, *The Love They Lost: Living with the Legacy of Our Partents' Divorce* (New York: Delacorte Press, 2000); Jen Abbas, *Generation Ex: Adult Children of Divorce and the Healing of Our Pain* (Colorado Springs, CO: WaterBrook Press, 2004).

14 Rebecca Walker, *Black, White, and Jewish: Autobiography of a Shifting Self* (New York: Riverhead Books, 2001).

15 Walker, *Black, White and Jewish*, 1–2.

16 dto., 3.

17 Anita Miller, Leiterin der Scheidungspädagogik bei der gemeinnützigen *Storefront Group* in Minneapolis, zitiert in: »The Kids' Schedule?« Siehe auch die Website *Christian Science Monitor*, 2. Juli 2003, Web-Ausgabe.

18 Scott Coltrane & Michele Adams, »The Social Construction of the Divorce ›Problem‹: Morality, Child Victims, and the Politics of Gender«, *Family Relations* 52,4 (Oktober 2003): 371.

19 Michael G. Lawler, Rezension über Hetherington & Kelly, »For Better or for Worse«, *INTAMS Review* 9 (2003): 136.

20 Julie Schelfo, »Happy Divorce«, *Newsweek*, 6. Dezember 2004, 43 (Hervorhebung wie im Original).

21 Bob Thompson, »Is This Any Way to Run a Divorce?« *Washington Post Magazine*, 24. November 2002, 14–20, 25–28.

22 Jennifer Frey, »For Families of Divorce, an Online Link to Sanity«, *Washington Post*, 29. Juli 2003, CI.

23 Constance Ahrons, *The Good Divorce: Keeping Your Family Together When Your Marriage Comes Apart* (New York: HarperCollins, 1994); dt.: *Die gute Scheidung. Die Familie erhalten, wenn die Ehe zerbricht* (München: Droemer-Knaur, 1995).

24 Zitiert in William J. Doherty, *Take Back Your Marriage: Sticking Together in a World That Pulls You Apart* (New York: Guilford Press, 2001), 4; dt.: *Zusammenbleiben* (Bern: Huber, 2003).

25 In Anhang A finden Sie einen Vergleich zwischen »guten« und »schlechten« Scheidungen sowie glücklichen und unglücklichen Ehen.

26 Die Literatur über die moralische und spirituelle Entwicklung von Kindern weist im Hinblick auf Kinder Geschiedener eine ungeheure Lücke auf: Die Frage, welchen Einfluß die Familienstruktur und das Aufwachsen in einer anderen Art von Familie, beispielsweise in einer durch Scheidung getrennten Familie, auf die moralische und spirituelle Entwicklung von Kindern hat, bleibt völlig unbeachtet. Zu den wichtigsten Autoren, die sich mit der Moralentwicklung bei Kindern beschäf-

tigen, zählen Jean Piaget, Erik Erikson, Lawrence Kohlberg, Robert Coles und Carol Gilligan. Bezüglich der religiösen und spirituellen Entwicklung von Kindern ist es nicht so leicht, eine entsprechende Liste zusammenzustellen, doch könnte man Autoren wie Sigmund Freud, Carl Gustav Jung, James Fowler und auch hier wieder Robert Coles nennen sowie weitere, weniger bekannte Wissenschaftler.

Die Theoretiker der Moralentwicklung sind in Ausbildungsprogrammen für die Arbeit mit Kindern, Jugendlichen und jungen Erwachsenen häufig Pflichtlektüre. Doch abgesehen von den Arbeiten von Coles und Gilligan sind die wichtigsten Publikationen in diesem Bereich Jahrzehnte alt. Sie sind überwiegend in einer Zeit entstanden, in der die meisten Kinder bei ihren verheirateten Eltern aufwuchsen. Selbst heutige Autoren, die über Themen der Moral und Spiritualität schreiben, gehen oft zumindest implizit von der Annahme aus, daß Kinder eine intakte Familie kennengelernt haben; andere konzentrieren sich statt dessen auf Sozialisationsinstanzen wie Schulen, Gleichaltrige und den Kontakt zu ihnen oder Glaubensgemeinschaften. Doch so wichtig diese Einflußquellen zweifellos sind, hat keine von ihnen für ein Kind eine ähnlich primäre und formende Bedeutung wie das Erleben der eigenen Familie.

Kapitel 2: Das geteilte Selbst

27 Durga Bernhard, *To & Fro, Fast & Slow* (New York: Walker and Company, 2001).

28 Wenn nicht anders angegeben, stammen alle in diesem Buch zitierten Statistiken, einschließlich dieser, aus der *National Survey on the Moral and Spiritual Lives of Children of Divorce*, die Dr. Norval Glenn und ich gemeinsam durchgeführt haben.

29 Joseph Hoppers faszinierende Untersuchungen erklären, wie eine Scheidung Paare polarisiert. Beispielsweise schreibt er: »Der tiefe Wert, der mit einer Ehe verbunden wird, erzeugt bei Paaren, die sich scheiden lassen, ein eklatantes Sinnproblem. Weil die meisten Menschen, die heiraten, überzeugt sind, daß ihre Ehe Bestand haben wird, werden sie mit einem schwierigen Deutungsproblem konfrontiert, wenn sie erklären wollen oder müssen, warum *ihre* Ehe endet. Um dieses Problem zu lösen, revidieren sie Bedeutungen, die sie zuvor ihrer Ehe zugeschrieben hatten. Dann sind Ehepartner, die sich scheiden lassen wollen, plötzlich davon überzeugt, daß ihre Ehe von Anfang an keine »richtige« Ehe war; deshalb müssen ihnen Bemühungen, die Ehe zu erhalten, als absurd erscheinen. Hingegen glauben Partner, die nicht Initiatoren der Scheidung sind, plötzlich, sie seien getäuscht worden. Deshalb erscheinen Bemühungen, über eine Scheidung zu verhandeln, als ziemlich sinnlos. Anders ausgedrückt lösen die Ansätze, die formuliert werden, die auftauchenden Deutungsprobleme sehr effektiv, erzeugen aber zwischen den beiden Partnern einen gewaltigen Konflikt.« In »The Symbolic Origins of Divorce«, *Journal of Marriage and the Family* 63, 2 (2001): 431. Siehe auch vom gleichen Autor »The Rhetoric of Motives in Divorce«, *Journal of Marriage and the Familie* 55, 4 (1993): 810.

30 Siehe beispielsweise Andrew Cherlin, *Marriage, Divorce, and Remarriage* (Cambridge: Harvard University Press, 1992): 79; Paul R. Amato, »Children's Adjustment to Divorce: Theories, Hypoth-

eses, and Empirical Support«, *Journal of Marriage and the Family* 55, 1 (1993): 35; und Marsha Kline, Janet R. Johnston & Jean M. Tschann, »The Long Shadow of Marital Conflict: A Model for Children's Postdivorce Adjustment«, *Journal of Marriage and the Family* 53, 2 (1991): 307.

31 Mindestens drei Studien, von denen zwei sehr streng und umfangreich sind, bestätigen, daß viele, wenn nicht sogar die meisten geschiedenen Eltern ihre Konflikte auf ein Minimum beschränken, und zwar hauptsächlich indem sie nur sehr selten, wenn überhaupt jemals, miteinander reden. E. Mavis Hetherington stellte fest, daß 50 Prozent der geschiedenen Eltern, die an ihrer großen Studie teilnahmen, einer Kategorie zuzurechnen waren, der sie den Namen *Parallel Co-Parenting* (»Paralleles Co-Beeltern«) gab. Sie schreibt: »Die 50 Prozent der geschiedenen Eltern, die sich für dieses Arrangement entschieden, ignorierten einander einfach. Der frühere Ehemann mischte sich in das Erziehungsverhalten seiner früheren Frau den gemeinsamen Kindern gegenüber nicht ein, und umgekehrt, und es wurden keinerlei Anstrengungen unternommen, die jeweils angewandten Strategien zu koordinieren. … Beide Elternteile verhielten sich den Kindern gegenüber, wie es ihnen als richtig erschien. Und obwohl sie sich manchmal sehr unterschiedlich verhielten, führten solche ›Parallel-Beelterungs‹-Arrangements nur selten oder nie zu Konflikten.« Hetherington & Kelly, *For Better or for Worse*, a. a. O., S. 139.

Eleanor E. Maccoby und Robert H. Mnookin gelangen in ihrer umfangreichen und sehr gründlichen Untersuchung über geschiedene Eltern zu dem Schluß, daß »das Vermeiden jeglicher Kommunikation ein weitverbreitetes Phänomen [ist], das im Laufe der Zeit nicht an Bedeutung verliert, sondern im Gegenteil stärker wird.« In jeder Zeitspanne, in der die Forscher geschiedene Paare untersuchten, kommunizierte ein stetig schrumpfender Anteil regelmäßig miteinander. Sie schreiben: »Zum Zeitpunkt 1 sprachen zwei Fünftel der untersuchten Paare mehr als einmal pro Woche über Aspekte des Lebens ihrer Kinder miteinander; zum Zeitpunkt 2 war die Zahl derer, die dies taten, auf ein Sechstel gesunken. … Zum Zeitpunkt 2 wurde über einen Elternteil oder sogar über beide berichtet, daß die Hälfte der geschiedenen Familien versuchten, die Kommunikation mit dem früheren Partner einzuschränken, und dieser Prozentsatz war zum Zeitpunkt 3 auf fast drei Fünftel gestiegen.« Eleanor Maccoby & Robert H. Mnookin, *Dividing the Child: Social and Legal Dilemmas of Child Custody* (Cambridge: Harvard University Press, 1992), 219.

Ebenso stellte Constance Ahrons in ihrer kleineren Studie mit 98 geschiedenen Paaren fest, daß nur 12 Prozent der Stichprobe »in starkem Maße interagierten und kommunizierten« (also das waren, was sie als »gute Freunde« [*perfect pals*] bezeichnet), und daß 38 Prozent »mäßig interagierten und in starkem Maße kommunizierten« (nach ihrer Bezeichnung »kooperative Partner«). Die restlichen waren »erzürnte Partner« (*angry associates*), »erbitterte Gegner« (*fiery foes*) und »Entzweite« (*dissolved duos*). Ahrons *The Good Divorce*, a. a. O., 52–59; dt.: *Die gute Scheidung*, S. 88 *ff.*

32 In unserer landesweiten Befragung bestätigten 92 Prozent der jungen Erwachsenen aus intakten Familien, im Gegensatz zu nur 58 Prozent der jungen Erwachsenen aus getrennten Familien, die Aussage »Wenn meine Eltern Konflikte hatten, wußte ich immer, daß sie darüber hinwegkommen würden.« [15] Die meisten Menschen, die aus intakten Familien stammen (74 Prozent), bezeich-

neten diese Aussage als sehr zutreffend, wohingegen nur eine kleine Minderheit der Kinder Geschiedener dies taten. Diese Aussage wurde den jungen Erwachsenen aus getrennten Familien mit dem Zusatz »nach der Scheidung Ihrer Eltern« präsentiert. Ihre Einschätzung bezieht sich also auf ihre Sicht der Konflikte ihrer Eltern *nach* deren Scheidung, nicht davor.

33 Es gibt viele Ratgeber für Eltern, die sich scheiden lassen wollen. Um nur einige zu nennen: Robert E. Emery, *The Truth About Children and Divorce: Dealing with the Emotions So You and Your Children Can Thrive* (New York: Viking 2004); Susan Allison, *Conscious Divorce: Ending a Marriage with Integrity* (New York: Three Rivers Press, 2001); Edward Teyber, *Helping Children Cope with Divorce*, 2. Aufl. (San Francisco: Jossey-Bass, 2001), dt.: *So helfen Sie Ihrem Kind im Scheidungsfall* (Bergisch-Gladbach: Lübbe 1996); Isolina Ricci, *Mom's House, Dad's House: A Complete Guide for Parents Who are Separated, Divorced, or Remarried*, 2. Aufl. (New York: Fireside, 1997), dt.: *Mutters Haus, Vaters Haus. Trotz Scheidung Eltern bleiben* (München: Piper 1992); Vicki Lansky, *Vicki Lansky's Divorce Book for Parents* (Minnetonka, MN: Book Peddlers, 2003); Matthew McKay *et al.*, *The Divorce Book* (Oakland, CA: New Harbinger Publishers, 1999); James Friedman, *The Divorce Handbook: Your Basic Guide to Divorce* (New York: Random House, 1999); Diana Mercer & Marsha Kline Pruett, *Your Divorce Advisor* (New York: Fireside, 2001); Sharon Naylor, *The Unofficial Guide to Divorce* (New York: Wiley, 1998).

Kapitel 3: Kleine Erwachsene

34 Siehe beispielsweise: Emery, *The Truth About Children of Divorce*, a. a. O., S. 97–133; Allison, *Conscious Divorce*, a. a. O., S. 182; McKay et al., *The Divorce Book*, a. a. O., S. 179–185; Friedman, *The Divorce Handbook*, a. a. O., S. 29–30; Mercer & Pruett, *Your Divorce Advisor*, a. a. O., S. 177–181; Naylor, *The Unofficial Guide to Divorce*, a. a. O., S. 27–30. Elternzeitschriften veröffentlichen regelmäßig Artikel, in denen Eltern dazu angeleitet werden, ihren Kindern zu erklären, daß sie sich scheiden lassen wollen; außerdem gibt es viele Websites, die ähnliche Ratschläge geben, beispielsweise www.divorcesource.com und www.betterdivorce.com .

35 Siehe die Tabelle in Anhang A. Eine Beschreibung dessen, was wir unter einer »guten« Scheidung verstehen, ist in Anmerkung 5 zu dieser Tabelle zu finden. Diese Definition entspricht derjenigen, die Constance Ahrons in ihrer Studie benutzt hat, wo sie erklärt, daß nach ihrer Einschätzung etwa der Hälfte der geschiedenen Paare eine »gute« Scheidung gelingt. (Sie bezeichnet diese Paare als »kooperative Partner« und »gute Freunde«) Ahrons, *The Good Divorce*, a. a. O. Hingegen wurde E. Mavis Hetherington durch ihre stringentere Definition dessen, was geschiedene Eltern, die ihre Aufgaben ihren Kindern gegenüber ernst nehmen und ihnen gerecht zu werden versuchen, erreichen sollten, dazu veranlaßt, nur einem Viertel ihrer großen Stichprobe von Paaren zuzugestehen, daß sie diese Voraussetzung erfüllten. In einem Unterkapitel mit der Überschrift »Die positive Wirkung einer kooperativen Wahrnehmung der gemeinsamen Elternrolle« schreibt sie: »Aufgrund der häufig feindseligen Atmosphäre, die in Zusammenhang mit einer Scheidung zwischen den Eltern entsteht, ist es oft sehr schwierig, die gemeinsamen elterlichen Aufgaben den

Kindern gegenüber im Geiste der Kooperation zu erfüllen und dabei das Wohl der Kinder an die erste Stelle zu setzen. … Nur etwa einem Viertel der geschiedenen Eltern unserer Stichprobe gelang es, eine kooperative Beziehung zu erreichen, in der sie über die Probleme ihrer gemeinsamen Kinder redeten, die jeweiligen häuslichen Regeln und Kindererziehungspraktiken aufeinander abstimmten und ihre Terminpläne so koordinierten, daß die Bedürfnisse ihrer Kinder erfüllt wurden.« Hetherington & Kelly, *For Better or for Worse*, a. a. O., S. 138.

36 Den Teilnehmern wurden keine unterschiedlichen Entscheidungsmöglichkeiten angeboten, sondern offene Fragen gestellt, und sie wurden aufgefordert, auf diese jeweils eine einzige Antwort zu geben. Viele dieser Antworten entsprachen einer relativ kurzen Liste von Kategorien.

37 Siehe beispielsweise Teyber, *Helping Children Cope with Divorce*, a. a. O., engl. Ausg. S. 55–56; Lansky, *Vicki Lansky's Divorce Book*, a. a. O., S. 76.

Kapitel 4: Zuhause

38 Robin Fretwell Wilson schreibt: »Diese Untersuchungen über zerbrochene Familien schätzen den Prozentanteil der in ihrer Kindheit sexuell belästigten Mädchen unterschiedlich hoch ein. Doch unabhängig davon, ob die korrekte Zahl bei 50 Prozent oder nur bei der Hälfte dieses Wertes liegt, ist die Zahl in jedem Fall beängstigend hoch, und sie deutet darauf hin, daß Mädchen nach einer Scheidung in einer wesentlich größeren Gefahr schweben, als wir bisher angenommen hatten.« Sie fährt fort: »Trotz dieser Studien strapaziert die Vorstellung, daß so viele Mädchen aus zerbrochenen Familien über in der Kindheit erlebten sexuellen Mißbrauch berichten, die Bereitschaft, solchen Berichten Glauben zu schenken. Doch in Anbetracht der Tatsache, daß mehr als siebzig sozialwissenschaftliche Untersuchungen bestätigen, daß zwischen Scheidungen und sexueller Belästigung eine Verbindung existiert, kann kaum daran gezweifelt werden, daß diese Gefahr sehr konkret ist. Auch wenn es schwer zu akzeptieren sein mag, ist es doch eine Tatsache, daß die Gefahr sexuellen Mißbrauchs bei Mädchen nach einer Scheidung sprunghaft steigt, und es gibt keinerlei Anzeichen dafür, daß dieses Risiko aus irgendeinem Grunde nachlassen wird.« Aus: »Children at Risk: The Sexual Exploitation of Female Children after Divorce«, *Cornell Law Review* 86.2 (2001): 256.

39 Joseph H. Beitchman et al., »A Review of the Short-Term Effects of Child Sexual Abuse«, *Child Abuse and Neglect* 15 (1991): 550; zitiert in Wilson, »Children at Risk«, siehe Anmerkung 9.

40 Martin Daly & Margot Wilson, »Evolutionary Psychology and Marital Conflict: The Relevance of Stepchildren«, in *Sex, Power, Conflict: Evolutionary and Feminist Perspectives*, Hg. David M. Buss & Neil M. Malamuth (Oxford: Oxford University Press, 1996), S. 9–28, zitiert in Coalition for Marriage, Family and Couples Education and the Institute for American Values (Hg.), *Why Marriage Matters: Twenty-One Conclusions from the Social Sciences* (New York: Institute for American Values, 2002).

41 Unterstützung für Stieffamilien finden Sie auf der Website der *Stepfamily Association of America*, www.saafamilies.org.

42 Dreizehn Prozent lebten hauptsächlich bei ihrem Vater. Elf Prozent verbrachten etwa gleichviel Zeit bei beiden Eltern. Bei einer kleinen Gruppe (3 Prozent) gab es keine feste Regelung.

43 Ahrons, *Die gute Scheidung*, a. a. O., S. 20.

44 Ahrons, *The Good Divorce*, a. a. O., S. 58.

Kapitel 5: Frühe Einflüsse auf die Moral

45 Junge Erwachsene aus durch Scheidung getrennten Familien sind gewöhnlich sehr geübt darin, über die Werte ihrer Eltern zu sprechen. Sie haben über dieses Thema lange nachgedacht. Allerdings mußten ein paar junge Männer, die ich interviewte, auf die Aufforderung hin, die Werte ihrer geschiedenen Väter zu beschreiben, völlig passen. Daran hatte auch nichts geändert, daß ihre Väter ganz in der Nähe gewohnt hatten und daß sie regelmäßig mit ihnen gegessen, Sportveranstaltungen besucht und andere Dinge getan hatten. Trotzdem fiel diesen Söhnen nichts ein, was für ihre Väter besonders wichtig oder bedeutungsvoll gewesen war. Einer von ihnen sagte: »Wir haben nie solche Gespräche geführt.«

Hingegen konnten sogar Interviewte aus intakten Familien, deren Väter sehr wenig Zeit hatten – die beispielsweise entweder ein eigenes Unternehmen leiteten oder Ärzte waren –, problemlos über die Werte ihrer Väter Auskunft geben. Möglicherweise hatten auch diese jungen Männer nicht oft mit ihren Vätern Gespräche führen können, doch im gemeinsamen Alltag hatten auch sie beobachtet, welche Opfer ihre Väter gebracht hatten, um ihre Familien ernähren zu können. Kinder verheirateter Eltern wissen, daß die Familie von der beruflichen Arbeit der Eltern profitiert; hingegen finden entsprechende tägliche Bemühungen geschiedener Väter außerhalb des Gesichtsfeldes des Kindes statt und erschweren es dem Kind deshalb sehr, sich über die Werte ihres Vaters klar zu werden.

46 Ebenso erklärten nur 7 Prozent der jungen Erwachsenen, die aus intakten Familien stammten, daß ihre Eltern häufig Konflikte hätten, doch 34 Prozent von ihnen sahen ihre Eltern als polare Gegensätze an. Auf die Frage nach Konflikten *vor* der Scheidung hin erklärten 31 Prozent der Kinder Geschiedener, daß ihre Eltern vor der Scheidung häufig Konflikte gehabt hätten. (Interessanterweise ergab eine wesentlich größere Langzeitstudie ebenfalls, daß nur etwa ein Drittel aller Scheidungen konfliktreiche Ehen beenden. Amato & Booth, *A Generation at Risk*, a. a. O., S. 220.)

Kapitel 6: Geheimnisse

47 Viele Scheidungsbücher ermahnen Eltern, keine Geheimnisse für sich zu behalten. Siehe beispielsweise Ricci, *Mom's House, Dad's House*, a. a. O., S. 142. Ich stehe Scheidungsratgebern grundsätzlich sehr kritisch gegenüber, doch gibt es zumindest ein Buch dieser Art, das ich für sehr einfühlsam und informativ halte, wenn Eltern keine andere Möglichkeit mehr sehen, als sich scheiden zu lassen, oder wenn sie über eine Scheidung nachdenken. Es handelt sich um das Buch von Judith

Wallerstein und Sandra Blakeslee, *What About the Kids? Raising Your Children Before, During, and After Divorce* (New York: Hyperion, 2003).

48 Geheimnisse werden in der systemischen Theorie der Familie als ein wichtiges Problem angesehen. Familiengeheimnisse der Vergangenheit verfolgen spätere Generationen und tragen zur Entstehung dysfunktionaler Beziehungen bei den Kindern und Enkeln jener Familienmitglieder bei, die das Geheimnis ursprünglich gehütet hatten. Durch Geheimnisse entstehen auch »Dreiecke«, was bedeutet, daß zwei Familienmitglieder vor einem dritten Geheimnisse haben oder daß sie einem dritten Mitglied ein Geheimnis mitteilen, um diese Person in ihre Beziehung hineinzuziehen oder um andere aus ihr auszuschließen. Geheimnisse sollen die Art von Kommunikation und Offenheit behindern, die für ein gesundes Familienleben und für die Entwicklung selbstsicherer Individuen unverzichtbar sind. Einen Überblick über die Literatur zu diesem Thema gibt Carlfred B. Broderick, *Understanding Family Process: Basics of Family Systems Theory* (Newbury Park, CA: Sage Publications, 1993).

49 Es ist schwierig, zuverlässige Angaben darüber zu erhalten, in wie vielen Ehen Untreue vorgekommen ist; entsprechende Untersuchungen gelangen zu sehr unterschiedlichen Ergebnissen.

50 Robinson, »Normal Abnormal«, in Chin (Hg.), *Split: Stories from a Generation Raised on Divorce*, S. 15.

51 Robinson, »Normal Abnormal«, S. 18.

52 Manchmal teilen geschiedene Eltern ihren Kindern auch andere Arten von Informationen mit, die verheiratete Eltern vor ihnen in der Regel verbergen würden. Beispielsweise stimmen mehr Kinder Geschiedener der folgenden Aussage zu: »Meine Eltern haben mir erzählt, daß meine Geburt bzw. die meines Bruders oder meiner Schwester ein Unfall war oder für sie völlig unerwartet kam.« [59] (27 im Verhältnis zu 19 Prozent) Leider haben wir es versäumt, die jungen Erwachsenen zu fragen, *wann* sie diese Information erhalten hatten. Ich vermute, daß Kinder aus intakten Familien solche Dinge eher als Erwachsene erfahren, wohingegen Kinder Geschiedener früher darüber informiert werden, wobei dies manchmal dazu diente zu erklären, warum die Eltern überhaupt geheiratet hatten (und weshalb sie sich später scheiden ließen).

53 *Oprah Winfrey Show*, Transkript mit dem Titel »How to Protect Your Child's Emotions During Divorce«, 28. Januar 2002, S. 7.

54 Ahrons, *The Good Divorce*, a. a. O., S. xii; Parallelstelle in der deutschen Ausgabe, die aber im Text nicht übernommen wurde: S. 12 unten.

55 Hopper, »The Rhetoric of Motives in Divorce«, a. a. O.

Kapitel 7: Alte Seelen in Kinderkörpern

56 Markus 10:2–12. Andere Passagen zum Thema Scheidung aus dem Neuen Testament sind: Lukas 16:18, Matthäus 5:31–32, und 1. Korintherbrief 7:10 13 sowie 7:15. Im Markus-Evangelium spricht Jesus von dem, was »Moses verfügte«, was auf dem in Deuteronomium 24:1–4 beschriebenen Scheidungsgesetz basiert.

57 Von den Kindern Geschiedener bezeichnen sich 70 Prozent als »sehr« oder »ziemlich« spirituell, verglichen mit 73 Prozent der jungen Erwachsenen, die aus intakten Familien stammen. Ebenso berichten sie über sehr ähnliche Einstellungen und Erlebnisse, was ihre Beziehung zu Gott angeht. Bei Kindern geschiedener Eltern und Untersuchungsteilnehmern aus intakten Familien waren die Antworten auf Aussagen wie »Manchmal spüre ich die Gegenwart Gottes« [87] und »Ich fühle mich wie ein Mitglied von Gottes Familie« [90] fast identisch. Hinsichtlich der Reaktion auf die Aussage »Ich mache mir Sorgen darüber, was geschehen wird, wenn ich sterbe« [56] betrug der Unterschied zwischen den beiden Gruppen nur zwei Prozent und bezüglich der Aussage »Wenn ich Hilfe brauchte, war Gott für mich da« [92] nur drei Prozent. Ebenso bestand auch bei den Fragen nach Gottes Eigenschaften nur ein sehr geringer, möglicherweise statistisch nicht signifikanter Unterschied. Die beiden Gruppen differierten um zwei bis vier Prozent bezüglich ihrer Antworten auf die Fragen danach, ob Gott »allmächtig« [73], »fürsorglich« [74], »bedingungslos liebend« [75], »nicht existent« [76], »wütend« [77], »gerecht« [78], »abwesend« [79], »duldsam« [80], »mitfühlend« [81], »wie ein Freund« [82] »wie ein Vater« [83], »wie eine Mutter« [84] und »vergebend« [85] sei.

Die ziemlich ähnlichen Reaktionen könnten aber auch darauf deuten, daß die gestellten Fragen zu summarisch waren. Wie bereits früher erwähnt, ergab eine präziser formulierte Frage einen wesentlich deutlicheren Unterschied zwischen den beiden Gruppen: Der Aussage »Ich stelle mir Gott als den liebenden Vater oder die liebende Mutter vor, den oder die ich niemals hatte« [88] stimmten 38 Prozent der Kinder Geschiedener zu, wohingegen es unter den Studienteilnehmern, die aus intakten Familien stammten, nur 22 Prozent waren.

Obgleich ihre Empfindungen bezüglich ihrer Spiritualität und ihre Reaktionen auf einige der Fragen über Gott als sehr ähnlich erscheinen, war das spirituelle Leben von Kindern Geschiedener *in ihrer Kindheit* doch deutlich anders. Auch hier sind die Unterschiede in manchen Fällen nur sehr gering. Auf die Frage »Haben Sie als Kind gebetet?« [98] antworteten 86 Prozent der Befragten aus intakten Familien mit ja, während es bei den Teilnehmern aus getrennten Familien 82 Prozent waren. Auf die Frage »Wenn Sie an die Zeit in Ihrer Kindheit denken, in der Sie am meisten gebetet haben, wie oft haben Sie dann in dieser Zeit gebetet?« [99] antworteten 59 Prozent der Teilnehmer aus intakten Familien »jeden Tag«, wohingegen dies bei den Teilnehmern aus geschiedenen Ehen 52 Prozent waren. Interessant ist, daß die Wahrscheinlichkeit einer positiven Sicht des Gebets bei Kindern geschiedener Eltern etwas höher lag – vielleicht weil sie sich aus eigenem Antrieb dafür entschieden zu beten. Auf die Frage »Welche der folgenden Möglichkeiten beschreibt Ihre religiöse Praxis in Ihrer Kindheit am besten?« [101] antworteten 20 Prozent der Teilnehmer aus intakten Familien, aber nur 15 Prozent der Teilnehmer aus getrennten Familien, daß das Beten für sie eine Pflicht gewesen sei. Und 51 Prozent der Teilnehmer aus intakten Familien, aber 55 Prozent der Teilnehmer aus getrennten Familien sahen das Beten als eine »Quelle des Trostes« [[100]] an.

Die persönlichen Interviews stützen die Auffassung, daß Menschen aus durch Scheidung getrennten Familien mit höherer Wahrscheinlichkeit aus eigenem Antrieb zu ihrer Spiritualität gefunden hatten und seltener von ihren Eltern zu einem entsprechenden Engagement gebracht oder gar von ihnen dazu gezwungen worden waren.

58 »Ich nahm während meiner Kindheit häufig daran teil« konnte auf freiwilliger Basis beantwortet werden.

59 Eine Gruppe von Forschern stellte fest, daß »die Rate der Eheauflösungen [Scheidungen] bei Partnern, von denen keiner an religiösen Zeremonien teilnimmt, 2,4 mal höher ist als bei Partnern, die jede Woche an religiösen Zeremonien teilnehmen.« Vaughn R. A. Call & Tim B. Heaton, »Religious Influence on Marital Stability«, *Journal for the Scientific Study of Religion* 36 (1997): 382–392. Diese Autoren stellten fest, daß die positiven Auswirkungen der Teilnahme an religiösen Zeremonien größtenteils auf das höhere Maß an ehelicher Zufriedenheit und auf negativen Einstellungen gegenüber außerehelichem Sex zurückzuführen sind. Andere fanden heraus, daß bei Paaren, die »häufig an religiösen Zeremonien teilnehmen, die Wahrscheinlichkeit einer Trennung halb so groß ist wie bei anderen.« Edward Laumann et al., *The Social Organization of Sexuality* (Chicago: University of Chicago Press, 1994), S. 501.

60 Leora E. Lawton & Regina Bures, »Parental Divorce and the ›Switching‹ of Religious Identity«, *Journal for the Scientific Study of Religion*, März 2001, 106. Die Autorinnen vergleichen die religiöse Zugehörigkeit der Untersuchungsteilnehmer in der Adoleszenz (so wie die Betreffenden sich daran erinnerten) und in der Gegenwart. »Gemäßigt« und »konservativ« sind Begriffe, die sie in ihrer Studie verwenden.

61 Außerdem erklärten 15 Prozent der jungen Erwachsenen aus intakten Familien, daß sie zur Zeit eine Führungsposition in einer Kirchengemeinde inne hätten, wohingegen dies bei nur 10 Prozent der jungen Erwachsenen aus getrennten Familie der Fall ist.

62 Die *North American Conference of Separated and Divorced Catholics* (»Nordamerikanische Konferenz der getrennt lebenden und geschiedenen Katholiken«) ist eine große Gruppe, die auf Pfarrei-Ebene darauf hinarbeitet, die Betreuung Geschiedener und ihrer Familien zu verbessern. Ihre Website ist www.nacsdc.org.

63 Siehe W. Bradford Wilcox, »Conservative Protestants and the Family: Resisting, Engaging, or Accomodating Modernity?« in *A Public Faith: Evangelical Civic Engagement*, Hg. Michael Cromartie (Lanham, MD: Rowman and Littlefield, 2003).

64 Einige vermuten auch, daß der niedrigere sozioökonomische Status von Kindern Geschiedener, der in den meisten Studien erwähnt wird, deshalb ein wichtiger Faktor ist, weil bei den evangelikalen Christen ein größerer Anteil dieser Einkommensgruppe angehört, wohingegen die Protestanten der verbreiteteren Bekenntnisse in der Regel wohlhabender sind. In unserer landesweiten Befragung, an der fünfhundert Personen teilnahmen, erwies sich das Haushaltseinkommen der jungen Erwachsenen, die aus getrennten und aus intakten Familien stammten, als sehr ähnlich. Allerdings könnten sich die beiden Gruppen hinsichtlich ihres Vermögens unterscheiden, wonach wir nicht fragten.

65 Susan R. Garrett & Amy Plantinga Pauw, *Making Time for God: Daily Devotions for Children and Families to Share* (Grand Rapids, MI: Baker Books, 2002).

66 James McBride, *The Color of Water: A Black Man's Tribute to His White Mother* (New York: River-head Books, 1996); dt.: *Die Farbe von Wasser* (Berlin: Berlin Verlag, 2001).

67 Lukas 15:11–32.

68 Elizabeth Marquardt, »Children of Divorce: Stories of Exile«, *Christian Century* 118, 6 (2001): S. 26–29.

Kapitel 8: Ehrlichkeit im Umgang mit Kindern Geschiedener

69 Walker, *Black, White, and Jewish*, a. a. O., S. 116–117.

70 Ahrons, *The Good Divorce*, a. a. O., S. 156.

71 Constance Ahrons neuestes Buch ist *We're Still Family: What Grown Children Have to Say About Their Parents' Divorce* (New York: HarperCollins, 2004). Für dieses Buch kontaktierte sie 173 der mittlerweile erwachsenen Kinder aus ihrer vorherigen Studie und führte mit Hilfe von Assistenten mit ihnen Telefon-Interviews durch. Die Anekdoten, die diese jungen Menschen erzählten, sind oft sehr bewegend und manchmal sogar verstörend. Noch verstörender jedoch ist, daß Ahrons aus dem, was sie auf diese Weise erfuhr, eine These entwickelte, die das Erlebte völlig leugnet. Beispielsweise fragte sie ihre Probanden, was an der Scheidung ihrer Eltern »positiv« gewesen sei. Einige antworteten daraufhin, sie hätten dadurch gelernt, sich bezüglich ihrer eigenen Ehe große Mühe zu geben und sich vor allem nie scheiden zu lassen, weil sie »das« ihren eigenen Kindern nicht antun wollten. Ahrons benutzt Antworten wie diese, um ihre These zu stützen, daß Kinder Geschiedener viel Positives über die Scheidung ihrer Eltern zu sagen wüßten, was unsere Kultur nicht höre, weil niemand sie danach frage, ob die miterlebte Scheidung bei ihnen etwas Positives bewirkt habe. Ein weiterer sehr problematischer Aspekt ihrer Untersuchung ist, daß die Teilnehmerzahl relativ klein ist und daß sie keine Kontrollgruppe hat. Obwohl sie darüber spekuliert, daß die jungen Menschen in ihrer Stichprobe sich hinsichtlich ihrer Entwicklung nicht von Gleichaltrigen aus intakten Familien unterscheiden, führt sie keine Daten an, die diese Behauptung stützen. Meine Rezension ihres Buches siehe: Elizabeth Marquardt, »The Bad Divorce«, *First Things: A Monthly Journal of Religion and Public Life*, Februar 2005, S. 24–27.

72 Nur wenige unter den Hunderten von Büchern über »gemischte Familien« sind: *Stepcoupling: Creating and Sustaining a Strong Marriage in Today's Blended Familiy; The Blended Family Sourcebook: A Guide to Negotiating Change; And the Two Became One Plus: An Upfront Look at Today's Blended Family; The Stepparent's Survival Guide: A Workbook for Creating a Happy Blended Familiy; Step-by-Step-Parenting: A Guide to Successful Living with a Blended Familiy; Blended Families: Creating Harmony as You Build a New Home Life.*

73 Ein Beispiel dafür, wie das *U. S. Census Bureau* den Begriff *gemischte Familie* benutzt, enthält Jason Fields, »Living Arrangements of Children 1996«, Current Population Reports P70–74, und Stacy Furukawa, »The Diverse Living Arrangements of Children 1991«, Current Population Reports, P70–38, U. S. Census Bureau, Washington, D. C., 1994, zitiert in *The Family Portrait: A Compila-*

tion of Data, Research and Public Opinion on the Family, Hg. Bridget Maher (Washington, D. C.: Family Research Council, 2002): 126.

74 Siehe www.bonusfamilies.com. Dieser Begriff wird von Jann Blackstone-Ford und Sharyl Jupe befürwortet, den Autorinnen von *Ex-Etiquette for Parents: Good Behavior After a Divorce or Separation* (Chicago: Chicago Review Press, 2004).

75 Siehe beispielsweise Rachel Emma Silverman & Michelle Higgins, »When the Kids Get the House in a Divorce; To Ease the Disruption of Splits, Children Live in Family Home While Parents Alternate Stays«, *Wall Street Journal*, Eastern Edition, 17. September 2003, D1. Dieser Artikel wurde häufig wiederabgedruckt.

76 Ein weiteres Problem bei der Wahl des Begriffs *Bird-nesting* besteht darin, daß er sich ein biologisches Phänomen aneignet und es verzerrt darstellt. Vögel entscheiden nicht, ob sie einander nicht ausstehen können, mit der Folge, daß sie dann anderswo ein Nest bauen, das sie abwechselnd aufsuchen, um die Baby-Vögel abwechselnd zu betreuen. Erwachsene Vögel verlassen ihr Nest nur kurz, um für ihre Kinder *Nahrung* zu besorgen.

77 David Small, »Passages«, eine Rezension des Buches *To & Fro, Fast & Slow* von Durga Bernhard, *New York Times*, 18. November 2001, Online-Ausgabe.

78 Jan Blackstone-Ford et al., *My Parents Are Divorced, Too: A Book by Kids, for Kids* (Washington, D. C.: Magination, 1998).

79 Whitehead, *The Divorce Culture*, S. 123.

80 Whitehead, *The Divorce Culture*, S. 123–24.

81 Adolph Moser, *Don't Fall Apart on Saturdays!: The Children's Divorce-Survival Book* (Kansas City, MO: Landmark Editions, 2000).

82 Das *National Institute of Mental Health* bezeichnet Scheidungen als zweithäufigsten Auslöser von Depression. Siehe www.nimh.gov. Eine andere typische Liste derartiger Ursachen umfaßt folgende Faktoren: (1) Tod eines Partners, (2) Scheidung, (3) Trennung von Eheleuten, (4) Gefängnisstrafe, (5) Tod eines nahestehenden Familienmitglieds, (6) persönliche Verletzung oder Erkrankung, (7) Eheschließung, (8) Verlust des Arbeitsplatzes, (9) Versöhnung mit dem Ehepartner und (10) Ruhestand. Diese Liste ist zu finden auf der Website www.crescentlife.com/wellness/stressors.htm.

83 Bettina Arndt, »After Divorce, Kids Need Both Parents«, *The Age* (Australien), 29. August 2003. Arndt bezieht sich auf Untersuchungen des Australian Institute of Family Studies, die ergaben, daß in Australien »nur 38 Prozent der bis zu zwei Jahre alten Kinder, die bei ihren alleinerziehenden Müttern leben, gelegentlich bei ihrem Vater übernachten, verglichen mit 60 Prozent der Kinder im Alter von 3 bis 4 Jahren.« Die Forscher sprachen sich für eine Erweiterung des Besuchsrechts für diese sehr jungen Kinder aus. Eine andere neue Studie berichtete nur wenige Monate später, daß »bei der Mehrheit der Babys, die abwechselnd bei ihren geschiedenen Eltern leben, anhaltende psychische Probleme entstehen. ... Solche Arrangements führen bei 60 Prozent der Kinder unter 18 Monaten zur Entstehung einer dauerhaft ›desorganisierten Bindung‹, erklärt ein klinischer Psychologe und Familientherapeut.« Aus Lauren Martin, »Trouble Ahead for Babies of Divorce«, *The Age* (Australien), 21. Oktober 2003.

Einen Überblick über einige in den Vereinigten Staaten durchgeführte neuere Untersuchungen, die sich mit Übernachtungsbesuchen von Babys beschäftigen, von einem Befürworter dieser Praxis, enthält Richard A. Warshak, »Payoffs and Pitfalls of Listening to Children«, *Family Relations* 52, 4 (2003): 379–80.

Zum Schluß

84 Susan Dominus, »The Father's Crusade«, *New York Times Magazine*, 8. Mai 2005, 26–33, 50, 56–58.

85 »Drei Viertel der Kinder nicht-verheiratet zusammenlebender (kohabitierender) Eltern werden erleben, daß ihre Eltern sich trennen, bevor sie selbst sechzehn Jahre alt geworden sind, wohingegen nur etwa einem Drittel der Kinder verheirateter Eltern ein ähnliches Schicksal droht. Ein Grund hierfür ist, daß die Eheschließungen bei zusammenlebenden Paaren stark zurückgegangen sind. Im letzten Jahrzehnt ist der Anteil der kohabitierenden Mütter, die den Vater ihres Kindes schließlich heiraten, von 57 Prozent auf 43 Prozent gesunken.« Aus David Popenoe & Barbara Dafoe Whitehead, *Should We Live Together? What Young Adults Need to Know about Cohabitation Before Marriage*, 2nd ed. (Piscataway, NJ: National Marriage Project, 2002), 8. Die Autoren zitieren Wendy Manning, »The Implications of Cohabitation for Children's Well-Being«, in *Just Living Together: Implications for Children, Families, and Public Policy*, Hg. Alan Booth & Ann C. Crouter (Hillsdale, NJ: Lawrence Erlbaum Associates, 2002).

86 Unsere eigenen Daten zeigen, daß Kinder Geschiedener sich mit etwa 75prozentig höherer Wahrscheinlichkeit selbst später scheiden lassen als Menschen aus intakten Familien, und andere, neuere Untersuchungen sind zu ähnlichen Resultaten gekommen. Etwa 43 Prozent der heutigen Erstehen werden wahrscheinlich mit einer Scheidung enden, wobei diese Zahl Menschen mit den unterschiedlichsten familiären Voraussetzungen einschließt, darunter auch Kinder Geschiedener. Wenn nur letztere berücksichtigt werden, liegt eine realistische Projektion für ihre Scheidungsrate bei 60 bis 65 Prozent. (Interessanterweise bedeutet dies, daß ihre Scheidungsrate nach erster Ehe der 60prozentigen Scheidungsrate für Zweitehen in der Gesamtpopulation ähnelt.) Ein Hoffnungsschimmer ist bei alldem, daß bei einer Ehe, die die ersten vier bis fünf Jahre überdauert, die Wahrscheinlichkeit einer Scheidung in jedem folgenden Jahr ziemlich gering ist, selbst wenn es sich um Kinder Geschiedener handelt.

87 Linda J. Waite et al., *Does Divorce Make People Happy? Findings from a Study of Unhappy Marriages* (New York: Institute for American Values, 2002); Linda J. Waite & Maggie Gallagher, *The Case for Marriage: Why Married People are Happier, Healthier, and Better Off Financially* (New York: Doubleday, 2000).

88 Siehe Waite et al., *Does Divorce Make People Happy?* In Fokusgruppen stellten die Forscher fest, daß viele Paare den Fortbestand ihrer Ehe auf das zurückführten, was die Forscher als »eheliche Ausdauerethik« *(marital endurance ethic)* bezeichneten. Die Autoren schreiben: »Viele Ehepartner sagten, daß ihre Ehen glücklicher geworden seien, und zwar nicht, weil sie und ihre Partner ihre Probleme gelöst hätten, sondern weil sie diese störrisch ›ausgesessen‹ hätten. Im Laufe der

Zeit hätten viele Ursachen für Konflikte und Leiden an Bedeutung verloren« (S. 7). Die Schei-
dungskultur hat Paaren beigebracht, ihr Unglücklichsein der Ehe selbst anzulasten. Die Botschaft
lautete: »Wenn du unglücklich bist, dann steig' aus.« Hingegen stellen Paare, die der »ehelichen
Ausdauerethik« den Vorzug geben, oft fest, daß äußere Streßfaktoren – berufliche Probleme, Ein-
mischungen von Schwiegereltern, gesundheitliche Krisen und sogar nervige Teenager – eine Ehe
belasten und die Partner unglücklich machen. Wenn diese Streßfaktoren keine Rolle mehr spielen – weil ein Partner eine neue Arbeitsstelle findet, weil die gesundheitlichen Probleme entweder
erträglicher werden oder nachlassen, weil der Teenager allmählich erwachsen wird usw. –, kann
die Ehe dadurch glücklicher werden.

89 Zu der Frage, ob eine Scheidung die Geschiedenen glücklicher macht, siehe Waite et al., *Does Divorce Make People Happy?*

90 Die projizierte Scheidungsrate für erste Ehen beträgt 43 Prozent, die für Zweitehen 60 Prozent.
Partner, die in Zweitehen leben, müssen mit der zusätzlichen Schwierigkeit fertig werden, daß
sie Kinder aus früheren Ehen mitbringen und möglicherweise außerdem noch weitere Kinder
bekommen, mit diesen eine neue Familie formen, sich außerdem mit Expartnern auseinanderset-
zenn, eventuell Kosten mehrerer Haushalte bewältigen, mit aus der Vorgeschichte resultierenden
emotionalen Belastungen und dergleichen mehr fertig werden müssen.

91 Siehe »What Next for the Marriage Movement?« *Institute for American Values*, New York, 2004,
und »The Marriage Movement: A Statement of Principles«, *Coalition for Marriage, Family and
Couples Education, Institute for American Values*, und das *Religion, Culture, and Family Project* der
University of Chicago Divinity School, 2000.

92 Bezüglich einiger Dinge, die Glaubensgemeinschaften leisten können, siehe Marquardt, »Stories
of Exile«; Elizabeth Marquardt, »Ministering to Children of Divorce Through the Life Cycle«, *Cir-
cuit Rider*, Mai/Juni 2002, 20–23; und Elizabeth Marquardt, »The Prophetic Task of the Churches
on Behalf of Children of Divorce«, *Criterion – A Publication of the University of Chicago Divinity
School* 40,1 (2002): 16–19, 24. Der letztgenannte Artikel ist verfügbar über www.americanvalues.
org. Das *Religion, Culture, and Family Project* der *University of Chicago Divinity School* hat in den
vergangenen Jahren zahlreiche Bücher und Artikel publiziert, in denen Ideen für einen »kritischen Familialismus« in den Kirchen und in der Kultur vorgestellt werden. Siehe www.divinity.
uchicago.edu/family/. Eine große nationale Organisation, die dem Klerus vieler lokaler Gemeinden geholfen hat, die Ehe zu stärken und die Zahl der Scheidungen zu verringern, ist *Marriage
Savers*. Siehe www.marriagesavers.org. Ein neues, qualitativ hochwertiges kirchliches Kurrikulum
für junge Kinder Geschiedener ist *Divorce Care for Kids*. Siehe www.dc4k.org.

Anhang A

Vergleich »guter« und »schlechter« Scheidungen mit glücklichen, unglücklichen und konfliktarmen sowie unglücklichen und konfliktreichen Ehen[1]

Ehe war:	INTAKTE FAMILIE[2]			GETRENNTE FAMILIE[3]	
	sehr glücklich, konflikt-arm	unglück-lich[4], konflikt-arm	unglück-lich[4], konflikt-reich	»gute« Scheidung[5]	»schlechte Scheidung«
sehr glücklich	72.7	47.8	41.7	57.1	51.1
sehr zufrieden mit dem Leben insgesamt	73.1	56.2	50.0	62.3	54.3
nie geschieden (von den jemals Verheirateten)	89.9	86.7	81.8	76.3	82.6
Zutreffend: Den meisten Menschen kann man vertrauen.	62.7	51.2	39.6	53.2	44.5
Zutreffend: Ich habe nicht das Gefühl, daß mich irgend jemand wirklich versteht.	7.2	17.5	29.2	14.6	30.0
Zutreffend: Ich habe in meinem Leben mit vielen Verlusten fertig werden müssen.	37.0	42.0	52.1	53.2	61.0
Zutreffend: In meinen Familienbeziehungen müssen meine eigenen Bedürfnisse an erster Stelle stehen.	16.8	21.0	25.0	20.2	30.9

Ehe war:	INTAKTE FAMILIE[2]			GETRENNTE FAMILIE[3]	
	sehr glücklich, konflikt-arm	unglück-lich[4], konflikt-arm	unglück-lich[4], konflikt-reich	»gute« Scheidung[5]	»schlechte Scheidung«
Zutreffend: Ich glaube, daß mein Verständnis von richtig und falsch unscharf ist.	5.2	7.2	8.3	6.1	10.6
Zutreffend: Meine Eltern haben mich vor ihren Sorgen geschützt.	88.2	81.7	35.4	77.7	45.4
Zutreffend: Die häuslichen Re-geln meiner Mutter und meines Vaters waren die gleichen.	93.7	81.1	60.5	57.7	32.4
Zutreffend: Was meine Mutter als wahr bezeichnete und was mein Vater als wahr bezeichnete, war oft unterschiedlich.	12.1	24.1	56.5	29.3	78.4
Zutreffend: Manchmal habe ich mich zu Hause wie ein Außen-stehender gefühlt.	6.9	21.8	52.1	19.2	44.6
Zutreffend: Ich fühlte mich bei meinen beiden Eltern jeweils wie ein anderer Mensch.	12.4	26.1	47.9	28.7	59.9
Zutreffend: Es war sehr bela-stend, in meiner Familie zu leben.	6.3	35.2	93.6	51.7	82.3
Zutreffend: In meiner Kindheit habe ich hauptsächlich gespielt.	94.8	90.3	77.1	81.2	70.4
Zutreffend: Ich habe mich immer wie ein Erwachsener gefühlt, auch als ich noch ein kleines Kind war.	36.1	38.6	50.0	50.5	70.2

Ehe war:	INTAKTE FAMILIE[2]			GETRENNTE FAMILIE[3]	
	sehr glücklich, konfliktarm	unglücklich[4], konfliktarm	unglücklich[4], konfliktreich	»gute« Scheidung[5]	»schlechte Scheidung«
Zutreffend: Meine Familie hat jeden Tag eine Mahlzeit gemeinsam eingenommen.	96,8	89,4	83,3	70,9	64,3
Zutreffend: Weihnachten oder Chanukkah war in meiner Familie eine anstrengende Zeit.	7.5	19.2	26.2	22.3	54.0
Zutreffend: Ich habe oft Geschichten über meine Geburt gehört.	74.1	61.7	64.6	60.8	58.4
Zutreffend: Ich habe meine Mutter oft vermißt.	15.1	30.8	39.1	25.7	38.0
Zutreffend: Ich habe meinen Vater oft vermißt.	31.2	37.6	34.0	55.6	67.8
Zutreffend: Ich hatte das Gefühl, ich müßte meine Mutter emotional schützen.	23.1	36.4	68.7	44.0	65.8
Zutreffend: Ich hatte das Gefühl, ich müßte meinen Vater emotional schützen.	12.4	17.2	35.4	20.1	42.0
Zutreffend: Ich habe mich zu sehr dafür verantwortlich gefühlt, mich um meine Mutter zu kümmern.	7.7	8.0	39.6	14.7	34.5
Zutreffend: Ich habe mich zu sehr dafür verantwortlich gefühlt, mich um meinen Vater zu kümmern.	0.9	4.9	10.4	3.3	16.4

Ehe war:	INTAKTE FAMILIE[2]			GETRENNTE FAMILIE[3]	
	sehr glücklich, konflikt- arm	unglück- lich[4], konflikt- arm	unglück- lich[4], konflikt- reich	»gute« Scheidung[5]	»schlechte Scheidung«
Zutreffend: Ich habe mich zu sehr dafür verantwortlich gefühlt, mich um meinen Bruder oder meine Schwester zu kümmern.	5.2	17.2	37.5	24.7	40.6
Zutreffend: Ich habe mich ge- nerell körperlich sicher gefühlt.	98.5	96.6	87.5	94.3	83.3
Zutreffend: Ich habe mich ge- nerell emotional sicher gefühlt.	98.9	93.1	60.4	81.9	57.8
Zutreffend: In meiner Familie standen die Kinder im Mittel- punkt.	93.7	86.5	79.2	77.1	57.8
Zutreffend: Ich war als Kind oft allein.	4.9	20.6	41.6	30.2	59.9
Zutreffend: Manchmal hatte ich das Gefühl, ich hätte kein Zuhause.	0.0	5.7	20.9	8.9	29.4
Zutreffend: Manchmal hatte ich Angst davor, kein Zuhause mehr zu haben.	1.2	5.7	14.6	4.7	5.1

1   Fälle mit der Enkodierung »weiß nicht« oder »keine Antwort« wurden aus der Prozentberechnung ausgeschlossen. Die Ergebnisse, die zur Ermittlung der ehelichen Situation der Eltern benutzt wurden, wurden retrospektiv von den erwachsenen Kindern der Eheppartner berichtet.

2   Zu dem Zeitpunkt, als das Kind vierzehn Jahre alt war.

3   Personen, die ihre beiden Eltern nach deren Trennung nicht mindestens einmal im Jahr sahen, bis sie achtzehn Jahre alt waren oder bis sie den elterlichen Haushalt verließen, wurden aus der Studie ausgeschlossen.

4   Elterliche Ehen, die von den Teilnehmern nicht als »sehr glücklich« bezeichnet wurden, werden als unglücklich angesehen.

5   Wenn ein Teilnehmer über »zahlreiche« Konflikte seiner Eltern nach deren Scheidung berichtete, über Kidnapping durch einen Elternteil, über die Erwähnung der Möglichkeit eines Kidnappings, über Aufforderungen eines Eltern- teils, vor dem anderen Elternteil bestimmte Dinge geheim zu halten, und/oder wenn er aufgefordert wurde, in Konflikten zwischen den Eltern Partei für eine Seite zu ergreifen, wurde die Scheidung als »schlecht« klassifiziert. Alle übrigen Scheidungen wurden als »gut« eingeschätzt.

Anhang B

Vollständige Befragungsergebnisse

Alle Zahlen sind Prozentwerte.

1. Wie würden Sie Ihre heutige Situation insgesamt beschreiben? Würden Sie sagen, Sie sind

	GETRENNTE FAMILIE	INTAKTE FAMILIE
sehr glücklich	53.5	58.9
ziemlich glücklich	42.1	37.5
nicht so glücklich	3.6	3.2
weiß nicht/keine Antwort	0.8	0.4

2. Wie zufrieden sind Sie mit Ihrem Leben insgesamt? Würden Sie sagen, Sie sind

	GETRENNTE FAMILIE	INTAKTE FAMILIE
sehr zufrieden	58.3	63.8
ein wenig zufrieden	36.6	33.8
ein wenig unzufrieden	4.2	1.9
sehr unzufrieden	0.7	0.5
weiß nicht/keine Antwort	0.3	0.0

Bei den Fragen 3–17, 45–55 und 102–110 wurde für die Untersuchungsteilnehmer, die aus Scheidungsfamilien stammten, die Formulierung »nach der Scheidung« eingefügt.

3. Meine Eltern schützten mich vor ihren Sorgen.

	GETRENNTE FAMILIE	INTAKTE FAMILIE
sehr zutreffend	31.1	51.1
teilweise zutreffend	31.8	30.3
teilweise unzutreffend	22.0	12.1
sehr unzutreffend	14.7	6.4
weiß nicht/keine Antwort	0.4	0.1

4. Meine Eltern wirkten [nach der Scheidung] wie polare Gegensätze zueinander.

	GETRENNTE FAMILIE	INTAKTE FAMILIE
sehr zutreffend	41.6	11.7
teilweise zutreffend	24.6	22.6
teilweise unzutreffend	18.0	22.4
sehr unzutreffend	15.2	42.6
weiß nicht/keine Antwort	0.5	0.7

5. Manchmal hat ein Elternteil mich aufgefordert, wichtige Informationen vor dem anderen Elternteil geheimzuhalten.

	GETRENNTE FAMILIE	INTAKTE FAMILIE
sehr zutreffend	12.8	4.0
teilweise zutreffend	14.3	5.6
teilweise unzutreffend	11.1	6.4
sehr unzutreffend	60.8	83.8
weiß nicht/keine Antwort	0.9	0.3

6. Es regte mich auf, wenn ein Elternteil zu mir sagte, ich sähe wie der andere Elternteil aus oder verhielte mich wie dieser.

	GETRENNTE FAMILIE	INTAKTE FAMILIE
sehr zutreffend	15.2	4.4
teilweise zutreffend	12.5	10.5
teilweise unzutreffend	14.7	15.9
sehr unzutreffend	54.8	67.9
weiß nicht/keine Antwort	2.8	1.3

7. Manchmal fühlte ich mich zu Hause wie ein Außenstehender.

	GETRENNTE FAMILIE	INTAKTE FAMILIE
sehr zutreffend	14.0	4.0
teilweise zutreffend	16.4	12.8
teilweise unzutreffend	13.0	13.0
sehr unzutreffend	56.2	70.1
weiß nicht / keine Antwort	0.4	0.1

8. Was meine Mutter als die Wahrheit hinstellte und was mein Vater als wahr bezeichnete, waren oft zwei völlig verschiedene Dinge.

	GETRENNTE FAMILIE	INTAKTE FAMILIE
sehr zutreffend	26.8	5.4
teilweise zutreffend	24.5	14.6
teilweise unzutreffend	17.9	20.4
sehr unzutreffend	28.9	58.3
weiß nicht / keine Antwort	2.0	1.3

9. Ich fühlte mich meinen beiden Eltern gegenüber jeweils wie ein anderer Mensch.

	GETRENNTE FAMILIE	INTAKTE FAMILIE
sehr zutreffend	20.4	7.5
teilweise zutreffend	22.6	13.5
teilweise unzutreffend	19.3	18.9
sehr unzutreffend	36.6	58.9
weiß nicht / keine Antwort	1.1	1.1

10. Es war sehr belastend, in meiner Familie zu leben.

	GETRENNTE FAMILIE	INTAKTE FAMILIE
sehr zutreffend	33.8	6.5
teilweise zutreffend	30.6	18.9
teilweise unzutreffend	16.7	18.0
sehr unzutreffend	17.9	56.3
weiß nicht / keine Antwort	1.1	0.3

11. Ich habe mich immer erwachsen gefühlt, auch als ich noch ein kleines Kind war.

	GETRENNTE FAMILIE	INTAKTE FAMILIE
sehr zutreffend	32.2	16.3
teilweise zutreffend	26.2	21.6
teilweise unzutreffend	17.2	21.7
sehr unzutreffend	24.0	39.3
weiß nicht / keine Antwort	0.4	1.1

12. Meine Kindheit war vom Spielen bestimmt.

	GETRENNTE FAMILIE	INTAKTE FAMILIE
sehr zutreffend	43.0	69.8
teilweise zutreffend	32.1	21.7
teilweise unzutreffend	13.0	4.5
sehr unzutreffendü	10.3	4.0
weiß nicht / keine Antwort	1.6	0.0

13. Die Regeln, die meine Mutter und mein Vater festlegten, waren identisch.

	GETRENNTE FAMILIE	INTAKTE FAMILIE
sehr zutreffend	19.3	63.6
teilweise zutreffend	24.8	21.7
teilweise unzutreffend	21.7	8.1
sehr unzutreffend	32.2	6.4
weiß nicht / keine Antwort	2.0	0.3

14. Ich mußte bei Konflikten meiner Eltern Partei ergreifen.

	GETRENNTE FAMILIE	INTAKTE FAMILIE
sehr zutreffend	14.3	3.4
teilweise zutreffend	17.4	7.9
teilweise unzutreffend	16.6	9.5
sehr unzutreffend	51.4	78.5
weiß nicht / keine Antwort	0.4	0.5

15. Wenn meine Eltern Konflikte hatten, wußte ich immer, daß sie darüber hinwegkommen würden.

	GETRENNTE FAMILIE	INTAKTE FAMILIE
sehr zutreffend	26.6	74.2
teilweise zutreffend	31.1	17.6
teilweise unzutreffend	18.9	4.2
sehr unzutreffend	18.3	3.2
weiß nicht / keine Antwort	5.0	0.8

16. Ich hatte das Gefühl, meine Mutter emotional schützen zu müssen.

	GETRENNTE FAMILIE	INTAKTE FAMILIE
sehr zutreffend	23.3	12.3
teilweise zutreffend	29.0	20.3
teilweise unzutreffend	18.5	17.1
sehr unzutreffend	28.1	49.9
weiß nicht / keine Antwort	1.1	0.4

17. Ich hatte das Gefühl, meinen Vater emotional schützen zu müssen.

	GETRENNTE FAMILIE	INTAKTE FAMILIE
sehr zutreffend	11.3	6.9
teilweise zutreffend	18.3	11.0
teilweise unzutreffend	19.1	14.6
sehr unzutreffend	50.6	67.0
weiß nicht / keine Antwort	0.8	0.5

18. Hatten Sie in der Zeit, als Sie aufwuchsen, das Gefühl, daß Sie sich zu sehr um Ihre Mutter kümmern mußten?

	GETRENNTE FAMILIE	INTAKTE FAMILIE
Ja	23.7	6.9
Nein	76.3	93.0
weiß nicht / keine Antwort	0.0	0.1

19. Hatten Sie in der Zeit, als Sie aufwuchsen, das Gefühl, daß Sie sich zu sehr um Ihren Vater kümmern mußten?

	GETRENNTE FAMILIE	INTAKTE FAMILIE
Ja	8.9	3.0
Neln	91.1	96.6
weiß nicht / keine Antwort	0.0	0.4

20. Hatten Sie in der Zeit, als Sie aufwuchsen, das Gefühl, daß Sie sich zu sehr um Ihren Bruder oder Ihre Schwester kümmern mußten?

	GETRENNTE FAMILIE	INTAKTE FAMILIE
Ja	29.8	12.7
Nein	63.7	85.2
Ich bin das einzige Kind	6.2	2.0
weiß nicht / keine Antwort	0.3	0.1

21. Meine Mutter und ich haben ähnliche moralische Werte.

	GETRENNTE FAMILIE	INTAKTE FAMILIE
sehr zutreffend	55.1	70.1
teilweise zutreffend	27.4	23.7
teilweise unzutreffend	10.2	4.5
sehr unzutreffend	7.0	1.7
weiß nicht / keine Antwort	0.3	0.0

22. Meine Mutter ist ein guter Mensch.

	GETRENNTE FAMILIE	INTAKTE FAMILIE
sehr zutreffend	83.3	95.6
teilweise zutreffend	13.4	4.1
teilweise unzutreffend	1.7	0.1
sehr unzutreffend	1.3	0.1
weiß nicht / keine Antwort	0.3	0.0

23. Meine Mutter hat mir den Unterschied zwischen richtig und falsch sehr genau beigebracht.

	GETRENNTE FAMILIE	INTAKTE FAMILIE
sehr zutreffend	68.9	89.1
teilweise zutreffend	18.8	9.5
teilweise unzutreffend	7.2	0.7
sehr unzutreffend	4.8	0.7
weiß nicht / keine Antwort	0.4	0.0

24. Ich liebe meine Mutter, aber ich habe keinen Respekt vor ihr.

	GETRENNTE FAMILIE	INTAKTE FAMILIE
sehr zutreffend	5.7	1.7
teilweise zutreffend	13.2	4.5
teilweise unzutreffend	8.9	4.2
sehr unzutreffend	71.8	88.6
weiß nicht / keine Antwort	0.4	0.9

25. Mein Vater und ich haben ähnliche moralische Werte.

	GETRENNTE FAMILIE	INTAKTE FAMILIE
sehr zutreffend	45.0	68.7
teilweise zutreffend	29.7	24.4
teilweise unzutreffend	12.2	5.0
sehr unzutreffend	12.1	1.7
weiß nicht / keine Antwort	1.1	0.1

26. Mein Vater ist ein guter Mensch.

	GETRENNTE FAMILIE	INTAKTE FAMILIE
sehr zutreffend	70.9	92.2
teilweise zutreffend	22.1	7.5
teilweise unzutreffend	3.2	0.0
sehr unzutreffend	3.3	0.1
weiß nicht / keine Antwort	0.5	0.1

27. Mein Vater hat mir den Unterschied zwischen richtig und falsch sehr genau beigebracht.

	GETRENNTE FAMILIE	INTAKTE FAMILIE
sehr zutreffend	52.3	85.0
teilweise zutreffend	24.6	11.7
teilweise unzutreffend	12.6	2.4
sehr unzutreffend	10.2	0.7
weiß nicht / keine Antwort	0.3	0.3

28. Ich liebe meinen Vater, aber ich habe keinen Respekt vor ihm.

	GETRENNTE FAMILIE	INTAKTE FAMILIE
sehr zutreffend	11.5	2.0
teilweise zutreffend	14.0	4.6
teilweise unzutreffend	12.1	4.6
sehr unzutreffend	61.3	87.4
weiß nicht / keine Antwort	1.1	1.3

29. Wenn ich mit jemandem einen Konflikt habe, habe ich gewöhnlich das Gefühl, daß die Situation nur noch schlimmer, aber nicht besser werden kann.

	GETRENNTE FAMILIE	INTAKTE FAMILIE
sehr zutreffend	3.4	1.5
teilweise zutreffend	10.2	7.4
teilweise unzutreffend	20.4	20.7
sehr unzutreffend	65.6	70.1
weiß nicht / keine Antwort	0.4	0.4

30. Ich glaube, daß mein Verständnis von richtig und falsch ziemlich unklar ist.

	GETRENNTE FAMILIE	INTAKTE FAMILIE
sehr zutreffend	3.2	2.5
teilweise zutreffend	4.6	4.0
teilweise unzutreffend	10.2	9.4
sehr unzutreffend	81.9	83.8
weiß nicht / keine Antwort	0.1	0.3

31. In Familienbeziehungen müssen meine eigenen Bedürfnisse an erster Stelle stehen.

	GETRENNTE FAMILIE	INTAKTE FAMILIE
sehr zutreffend	7.0	4.5
teilweise zutreffend	17.1	14.4
teilweise unzutreffend	26.5	26.1
sehr unzutreffend	49.1	54.2
weiß nicht / keine Antwort	0.3	0.8

32. Wurden Sie in den Jahren nach der Scheidung irgendwann aufgefordert zu entscheiden, bei welchem Elternteil Sie leben wollten?

	GETRENNTE FAMILIE
Ja	33.6
Nein	65.7
weiß nicht / keine Antwort	0.7

Falls Sie Frage 32 mit nein beantwortet haben:

33. Hätten Sie zu irgendeinem Zeitpunkt in den Jahren nach der Scheidung die Möglichkeit haben wollen zu entscheiden, bei welchem Elternteil Sie leben wollten?

	GETRENNTE FAMILIE
Ja	34.5
Nein	64.1
weiß nicht / keine Antwort	1.4

34. Nach welcher religiösen Überzeugung sind Sie – wenn überhaupt – erzogen worden? Als:

	GETRENNTE FAMILIE	INTAKTE FAMILIE
Protestant	36.0	37.6
Katholik	26.1	31.7
Jude	2.0	1.7
Muslim	1.6	1.2
Mormone	2.1	2.5
Orthodox	0.1	0.3
andere christliche Religion	16.3	12.7
andere (nichtchristliche) Religion	0.3	2.6
keine / keine Präferenz	13.9	8.9
Atheist / Agnostiker	0.7	0.7
weiß nicht / keine Antwort	0.9	0.1

35. Haben Sie als Kind an religiösen Feiern teilgenommen?

	GETRENNTE FAMILIE	INTAKTE FAMILIE
Ja	85.7	88.9
Nein	13.8	11.1
weiß nicht / keine Antwort	0.5	0.0

Falls Sie auf Frage 35 mit Ja geantwortet haben:

36. Wenn Sie an die Zeit in Ihrer Kindheit zurückdenken, in der Sie am häufigsten an religiösen Feiern teilgenommen haben, wie oft haben Sie dies dann in dieser Zeit getan?

	GETRENNTE FAMILIE	INTAKTE FAMILIE
fast nie	5.7	1.6
manchmal, aber weniger als einmal im Monat	15.9	9.1
ein- bis dreimal monatlich	22.3	15.8
jede Woche / fast jede Woche	55.8	73.5
weiß nicht / keine Antwort	0.3	0.0

37. In welcher Zeit während Ihrer Kindheit haben Sie am häufigsten an religiösen Feiern teilgenommen?

	GETRENNTE FAMILIE	INTAKTE FAMILIE
bevor ich 7 war	19.2	14.2
zwischen 8 und 11 Jahren	40.2	27.4
mit 12 Jahren oder älter	20.9	16.4
während der ganzen Kindheit häufig	19.0	41.3
weiß nicht / keine Antwort	0.8	0.7

38. Welche Religion bevorzugen Sie heute?

	GETRENNTE FAMILIE	INTAKTE FAMILIE
protestantisch	32.2	32.7
katholisch	19.2	25.7
jüdisch	1.7	1.5
muslimisch	0.8	1.1
mormonisch	1.5	2.5
orthodox	0.5	0.3
andere christlich Religion	18.0	13.5
andere Religion (nichtchristlich)	1.6	2.6
keine / keine Präferenz	18.7	14.7
atheistisch / agnostisch	4.0	3.8
weiß nicht / keine Antwort	1.9	1.6

39. Würden Sie sich als »wiedergeborener« oder evangelikaler Christ bezeichnen oder nicht?

	GETRENNTE FAMILIE	INTAKTE FAMILIE
Ja	41.3	36.8
Nein	54.6	60.0
weiß nicht / keine Antwort	4.2	3.2

40. Für wie religiös halten Sie sich zur Zeit?

	GETRENNTE FAMILIE	INTAKTE FAMILIE
sehr religiös	19.7	27.2
ziemlich religiös	35.4	40.3
etwas religiös	30.9	21.9
gar nicht religiös	13.2	9.8
weiß nicht / keine Antwort	0.8	0.8

41. Für wie spirituell halten Sie sich zur Zeit?

	GETRENNTE FAMILIE	INTAKTE FAMILIE
sehr spirituell	30.9	33.2
ziemlich spirituell	39.3	39.9
etwas spirituell	22.0	20.8
gar nicht spirituell	7.3	5.3
weiß nicht / keine Antwort	0.5	0.8

42. Wie häufig nehmen Sie abgesehen von Hochzeiten und Beerdigungen an religiösen Feiern teil?

	GETRENNTE FAMILIE	INTAKTE FAMILIE
nie oder fast nie	29.9	21.3
weniger als einmal im Monat	29.8	25.2
ein- bis dreimal im Monat	15.9	18.0
jede Woche / fast jede Woche	24.2	35.4
weiß nicht / keine Antwort	0.1	0.1

43. Sind Sie zur Zeit Mitglied einer Kirchengemeinde?

	GETRENNTE FAMILIE	INTAKTE FAMILIE
Ja	48.7	62.6
Nein	50.7	36.7
Ich habe keine Kirchengemeinde	0.4	0.4
weiß nicht / keine Antwort	0.1	0.3

44. Haben Sie in einer Kirchengemeinde eine leitende Position inne?

	GETRENNTE FAMILIE	INTAKTE FAMILIE
Ja	10.2	14.6
Nein	89.3	85.2
Ich habe keine Kirchengemeinde	0.5	0.3

45. In meiner Familie war es üblich, jeden Tag eine Mahlzeit gemeinsam einzunehmen.

	GETRENNTE FAMILIE	INTAKTE FAMILIE
sehr zutreffend	42.6	77.9
teilweise zutreffend	24.8	14.4
teilweise unzutreffend	10.1	3.7
sehr unzutreffend	21.7	3.8
weiß nicht / keine Antwort	0.8	0.1

46. Weihnachten oder Chanukkah war in meiner Familie eine sehr belastende Zeit.

	GETRENNTE FAMILIE	INTAKTE FAMILIE
sehr zutreffend	18.1	6.0
teilweise zutreffend	18.1	8.6
teilweise unzutreffend	14.6	13.4
sehr unzutreffend	48.9	70.7
weiß nicht / keine Antwort	0.3	1.3

47. Ich habe oft Geschichten über meine Geburt gehört.

	GETRENNTE FAMILIE	INTAKTE FAMILIE
sehr zutreffend	25.7	38.4
teilweise zutreffend	33.8	28.9
teilweise unzutreffend	15.8	15.2
sehr unzutreffend	24.6	17.1
weiß nicht / keine Antwort	0.1	0.4

48. Ich habe meine Mutter oft vermißt.

	GETRENNTE FAMILIE	INTAKTE FAMILIE
sehr zutreffend	15.1	12.8
teilweise zutreffend	16.6	15.5
teilweise unzutreffend	12.3	11.3
sehr unzutreffend	55.4	59.1
weiß nicht / keine Antwort	0.7	1.3

49. Ich habe meinen Vater oft vermißt.

	GETRENNTE FAMILIE	INTAKTE FAMILIE
sehr zutreffend	28.1	14.0
teilweise zutreffend	33.0	20.1
teilweise unzutreffend	14.0	16.7
sehr unzutreffend	24.4	47.9
weiß nicht / keine Antwort	0.5	1.2

50. Meine Mutter hat mich dazu ermutigt, einen religiösen Glauben zu praktizieren.

	GETRENNTE FAMILIE	INTAKTE FAMILIE
sehr zutreffend	33.0	54.7
teilweise zutreffend	23.8	23.3
teilweise unzutreffend	13.5	7.9
sehr unzutreffend	29.4	14.0
weiß nicht / keine Antwort	0.3	0.0

51. Mein Vater hat mich dazu ermutigtt, einen religiösen Glauben zu praktizieren.

	GETRENNTE FAMILIE	INTAKTE FAMILIE
sehr zutreffend	16.2	40.5
teilweise zutreffend	14.8	23.0
teilweise unzutreffend	13.5	13.6
sehr unzutreffend	54.7	22.6
weiß nicht / keine Antwort	0.8	0.1

52. Meine Mutter hat mir beigebracht zu beten.

	GETRENNTE FAMILIE	INTAKTE FAMILIE
sehr zutreffend	22.5	40.1
teilweise zutreffend	18.5	29.3
teilweise unzutreffend	14.4	11.1
sehr unzutreffend	42.8	18.5
weiß nicht / keine Antwort	1.7	0.9

53. Mein Vater hat mir beigebracht zu beten.

	GETRENNTE FAMILIE	INTAKTE FAMILIE
sehr zutreffend	7.4	23.4
teilweise zutreffend	9.8	23.2
teilweise unzutreffend	12.3	17.6
sehr unzutreffend	68.9	35.1
weiß nicht / keine Antwort	1.6	0.7

54. Ich habe oft mit meiner Mutter gebetet.

	GETRENNTE FAMILIE	INTAKTE FAMILIE
sehr zutreffend	13.5	26.0
teilweise zutreffend	22.0	27.5
teilweise unzutreffend	15.2	16.4
sehr unzutreffend	49.0	29.8
weiß nicht / keine Antwort	0.3	0.3

55. Ich habe oft mit meinem Vater gebetet.

	GETRENNTE FAMILIE	INTAKTE FAMILIE
sehr zutreffend	6.2	18.1
teilweise zutreffend	9.8	22.3
teilweise unzutreffend	12.6	18.8
sehr unzutreffend	71.0	40.5
weiß nicht / keine Antwort	0.4	0.3

56. Ich mache mir Sorgen darüber, was mit mir geschehen wird, wenn ich sterbe.

	GETRENNTE FAMILIE	INTAKTE FAMILIE
sehr zutreffend	9.3	7.3
teilweise zutreffend	17.6	17.7
teilweise unzutreffend	17.2	15.1
sehr unzutreffend	55.4	59.5
weiß nicht / keine Antwort	0.5	0.4

57. Ich habe das Gefühl, daß ich mich auf meine Freunde besser verlassen kann als auf meine Familie.

	GETRENNTE FAMILIE	INTAKTE FAMILIE
sehr zutreffend	9.4	3.7
teilweise zutreffend	13.9	8.7
teilweise unzutreffend	23.7	21.1
sehr unzutreffend	52.3	65.8
weiß nicht / keine Antwort	0.7	0.7

58. Meine Eltern haben mir erzählt, daß sie zu früh geheiratet haben.

	GETRENNTE FAMILIE	INTAKTE FAMILIE
sehr zutreffend	25.4	5.0
teilweise zutreffend	13.9	6.8
teilweise unzutreffend	10.2	7.7
sehr unzutreffend	48.9	80.4
weiß nicht / keine Antwort	1.6	0.1

59. Meine Eltern haben mir erzählt, daß meine Geburt bzw. die meiner Geschwister ein »Unfall« war oder für sie völlig unerwartet kam.

	GETRENNTE FAMILIE	INTAKTE FAMILIE
sehr zutreffend	18.7	10.1
teilweise zutreffend	8.9	8.6
teilweise unzutreffend	5.6	4.0
sehr unzutreffend	66.1	77.1
weiß nicht / keine Antwort	0.8	0.3

60. Ich habe in meinem Leben viele Verluste erlitten.

	GETRENNTE FAMILIE	INTAKTE FAMILIE
sehr zutreffend	24.0	15.4
teilweise zutreffend	32.6	24.5
teilweise unzutreffend	22.4	24.0
sehr unzutreffend	20.9	35.9
weiß nicht / keine Antwort	0.1	0.3

61. Religion scheint sich mit den für mein Leben wichtigen Fragen nicht zu beschäftigen.

	GETRENNTE FAMILIE	INTAKTE FAMILIE
sehr zutreffend	15.0	10.9
teilweise zutreffend	22.1	18.4
teilweise unzutreffend	20.4	21.7
sehr unzutreffend	41.3	48.2
weiß nicht / keine Antwort	1.2	0.8

62. Ich habe nicht das Gefühl, daß irgend jemand mich wirklich versteht.

	GETRENNTE FAMILIE	INTAKTE FAMILIE
sehr zutreffend	6.1	2.4
teilweise zutreffend	15.9	11.1
teilweise unzutreffend	22.1	23.3
sehr unzutreffend	55.6	63.0
weiß nicht / keine Antwort	0.3	0.1

63. Meine Spiritualität ist durch Schwierigkeiten, mit denen ich in meinem Leben fertig werden mußte, gestärkt worden.

	GETRENNTE FAMILIE	INTAKTE FAMILIE
sehr zutreffend	43.7	37.5
teilweise zutreffend	30.5	34.3
teilweise unzutreffend	12.7	12.5
sehr unzutreffend	11.7	14.6
weiß nicht / keine Antwort	1.5	1.2

64. Ich glaube, daß ich die höchste Wahrheit auch ohne die Hilfe einer Religion finden kann.

	GETRENNTE FAMILIE	INTAKTE FAMILIE
sehr zutreffend	23.3	16.4
teilweise zutreffend	22.5	19.3
teilweise unzutreffend	18.7	19.3
sehr unzutreffend	34.4	44.0
weiß nicht / keine Antwort	1.1	0.9

65. Ich halte mich heute für religiöser, als meine Mutter es jemals war.

	GETRENNTE FAMILIE	INTAKTE FAMILIE
sehr zutreffend	15.1	6.9
teilweise zutreffend	16.3	8.3
teilweise unzutreffend	21.3	21.9
sehr unzutreffend	46.1	61.5
weiß nicht / keine Antwort	1.2	1.5

66. Ich zweifle an der Aufrichtigkeit der religiösen Überzeugungen meiner Mutter.

	GETRENNTE FAMILIE	INTAKTE FAMILIE
sehr zutreffend	7.7	2.6
teilweise zutreffend	11.0	6.6
teilweise unzutreffend	17.9	12.8
sehr unzutreffend	60.7	76.6
weiß nicht / keine Antwort	2.8	1.3

67. Meine Mutter hat Dinge getan, die ich ihr nur schwer vergeben kann.

	GETRENNTE FAMILIE	INTAKTE FAMILIE
sehr zutreffend	19.9	3.3
teilweise zutreffend	17.7	9.5
teilweise unzutreffend	14.8	10.9
sehr unzutreffend	47.5	76.2
weiß nicht / keine Antwort	0.0	0.1

68. Ich halte mich heute für religiöser, als mein Vater es jemals war.

	GETRENNTE FAMILIE	INTAKTE FAMILIE
sehr zutreffend	29.9	13.5
teilweise zutreffend	17.0	15.0
teilweise unzutreffend	19.5	20.9
sehr unzutreffend	31.5	48.9
weiß nicht / keine Antwort	2.1	1.7

69. Ich zweifle an der Aufrichtigkeit der religiösen Überzeugungen meines Vaters.

	GETRENNTE FAMILIE	INTAKTE FAMILIE
sehr zutreffend	12.5	3.4
teilweise zutreffend	14.6	10.2
teilweise unzutreffend	19.9	15.9
sehr unzutreffend	48.2	68.9
weiß nicht / keine Antwort	4.9	1.6

70. Mein Vater hat Dinge getan, die ich ihm nur schwer vergeben kann.

	GETRENNTE FAMILIE	INTAKTE FAMILIE
sehr zutreffend	26.4	6.2
teilweise zutreffend	24.5	10.6
teilweise unzutreffend	14.4	11.7
sehr unzutreffend	34.6	71.4
weiß nicht / keine Antwort	0.1	0.1

71. Würden Sie grundsätzlich sagen, daß man den meisten Menschen trauen oder grundsätzlich gar nicht vorsichtig genug sein kann?

	GETRENNTE FAMILIE	INTAKTE FAMILIE
Man kann den meisten vertrauen	48.7	54.8
Man kann nicht vorsichtig genug sein	48.9	42.3
andere, je nachdem	1.7	1.3
weiß nicht / keine Antwort	0.7	1.6

72. Was haben Sie in Ihrer Kindheit (oder in Ihrer Kindheit nach der Scheidung) getan, wenn Sie Trost brauchtest?

	GETRENNTE FAMILIE	INTAKTE FAMILIE
Bin zur Mutter gegangen.	22.0	27.9
Bin zu meinen Eltern gegangen.	7.8	37.6
Bin zu meinem Vater gegangen.	3.2	3.0
Andere	8.5	3.4
Bin zu Geschwistern gegangen.	9.7	2.3
Bin zu Freunden gegangen.	11.5	4.2
Bin zu Großeltern gegangen.	6.8	1.3
Habe gebetet.	4.2	3.7
Bin zu Familienangehörigen gegangen.	0.9	1.6
Habe bei Haustieren Trost gesucht.	1.2	0.5
Habe versucht, allein damit fertig zu werden / Habe nichts getan.	5.6	3.4
Habe Sport getrieben / Spiele gespielt / mich mit Spielzeug beschäftigt	3.3	1.9
Habe Bücher gelesen / mir Musik angehört	3.6	1.7
Habe geweint.	0.9	0.5
Weiß nicht / keine Antwort	10.9	6.8

73. Würden Sie sagen, daß Gott allmächtig ist?

	GETRENNTE FAMILIE	INTAKTE FAMILIE
sehr zutreffend	72.8	75.0
teilweise zutreffend	14.4	14.4
teilweise unzutreffend	2.9	5.4
sehr unzutreffend	6.6	3.4
weiß nicht / keine Antwort	3.2	1.7

74. Würden Sie sagen, daß Gott fürsorglich ist?

	GETRENNTE FAMILIE	INTAKTE FAMILIE
sehr zutreffend	79.1	82.3
teilweise zutreffend	12.6	11.5
teilweise unzutreffend	1.9	1.7
sehr unzutreffend	3.4	2.4
weiß nicht / keine Antwort	3.0	2.1

75. Würden Sie sagen, daß Gott uns bedingungslos liebt?

	GETRENNTE FAMILIE	INTAKTE FAMILIE
sehr zutreffend	78.8	79.7
teilweise zutreffend	11.8	11.7
teilweise unzutreffend	1.5	2.9
sehr unzutreffend	4.5	2.9
weiß nicht / keine Antwort	3.4	2.8

76. Würden Sie sagen, daß Gott nicht existiert?

	GETRENNTE FAMILIE	INTAKTE FAMILIE
sehr zutreffend	4.4	3.6
teilweise zutreffend	5.7	3.4
teilweise unzutreffend	8.7	8.7
sehr unzutreffend	78.7	82.1
weiß nicht / keine Antwort	2.5	2.1

77. Würden Sie sagen, daß Gott zornig ist?

	GETRENNTE FAMILIE	INTAKTE FAMILIE
sehr zutreffend	5.0	3.8
teilweise zutreffend	12.6	11.0
teilweise unzutreffend	17.0	17.5
sehr unzutreffend	62.1	65.3
weiß nicht / keine Antwort	3.3	2.4

78. Würden Sie sagen, daß Gott gerecht ist?

	GETRENNTE FAMILIE	INTAKTE FAMILIE
sehr zutreffend	65.4	69.8
teilweise zutreffend	19.3	17.7
teilweise unzutreffend	4.5	4.5
sehr unzutreffend	6.0	3.7
weiß nicht / keine Antwort	4.8	4.2

79. Würden Sie sagen, daß Gott abwesend ist?

	GETRENNTE FAMILIE	INTAKTE FAMILIE
sehr zutreffend	5.7	4.8
teilweise zutreffend	11.8	7.7
teilweise unzutreffend	11.9	12.8
sehr unzutreffend	67.2	72.2
weiß nicht / keine Antwort	3.4	2.5

80. Würden Sie sagen, daß Gott duldsam ist?

	GETRENNTE FAMILIE	INTAKTE FAMILIE
schr zutreffend	1.7	0.8
teilweise zutreffend	2.6	2.3
teilweise unzutreffend	7.4	6.8
sehr unzutreffend	83.7	86.2
weiß nicht / keine Antwort	4.5	4.0

81. Würden Sie sagen, daß Gott mitfühlend ist?

	GETRENNTE FAMILIE	INTAKTE FAMILIE
sehr zutreffend	74.7	79.5
teilweise zutreffend	16.0	13.6
teilweise unzutreffend	2.3	2.1
sehr unzutreffend	4.0	2.3
weiß nicht / keine Antwort	3.0	2.5

82. Würden Sie sagen, daß Gott wie ein Freund ist?

	GETRENNTE FAMILIE	INTAKTE FAMILIE
sehr zutreffend	64.9	66.1
teilweise zutreffend	21.1	19.9
teilweise unzutreffend	5.0	6.5
sehr unzutreffend	5.8	5.3
weiß nicht / keine Antwort	3.2	2.3

83. Würden Sie sagen, daß Gott wie ein Vater ist?

	GETRENNTE FAMILIE	INTAKTE FAMILIE
sehr zutreffend	56.3	60.7
teilweise zutreffend	24.6	22.4
tellwelse unzutreffend	6.5	6.9
sehr unzutreffend	9.4	7.8
weiß nicht / keine Antwort	3.2	2.3

84. Würden Sie sagen, daß Gott wie eine Mutter ist?

	GETRENNTE FAMILIE	INTAKTE FAMILIE
sehr zutreffend	39.5	41.9
teilweise zutreffend	30.7	28.9
teilweise unzutreffend	11.3	12.6
sehr unzutreffend	14.2	13.6
weiß nicht / keine Antwort	4.4	3.0

85. Würden Sie sagen, daß Gott vergibt?

	GETRENNTE FAMILIE	INTAKTE FAMILIE
sehr zutreffend	79.9	82.5
teilweise zutreffend	11.3	12.1
teilweise unzutreffend	1.9	0.9
sehr unzutreffend	3.6	2.6
weiß nicht / keine Antwort	3.4	1.9

86. Es fällt mir schwer, an Gott zu glauben, weil es auf der Welt soviel Leiden gibt.

	GETRENNTE FAMILIE	INTAKTE FAMILIE
sehr zutreffend	4.8	3.7
teilweise zutreffend	12.7	10.5
teilweise unzutreffend	14.6	11.5
sehr unzutreffend	66.1	73.4
weiß nicht / keine Antwort	1.9	0.9

87. Manchmal spüre ich die Gegenwart Gottes.

	GETRENNTE FAMILIE	INTAKTE FAMILIE
sehr zutreffend	45.2	46.5
teilweise zutreffend	33.6	32.1
teilweise unzutreffend	9.7	9.8
sehr unzutreffend	9.7	9.8
weiß nicht / keine Antwort	1.9	1.9

88. Ich stelle mir Gott als den liebenden Vater oder die liebende Mutter vor, den oder die ich nie hatte.

	GETRENNTE FAMILIE	INTAKTE FAMILIE
sehr zutreffend	18.1	9.8
teilweise zutreffend	20.1	12.6
teilweise unzutreffend	22.8	21.5
sehr unzutreffend	35.2	52.5
weiß nicht / keine Antwort	3.7	3.7

89. Wenn ich an all die üblen Dinge denke, die in meinem Leben passiert sind, fällt es mir schwer, an einen Gott zu glauben, der sich um uns Menschen kümmert.

	GETRENNTE FAMILIE	INTAKTE FAMILIE
sehr zutreffend	5.3	3.3
teilweise zutreffend	14.4	10.1
teilweise unzutreffend	12.3	16.0
sehr unzutreffend	65.7	69.0
weiß nicht / keine Antwort	2.3	1.6

90. Ich fühle mich wie ein Mitglied von Gottes Familie.

	GETRENNTE FAMILIE	INTAKTE FAMILIE
sehr zutreffend	56.7	60.8
teilweise zutreffend	26.8	24.1
teilweise unzutreffend	6.1	6.1
sehr unzutreffend	8.2	6.8
weiß nicht / keine Antwort	2.3	2.3

91. Die Schwierigkeiten, mit denen ich in meinem Leben fertig werden muß, kommen von Gott.

	GETRENNTE FAMILIE	INTAKTE FAMILIE
sehr zutreffend	7.7	6.0
teilweise zutreffend	14.6	11.1
teilweise unzutreffend	13.2	15.9
sehr unzutreffend	61.7	65.7
weiß nicht / keine Antwort	2.8	1.3

92. Wenn ich Hilfe brauchte, war Gott für mich da.

	GETRENNTE FAMILIE	INTAKTE FAMILIE
sehr zutreffend	53.6	56.0
teilweise zutreffend	27.7	28.1
teilweise unzutreffend	7.4	7.9
sehr unzutreffend	8.1	6.0
weiß nicht / keine Antwort	3.2	2.0

Die Fragen 93 und 94 bitte nur beantworten, wenn Sie bei Frage 36 »ein- bis dreimal im Monat« oder »jede Woche / fast jede Woche« geantwortet haben.

93. Hat ein Mitglied des Klerus – beispielsweise ein Priester, Pastor oder Rabbi – sich um Sie gekümmert, als Ihre Eltern sich scheiden ließen?

	GETRENNTE FAMILIE
Ja	23.4
Nein	66.3
Ich war so jung, daß ich das nicht weiß.	8.5
weiß nicht / keine Antwort	1.8

94. Hat jemand aus der Kirchengemeinde sich um Sie gekümmert, als Ihre Eltern sich scheiden ließen?

	GETRENNTE FAMILIE
Ja	25.0
Nein	65.1
Ich war so jung, daß ich das nicht weiß.	7.3
weiß nicht / keine Antwort	2.6

95. Haben Sie nach der Scheidung Ihrer Eltern häufiger an religiösen Veranstaltungen teilgenommen?

	GETRENNTE FAMILIE
häufiger	21.6
seltener	19.9
genauso wie vorher	54.0
Ich habe nie daran teilgenommen.	1.5
Ich war so jung, daß ich das nicht weiß.	2.6
weiß nicht / keine Antwort	0.4

96. Wurden Sie als Teenager

	GETRENNTE FAMILIE	INTAKTE FAMILIE
religiöser?	20.7	19.1
weniger religiös?	37.6	35.5
Waren Sie genauso wie vorher?	40.5	44.8
Waren Sie nie religiös?	0.8	0.5
weiß nicht / keine Antwort	0.4	0.1

97. Wenn Sie zurückschauen, wie sind Sie dann durch die Scheidung Ihrer Eltern geworden?

	GETRENNTE FAMILIE
religiöser	10.7
weniger religiös	6.0
weder noch	81.9
Ich bin nie religiös gewesen.	0.3
Ich war zu jung, als daß ich mich daran erinnern könnte.	0.9
weiß nicht / keine Antwort	0.3

98. Haben Sie als Kind gebetet?

	GETRENNTE FAMILIE	INTAKTE FAMILIE
Ja	81.9	86.1
Nein	16.4	13.6
weiß nicht / keine Antwort	1.7	0.3

Fragen 99 und 100 nur beantworten, wenn Sie auf Frage 98 mit ja geantwortet haben.

99. Wenn Sie an die Zeit in Ihrer Kindheit denken, in der Sie am meisten gebetet haben, wie oft haben Sie dann in dieser Zeit gebetet?

	GETRENNTE FAMILIE	INTAKTE FAMILIE
jeden Tag	52.1	59.1
einmal oder zweimal pro Woche	28.5	28.9
ein paarmal im Monat	13.4	9.1
fast nie	5.2	2.5
weiß nicht / keine Antwort	0.8	0.5

100. Welche der folgenden Möglichkeiten beschreibt Ihre religiöse Praxis in Ihrer Kindheit am besten?

	GETRENNTE FAMILIE	INTAKTE FAMILIE
Sie war eine Pflicht	14.7	20.3
Sie war eine Quelle des Trostes	54.7	50.5
keines von beiden	29.3	28.0
weiß nicht / keine Antwort	1.3	1.2

101. Welche der folgenden Aussagen beschreibt Ihre religiöse Praxis in Ihrem heutigen Leben am besten?

	GETRENNTE FAMILIE	INTAKTE FAMILIE
Gebet ist ein fester Bestandteil meines Lebens.	48.2	52.7
Ich bete meist, wenn ich im Streß bin oder etwas brauche, aber sonst fast nie.	29.1	24.5
Meist bete ich in formellen religiösen Feiern.	7.7	11.0
Ich bete nie.	13.6	10.6
weiß nicht / keine Antwort	1.3	1.2

102. Ich fühle mich im allgemeinen körperlich sicher.

	GETRENNTE FAMILIE	INTAKTE FAMILIE
sehr zutreffend	73.4	89.0
teilweise zutreffend	15.8	7.8
teilweise unzutreffend	6.0	1.2
sehr unzutreffend	4.6	1.9
weiß nicht / keine Antwort	0.3	0.1

103. In meiner Ursprungsfamilie standen die Kinder im Mittelpunkt.

	GETRENNTE FAMILIE	INTAKTE FAMILIE
sehr zutreffend	33.6	63.4
teilweise zutreffend	32.6	26.0
teilweise unzutreffend	16.2	6.2
sehr unzutreffend	14.4	3.6
weiß nicht / keine Antwort	3.2	0.8

104. Ich war als Kind viel allein.

	GETRENNTE FAMILIE	INTAKTE FAMILIE
sehr zutreffend	21.2	3.3
teilweise zutreffend	22.9	11.1
teilweise unzutreffend	11.9	8.6
sehr unzutreffend	43.7	77.0
weiß nicht / keine Antwort	0.3	0.0

105. Manchmal hatte ich das Gefühl, ich hätte gar kein Zuhause.

	GETRENNTE FAMILIE	INTAKTE FAMILIE
sehr zutreffend	5.6	0.7
teilweise zutreffend	12.5	3.4
teilweise unzutreffend	9.3	3.4
sehr unzutreffend	72.2	92.5
weiß nicht / keine Antwort	0.5	0.0

106. Manchmal hat ein Elternteil von mir dem anderen vorgeschlagen, er könne ja versuchen, mich oder einen Bruder oder eine Schwester von mir zu kidnappen.

	GETRENNTE FAMILIE	INTAKTE FAMILIE
sehr zutreffend	2.8	0.3
teilweise zutreffend	3.7	0.0
teilweise unzutreffend	3.4	0.9
sehr unzutreffend	89.7	98.8
weiß nicht / keine Antwort	0.4	0.0

107. Im allgemeinen fühlte ich mich emotional sicher.

	GETRENNTE FAMILIE	INTAKTE FAMILIE
sehr zutreffend	43.6	78.8
teilweise zutreffend	27.8	15.0
teilweise unzutreffend	17.4	4.2
sehr unzutreffend	10.9	2.0
weiß nicht / keine Antwort	0.4	0.0

108. Manchmal habe ich befürchtet, obdachlos zu werden.

	GETRENNTE FAMILIE	INTAKTE FAMILIE
sehr zutreffend	3.0	1.2
teilweise zutreffend	6.1	2.9
teilweise unzutreffend	6.1	3.0
sehr unzutreffend	84.2	92.8
weiß nicht / keine Antwort	0.5	0.0

109. Ich fühlte mich, als hätte ich zwei Familien.

	GETRENNTE FAMILIE
sehr zutreffend	35.5
teilweise zutreffend	27.4
teilweise unzutreffend	12.1
sehr unzutreffend	24.6
weiß nicht / keine Antwort	0.4

110. Ich hatte das Gefühl, in zwei Haushalten aufzuwachsen.

	GETRENNTE FAMILIE
sehr zutreffend	38.0
teilweise zutreffend	20.3
teilweise unzutreffend	12.8
sehr unzutreffend	28.5
weiß nicht / keine Antwort	0.4

111. Hat es, bevor Sie und Ihre Geschwister 18 Jahre als wurden, Zeiten gegeben, in denen Sie in verschiedenen Haushalten gelebt haben?

	GETRENNTE FAMILIE
Ja	44.5
Nein	49.1
Ich war das einzige Kind	6.1
weiß nicht / keine Antwort	0.3

112. Sind Sie als Kind oder Jugendlicher jemals von zu Hause weggelaufen?

	GETRENNTE FAMILIE	
Ja	16.8	12.6
Nein	82.9	87.4
weiß nicht / keine Antwort	0.3	0.0

113. Sind Sie in Ihrer Kindheit oder Jugend jemals aus dem Haus geworfen worden?

	GETRENNTE FAMILIE	INTAKTE FAMILIE
Ja	13.6	3.6
Nein	86.2	96.4
weiß nicht / keine Antwort	0.1	0.0

114. Sind Sie als Kind oder Jugendlicher jemals von einem Elternteil gekidnappt oder entführt worden?

	GETRENNTE FAMILIE	INTAKTE FAMILIE
Ja	2.9	0.4
Nein	96.8	99.6
weiß nicht / keine Antwort	0.3	0.0

115. Wo haben Sie sich nach der Scheidung Ihrer Eltern zuhause gefühlt?

	GETRENNTE FAMILIE
im Haushalt Ihrer Mutter	53.8
im Haushalt Ihres Vaters	11.9
bei beiden Eltern	26.9
irgendwo anders	3.4
nirgendwo	3.4
weiß nicht / keine Antwort	0.5

116. Wie hätten Sie die Ehe Ihrer Eltern vor deren Scheidung generell eingeschätzt?

	GETRENNTE FAMILIE
sehr glücklich	5.6
ziemlich glücklich	28.5
nicht besonders glücklich	43.7
Ich war zu jung, um mich daran erinnern zu können.	14.6
weiß nicht / keine Antwort	7.7

117. Wie oft hatten Ihre Eltern im Jahr vor ihrer Trennung Konflikte?

	GETRENNTE FAMILIE
oft	30.6
manchmal	26.4
nicht oft	7.3
fast nie	12.6
Ich war zu jung, um mich daran erinnern zu können.	20.0
weiß nicht / keine Antwort	3.2

118. Wie oft hatten Ihre Eltern in den ersten zwei oder drei Jahren nach ihrer Scheidung Konflikte?

	GETRENNTE FAMILIE
oft	20.3
manchmal	28.3
nicht oft	19.2
fast nie	25.7
Ich war zu jung, um mich daran erinnern zu können.	4.4
weiß nicht / keine Antwort	2.1

119. Wo haben Sie nach der Scheidung Ihrer Eltern hauptsächlich gelebt?

	GETRENNTE FAMILIE
bei Ihrer Mutter	72.5
bei Ihrem Vater	13.2
ungefähr gleich viel bei beiden	11.1
anderes Arrangement	2.8
weiß nicht / keine Antwort	0.4

120. Wie würden Sie die Ehe Ihrer Eltern in den Jahren, in denen Sie mit ihnen zusammen gelebt haben, generell einschätzen?

	GETRENNTE FAMILIE
sehr glücklich	46.9
ziemlich glücklich	45.3
nicht besonders glücklich	7.4
weiß nicht / keine Antwort	0.4

121. Wie oft hatten Ihre Eltern, als Sie mit ihnen zusammenlebten, Konflikte? Dabei geht es um Streitereien, Gebrüll und körperliche Auseinandersetzungen.

	GETRENNTE FAMILIE
oft	6.9
manchmal	24.4
nicht oft	26.5
fast nie	41.9
Ich war noch zu jung, um mich daran erinnern zu können.	0.1
weiß nicht / keine Antwort	0.3

122. Haben Sie jemals daran gedacht, daß Ihre Eltern sich trennen oder sich scheiden lassen könnten?

	GETRENNTE FAMILIE
Ja	27.5
Nein	72.1
weiß nicht / keine Antwort	0.4

123. Was ist Ihr Hausstand?

	GETRENNTE FAMILIE	INTAKTE FAMILIE
verheiratet	57.9	62.5
Zusammenleben mit Partner	6.4	3.8
alleinstehend / war nie verheiratet	26.5	29.3
geschieden	7.2	3.4
getrennt	1.5	0.8
verwitwet	0.1	0.1
weiß nicht / keine Antwort	0.5	0.0

Falls Sie auf Frage 123 mit »verheiratet« geantwortet haben:

124. Wie würden Sie Ihre Ehe alles in allem beschreiben?

	GETRENNTE FAMILIE	INTAKTE FAMILIE
sehr glücklich	71.6	66.9
ziemlich glücklich	26.8	31.4
nicht besonders glücklich	1.6	1.3
weiß nicht / keine Antwort	0.0	0.4

125. Sind Sie jemals geschieden worden?

	GETRENNTE FAMILIE	INTAKTE FAMILIE
Ja	11.6	7.7
Nein	87.6	91.9
weiß nicht / keine Antwort	0.8	0.4

Demographische Daten und ausführliche Informationen über die bei der Erhebung angewandte Methode siehe *www.betweentwoworlds.org*.

Danksagung

Vor acht Jahren begann ich, über das Konzept zum vorliegenden Buch nachzudenken. Ich hätte mir damals nicht vorstellen können, wieviele Einzelpersonen und Institutionen dieses Projekt und mich in den folgenden Jahren unterstützen würden.

Mein tiefster Dank gilt der *Lilly Endowment* und Dr. Craig Dykstra, dem Vizepräsidenten dieser Stiftung für den Bereich Religion. Die *Lilly Endowment* war der einzige – und äußerst großzügige – finanzielle Unterstützer des Projekts, auf dem dieses Buch basiert: eines vierjährigen Abenteuers, das im Jahre 2001 begann und Intensivinterviews, eine landesweite Befragung, die Analyse des Datenmaterials sowie das Schreiben und die Veröffentlichung des Manuskripts umfaßte. Das ganze Unternehmen trug den Namen *Project on the Moral and Spiritual Lives of Children of Divorce* (»Projekt über die Moral und das spirituelle Leben von Kindern Geschiedener«). Die Stiftung war bereit, einem ungewöhnlichen Projekt eine Chance zu geben, das von einem völligen Neuling durchgeführt wurde. Für diese Chance bin ich sehr dankbar.

Außerdem bin ich dem *Institute for American Values* und ihrem Präsidenten, David Blankenhorn, zu tiefem Dank verpflichtet. Ich hatte das Glück, in dieser Einrichtung ein außergewöhnliches Zuhause zu finden. Ich erlebte dort Konferenzen, an denen einige der besten Forscher unseres Landes teilnahmen, lebhafte Diskussionen, rigorose Kritik sowie Freundschaft und emotionale Unterstützung in allen Höhen und Tiefen, die ich im Rahmen des Projekts und in meinem Leben durchgestanden habe. Wenn an diesem Buch irgend etwas Bestand haben und sich als dauerhaft erweisen wird, dann ist das großenteils dem Institut zuzuschreiben, das ständig die Entstehung bahnbrechender wissenschaftlicher Arbeiten unterstützt.

Einige der Forscher, die ständig für das Institut arbeiten, halfen mir als Berater. Es handelt sich um Judith Wallerstein, Norval Glenn, Barbara Dafoe Whitehead und Don Browning. Sie alle waren mir gegenüber außerordentlich großzügig.

Judith Wallerstein, die bei der Erforschung des Erlebens von Kindern Geschiedener jahrzehntelang Pionierarbeit geleistet hat, hat mich immer wieder ermutigt und meine Fragen und Schlußfolgerungen mit wohlwollend-kritischem Blick begleitet. Norval Glenn, ein führender Familienforscher, erklärte sich bereit, mit mir gemeinsam die landesweite repräsentative Befragung durchzuführen, über die in diesem Buch berichtet wird. Aufgrund seiner Mitwirkung konnte das Resultat ein Gewicht erlangen, das zu erreichen mir allein niemals möglich gewesen wäre. Außerdem hat er mir durch seine wohlwollende Haltung meinen Ideen gegenüber in unseren vielen Gesprächen im Laufe der Jahre sehr viel Mut gemacht – und das war dringend erforderlich. Vor über acht Jahren hat Barbara

Dafoe Whitehead mich als erste dazu ermutigt, ein Buch zu schreiben, nachdem ich ihr in einem Brief mitgeteilt hatte, wie sehr mich die Lektüre ihres wichtigen Buches *The Divorce Culture* ergriffen hatte. Nachdem sie meinen acht Seiten langen, einzeilig geschriebenen Brief gelesen hatte, verblüffte sie mich mit einem Anruf und der unumwundenen Erklärung, auch ich hätte ein Buch in mir. Ohne diesen wichtigen Anstoß von ihr hätte ich wohl noch etliche Jahre gebraucht, um selbst zu merken, daß ich ein Buch schreiben konnte. Don Browning, heute emeritierter Professor der *University of Chicago Divinity School*, war mein Berater, als ich meine Abschlußarbeit schrieb. In dieser Zeit entstanden in mir die Fragen, die schließlich zu dem Plan, dieses Buches zu schreiben, führten. Don Browning war für mich ein großartiger Mentor, hat mir großzügig seine Zeit zur Verfügung gestellt und mir eine wundervolle Chance gegeben, indem er mir die Möglichkeit anbot, mich am *Religion, Culture and Family Project* zu beteiligen. Alle vier genannten Forscher haben zahlreiche Versionen des vorliegenden Buches gelesen, und Dr. Wallerstein und Dr. Glenn haben außerdem je ein Vorwort dazu beigetragen. Ich werde ihnen allen immer dankbar sein.

Im Laufe der Jahre haben auch viele andere dieses Projekt durch ihre kritische Aufmerksamkeit unterstützt. Unter den Institutsmitarbeitern möchte ich insbesondere Josephine Tramontano, Charity Navarette, Mary Schwarz, Sara Butler und Bonnie Robbins danken. Deb Strubel hat das Manuskript bereichert, indem er zahlreiche Veränderungen empfahl, durch die der Text wesentlich dichter und klarer geworden ist.

Auch andere Forscher haben wichtige Beiträge geleistet. Dies gilt insbesondere für Maggie Gallagher, die die erste war, die Mitarbeiter des Instituts auf meine Arbeit aufmerksam machte. Sie hat im Laufe der Jahre zahlreiche Fassungen des Textes gelesen und mir durch ihr heiter-freundliches Wesen geholfen, an meine Arbeit zu glauben. Enola Aird nahm an frühen Diskussionen teil und verhalf mir zu einer wichtigen Erkenntnis darüber, weshalb diese Arbeit für das Verständnis dessen von Nutzen ist, was Kinder von einer Ehe haben. Kay Hymowitz las eine der ersten Fassungen des Manuskripts und gab mir sehr nützliches Feedback. Brad Wilcox hat mir sehr geholfen, indem er das Kapitel über religiöse Aspekte gründlich gelesen und mir seine Ansicht als Experte darüber erläutert hat.

Auch meinen Mitstudenten aus der M.-Div.-Klasse des Jahres 1999 möchte ich danken, insbesondere Anna Lee, Amy Ziettlow, Sam Adams und Alain Epp Weaver sowie der damaligen Leiterin des Ministry-Programms, Stephanie Paulsell, mit denen ich die in diesem Buch vorgestellten Ideen erstmals diskutiert habe. Außerdem möchte ich allen Mitstudenten danken, die im *Religion, Culture, and Family Project* mitgearbeitet haben, insbesondere John Wall, M. Christian Green und Melanie O'Hara, die mich durch ihren Enthusiasmus ermutigt, mich auf nützliche Ressourcen hingewiesen und mir wichtiges Feedback gegeben haben.

Vielen Menschen danke ich für ihre logistische Unterstützung, insbesondere indem sie mir Räumlichkeiten für die qualitativen Interviews zur Verfügung gestellt und mir bei der Organisation und Durchführung dieser Gespräche geholfen haben. Sehr herzlich danke ich in diesem Zusammenhang Rick Rosengarten und Sandra Peppers von der *University of Chicago Divinity School*; John Witte vom Zentrum für interdisziplinäres Studium der Religion an der *Emory University*; M. Christian Green, der zu jener Zeit am *Park Ridge Center for Health, Faith, and Ethics* arbeitete; und Mark Grady von der *Law School* der *George Mason University*; sowie jenen Studenten des *Haverford College* und der *St. Joseph's University*, die mir bei anfänglichen Feldversuchen mit dem Fragebogen für die qualitativen Interviews freundlich und begeistert halfen. Besonderen Dank schulde ich Aliza und Steve Baron sowie Don und Carol Browning, die mir in Chicago und Atlanta so erholsame Unterkünfte verschafft haben – und mit mir sehr erfreuliche Gespräche führten.

Vor allem jedoch möchte ich den 71 jungen Erwachsenen aus getrennten und intakten Familien danken, die bereit waren, mit mir lange Gespräche zu führen, und mir ihr Herz auszuschütten. Abgesehen davon, daß sie durch ihre im Laufe des Buches ausführlich zitierten Äußerungen zur Veranschaulichung der Problematik wesentlich beigetragen haben, haben mir die Muster, die ich in ihrem Leben erkannte, sehr bei der Formulierung jener Fragen geholfen, die wir später den Teilnehmern der landesweiten Befragung stellten. Ich denke immer noch gern an meine Interviewpartner zurück und möchte ihnen hiermit noch einmal für ihr Vertrauen und ihre Großzügigkeit danken. Besonderen Dank möchte ich auch jenen Untersuchungsteilnehmern aus intakten Familien zukommen lassen, die in diesem Buch zwar nicht viel von ihren Lebensgeschichten wiederfinden werden, deren Teilnahme aber für die Qualität der vorgelegten Studie trotzdem entscheidend war. Von ihnen allen habe ich sehr viel gelernt.

Chintan Turakhia und SRBI, Inc., in New York City danke ich ganz herzlich für die professionelle Durchführung der landesweiten Befragung. Und auch den vielen anderen, die mir durch ihre Fragen oder durch Lesen des Manuskripts in verschiedenen Stadien geholfen haben, danke ich; zu ihnen zählen David Popenoe, Bridget Maher, Andrea Lemke, Linda Ranson-Jacobs, Tom Sylvester und Diane Sollee. Sherri Hauser danke ich für die frühe Unterstützung meiner Arbeit. Kevin Hsu danke ich für seine Hilfe bei der Erstellung der Tabellen. Und sehr dankbar bin ich Jenna Paulson, die unsere kleine Tochter bei Laune gehalten hat, während ich das Manuskript schrieb.

Alle diese Menschen haben es mir ermöglicht, meine Forschungsarbeit durchzuführen und das Manuskript zu schreiben. Eine andere Gruppe wichtiger Helfer hat daraus ein Buch gemacht. Meine tiefste Dankbarkeit gilt Rachel Klayman, meiner Lektorin bei *Crown Publishers*, die erkannte, wie wichtig die Thematik, die ich dargestellt hatte, war und ist. Im ersten Gespräch, das wir führten, nachdem sie das Manuskript gelesen hatte, resümierte sie meinen Ansatz besser, als ich es jemals gekonnt hätte. Von diesem Augenblick an wußte ich, daß meine Arbeit in guten Händen war. Sie hat jedes Wort in diesem Buch mit ungeheurem Sachverstand und treffsicherem Sprachgefühl geprüft, den Text verbessert und zumindest (so hoffe ich) die meisten Fehler entfernt. Es war in jeder Hinsicht eine Freude, mit ihr zusammenzuarbeiten. Zu danken habe ich weiterhin dem gesamten Team von *Crown*, und dies gilt in ganz besonderem Maße für Alex Douglas, der mit bei der Organisation der Anmerkungen und anderer Details geholfen hat, sowie für Tina Constable, die gemeinsam mit Darlene Faster die Werbekampagne zum Erscheinen des Buches mit ungeheurer Energie und Kreativität durchgeführt hat.

Ganz besonderer Dank gebührt natürlich meiner Agentin, Carol Mann, die geholfen hat, diesem Buch genau das richtige Zuhause zu geben.

Alle genannten Personen haben ihren Beitrag dazu geleistet, daß dieses Buch so gut geworden ist, wie es nur sein kann. Die verbliebenen Mängel und Fehler sind allein mir zuzuschreiben.

Zum Schluß möchte ich den wichtigsten Dank überhaupt aussprechen – den Dank an meine Familie.

Mit aller Liebe, die ich habe, danke ich meinen Eltern. Sie waren erst einundzwanzig Jahre alt, als sie sich trennten und sich später scheiden ließen. Nur wenige hätten es verdient, daß ihr erwachsenes Kind eine Entscheidung, die sie in so jungen Jahren getroffen hatten, so intensiv analysiert. Doch meine Mutter und mein Vater haben dieses Buchprojekt nicht nur toleriert, sondern es auch aktiv und mutig unterstützt. Wie ich im Laufe des Textes erläutert habe, geht es nicht darum, ob jemand seine Eltern liebt; es geht um etwas völlig anderes. Ich danke meinen Eltern und meiner Stiefmutter für ihre Unterstützung, und ich hoffe, daß es mir gelingen wird, ihrem Vorbild nachzueifern, wenn meine eigenen Kinder eines Tages beschließen sollten, ein Buch über mich zu schreiben.

Vor fast neun Jahren verdoppelte sich die Größe meiner Familie, als ich meinen jetzigen Mann, Jim, heiratete. Seine Familie, und insbesondere seine Eltern, haben das vorliegende Projekt und mich persönlich sehr freundlich und sogar begeistert unterstützt. Ich bin immer dankbar dafür gewesen, daß ich in eine so wunderbare Familie einheiraten konnte, aus der ein so wundervoller Sohn hervorgegangen ist.

Wahrscheinlich ist kein Buch leicht zu schreiben. Bei dem hier vorliegenden jedenfalls war das ganz sicher nicht so. Mein forschender Blick bezüglich aller Dinge, die Kindheit und Scheidung betreffen, war in unserer Ehe praktisch vom ersten Tag an von großer Bedeutung und hat mich sehr häufig in starke emotionale Erregung versetzt. Daß dieses Buch heute existiert, ist vor allem der Tatsache zu verdanken, daß Jim meine Arbeit trotz der emotionalen Stürme, die über ihn hinwegfegten, in verschiedenster Hinsicht unerschütterlich unterstützt hat. Er ertrug meine im Grunde unzumutbare Terminplanung, die vielen Reisen, die ich im Rahmen der Arbeit an der Studie unternehmen mußte, meine Selbstversunkenheit und noch vieles mehr. Während des gesamten Arbeitsprozesses war er mein Fels, der Mann, auf dessen Umarmung ich stets zählen konnte, und derjenige, der mir immer wieder versichert hat, daß alles zu einem guten Abschluß kommen werde. Ich bin sehr froh, daß ich ihn gefunden habe, und unsere wunderbaren Kinder können sich glücklich schätzen, daß sie den besten Papi der Welt bekommen haben. Alles Gute, das aus diesem Buch erwachsen wird, widme ich hiermit ihm.

Über die Autorin

ELIZABETH MARQUARDT ist Mitarbeiterin des *Institute for American Values*, eines überparteilichen Think Tank in New York City, der sich auf die Probleme von Kindern, Familien und der Zivilgesellschaft konzentriert. Sie ist Co-Autorin einer bahnbrechenden Studie über die Einstellungen von College-Studentinnen zum Sex und zum Dating auf dem Campus, erschienen unter dem Titel "Hooking Up, Hanging Out, and Hopping for Mr. Right: College Women on Dating and Mating Today". Sie ist in landesweiten Fernsehsendungen wie der *Today Show* von NBC, *Talk Back Live* von CNN, *World News Tonight with Peter Jennings* von ABC, *O'Reilly Factor* von Fox und *Religion and Ethics Newsweekly* von PBS aufgetreten und wurde für zahlreiche Radiosendungen interviewt, unter anderem in der Sendung *All Things Considered* im National Public Radio. Beiträge von ihr sind in Zeitungen wie *New York Times*, *Washington Post*, *Chicago Tribune* und *Philadelphia Inquirer* erschienen. Sie hat einen B. A. der *Wake Forest University* und sowohl einen M. Div. *(Master of Divinity)* als auch einen M. A. im Fachbereich internationale Beziehungen der *University of Chicago*. Elizabeth Marquardt lebt mit ihrem Mann Jim und ihren beiden Kindern in Chicago.

Personen- und Stichwortregister

edition junferlino

32 Seiten, vierfarbig illustriert • € (D) 4,95 •
ISBN 978-3-87387-649-1

VILMA COSTETTI &
MONICA RINALDINI
»Sophies Kuscheltag«

Bedürfnisse und Strategien
Band 4

Sophie kommt müde und verzagt aus der Schule und hätte jetzt gerne die volle Aufmerksamkeit ihrer Mama. Doch die hat ein ziemlich umfangreiches Programm abzuarbeiten. Hat sie dennoch Zeit für Sophie?

Mit der Buchserie »Bedürfnisse und Strategien« versuchen wir, Kindern – aber auch Eltern, die ihre Kinder in ihrem Wachstum fördern möchten – den subtilen, aber fundamentalen Unterschied zu erklären zwischen Bedürfnissen und Strategien, mit denen Bedürfnisse zufrieden gestellt werden.

Bisher erschienen: Sophie und das Gewitter • Sophie und das rote Kleid • Oskar hüpft auf dem Sofa • Sophies Kuscheltag • Oskars Märchenstunde • Oskar und die Uhr

Vilma Costetti ist Psychologin, Autorin und zertifizierte Trainerin in Gewaltfreier Kommunikation. Schon seit vielen Jahren arbeitet sie mit Marshall Rosenberg und dem CNVC zusammen, um die GFK in Italien zu verbreiten.

Monica Rinaldini studierte Literatur und Kunst und ist Grundschullehrerin. Ihre eigenen Kinder und ihre Schüler inspirieren sie zu ihren Geschichten und Zeichnungen.

Verlag

Junfermann

Sprache & Gewalt

176 Seiten, kartoniert • € (D) 19,50 • ISBN 978-3-87387-641-5

THEMA Gewalt durch Sprache

MONIKA GERSTENDÖRFER

»Der verlorene Kampf um die Wörter«

Opferfeindliche Sprache bei sexualisierter Gewalt

»Kinderschänder gibt es nicht!« Was für eine provokant klingende und irritierende Aussage! Doch die wahren Provokateure sind wir. Denn wir alle benutzen solche Unwörter wie »Kinderschänder« oder »Sextouristen«, und damit eine im wahrsten Sinne des Wortes gewalt-tätige Sprache: Wörter und Namenstäfelchen, die Tat und Täter nicht beim Namen nennen und so die wirkliche Problematik nicht erfassen, sondern die Opfer (nochmals) verletzen, die Taten bagatellisieren und die Täter entlasten.

Monika Gerstendörfer, Dipl.-Psych., Menschenrechtlerin und freie Autorin. Seit 15 Jahren aktiv in Menschenrechtsorganisationen, im Europarat und als Sachverständige bei gerichtlichen Anhörungen.

Unsere Sprache spiegelt und schafft Wirklichkeit – eben auch Gewaltwirklichkeit. Diese Wirklichkeit wird im Buch ins Zentrum gerückt. So wird deutlich, dass sich Vieles ändern muss. Eben auch unsere Sprachführung. Wir alle können so zum Kampf gegen Gewalt beitragen, denn Sprache ist – genau wie die Menschen, die sie benutzen – lebendig!

Weitere erfolgreiche Titel:

»Der innere Garten«
ISBN 978-3-87387-582-1
»Trauma und die Folgen«
ISBN 978-3-87387-510-4
»Die Narben der Gewalt«
ISBN 978-3-87387-525-8

www.junfermann.de

Junfermann

ADHS neu verstehen

192 Seiten · kartoniert · € (D) 19,50 · ISBN 978-3-87387-656-9
REIHE AKTIVE LEBENSGESTALTUNG

Lara Honos-Webb, Ph. D., klinische Psychologin. Spezialisiert auf die Behandlung von ADHS, Depressionen und psychologischen Problemen in Schwangerschaft und Mutterschaft.

LARA HONOS-WEBB

»ADHS als Geschenk«

Wie die Probleme Ihres Kindes zu Stärken werden können

Verhaltensweisen von Kindern, die unter Aufmerksamkeitsdefizit-/Hyperaktivitätsstörung leiden, werden häufig als störend, unkonzentriert und unkontrolliert abgestempelt. Das Ziel dieses Buches ist es, eine neue Sichtweise auf ADHS zu vermitteln, nämlich die der Stärken und Begabungen. Auf sehr einfühlsame Art hilft die Autorin betroffenen Eltern, ihre Einstellung zu den Symptomen und die Beziehung zu ihrem Kind grundlegend zu verändern und statt eines »Problems« eine Stärke zu sehen.

»Nehmen Sie das Geschenk, das dieses Buch ist, an – um Ihres Kindes willen.«
– Alvin R. Mahrer

Das Leben verändern – Schritt für Schritt

320 Seiten, kart. • € (D) 24,90 • ISBN 978-3-87387-642-2 — REIHE AKTIVE LEBENSGESTALTUNG • Gewaltfreie Kommunikation (GFK)

MARY MACKENZIE

»In Frieden leben«

Gewaltfreie Kommunikation für jeden Tag

Tag für Tag, 366-mal im Jahr erinnert die Autorin Mary Mackenzie mit einer Meditation daran, dass jeder neue Tag auch neue Chancen und Lernmöglichkeiten bereithält. Sie stützt sich dabei auf den reichhaltigen Wissensfundus und ihren eigenen Erfahrungsschatz als Trainerin der Gewaltfreien Kommunikation: Jede der täglichen Meditationen in diesem Buch enthält ein inspirierendes Zitat, Informationen zu einem bestimmten Aspekt der GFK und einen konkreten Vorschlag zur Umsetzung im Alltagsleben.

Dank seiner klaren, verständlichen Sprache und vieler kleiner Anekdoten eignet sich dieses Buch sowohl für Einsteiger als auch für Fortgeschrittene in der Kunst der Gewaltfreien Kommunikation. Viele kleine Schritte für eine große Sache!

Mary Mackenzie ist zertifizierte GFK-Trainerin und Geschäftsführerin des Flagstaff Center for Compassionate Communication, einer gemeinnützigen Organisation, die sich für den Frieden einsetzt.

KörperSprache kompakt

80 Seiten, kart. • € (D) 9,95 • ISBN 978-3-87387-662-0

REIHE KOMMUNIKATION • Körpersprache

SABINE MÜHLISCH

»Fragen der KörperSprache«

Antworten zur non-verbalen Kommunikation

Sabine Mühlisch versteht KörperSprache als ganzheitliches Geschehen, als einen Weg der Seele, unbalancierte innere Geschehnisse auf der Bühne des Körpers ins Bewusstsein zu bringen. Der Körper transportiert dabei die Seele nach außen und zeigt die jeweilige Identität und Persönlichkeit.

Der Leser erhält eine pragmatische Übersicht über die symbolischen Bedeutungen der einzelnen Körperbereiche, um so die Botschaften der KörperSprache selbstständig zu übersetzen und zu deuten. Diese Hilfe ermöglicht es, sich selbst und andere besser zu verstehen und auf der grundlegenden Ebene des Denkens und Fühlens adäquat zu handeln. Die Autorin beantwortet zahlreiche Fragen, die immer wieder im Zusammenhang mit KörperSprache auftreten.

Sabine Mühlisch ist seit 1986 selbständig als Coach und Trainerin tätig. Ihre Trainingsreihen und Seminare entwickelte sie auf Grundlage von Samy Molchos Arbeit.

Weitere erfolgreiche Titel:

»Prinzip Souveränität«
ISBN 978-3-87387-633-0
»Erfolgreiche Rhetorik ...«
ISBN 978-3-87387-666-8
»Gedächtnistraining
in Frage & Antwort«
ISBN 978-3-87387-685-9

www.junfermann.de

Junfermann

Mit dem Herzen hört man gut

160 Seiten, kartoniert • € (D) 16,90 • ISBN 978-3-87387-646-0

REIHE KOMMUNIKATION • Einfühlsame Zuhören

CAROL HWOSCHINSKY

»Mit dem Herzen zuhören«

Ein Leitfaden für das Einfühlsame Zuhören

Das Hören der Geschichte unseres Gegenübers unterstützt uns dabei, seine Verletzungen und ungeheilten Wunden aufzudecken und somit gegenseitiges Mitgefühl und Verständnis möglich zu machen. Dieses Buch beantwortet praxisorientiert zahlreichen Fragen zum Einfühlsamen Zuhören. Warum machen wir es? Wann ist es angemessen, wann nicht und wo kann man es anwenden?

»Danke für den Leitfaden zum Einfühlsamen Zuhören! Es ist ein großartiges Buch – gut geschrieben, prägnant, warmherzig und praktisch. Meine Seminare und Workshops werden davon profitieren.« – Joanna Macy

Carol Hwoschinsky ist Training Director des »Compassionate Listening Project«, Beraterin und Mediatorin. Sie lehrte Psychologie und war im Konflikt zwischen Armenien und Aserbaidschan tätig.

Emotionale Kompetenz

160 Seiten, kartoniert • € (D) 12,90 • ISBN 978-3-87387-668-2

GABRIELE MICHEL &
HARTMUT OBERDIECK

»Die Kunst, sich miteinander wohl zu fühlen«

Mit einem Märchen
von Claude Steiner

»EK« – die Zauberformel, das Glücksversprechen für zwischenmenschliche Beziehungen. Was sich dahinter verbirgt? Emotionale Kompetenz.
Wie ein emotional kompetentes Verhalten dazu führt, dass sich in einer Familie alle wohl fühlen können und sich Erwachsene und Kinder durch Geben und Nehmen gegenseitig unterstützen, zeigen die Autoren mit diesem Buch.

Gabriele Michel, geb. 1955, Literaturwissenschaftlerin. Sie studierte in Freiburg Germanistik und Romanistik, ist als freiberufliche Autorin tätig und Mutter zweier Kinder.

Hartmut Oberdieck, Ausbildung in Transaktionsanalyse, Facharzt für Psychotherapeutische Medizin. Er arbeitet seit mehr als 20 Jahren mit Claude Steiner zusammen.

Das komplette
Junfermann-Angebot
rund um die Uhr –
Schauen Sie rein!

Sie möchten mehr zu unseren aktuellen Titeln & Themen erfahren? Unsere Zeitschriften kennenlernen? Veranstaltungs- und Seminartermine nachlesen? In aktuellen Recherchen blättern?

Besuchen Sie uns im Internet!
www.junfermann.de

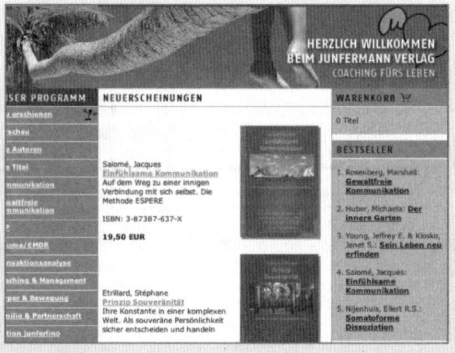